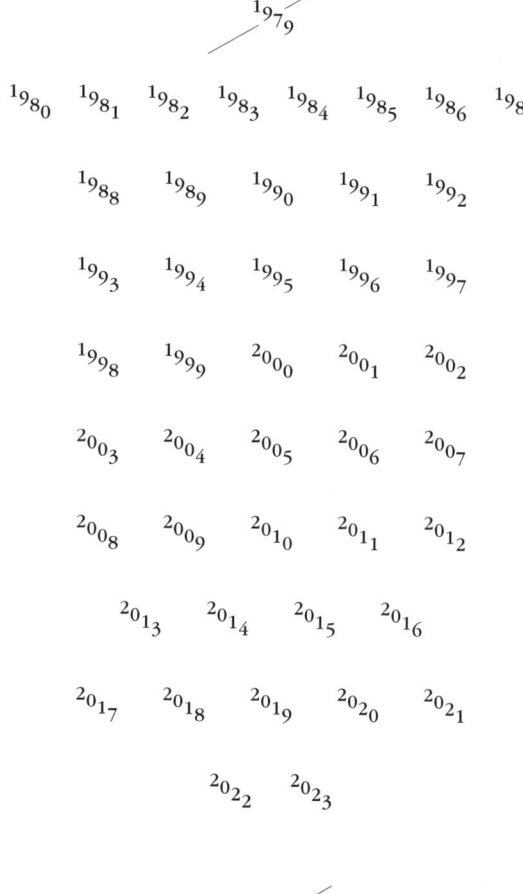

두 번의 계엄령 사이에서

김명인 회성록回省錄

김명인 지음

2025년 6월 27일 초판 1쇄 발행

펴낸이 한철희 | 펴낸곳 돌베개 | 등록 1979년 8월 25일 제406-2003-000018호
주소 (10881) 경기도 파주시 회동길 77-20 (문발동)
전화 (031) 955-5020 | 팩스 (031) 955-5050
홈페이지 www.dolbegae.co.kr | 전자우편 book@dolbegae.co.kr
블로그 blog.naver.com/imdol79 | 트위터 @Dolbegae79 | 페이스북 /dolbegae

편집 김혜영·한광재
표지디자인 김민해 | 본문디자인 이은정·이연경
마케팅 고운성·김영수·정지연 | 제작·관리 윤국중·이수민·한누리
인쇄·제본 영신사

ⓒ김명인 2025

ISBN 979-11-94442-28-8 (03810)

책값은 뒤표지에 있습니다.

이 책은 재단법인 풀꽃의 지원으로 집필되었습니다.

두 번의
계엄령
사이에서

김명인
회성록

回
省
錄

돌베
개

일러두기

1. 맞춤법과 외래어 표기는 국립국어원의 용례를 따랐다. 다만 국내에서 이미 굳어진 인명과 지명의 경우에는 익숙한 표기를 썼다.
2. 단행본·잡지·신문에는 겹낫표(『』)를, 소설·시·신문기사·성명서 등에는 홑낫표(「」)를, 음반에는 겹화살괄호(《》)를, 영화·노래에는 홑화살괄호(<>)를 표기했다.

유윤숙에게

차례

이 책을 읽는 이들에게　9

프롤로그　　　　　　혁명운동가에서 시민으로　19

1부
나의 대학

43

1977년 봄, 적막　45
학회, 또 다른 대학　51
농활이라는 이름의 통과제의　58
그해 가을　70
인식의 전환　83
문학도가 된다는 것　90

2부
안개의 숲, 무림

107

그 숲에 들어서기 전에　109
지상의 삶과 지하의 삶　116
박정희가 죽었다!　129
서울의 봄　143
회군　156
그날을 어떻게 기억할 것인가　169
'광주사태'　180
조용한 가을　187
반파쇼학우투쟁선언　197
남영동에서, 이근안이 있는 풍경　212
2년 7개월, 감옥에서　241
스무 통의 옥중서신　261

3부
짧은 미몽, 긴 후일담

285

1 **출세간, 문학이라는 외피** 287
  입사식의 절차 287
  편집자 되기 311
  문학평론가 되기 334

2 **길이 시작되자 여행은 끝났다** 342
  그 어느 허탈했던 겨울날 아침 342
  '민중적 민족문학'이라는 미망 353
  1991년 369

3 **1990년대, 내부 망명자의 삶** 384
  자기 분열의 시작 384
  대학원 시절 397
  강 건너편의 세계 407

4 **환멸과 희망 사이** 421
  공론장으로의 복귀? 421
  『황해문화』와의 동행 429
  대학교수라는 직업 436
  디스토피아 스펙터클 앞에서 448
  말년의 양식 457

에필로그   희극으로 반복되는 역사
: 2024년 겨울의 계엄령 481

미주 501

이 책을 읽는 이들에게

이 책은 1977년 봄부터 2024년 겨울까지 약 47년에 걸친 내 인생의 기록이다. 이 기간은 1958년에 태어난 나에게는 19세에서 66세까지, 대학교 1학년 때부터 대학교수 직에서 은퇴한 첫해까지에 해당된다. 하지만 이 책은 자서전이 아니라 회고록이다. 나는 자서전 형식의 글을 쓸 생각은 전혀 없었고, 앞으로도 없을 것이다. 내 인생을 사랑하지만 그렇다고 자서전을 쓸 정도까지는 아니라고 생각한다. 회고록은 자서전과는 달리, '회고할 무엇'이 담겨 있는 글이다. '회고할 무엇'은 개인적인 의미만이 아니라 일정한 공적 의미를 함께 가진 것이어야 한다. 이 책에는 공적 사건과 사적 경험으로 교직된 내 삶의 역사가 담겨 있다. 두 개는 분리되지 않는다. 나는 이 세월 동안 한 번도 그냥 개인인 적이 없었다. 가장 고립되고 격절되었다고 생각할 때야말로 사실은 가장 깊숙이 세상과 연루되었을 때였다. 그렇게 세상과 지독하게 상호 침투되어 있었던 시간들을 돌아보는 일은 세상과 나 자신의 깊은 이면을 헤집어 그 논리를 캐내는 일이다. 그저 되돌아본다는 말로는 부족하다. 그래서 나는 이 책을 지나온 삶을 되돌아본다는 뜻의 회고록(回顧錄)에서 한 걸음 더 깊이 들어가, 지나온 삶을 비판적으로 되돌아본다는 뜻의 회성록(回省錄)으로 고쳐 부르고자 한다.

지금으로부터 45년 전인 1980년 겨울 '무림사건'이라 불리는 공안(公案) 사건이 발생했다. 요즘 젊은 세대에게는 '무림사건'이라는 이름만 낯선 것이 아니라, 공안 사건이라는 말 자체도 낯설 것이다. 공안 사건이란 국가보안법, 내란·외환죄, 군사반란죄 등을 위반하여 국가 기강을 문란하게 한 사건을 말한다. 지난겨울에 우리가 겪었던 윤석열 일당의 내란 사건 같은 것이 말하자면 공안 사건인 셈이다. '무림사건'은 전두환 세력이 쿠데타로 국가권력을 탈취한 지 얼마 되지 않은 1980년 12월 11일 서울대학교 교내에서 일어난 반정부 시위 사건이었는데 '북한 괴뢰집단을 이롭게 할 목적'을 가졌다는 혐의를 뒤집어씀으로써 일약 '공안 사건' 취급을 받게 되었다. 지금은 다 옛일이 되었지만 이 사건으로 인해 서울대 학생 열한 명이 실제 징역형을 언도받았고, 수십 명이 군대에 강제징집당했을 뿐만 아니라 이 교내시위 때 뿌려졌던 선언문의 내용이 '순수한' 대학생들의 수준을 넘어 '좌익혁명'을 선동하는 매우 불온한 것이라고 각 신문에 대서특필되면서 적지 않은 사회적 파장이 뒤따랐다. 당시에 구속되어 실형을 살았던 관련 학생들 중 세 명에게는 계엄포고령 위반죄 외에도 국가보안법(구 반공법) 위반죄가 적용되었다.

나는 이 세 명 중 한 명으로 '불온 유인물'인 「반파쇼학우투쟁선언」을 기초했다고 해서 그중 가장 무거운 형량인 징역 3년과 자격정지 3년을 언도받고 2년 반이 넘는 기간 동안 복역했다. 그런데 지난 2020년 10월, 서울중앙지법에서 열린 재심 재판을 통해 이 사건은 무죄 판결을 받았다. 40년 전에는 일부 불온한 학생들에 의해 저질러진 국기문란 범죄였던 것이 이제는 전두환 세력의 군사반란과 권력 탈취에 대한 정당한 시민적 저항행동이 된 것이다. 그리고 바로 얼마 전에는 진실·화해를위한과거사정리위원회로부터 이 사건이 불법적인 인신구속과 고문 등에 의해 조작된 사건으로 국가는 피해자에게 공식 사과하고 피해와 명예 회복을 위한 적절한 조치를 취해야 한다는 결정 통지문을 받았다. 지난 40여 년 동안 성숙해온 한국 민주주의가 이런 역전을 낳았고 그것은 당연한 귀결이었다. 마치 오랫동안 침전되어 있던 강바닥을 휘저어놓은 듯 복잡한 감회가 가슴속을 흐려놓는다. 20대 청년기 초입부터 60대 노년기 초입에 이르는 40년이라는 시간 동안 작동하던 어떤 거대한 주술로부터 이제 비로소 풀려난 것이다.

이러한 감회가 개인적으로 각별한 것이라 해도 그것을 이렇게 두터운 책의 형식으로 세상에 내놓는 것은 또 다른 문제이다. 여기엔 특별한 계기가 있다. 이 사건의 재심 과정에서 기꺼이 변호인을 맡아 승소를 이끌어낸 이명춘 변호사는 이외에도 군사 정권 시대에 있었던 여러 건의 공안 사건 재심을 맡았고, 그 수임료로 '풀꽃'이라는 재단법인을 설립하여 자신이 담당했던 재심 사건들에 대한 보고서 편찬 작업을 해오고 있었다. 그는 '무림사건'에 대해서도 같은 형식의 보고서를 편찬해내기로 하고 집필 작업을 나에게 의뢰했다. 나는 제안을 받아들여 2021년 봄부터 집필 구상을 하던 중, 이를 단순히 사료적 차원의 보고서로 간행하는 것보다는 좀더 확대하여 일반 출판물로 간행하는 것이 어떨까 생각했다. 이명춘 변호사는 물론 무림사건의 다른 관련자들도 기꺼이 동의를 해주었다. 1980년에 있었던 무림사건이라는 학생운동 사건의 전말을 상세하게 기록하되, 하나의 좌경용공 범죄에서 정당한 시민적 저항 행동으로 그 공식적 평가가 바뀌기에 이른 40년 동안의 한국사회의 변화상을 한 인간의 생애의 굴곡이라는 맥락 속에서 재해석해낸다는 것, 이것이 이 확대 집필 구상의 골자였고 그럼으로써 이 책은 비로소 '회성록'의 형식을 갖추게 되었다.

이 책은 앞과 뒤에 프롤로그와 에필로그가 놓이고, 그 중간에 세 개의 부가 배치된 형식으로 집필되었다. 프롤로그에는 1980년 겨울에 일어난 무림사건이 한국 현대사와 학생운동사에서 차지하는 역사적 위상과 의미, 좌경용공 사건이라는 '혐의'가 정당한 시민적 저항이라는 '평가'로 바뀐 것에 대한 역사적 해석과 개인적 감회가 총론적으로 실려 있다. 1부 '나의 대학'은 1977년 대학에 입학한 한 앳된 청년이 어두운 유신 체제의 대학캠퍼스에서 반독재 학생운동가로 성장해나가는 과정이 펼쳐진다. 2부 '안개의 숲, 무림'은 1980년의 '서울의 봄'과 광주민중항쟁을 전후하여 서울대학교 학생운동권 내부에서 '무림사건'이 준비되고 결행되는 과정, 체포되어 고문당하고 기소되어 재판을 받고 감옥에 갇혔다가 출소하기까지의 과정을 기록한다. 3부 '짧은 미몽, 긴 후일담'은 1980년대 중반부터 2020년대 중반까지의 40년, 반독재·민주화 투쟁과 승리, 신자유주의 체제의 성립과 고착으로 요약될 수 있는 세월 속에서 출판 편집자이자 문학평론가로, 다시 대학원을 거쳐 교수가 되는 동안, 투쟁과 희망, 좌절과 환멸, 새로운 각성과 기대로 이어지는 내면의 행로를 따라간다. 그리고 마지막 에필로그에는 생애의 말년에 접어들면서 혁명가가 아닌 일개 시민으로, 젊은 날 꾸었던 한 세대 전의 꿈을 어떻게 오늘날 광장에 나서는 새로운 세대의 꿈과 순조롭게 이어나갈 수 있을까 하는 나름의 성찰을 담았다.

처음 이 책의 가제를 '멜랑콜리아 로맨티카'라고 잡아두었다. '낭만적 우울'이라는 뜻이다. 이 책의 집필을 시작할 무렵 나는 암이라는 치명적 질병의 영향 아래 놓여 있었고, 그 때문에 집필 작업이 한없이 늘어져 처음 2022년 경으로 잡았던 발간 일정도 덩달아 늘어지게 되었다. 그 무렵은 개인적으로도 병들고 지친 데다가, 이 나라도 이명박 정권에서 박근혜·문재인 정권을 거쳐 윤석열 정권이라는 최악의 나락으로 떨어져가던 때였다. 나는 그때 성년 이후 40년의 생애가 온통 '낭만적 우울'로 채색된 어두운 풍경이었다고 느꼈다. 2023년 한 해 꼬박 진행되어오던 항암 치료를 마친 2024년 봄부터 마음을 굳게 먹고, 퇴임한 학교의 명예교수실에 매일 출근하다시피 하며 집필 투쟁을 이어나간 끝에 200자 원고지 1,900매에 이르는 초고를 다 마쳐갈 즈음까지도 가제는 여전히 '멜랑콜리아 로맨티카'였다. 그런데 2024년 겨울의 초입에 윤석열 일당이 비상계엄을 선포하며 친위 쿠데타를 일으키는 초유의 사태가 벌어졌다. 이 내란 사태로 인해 이 책을 둘러싸던 우울한 기조에는 뜻밖의 변화가 생겼다.

나는 20대 초반이던 1979년 10월 26일 박정희의 피살과 함께 발령된 비상계엄령과 그해 12월 12일 전두환 일당의 군사반란을 겪었고, 60대 후반에 접어든 2024년 겨울, 또 한 번의 비상계엄의 소용돌이 속으로 휘말려들었다. 마치 두 바지랑대 사이에 줄을 이어놓고 외줄타기를 하는 줄광대처럼 성년의 시간 전부를 이 두 번의 계엄령 사이를 위태롭게 건너온 셈이다. 하지만 20대 초반에 겪은 계엄령에서 시작된 오랜 우울증은 말년에 맞이하게 된 이 희극적인 또 한 번의 계엄령과 이에 맞서는 젊은 시민들의 놀라운 투쟁을 겪으며 놀랍게도 씻은 듯 사라졌다. 나는 오히려 새로운 생기를 얻었다. 이 책의 제목은 '멜랑콜리아 로맨티카'에서 '두 번의 계엄령 사이에서'로 바뀌었다. 새 제목에도 우울한 정조가 얼마간은 섞여 있을지 모르지만, 나는 이 제목을 통해 비관도 낙관도 쉽사리 허락하지 않는 한국 현대사의 역동성을 따라 파도 타듯 흔들려온 내 생애를 비로소 긍정적으로 수용할 수 있게 되었다. 그것은 한없이 가라앉는 우울감과는 다른 것이다.

이 책을 꼭 처음부터 끝까지 읽을 필요는 없다. 1980년대부터 2020년대에 이르는 한국 현대사의 굴곡진 전개 과정에 대한 진지한 관심을 가진 독자라면 프롤로그에서부터 에필로그까지 한달음에 다 읽는 게 좋겠지만, 이제

60대 중반을 넘긴 한 지식인의 20대부터 60대까지의 시시한 인생유전을 한번 훑어보는 것만으로 족하다고 생각하는 독자라면 먼저 1부에서 3부까지만 읽고 프롤로그와 에필로그는 나중에 읽어도 좋다. 아마도 이 책의 내용을 가장 친숙하게 여길 독자는 나와 비슷한 시대를 살아온 50~60대의 '과거의 용사들'이겠지만, 나는 이 책이 우리는 이렇게 싸웠노라 하는 민주화 세대의 무용담이나 추억담으로만 소비되지 않았으면 좋겠다. 비록 경제 발전과 민주화의 혜택은 다 누리고 이제 양극화, 저성장, 기후 위기 등 거대한 쓰레기들만 뒷세대에 물려주고 있는 기득권 60대 남성의 부끄러운 생애와 그 과정에서 했던 자의식과잉의 온갖 생각들로 가득한 책이지만, 오늘의 젊은 세대에게 지나간 세대가 전하는 성찰의 기록이자 부끄러운 손길로 내미는 공감과 연대의 제안으로 읽힐 수만 있다면 더 바랄 게 없겠다.

45여 년 전, 나와 함께 인생의 가장 빛나는 한 소절을 단호히 끊어내서 기꺼이 불살라버렸던 박용훈, 고세현, 이원주, 김회경, 남명수, 남충희, 윤형기, 최영선, 허헌중, 현무환 등 열 명의 '무림 공범'과, 징역살이는 모면했어도 남영동으로 회현동으로 끌려가 고초를 겪고 더러는 강제징집을 당해서 사실상 징역살이와 다를 것 없는 가혹한 병영 생활을 했거나 살벌한 경찰의 추적을 피해 다니다가도 다시 모여 투쟁의 행렬을 이어나간 동료·후배들이 생각난다. 언론에서 '무림사건'이 거론될 때마다 나는 '글줄 좀 쓴다고' 늘 과잉대표되었지만 사실 나는 그들 속에서는 일개 무명소졸이었다. 더불어 인문대 교지 편집실과 역사철학회의 선후배·동료들도 생각난다. 짧은 청춘을 바쳐 하루하루 칼날을 딛고 살았던 그 시절 사랑하고 미워했던 모든 벗들에게 이 책을 먼저 건넨다. 이 책은 그들과의 공동 집필이다.

40년 동안 나를 옭매였던 국가보안법의 족쇄에서 풀려나게 해준 법무법인 정도의 이명춘 변호사에게 특별한 감사의 뜻을 전한다. 그가 '무림사건'을 기록으로 남기자고 제안하지 않았다면 이 책은 나올 수 없었다. 출판계가 유례없는 불황이라는데 이 책의 발간을 결정하고 기다려준 도서출판 돌베개의 한철희 대표에게도 감사의 뜻을 전한다. 이 책에는 1979년 유신 체제 막바지에 지하신문을 간행하다가 잡혀갔던 그의 이름도 등장한다. 게을러빠진 내게서 뭔가 쓸 만한 책 한 권 나오지 않을까 오랫동안 헛된(?) 기대를 해온 그에게 이 책이 조금이라도 위로가 되었으면 좋겠다. 이 책의 미완성 초고를 처음 받아 읽고 "인간과 세계의 문제에 대해 회피하지 않고 끝까지 다가가는 용기와 끈기"를 읽었다는 과분한 답장을 해줌으로써 마지막까지 집필을 밀어붙일 힘을 준 김혜영 편집자, 그의 지속적인 격려와 날카로운 질정이 없었다면 이 책은 지금 이런 근사한 모습으로 세상에 나올 수 없었을 것이다. 십여 년 전 런던 체류 일기『내면 산책자의 시간』에서 저자와 편집자로 처음 만났을 때부터 그는 열성적인 독자와 냉철한 편집자라는 두 정체성 사이에서 멋진 균형을 보여주었다. 그와 두 번째 협업으로 이 책을 펴낼 수 있게 된 것은 내게는 큰 행운이다.

 지난 5월 9일 갑자기 세상을 떠난 김영현 형이 떠오른다. 그가 이 책을 읽을 수 있기를 바랐지만 그럴 수 없게 되었다. 이제는 그리운 사람들이 하나둘 홀연히 사라져가는 날들만 남은 모양이다. 이 책이 내 생애 마지막 책이 아니었으면 하지만 앞날을 알 수가 없다. 지금까지 해오던 대로 더듬더듬 한 걸음씩 내딛을 수만 있으면 더 바랄 게 없을 텐데 내 의지로 될 일은 아닌 듯싶다.

2025년 6월
인천 문학산 자락에서
김명인

프롤로그   **혁명운동가에서 시민으로**

지금으로부터 44년 전인 1981년 6월 1일, 서울지방법원 남부지원은 '사건번호 81고단 430 계엄법 위반, 동 601 반공법 위반, 계엄법 위반 사건'에 대해 피고인 김명인에게 징역 3년 및 자격정지 3년, 박용훈에게는 징역 1년 6월 및 자격정지 2년, 현무환에게는 징역 2년, 허헌중·남명수·김회경·윤형기·남충희에게는 징역 1년 6월, 고세현에게는 징역 1년을 선고하였고, 1981년 11월 4일, 서울형사지방법원 항소부는 위 피고인들의 항소를 기각하였다(같은 사건이었으나 군인 신분이었던 이원주에게는 징역 1년 집행유예 2년을 선고했고, 9개월여의 도피 끝에 1981년 9월에 체포된 최영선에게는 계엄법 및 반공법 위반으로 징역 2년 자격정지 2년을 선고했다). 그로부터 18년 후인 1999년 7월 30일, 서울지방법원 남부지원에서 열린 재심에서 위 피고인들의 계엄법 위반에 대해서는 전원 무죄 판결을 내렸고, 김명인·박용훈의 반공법 위반죄에 대해서는 징역 1년 자격정지 1년 집행유예 2년을 선고하였으며 이는 항소 끝에 선고유예로 감해졌다가 대법원 상고에서는 기각되었다. 그러나 다시 11년이 지난 2020년 9월 25일, 서울중앙지방법원 제2형사부는 피고인 김명인·박용훈의 재재심 신청을 받아들여 위 반공법 위반 사건에 대해 피고인 김명인과 박용훈에게 무죄를 선고하였다(최영선의 경우 별도의 재심으로 2017년에 계엄법 위반 부분은 무죄 판결을 받았으나 반공법 부분은 아직도 선고유예 상태로 남아 있다).

*

1980년 12월 11일, 서울대학교 교정에서 네 명의 학생이 주도한 교내시위 사건이 일어났다. 후에 '무림사건'으로 불린 이 사건은 처음엔 소규모 시위 사건이었으나 시간이 갈수록 사회적 파장 면에서나 1980년대 학생운동사에서 차지하는 의미라는 면에서나 오래 기억될 만한 사건으로 남게 된다. 앞의 내용은 이 사건에 관한 40년에 걸친 재판 과정의 전말을 요약한 것이다. 나는 이 사건의 몇몇 주도 인물 중 하나였으나 그중에서 가장 긴 3년형을 선고받았으며, 또 가장 마지막에 무죄 판결을 받았다.

사건이 벌어졌던 1980년 12월, 서울대학교 국어국문학과 4학년에 재학 중인 약관의 문학도였던 나는, 지금은 만 66세의 은퇴교수로 생의 황혼기를 앞두고 있다. 그 사이에 45년의 시간이 흐른 것이다. 개인적으로든 시대적으로든 어떤 파란만장한 일들이 일어났어도 놀랄 게 없는 오랜 시간이었다. 나는 그 사건으로 2년 7개월간의 복역을 마치고 세상으로 돌아와 출판사 편집자를 거쳐 문학평론가로 등단하였으며 대학에 자리 잡아 19년 동안 교수 노릇을 했다. 삶의 모든 것을 다 바쳐서라도 혁명가가 되고자 했으며 짧지 않은 수형 생활도 주저 없이 달갑게 받아들였던 한 청년이 걸어갔던 행로치고는 생각보다 평탄한 것이었다.

45년 전에 서울대학교 교정에서 일어난 작은 교내시위 사건으로 세상에 알려지기 시작한 '무림사건'은 처음엔 단지 1980년 5월 광주민중항쟁 이후 학생운동의 핵심부를 차지했던 서울대학교에서 일어난 최초의 교내시위라는 점에서 주목을 받았다. 하지만 그 시위 과정에서 살포된 '반파쇼학우투쟁선언'이라는 제목의 유인물이 정권을 비판하고 민주화를 요구하는 수준을 넘어서 한국사회의 전면적 민중혁명을 선동하는 내용이라는 것으로 인해 시간이 갈수록 더 비상한 주목을 받게 되었다. 그리고 수사가 진행되면서 이 사건이 수년 전 유신 말기부터 서울대학교 내에서 활동해오던 학생 지하조직이 직접 기획한 사건이라는 것이 드러났다. 그 때문에 서울대학교 내의 학생운동 조직은 일시적으로 적지 않은 타격을 입게 되었지만 이는 신군부 정권에게는 학생운동 세력이 향후 1980년대 내내 자신들에게 지속적인 타격을 입히는 민주화 투쟁의 강력한 주도 세력으로 성장해갈 것이라는 강력한 예고이기도 했다.

분단과 전쟁을 겪은 1950년대 이후 한국사회에서 반공독재와 독점자본의 헤게모니는 대다수 민중에게는 숙명적인 것으로 받아들여졌지만, 그것이 전면적인 동의를 뜻하는 것은 아니었다. 특히 4·19 혁명을 통해 성공한 저항의 기억을 가질 수 있었던 구 진보인사와 지식인들, 그리고 강력한 저항의 전통을 계승하고 있는 학생 세력은 이 냉전반공독재의 헤게모니에 굴하지 않고 저항을 계속했다. 그 저항의 흐름은 몇 개의 사상적 경향을 가지고 있었다. 우선 시민민주주의 경향으로, 이는 이승만·박정희로 이어지는 장기독재 체제에 대한 저항에 집중하는 흐름이다. 그다음으로는 저항적 민족주의 경향으로, 해방 이후 한국사회에 결정적 영향을 미쳐온 미국의 제국주의적 지배력에 대한 저항에 무게를 두는 흐름이다. 그리고 마지막으로는 정통적인 사회주의 경향으로, 남한 노동계급의 계급투쟁을 통한 사회주의화에 최우선 순위를 두며 북한의 적화통일론과 민주기지론 등과는 비판적 거리를 유지하는 흐름이다.

이 중에서 가장 주된 흐름은 첫 번째의 시민민주주의 경향이며, 아마도 '민주화 운동'이라 할 때는 기본적으로 이런 시민민주주의적 함의를 전제한 것으로 보아야 할 것이다. 설사 그 내부에 조금 더 진보적인 측면이 포함되었다 할지라도 여기에 일종의 수정자본주의와 제3세계적 민족해방 노선을 덧붙인 정도라고 할 수 있다. 두 번째 경향은 군사 정권의 가장 강력한 탄압과 주목 아래서 잠복해 있다가 1980년대 중반 이후 대학가에서부터 이른바 '주사파' 혹은 NLPDR(민족해방민중민주혁명론, 약칭 NL) 노선으로 되살아나 아직도 일정한 영향력을 지니고 있다. 세 번째 경향 역시 1980년대 들어 이른바 PDR(민중민주혁명론, 약칭 PD) 노선으로 구체화되어 시민민주주의 경향 및 친북 경향과 대립하면서 특히 노동운동권 내부에 상당한 뿌리를 내리며 지속되어오고 있다.

내가 대학에 재학 중이던 1977년에서 1980년 무렵은 이러한 사상적 맥락에서 본다면 아마도 심정적 시민민주주의와 민족주의에서 출발하여 사회과학의 영향을 받아 점차 넓은 의미의 좌파적 지향을 띠게 되는 하나의 과도기였다고 할 수 있다. 그 시절 학회라 불리는 학생들의 스터디그룹에서는 1학년 때는 주로 리영희·박현채·조용범 등 국내 지식인들의 저작을, 2학년이 되면 한국 근대사나 경제사를, 3학년이 되면 초보적인 정치경제학이나 마르크스주의 철학 관련 복사판 원서를 공부했던 것으로 기억된다. 그것은 냉전적 군사독재 체제에서 충성스런 유신 신민을 길러내는 교육만 받던 당시의 대학생들에게 갑자기 그동안 알던 세상과는 전혀 다른 세상이 눈앞에 펼쳐지는 놀라운 경험이었다.

이 공부 과정을 통해 나는 비로소 내가 사는 세계가 어떤 곳인지, 또 그 세계는 어떤 인과 과정을 통해 형성되었으며 어떤 원리로 움직이고 무엇이 잘못된 것인지, 그리고 그 잘못된 것들은 어떻게 해야 고쳐질 수 있는 것인지를 어렴풋이나마 깨닫게 되었다. 1980년대 내내 대학생들의 이러한 자율교육 과정은 '의식화 교육'이라는 이름으로 불온시되었지만, 수십 년이 지난 지금 돌이켜보면 이 정도의 공부는 서구에서라면 보통의 중등교육 과정에서 기본 교양 수준으로 마쳤어야 할 것이었다. 마르크스주의자가 되거나 레닌주의적 혁명론을 받아들여 투철한 전위적 혁명가가 되거나 아니면 그저 교양 수준에서 그런 내용을 알고만 있거나 하는 것은 공부를 마친 각자의 선택의 문제일 뿐이다.

아무튼 이러한 자율교육 과정은, 공부의 깊이는 개인

에 따라 다르다고 할지라도 당시의 젊은 대학생들에게 최소한 현재와 같은 장기 군사독재에 의해 유지되는 천민적 자본주의 체제에서는 살아갈 수 없다는 확고한 의지를 가져다주었다. 그리고 그 의지는 곧바로 실천으로 연결되어 유신 체제 내내 혹독한 긴급조치 치하에서도 제적과 감옥행을 불사하는 불굴의 반유신 학생운동의 연쇄반응으로 나타났다. 만일 10·26 사건으로 박정희 유신 체제가 붕괴하고 1980년의 '서울의 봄'에 김대중이나 김영삼 등 자유주의 정치세력의 헤게모니 아래 민주화 일정이 정상적으로 진행되었다고 한다면 이 자율교육의 내용은 하나의 시민교양 수준으로 머물렀을지도 모르며, 넓은 의미의 자유주의적 전망 속에서 해소되었을 가능성이 높았을 것이다.

하지만 박정희의 사망과 유신 체제의 붕괴는 문민화된 시민민주주의 체제의 탄생으로 이어지는 대신 신군부의 12·12 쿠데타에 의해 또 다른 군사독재 체제로 대체되었다. 그리고 이들에 의해 광주에서 잔혹한 학살극이 벌어지게 되자 나를 비롯한 당시의 학생운동 주체들은 이 한국형 국가독점자본과 군부독재 연합체를 해체하는 일이 독재자 한 명의 죽음으로 해결될 만큼 만만한 일이 아니라는 것을 깨달았다. 그것은 이제까지 느슨한 사회과학적 교양 수준에 머물러 있던 학생운동 주체들의 의식을 순식간에 급진적인 수준으로 끌어올렸다. 신군부의 반동 쿠데타는 너무나 황당한 것이었고, 그들이 저지른 폭력은 너무나 끔찍했다. 역사의 진행은 너무나 느렸고 분노는 너무 커서 그 상태에서는 정상적으로 세끼 밥을 먹고 사는 평범한 일상조차 견딜 수 없을 지경이었다. 양식 있는 시민이면 누구나 그랬겠지만 당시의 청년 학생들은 전두환 신군부 일당과의 싸움에 도움이 된다면 악마에게 영혼이라도 팔 수 있다는 생각이었다.

이제 그저 민주화 타령이나 하고 정권 다툼이나 하고 있다가 신군부의 폭력 앞에서 힘도 못 쓰고 주저앉은 재야세력이나 정치인들을 더 이상 믿을 수 없었고, 노동자를 비롯한 기층 민중의 조직된 힘과 연대한 직업적 운동가들의 혁명적 투쟁만이 승리를 위한 보증이 될 것이라는 생각이 팽배해졌다. 어떠한 개량도 어떠한 타협도 용납되지 않았고, 오직 혁명적 실천만이 이 강고한 적들을 응징할 수 있는 유일한 수단이라는 것이 암묵적으로 공인되었다. 이러한 생각은 당연히 역사 속의 모든 혁명투쟁들을 학습하고 모방하는 길로 이어졌다. '무림사건'을 그저 하나의 반정부 시위 사건이 아닌 계급혁명을 선동한 시위 사건으로 비화하게 만들었던 '불온 삐라'「반파쇼학우투쟁선언」에 나타난 거칠고 대담한 혁명테제적 성격은 나 개인의 과격한 몽상이거나 소영웅주의적 충동에도 기인했겠지만, 더 과격한 표현이라도 마다하지 않았을 청년 학생들의 폭발 직전의 파토스가 반영된 것이 사실이었다.

이 선언문은 이러저러한 혁명적 투쟁을 통해 어떤 사회, 어떤 나라를 만들겠다는 생각은 '민중이 주체가 되는 통일된 민족국가의 수립'이라는 추상적 선언에 머물고 있는 대신, 오로지 어떻게 민중 세력을 잘 조직하고 규합해서 이 반동 세력을 쓸어낼 것인가에만 집중되어 있는, 진정한 혁명테제로는 매우 어설프고 결함이 많은 문건이었다. 그럼에도 불구하고 학생운동을 탄압할 절호의 기회만을 엿보고 있던 신군부 세력에 의해 과대포장되었고, 당장 '민중의 적'들과의 싸움에 몸을 불사를 준비가 되어 있던 청년 학생들에게는 불길에 붓는 기름처럼 뜨거운 격문으로 역시 과잉수용되었던 것이다. 그리고 이후 1980년대 내내 쏟아져나온 수많은 혁명테제형 문건들의 첫 신호탄이 되었다. 이런 흐름 속에서 한동안 한국사회는 마치 하나의 임박한 혁명의 공간처럼 팽팽하게 부풀어 올랐으며 그 속에서 식민지 시대부터 축적되어왔던 모든 혁명적 열망들이 마치 한풀이라도 하듯 한꺼번에 격렬하게 연쇄반응하며 대폭발했던 것이다.

'서울의 봄'의 좌절과 광주에서의 학살과 항쟁의 소식이 일으킨 격앙의 정동을 가라앉히고 냉정하게 되돌아본다면, 「반파쇼학우투쟁선언」은 해방 이후 남한사회에서 박정희의 죽음과 함께 비로소 현실화될 수 있었던 시민민주주의의 도래가 갑작스럽게 지연되었다는 사실에 대한 분노와 저항의 표현을 넘어서는 것은 아니었다. 설사 그 안에 계급투쟁과 사회주의적 지향성 같은 징후가 보인다 할지라도 그것은 그저 징후이거나 주관적 경사에 불과했을 뿐, 당시 한국사회의 객관적 정세나 한국 민중의 주체적 역량, 혹은 의지에 대한 냉정한 분석으로부터 도출된 것은 아니었기 때문이다. 당시 나를 비롯한 학생운동 주체들은 한국사회를 총체적으로 뒤집어엎는 어떤 혁명적 전환을 원했고 이를 수행하는 혁명가가 되고자 했지만, 그것은 당시에 유행하던 경구를 빌려 말한다면 곧 '주관적 착각과 객관적 오류'였던 것이다.

그리고 이 '무림사건'을 '순수한' 학생운동이나 반정부 운동이 아니라 북한과 내통하여 계급혁명을 도모하려는 반체제 사건으로 간주하고 마치 간첩단 사건을 다루듯 했던 당시의 신군부 정권이나 공안기관들의 태도도 잔뜩 과장되어 있기는 마찬가지였다. 그 역시 한국사회가 이제는 냉전반공독재 체제를 벗어나 시민민주주의 단계로 접어들 때가 되었다는 사실을 모르는 우물 안 개구리들의 '주관적 착각과 객관적 오류'의 소산이었다고 할 수 있는 것이다.

피고인 김명인은 대학에 입학하여 (…) 1978. 8월 중순경 지하조직인 '77학번 연합언더조직'원으로 가입하여 78학번 인문대언더조직원을 관리하면서 동조직원, 학회원 및 비판의식이 강한 학생들을 상대로 저항의식을 고취시키는 활동을 하는 일방, 각종 서적을 구입, 탐독하면서 '변증법적 세계관과 사적유물론, 자본주의 붕괴의 필연성 이론'에 심취되고, (…) 민중혁명을 일으켜 제국주의 외세와 국내 매판지배 세력을 타도하고 민중이 주체가 되는 통일된 국가를 건설(하기 위해) (…) 학생과 민중의 힘으로 현 정권을 타도하고 소위 사회민주주의 체제를 수립하여야 한다고 믿은 나머지, 북한괴뢰집단은 국헌을 위배하고 정부를 참칭하여 국가변란을 목적으로 불법조직된 반국가단체로서 공산주의 노선에 따라 간접침략 등의 방법으로 국내외 동조 세력을 규합하여 결정적 시기에 정부를 타도하고 공산정권 수립을 목적으로 활동하고 있고, 피고인도 이 점을 잘 알고 있음에도 불구하고, 반국가단체를 이롭게 할 목적으로 국민대중을 조직화, 의식화시키는 전위대로서 주도적 투쟁을 전개하고 이를 위한 사상적 이론체계의 정립을 위하여 마르크스주의 등 공산주의 이론과 민중투쟁방법 등에 관한 지식을 함양하고 (…)

　피고인들은 이 사건 당시 대학생들로서 민주화운동 내지 학생운동의 일환으로 이 사건 공소사실 중 각 반공법 위반의 점과 같은 활동을 하였을 뿐, 반국가단체인 북한을 이롭게 할 목적으로 그와 같은 활동을 한 바가 없고, 피고인들이 탐독하거나 소지하였던 서적들 또한 헌법상 보장된 학문의 자유 영역 내에 있는 것들일 뿐, 국가의 존립·안전을 위태롭게 하거나 사회에 해악을 끼칠 위험성이 있다고 볼 아무런 근거가 없음에도, 피고인들에 대한 각 반공법 위반의 공소사실을 모두 유죄로 인정한 원심판결에는 사실오인의 위법이 있다.

　여기 두 개의 판결문이 있다. 하나는 1981년 6월 1일, '무림사건'에 대한 서울지방법원 남부지원 송○○ 판사의 판결문의 일부이고, 또 하나는 2020년 10월 7일, 위 김명인·박용훈에 대한 서울중앙지방법원 제2형사부 이○○ 판사의 재재심 판결문의 일부이다. 이 두 판결문 사이에는 40년의 시간차가 존재한다. 그리고 40년 동안의 낙차, 즉 근대 미달의 군사독재 사회였던 1981년의 한국사회와 근대적 시민사회에 근접해진 2020년의 한국사회사이의 차이가 고스란히 반영되어 있다. 1981년의 판결문은 민주주의가 질식된 사회를 살던 한 젊은 학생의 사상적 고민과 실천에 '북한을 이롭게 할 목적'이 있었다는 전혀 근거 없는 딱지를 붙여 범죄화했지만, 2020년의 판결문은 그런 견강부회의 오류를 정확히 지적하고 40년 전의 생각과 실천을 헌법적 기준과 가치 안에서 이루어진 정당한 시민적 활동으로 추인하고 있는 것이다. 오래도록 자유민주주의 국가임을 참칭해오던 대한민국은 이제서야 문자 그대로의 시민적 자유민주주의 국가(부르주아 민주주의 국가)의 격을 갖추게 되었고, 40여 년 전 나와 동료 학생들의 목숨을 걸 정도의 비장한 '혁명적 투쟁'은 그 내면에 어떤 혁명적 전망과 기획이 요동쳤다 할지라도 결과적으로는 이만큼이나 근대 헌법적 정신이 상식적으로 구현되는 시민민주주의 사회를 만드는 데 얼마간의 기여를 한 것에 지나지 않음이 판명되었다.

물론 이것은 지금의 한국사회가 40년 전 한국사회의 부정적 유산을 전부 극복했다는 의미도 아니고, 당시의 나와 내 동료들이 품고 있었던 보다 좋은 세상을 향한 꿈이 여기까지였다는 의미도 아니다. 한국사회는 1987년 6월 민주항쟁을 거치면서 시민적 자유민주주의 체제를 향한 큰 걸음을 내딛었지만 그것은 한편으로는 여전히 완강하게 잔존하고 있는 냉전반공 체제의 유산에 의해, 다른 한편으로는 1980년대부터 세계를 장악해 들어오기 시작한 신자유주의 체제의 엄습에 의해 고전적 의미의 자유민주주의 체제로는 정립되지 못한 매우 불완전한 것이었다. 반면에 단순한 시민민주주의의 정립을 넘어 '민중이 주인 되는 통일된 민족국가'라는 매우 우회적 용어로 표현되었던, 일종의 자주적 사회(민주)주의 노선에 가까운 제3세계형 민족혁명의 이상을 추구했던 당시의 학생운동 주체들도 1980년대 후반을 넘어서며 제 갈 길을 못 가고 주저앉아버렸다는 점에서는 마찬가지였다. 1990년대 초반의 소련을 비롯한 현실사회주의권의 전면적인 붕괴와 자본주의적 개혁개방을 내세운 중국의 정경분리적 노선 수정 등 세계사적 격변은 20세기 초중반의 낡은 혁명이론에 젖줄을 대고 있던 변혁운동권에 1987년 대통령 선거 패배와는 또 다른 충격으로 다가왔다. 이러한 경천동지의 변화 앞에서 혼돈과 방황을 겪을 수밖에 없었던 이들은 신자유주의 초반의 세계적 호황에 힘입은 자본주의 불패의 신화 앞에서 다시 한 번 흔들릴 수밖에 없었고, 이 무렵의 대규모 전향 사태는 필연적 귀결이었다.

그 이후 혁명적 변혁운동에 나섰던 1980년대 주류 운동 세력은 모든 것을 청산하고 일개 대중의 일원으로 자기를 해소해버린 경우를 제외한다면 대략 네 가지 행로를 걸었다고 할 수 있다. 첫째는 극히 일부에 불과하지만 여전히 1980년대의 구좌파적 전망을 유지하며 노동자계급의 곁을 지켜나가는 길이었고, 둘째는 새롭게 열린 제도정치의 장에서 자유주의 정치세력, 혹은 의회주의 좌파의 일원으로 정착하는 길이었으며, 셋째는 혁명적 전망이나 당파성을 포기했다는 점에서는 제도정치권의 행로와 마찬가지지만 1990년대 이후 새롭게 열린 시민운동이라는 공개영역에 자리를 잡는 길이었고, 마지막 길은 학계나 문화계로 방향을 잡아 이데올로기 영역에서 어떤 암중모색을 펼쳐나가는 길이었다.

하지만 어떤 길을 택하든, 직선제 개헌 성취와 1990년대의 경제적 호황으로 '운동권'에 등을 돌려버린 대중의 동향과 자기 자신들 내부의 청산주의 혹은 개량주의, 그리고 부지불식간에 스스로 기득권층의 길을 가도록 만드는 파괴적인 시대의 흐름 앞에서, 서서히 1980년대의 혁명적 비전에서 멀어져가기는 매일반이었다. 1998년 이래 신자유주의가 한국사회에서 악마의 이빨을 드러내는 과정을 지켜보면서 비로소 잠깐 정신이 번쩍 들기는 했지만, 그때는 이미 몸이 말을 듣지 않게 되어버린 지 오래였다. 설사 몸과 마음이 여전히 젊었다 싶어도 완전히 변화된 지형 앞에서 어떤 방식으로 이 새로운 막강한 상대와 맞설 것인지 길을 찾기란 매우 어려운 일이 되어버렸다. 신자유주의라고 하는 새로운 적대자 앞에서는 그동안 알고 있던 어떠한 혁명론도 운동이론도 도무지 힘을 쓸 수 없게 되었기 때문이다.

이제 와 생각해보면 1980년대에 들어서도 노동계급 당파성을 말하며 혁명의 기획을 진지하게 고민한다는 것은 세계사적 맥락에서 좋게 말하면 매우 희귀한, 냉정하게 말하면 매우 시대착오적인 현상이었다. 이는 식민지 이래 분단으로 인한 냉전 체제의 비정상적 지속과 시민민주주의적 변혁의 지연, 그리고 박정희 군사독재정권의 사상문화적 쇄국주의 정책에 기인한 것이었다. 그리하여 박정희 체제가 붕괴했으면서도 2차 군사독재가 다시 대두하는 국면에서 그동안 지연되고 억압되어왔던 혁명적 기획들이 한꺼번에 분출하는 것은 충분히 이해할 만한 일이기도 했다.

하지만 신자유주의적 자본주의의 지구적 확산과 현실 사회주의권의 연쇄적 붕괴는 서구에서는 이미 1960년대 말부터 그 운명이 쇠락해가고 있던 구좌파적 혁명 담론이나 기획에 최후의 일격을 가했다. 공교롭게도 1980년대 한국의 변혁운동 세력은 그야말로 '길이 시작되자 여행이 끝난', 혹은 좀더 쉽게 말하면 '닭 쫓던 개 지붕 쳐다보는' 상황에 처하게 된 것이다. 세계사적 상황이 어떻게 전개되든 사상문화의 갈라파고스로 오래 격리되고 지체되었던 한국사회가 진정 급진적 혁명을 요구하는 상황이었다면 그것이 구좌파적 혁명이건 어쩌건 상관이 없었을 것이다. 하지만 한국사회는 박정희 체제의 종식 이후 비록 정치적으로는 여전히 군사독재 체제가 유지되었으면서도 경제적으로는 신자유주의 체제가 요구하는 이른바 '개혁·개방'이라는 이름으로 세계자본주의 체제에 빠르게 흡수되어갔고, 신자유주의적 '개혁·개방' 초기의 대호황을 통해 어느 순간 혁명 없이도 괜찮은 나라가 되는 건널목을 지나게 되었다. 1987년의 알량한 '민주화'와 1980년대에서 1990년대에 이르는 장기 호황이 혁명을 막아버린 것이다.

1980년대 중후반경에는 신군부 지배 세력의 집요한 봉쇄와 탄압에도 불구하고 정통 마르크스레닌주의, 모택동주의, 종속이론 등 넓은 의미의 구좌파적 혁명이론과 서적이 대거 유입되어 광주학살·항쟁의 고통스런 트라우마로 몸부림치던 당대의 젊은 혁명가들의 가슴을 들끓게 했다면, 1990년대부터는 1968년경 미국과 유럽을 휩쓸었던 이른바 68혁명 이후의 탈구조주의 사상과 신좌파 사상이 빠르게 유입되었고, 이는 더 나아가 신자유주의의 사상적 토대라고 할 수 있는 포스트모더니즘의 범람으로 이어졌다. 마르크스, 레닌, 모택동을 우상처럼 떠받들던 분위기는 시나브로 잦아들었고, 대신 들뢰즈, 푸코, 데리다, 보드리야르 같은 68혁명의 적자들을 모르면 바보 취급을 받는 시대가 되었다.

68혁명은 서구 자본주의 체제와 이에 대한 안티테제로서의 소비에트 사회주의 체제를 둘 다 낡은 기득권 체제로 규정하고 이 두 체제의 사상적 전제로서의 플라톤적 전체주의와 기독교적 메시아주의 등 낡은 권위주의 지식사상체계의 전복을 도모한 서구 청년 세대의 문화혁명으로서 근대성과 근대적 사유체계에 대한 전면적 성찰의 계기가 된 사건이었다. 하지만 이 혁명과 그 이후의 서구 사상들의 기저에는 사회주의적 기획의 실패에 대한 실망과 자본주의 체제의 극복 불가능성에 대한 매우 허무적인 긍정의 혐의가 짙게 드리워져 있기도 하다. 사회주의 혁명의 기본 전제로서의 프롤레타리아트 계급이 총자본과 타협함으로써 그 주체성과 진보성이 붕괴된 이후 자본주의 이후에 대한 상상은 어떤 구체적 힘점을 가지지 못한 채 근대 일반에 대한 환멸과 거부의 정념으로만 가득하게 되었는데, 이는 결국 자본주의 체제에 대한 현실적 저항의 불가능성을 확인하는 것과 마찬가지다.

여기서 조금 더 나아가면 프랜시스 후쿠야마 같은 역사종언론자들의 자본주의 만세 선언이 등장하고, 근대비판으로서의 포스트모더니즘은 사실상 근대수락의 이데올로기로 간단하게 변환되며, 모든 집단주체를 전체주의의 씨앗으로 보는 68혁명 이후의 사상적 경향은 노동자계급을 해체하여 노동자 개인을 자기경영의 주체이자 최종 책임자로 환원시키는 신자유주의적 생산관계 및 이데올로기와 절묘하게 절합되어 신자유주의의 정신적 토대가 되는 아이러니를 낳게 되었다. 그 결과 지금은 신자유주의 헤게모니가 전 세계를 지배하는 새로운 야만의 시대가 된 것이다. 약탈적 세계화와 극단적 양극화, 심화되는 사회적 차별과 혐오, 한계상황으로 치닫는 지구환경 등 자본이 나머지 세계 전체를 어떤 방해도 받지 않고 남김없이 착취한다는 점에서도 야만의 시대이지만, 그런 자본의 횡포를 견제할 어떤 지성의 통제력도 찾아보기 어렵다는 점에서도 야만의 시대이다.

유신 체제가 붕괴되고 신군부가 권력을 탈취하고 민주항쟁을 거쳐 직선제 개헌이 이루어지고 이른바 1987년 체제에서 1998년 체제로 이행했던 기간이기도 하고, 고도 경제 성장, 시민민주주의 체제의 구축, 그리고 신자유주의 헤게모니의 전면화라는 삼중의 서로 길항하는 거대한 변화가 축적되어왔던 시기이기도 한 지난 40여 년의 시간 동안, 나는 1980년대 주류 운동 세력의 네 번째 행로, 즉 학계 혹은 문화계로 가는 길을 택했고, 그랬기 때문에 시간이 갈수록 실천행동과의 긴밀한 연관에서 멀어지게 되었다. 하지만 동시에 이러한 삶의 조건 때문에 비교적 현실의 변화를 객관적으로 읽어내고 또 전망을 모색하는 작업에 가까이 있을 수 있었으며, 그 결과 현상태(status quo)에 투항하거나 관념적으로 보수화될 위기로부터 비켜설 수 있었다.

다시 말하지만, 나는 40년 전의 나와 동료들의 기투(企投)행위가 주관적으로는 한국사회의 신식민지국가독점자본 체제를 변혁하여 '민중이 주체가 되는 통일된 민족국가'를 건설하고자 한 보다 원대한 목적을 가진 혁명적 투쟁이었지만, 객관적으로는 근대 미달 상태의 냉전적 군사독재 체제에 저항한 시민민주주의 투쟁이었다고 생각한다. 그 투쟁은 결과적으로 한국사회가 시민민주주의적 규범과 헤게모니를 유지할 수 있게 되었다는 점에서 제한적이나마 승리한 것으로 판명되었으며 바로 40년 전 나의 행위에 대한 완전한 무죄 판결이 그 증거라고 할 수 있다.

하지만 문제는 그 이후이다. 시민민주주의적 헤게모니는 두 방향에서 여전히 위협받고 제한되고 있다. 하나는 21세기의 시민민주주의를 근원적으로 위협하는 신자유주의 헤게모니라는 세계사적이고 보편적인 위협이며, 또 하나는 냉전 시대의 유산으로 여전히 한국사회를 유령처럼 떠도는 냉전적 반공주의와 그에 유착된 기형적인 이데올로기 지형이다. 이 두 방향의 위협이 해소되지 않는 한, 한국사회는 더 나은 미래로 나아가기는커녕 현재 겨우 지탱되고 있는 시민민주주의적 질서조차도 언제든 붕괴될 수 있는 매우 취약한 상태에 놓여 있다고 할 수 있다.

게다가 지난 수십 년에 걸친 신자유주의 체제의 만행에 휘둘려온 전 세계의 피착취자, 피차별자, 소수자, 루저, 을(乙), 다중(多衆)들은 현재와 같은 약탈적 자본주의 체제의 만행을 넘어서는 전혀 새로운 인간세계의 대두를 목마르게 대망하고 있다. 더불어 지금 급격히 진행 중인 기후위기 역시 현재와 같은 세계질서와는 전혀 다른 질서를 향한 절박한 변혁을 요구하고 있다. 그러므로 혁명의 꿈은 끝나지 않았다. 구좌파의 몽상이었던 프롤레타리아 혁명의 꿈은 이제 시효를 다했지만, 한국사회는 물론 세계 전체가 이대로는 지속 불가능하다는 것이 판명되었기 때문이다. 45년 전에 그랬듯이 나는 오늘도 이대로는 안 된다고, 우리 인간들이 이렇게 살 수는 없다는 마음으로 살고 있다. 그러면 어떻게 할 것인가? 대답은 쉽게 얻어지지 않는다. 20세기에는 비록 실패했지만 그래도 사회주의 혁명이라는 아주 구체적인 희망이자 대안이 있었다. 하지만 지금 그러한 거대한 최대공약수적 이념은 존재하지 않는다. 그렇기 때문에 그야말로 일모도원(日暮途遠), 해는 곧 떨어지는데 마음만 바쁘고 갈 길은 먼 상태에서 어쩔 줄을 모르고 있다.

1980년 '무림사건'이 일어나고 세기를 건너 2020년 이 사건에 씌워진 모든 혐의가 무죄로 판명되었다. 그와 동시에 혁명가를 꿈꾸고 혁명적 실천을 했다고 생각했던 나도 결국은 내란을 일으킨 일부 정치군인들의 폭거를 고발하고 저항한 한 사람의 젊은 시민에 불과했음이 판명되었다. 달리 말하면, 나는 인생의 황혼녘이 되어서야 한 사람의 시민으로서의 성원권을 얻은 늙은 시민인 것이다. 마지막 무죄 판결을 받아들였을 때, 나의 젊은 날의 생사를 건 저항이 사실은 민주시민의 당연한 권리와 의무를 이행한 것이었다는 말을 들었을 때, 묘한 이중감정에 휩싸였다.

한편으로는 내가 범죄자가 아니었음이 공인된 것에 안도했지만, 다른 한편으로는 그저 일개 시민에 불과했다는 사실을 인정하고 싶지 않았다. 하지만 어쩌면 일개 시민이 된다는 것은 대단한 혁명가가 되는 것보다 어려운 일일지도 모른다는 생각이 들기도 한다. 우리가 지금은 공기처럼 당연한 것으로 알고 있는 민주공화정이라는 체제에 도달하기 위해서도 얼마나 많은 시민들의 헌신과 희생이 있었는지 돌이켜보면, 혁명가가 되겠다, 전위적 투사가 되겠다는 생각은 그저 어떤 특수한 상황이 만들어낸 주관적 착각에 불과한 것인지도 모른다. 나는 내가 한 사람의 시민이라는 사실의 무게를 새삼 느끼고 있으며, 나를 시민으로 호명해준 재재심 법정의 판사에게 감사하고 있다.

이제부터 나는 한 사람의 자칭 혁명운동가가 한 사람의 시민의 자리에 내려서게 된 오랜 내력을 이야기할 것이다. 이 긴 이야기 속에는 그 기나긴 시간 동안 도대체 나라는 인간에게, 우리 한국사회에, 또 이 세계에 어떤 일이 일어났는지, 내가 그 일들을 겪으며 무슨 생각을 했고, 무엇을 했으며 또 무엇을 못 했는지 하는 것들이 시시콜콜하게 담겨 있다. 이런 이야기를 버젓이 대놓고 하는 일은 사실 매우 뻔뻔스럽고 창피한 일이다. 하지만 나는 한 개인의 자전적 기록이면서 동시에 지난 45여 년 동안 한국사회가 어떻게 변해왔는가를 들여다볼 수 있는 하나의 사회사적 기록이 될 수 있기를 바라는 마음으로 이 이야기를 해나갈 작정이다. 지난 45여 년의 시간과 씨름해온 늙은 시민으로서의 나의 경험과 생각들이 이제부터 다시 오랜 시간을 세상과 맞서거나 부대끼며 살아가야 할 운명에 놓여 있는 오늘의 젊은 시민들에게 작은 격려와 위안이 된다면 더 바랄 것이 없다.

1부

나의 대학

1977년 봄, 적막

나는 1977년에 서울대학교 인문계열에 입학했다. 초등학교에 입학한 직후부터 가세가 급격히 기울어 초중고등학교 내내 뼛속까지 저미는 가난을 겪으며 살았다. 초등학교 때는 얼마 안 되는 기성회비를 제때 못 내는 일이 다반사였고, 중학교 때도 고등학교 때도 입학금까지는 어떻게 마련해서 내고 나면 그다음부터 매월 내야 하는 공납금을 내지 못해 두어 달 연체를 하고 부모님을 모시고 와서야 담임선생이 집안 사정을 알게 되었다. 그래도 학업성적은 늘 상위권을 유지해서 중학교도 고등학교도 다 공립학교였음에도 입학금 이후의 공납금은 학교로부터 장학금 명목의 도움을 받아 해결할 수 있었다. 중학교 때는 선생님들이 십시일반으로 돈을 모아 학비를 대주었고,

고등학교 때는 학교가 꽤나 유명한 명문고여서 성공한 졸업생들이 후배들에게 주는 장학금 중 하나를 받을 수 있었다.

그런 형편이라 대학은 무조건 등록금이 싼 국립대를 가야 했으며 다른 선택은 있을 수 없었다. 안 그랬다면 처음부터 상업학교로 진학해서 일찌감치 은행원이라도 되어야 했을 것이다. 슬럼프도 있었고 문학청년 흉내를 내느라 놀기도 많이 놀았으면서도 고등학교 3학년 마지막 1년 동안은 하루를 한 시간 단위로 미분하여 책상 앞에 몸을 묶어놓다시피 공부를 해서 다행히 재수도 하지 않고 서울대에 합격할 수 있었다. 학원이나 과외 근처에도 못 가고 그때나 지금이나 최고 명문대라는 서울대를 갔으니 요즘 같으면 어림도 없는 일일 것이다. 물론 순전히 가난 때문은 아니었다. 중학생 시절부터 막연하게 문학이나 역사학을 전공하고 싶었고 기왕이면 한국 최고의 대학이라는 곳에서 그런 공부를 해야 하지 않겠는가 하는 막연한 동경이랄까 야심도 있었다. 단지 가난하기 때문에 서울대를 갔다면 나는 상대나 사범대 같은 즉시 생활에 보탬이 되는 단과대를 목표로 해야 했다.

아무튼 그렇게 원하던 대학에 합격해서, 먼저 그 대학에 다녔던 형으로부터 물려받은 감청색 교복에 어깨에는 '국립서울대학교'의 한글 이니셜로 만든 금색 수실 견장을, 가슴에는 횃불과 펜이 교차한 책 위에 '진리는 나의 빛'(VERITAS LUX MEA)이라는 라틴어가 새겨진 은빛 배지를 달고 입학식에 참석했는데, 그때의 설레던 기분은 45년이 지난 지금도 어제처럼 생생하다. 하지만 터무니없이 넓고 황량한 산비탈에 공공기관 복합단지처럼 조성된 캠퍼스, 신입생들을 개론 중심의 수업에 반별로 수강하게 하는 관료적 학사 운영, 캠퍼스타운은커녕 신림동이나 봉천동으로 1킬로미터 이상은 더 나가야 식당이며 술집을 겨우 만날 수 있는 최악의 주변 환경 등은 내가 그렇게도 동경하던 대학의 모습과는 큰 거리가 있었다.

무엇보다 캠퍼스 전체가 20대 초반의 청년들 수만 명이 모여서 움직이는 장소라고 하기에는 너무나 조용하고 어둡고 무거웠다. 학생들은 절대 큰 소리로 떠들지 않았고, 메인 캠퍼스에서 초원의 길이라 부르는 광막한 초지를 지나야 만날 수 있는 음악대학 근처가 아니고서는 어떤 음악 소리도 들리지 않았다. 캠퍼스 전체가 마치 음소거가 된 동영상처럼 움직임은 있지만 소리가 없었다. 왜 그럴까 나는 매우 궁금했지만 그 이유를 알기까지에는 조금 시간이 필요했다. 3월 어느 날인가, 그나마 늘 학생들의 왕래가 잦은 곳이었던 인문대학 2동과 3동 건물 사이의 작은 광장에서 점심시간 무렵 갑자기 소란스런 움직임이 있었다. 한 사오십 명이나 되었을까. 학생들이 모여서 웅성거렸고 3동 건물 테라스에서 학생 하나가 불쑥 나타나더니 소형 확성기를 들고 무어라 외치기 시작했다. 그것은 내가 입학 후 캠퍼스에서 들을 수 있었던 가장 큰 소음이었고, 가장 많은 사람들의 움직임이었다. 하지만 그 소리와 움직임은 더 확산되거나 증폭되지 못하고 채 10분이 되지 않아 잦아들었다. 누구인지는 모르지만 학생도 교수도 아닌 것만은 분명한 사복 차림의 인간들이 마치 땅에서 솟아나기라도 하듯 갑자기 나타나 그들을 전부 무자비하게 끌고 갔기 때문이다. 그것은 그해 서울대 교내에서 일어난 최초의 반정부 시위였다.

그날 주동 학생들을 개 끌듯 끌고 갔던 그 정체불명의 그림자 인간들은 바로 교내에 상주하고 있던 사복경찰이었다. 그들은 평소에는 잘 보이지 않았다. 마치 교직원인 양, 할부책 판매원인 양, 아니면 그저 학교 구경을 온 동네 사람인 양 여기저기 날카로운 눈매를 번득이며 스며들어 있다가 어떤 소리만 들리면 번개같이 나타났다 슬그머니 사라졌다. 그것이 그 거대한 캠퍼스가 그토록 조용하다 못해 괴괴한 이유였다. 그들은 우리가 1동과 2동, 그리고 대형 강의실이자 소형 강당이었던 4동 앞에서 우유팩을 차거나 실제로 미니 축구를 하다가 조금 소리가 커지기만 해도 어김없이 나타나 주변을 어슬렁거렸고 사실상 기관원으로 추정되던 대학 행정실의 주임이나 직원들은 당연하다는 듯이 대놓고 나타나 좀 조용히 하라는 경고를 하곤 했다.

나중에 2학년이 되어 국어국문학과에 적을 두고 조금 담대해지기도 한 나는 일부러 그들을 놀려주느라고 국어국문학과와 중어중문학과가 입주해 있던 1동 건물 아래 인공연못인 자하연 가에서 지루하기 짝이 없던 특정 교수의 수업을 거부하고 학과 동료들을 모아서 일부러 막걸리 판을 벌였다. 술이 거나해지고 노래도 한두 마디 시작되자 아니나 다를까 검은 그림자들이 하나둘씩 모여들었다. 우리가 짐짓 아랑곳하지 않고 그대로 버티며 술을 계속 마시자, 나중에는 술을 마시던 우리보다 더 많은 인원이 우리를 둘러싸고 위협을 가했으며 그중 몇몇은 대놓고 무전기를 들어 어디론가 연락을 취하기도 했다. 그때서야 우리 짓궂은 젊은 술꾼들은, 이거 학교에서 막걸리 한잔 못 마시겠네, 술 마시는 사람보다 구경꾼이 더 많네 하며 그 자리를 파했다. 캠퍼스에 소리가 사라진 것은 그 때문이었다. 그것은 역으로, 조용하던 캠퍼스에 낯선 소리가 들리면 언제나 무슨 일이 시작되고 있음을 의미하는 것이기도 했다.

그래도 대학생이 되었으니 동아리(당시에는 주로 '서클'이라고 했다) 활동을 하나쯤은 해야 하지 않을까 생각은 해보았을 텐데 이렇게 가위눌린 듯 마비된 듯 침묵과정적으로 가득한 캠퍼스에서 취미 활동을 위해 동아리에 가입한다는 것은 어쩐지 해서는 안 될 일 같아서 관심 있던 문학 동아리나 악기연주 동아리 같은 곳은 한번 기웃거려보지도 못했다. 대신 4월 초가 되자 나는 결국 흔히 '이념서클'이라 불리던 '학회' 중 한 곳의 멤버가 되었고 거의 비슷한 무렵에 문리대 시절의 교지 『형성』의 후계지를 준비하던 인문대 교지 편집실의 수습 편집위원으로 참여하게 되었다.[1]

1977년 4월 초순의 어느 날이었다. 서울대 캠퍼스는 봄이 왔다는 사실이 무색할 정도로 춥고 을씨년스러웠다. 그곳은 관악산의 북사면에 자리하고 있어 해는 늦게 뜨고 일찍 졌으며 부족한 일조량에 산그림자가 드리워 해가 떠 있어도 따사로움보다는 늘 어딘가 춥고 쓸쓸한 기운이 감돌았다. 게다가 산으로부터 골바람이라도 불어오는 날이면 봄이라도 봄이 아닌 것 같은 전형적인 춘래불사춘(春來不似春)의 날씨를 곧잘 연출했다. 캠퍼스라고 해야 관공서 같은 본관 건물과 중앙도서관 건물을 중심으로 어떤 특색도 개성도 없는 획일적인 디자인에 시멘트와 적갈색 유광벽돌로 마무리된 공장 같은 각 단과대 건물들이 산언덕을 타고 올라가는 계단형으로 배치되어 있어서 추운 데다 황량함까지 더해 구색을 제대로 갖춘 꼴이었다. 고교 시절에 종종 구경하러 갔던 동숭동 문리대 캠퍼스에서 품었던 '문리대 신화'에 대한 로맨틱한 동경은 개발독재 시대풍으로 조잡하게 건설된 획일적 캠퍼스 풍경을 처음 만났던 입학시험 날 이미 산산이 깨져버려 그 봄 무렵엔 흔적조차 남아 있지 않았다.

학회, 또 다른 대학

그래도 계절은 봄, 고등학교를 졸업하고 바로 진학한 덕분에 여전히 떠꺼머리를 벗어나지 못했음에도 나는 마치 3~4학년이라도 되는 양 노숙한 척, 세상에 새로운 것 하나 없다는 듯한 표정으로 이 강의실 저 강의실 돌아다니며 교양과목을 수강했다. 그러던 어느 날 공강 시간에 자하연 주변에서 갓 사귄 인문계열 1학년 동급생 친구들과 잡담을 나누고 있는데 검은색 트렌치코트를 걸친 키 큰 사람이 내게 다가왔다. 곱슬머리에 수염을 안 깎은 지 사나흘은 되어 보였다. 그는 어떻게 알았는지, 네가 김명인이냐며 자신은 철학과 2학년으로 나의 고교 선배라고 밝히고는 잠시 이야기를 나누자며 나를 따로 불러냈다. 그는 내게 공부다운 공부를 하고 싶다면 괜찮은 서클이 있으니 한번 해보지 않겠냐고 가입을 제안했다.[2]

그 서클의 이름은 '역사철학회', 한국사와 세계사, 문학과 철학, 사회학, 경제학 등 인문대학의 1학년 교양과정은 물론 전공과정에서도 못 배우는 깊은 인문사회과학 공부를 목적으로 하는 학생들의 자율적 학술 모임이라는 것이었다. 그러지 않아도 중학교 시절부터 장래에 문학이나 역사학을 전공하고 싶다고 생각했던 터라, 그런 공부 모임이 있으며 진짜 철학도 같은 분위기를 풀풀 풍기는 하늘 같던 고교 선배가 나를 그 모임으로 이끈다는 사실에 감동받아 그 자리에서 당장 가입하겠다고 말했다.

'학회'라는 이름의 고전적이고 아카데믹한 이름의 그 공부 모임들[3]이 당시 서울대 학생운동의 근거지였다는 사실을 알게 된 것은 몇 달이 더 지난 후의 일이었다. 역사철학회(역철)는 인문대학에 기반을 둔 유일한 학회였는데, 당시 서울대에는 사회과학회(사과)·사회복지학회(사복)·사회철학회(사철)·경제철학회(경철)·국제경제학회(국경)·후진국경제학회(후경)·농업경제학회(농경) 등 사회과학대학에 기반을 둔 학회, 농촌법학회(농법)·경제법학회(경법) 등 법학대학에 기반을 둔 학회, 그리고 흥사단아카데미·현대사회연구회·고전연구회·대학문화연구회 등 특정 단과대학에 기반을 두지 않은 전교 단위의 학회적 성격을 가진 서클들이 존재했다.[4] 그리고 이 '학회'들은 엄혹한 유신지배 체제 아래서 횡적 연대를 통해 서울대 내의 학생운동의 방향을 잡아나가고 교내시위나 반정부 유인물 살포 등 구체적인 학내 실천운동을 기획해나갔으며, 이 연대조직의 약칭이 이른바 '언더'로서 바로 1980년 '무림사건'을 통해 세상에 모습을 드러내게 되는 것이다.

역사철학회에 가입해서 선배들의 지도 아래 함께 공부를 해나간 첫 한 학기 동안 나는 지적 격랑에 깊이 빠져들었다. 그것은 처음엔 학회에서 알게 된 한국사회나 세계 현실에 대한 실상이 이전 제도교육에서 배웠던 것들과 현격하게 다른 데서 오는 충격으로 시작되었다. 냉전적 제도교육에 의해 왜곡된 형태로 알려진 한국사회와 세계의 실상에 관한 인식의 전환, 그리고 경제사나 정치경제학, 변증법 철학 등 고등학교 시절에는 한 번도 접해본 적이 없는 좌파적 교양의 함양에 학회 세미나 커리큘럼이 주로 초점이 맞춰진 것인 데서 오는 자연스러운 현상으로, 누구랄 것 없이 다 마찬가지로 겪는 일이었을 것이다. 물론 개중에는 이 세미나 내용에 충격을 받고 일찌감치 학회를 탈퇴하는 친구들도 없지 않았고, 내용에는 공감하면서도 이 새로운 지식이 향후 자신의 삶에 끼치게 될 어떤 불길한(?) 예감으로 인해 고민 끝에 결국 중도 탈퇴하는 친구들도 있었다. 후일 문재인 정권 때 서울중앙지검장으로 재직했고 차기 검찰총장으로까지 거론되다가 격려금 사건으로 사퇴한 이모 검사의 경우가 아마 그랬을 것이다. 그는 나의 고교 동창으로, 함께 역사철학회에 가입해서 1년 동안 꽤 열심히 공부했지만 2학년이 되어 법학과에 진학하면서 학회를 탈퇴했다.

나는 매우 적극적이고 열렬하게 학회 활동에 참여했다. 세미나 자체에서 받는 신선한 지적 충격이 나를 매료시킨 것은 틀림없지만 단순히 지적 충격이라면 도서관을 통해서도 가능한 일이었다. 오랜 군사독재 체제에서 강요된 반공냉전 이데올로기의 허구를 깨나가는 것은 물론 이 세계의 역사와 구조에 대한 사회과학적이고 철학적인 해석과 세계 속에 놓인 인간의 본질과 소명을 환기하는 데에 초점이 맞춰진 학회 세미나 프로그램과 그 속에서 이루어지는 치열한 토론은 도서관에서는 도저히 얻을 수 없는 어떤 고전적 아우라를 전해주었다. 이제 막 약관의 나이에 접어들어 비로소 한 사람의 성인이 되어가던 나는 그 아우라 속에서 지적 충격을 받는 것을 넘어서 내가 이 세상에 존재하는 이유를 궁구해나갔고, 동시에 앞으로 어떤 존재로 성장해야 하는가를 깨달아갔다.

물론 그것은 당시의 한국이 시민민주주의 체제가 작동하던 정상국가였다면 어쩌면 매우 온건하고 상식적인 일종의 보편교양에 해당하는 내용이었을 것이다. 그리고 나는 설사 이 놀라운 지식들로 인해 처음엔 충격을 받더라도 모든 성장소설의 주인공들이 그렇듯이 손에 잡히지 않는 이상적 세계를 동경하다가 결국은 조금은 불만스럽더라도 기성 사회의 현실적 구조에 고개를 숙이고 편입해 들어갔을 것이다. 하지만 1970년대 말, 박정희라는 군인 출신의 지배자가 절대적 우상으로 군림하던 한국사회에서는 이러한 상식적인 보편교양조차 허락되지 않았다. 그리하여 공부를 시작한 지 얼마 되지 않아서 나는 이 소중한 지식들을 부정하거나, 아니면 세상을 부정하거나 둘 중 하나를 선택하지 않으면 안 되는 상황에 맞닥뜨리게 되었다. 세상은 흑과 백으로 날카롭게 나뉘어 있었다. 그때 만일 진짜 회색의 중간지대가 존재했고 존재할 수 있었다면, 행동적이고 실천적이기보다 사변적이고 관념적인 편이었던 나는 아마도 일찌감치 그 회색지대로 옮겨갔을 것이다. 하지만 1930년대 말의 독일에 회색지대가 없었듯이 1970년대 말의 한국에도 회색지대는 존재하지 않았다. 회색지대가 있었다면 그것은 그저 비겁으로 위장된 흑색지대였을 뿐이다.

그해 5월이 되자 우리 1학년 남학생들은 병영집체훈련이라 불리던 1주일간의 군사훈련을 받기 위해 성남 인근에 있었던 학생중앙군사학교(별칭 문무대)에 입소하게 되었다. 이 병영집체훈련은 당시 유신 체제에 대한 가장 적극적인 저항주체였던 대학생 집단에게 체제 순응 교육을 시키기에는 1주일에 2시간의 교련수업만으로는 부족하다고 생각했던 군사독재 정권이 개발해낸 신종 훈육제도였다. 그것은 대학 신입생들을 입학 초기인 4~5월에 1주일씩 병영에 감금하고 유격이나 사격 훈련까지 포함한 각종 실전형 군사훈련을 통해 그들이 원하는 이른바 '투철한' 국가관이나 안보관으로 무장시키겠다는 불순한 목적의 강제 군사 교육으로, 일종의 '집단 얼차려'라고 할 수 있다. 이 제도는 1980년 민주화의 봄 시기부터 시작된 오랜 거부투쟁 끝에 1988년 노태우 정권이 수립되면서 결국 폐지되었지만 1977년까지만 해도 이를 집단적으로 거부할 만큼 학생운동의 역량은 충분하지 않았다.

이미 선배들로부터 이 훈련의 불순한 목적을 들어 알고 있던 나는 이를 거부할 방법이 없을까 여러모로 생각해보았지만 뾰족한 수는 없었다. 결국 단체 입소 전날, 만약 술을 깨면 입소하는 것이고 깨지 못하면 입소하지 않는다는 마음으로 무려 소주 열한 병의 폭음을 했다. 하지만 그래도 어떻게 아침에 깨어난 나는 거의 비몽사몽간에 입영버스에 올라타기는 했다. 그 덕에 입소 첫날부터 시작한 제식훈련에서는 열외가 되어 혼자 내무반에서 꿀잠을 잤다. 아무튼 제식·총검술·각개전투·화생방·사격·유격 등 짧은 기간이었지만 강도 높은 기본 훈련은 다 섭렵했고, 훈련 중에는 이른바 '군기 빠져 데모질이나 하는' 대학생들에 대한 노골적 적대감을 가진 교관이나 조교들로부터 적지 않은 모욕적 언사나 얼차려를 받기 일 쑤였으며, 정훈 시간에는 안보교육이라는 미명 아래 '베트남 멸망'이네 북괴의 적화야욕이네 국민총화네 총력안보네 하는 어설프고 역겨운 반공냉전 담론들을 반복해서 들어야 했다. 무엇보다 흔히 '까라면 까야 하는' 불합리한 상명하복 관습이라든가 휴식 시간이 되면 시도 때도 없이 난무하는 외설적 음담패설 등 적나라하게 폭력적인 식민잔재형 군대문화에 고스란히 노출되었던 것은 아직도 매우 불쾌한 경험으로 남아 있다.

하지만 이 일주일의 집체훈련은 기대 밖의 소득을 가져다주기도 했다. 입학한 지 얼마 되지 않은 데다가 아직 학과도 정해지지 않은 계열별 입학생인 인문계열의 178명(정원은 185명이지만 그중엔 여학생이 7명 있었다) 남학생들이 집단적으로 군사훈련이라는 이름의 저강도 국가폭력에 노출되는 동안, 하나의 동질집단으로서 두터운 동료애를 가질 수 있게 된 것이었다. 그 178명 중에는 이미 꽤 많은 숫자가 학회 등 각종 이념서클에 가입해 있었기 때문에 이 훈련이 무엇을 의미하는가를 두고 훈련이 끝난 저녁 내무반에서 토론을 벌이기도 하는 등, 마치 육체적으로 좀 고된 엠티라도 온 것 같은 분위기가 연출되기도 하였다.

농활이라는 이름의 통과제의

학회와 교지 편집실에 가입하고 두 번의 교내시위[5]를 경험하고 병영집체훈련을 다녀오면서 나의 대학 1학년 첫 학기는 다 지나갔다. 그것은 서서히 의식을 압박해오는 긴장과 어둡지만 받아들이지 않을 수 없는 녹록치 않은 예감이 대학 신입생다운 기대와 설렘 대신 자리 잡기 시작했던 기간이었다.

방학이 되자 학회에서는 두 개의 중요한 행사가 기다리고 있었다. 하나는 합숙 세미나였고, 또 하나는 농촌활동이었다. 합숙 세미나에서는 주로 영어 원서 강독과, 일본어 원서를 읽기 위한 기초 일본어 학습이 행해졌다. 합숙 세미나는 대성리, 혹은 일영, 장흥 등 서울 근교의 엠티촌 어느 한 곳에서 4~5일 정도 진행되었는데 강독용 원서는 브라질의 민중교육가 파울로 프레이리의 저서 『피억압자의 교육학』이었다. 문맹이거나 교육을 제대로 받은 적이 없어 겨우 글자만 읽을 수 있는 수준의 브라질 기층 농민들이 자신들의 사회경제적 권리를 스스로 깨우치도록 하기 위한 민중교육 프로그램의 이론과 경험을 정리한 책이다. 한때 민중민주 운동의 대의에 각성해가는 과정을 마치 사이비 종교에라도 심취해가는 과정처럼 매도하는 데 사용했던 '의식화'라는 말의 원 출전이 되는 책이기도 하다. '의식화'라는 말은 기층 민중이 정당한 권리의식에 눈을 뜨며 주체적인 인간으로 자각하는 과정을 뜻한다. 우습게도 그게 두려웠던 시절이다.

이 책을 굳이 여름방학 중에 학습한 것은 곧이어 농민이라는 '기층 민중'과 만나게 되는 농촌활동을 대비하기 위해서였다. 이 책을 강독하고 더불어 1970년대 한국 농촌과 농업 현실에 대한 세미나를 진행했던 것은 그 때문이었다. 지금 생각하면 이제 스무 살 언저리의 대학생들이 기껏 1주일 정도의 농촌활동을 통해 현지 농민들의 의식 변화를 이끌어내겠다는 생각은 참으로 가소로운 것이다. 오히려 그 과정에서 낙후된 농촌 현실과 농민들의 삶에 대해 이해하고 그들로부터 배우는 것이 더 많거늘 민중교육이며 의식화를 운위하면서 그들을 교육 대상으로 상정한 것은 식민지 시대 농촌계몽 운동에서부터 내려온 엘리트주의의 유산이라고 할 수 있다. 하지만 그러한 생각 언저리에라도 가까이 가고, 이렇게 독서를 통한 간접적 방식으로라도 민중 현실에 대해 진지한 생각을 해본다는 것은 매우 중요한 경험이었고, 실제로 이러한 학습을 통해 민중의 열악한 사회경제적·문화적 현실에 눈을 뜨고 나중에 노동이나 농민 현장으로 들어가서 직접 민중운동가로 자리를 굳히게 되는 친구들도 적지 않았다.

농촌활동은 학회의 연중행사 중 가장 크고 중요한 행

사였다. 장마가 끝나는 7월 말경이 되면 각 학회는 물론 본부서클들 거의 전부가 농활단을 조직하여 전국 각지의 농촌으로 향했다. 학교 당국이나 학원을 담당하던 공안기관에서도 대학생 농촌(봉사)활동의 오랜 전통을 알고 있어서인지 적어도 공식적으로는 농촌활동을 금지하지는 못했다(하지만 내가 3학년이던 1979년에는 마침내 농촌활동도 금지되었다). 우리 학회(역사철학회)와 사회복지학회 두 자매학회 합동 농활단은 1977년 7월 13일 강원도 정선군 정선읍 귤암리로 향했다. 지금도 정선군 일대는 오지에 가까운 곳인데 48년 전인 1977년에는 더 말할 것이 없었다.

아침에 출발했음에도 불구하고 당일에 현장까지 들어가는 것은 불가능했기 때문에 청량리역에서 중앙선 완행열차를 타고 오후에 영월읍에 도착, 읍내 교회 한 곳을 섭외해서 1박을 하며 마지막 점검을 했다. 다음 날 아침 또 기차편으로 정선읍에 다다라 버스를 타고 귤암리에 접한 인근 광하리의 비행기재 앞에 내려 개인 배낭이나 가방에다 열흘분의 쌀과 먹거리 자루들까지 함께 들고 지고 해발 770미터의 비행기재를 넘어 현지에 도착했다. 동강 연변을 따라 진입하는 비교적 평탄한 우회로도 있었지만 오십 리는 족히 될 그 길을 짐을 지고 걸어서 이동하는 것은 아무리 20대 초반의 펄펄 뛰는 청춘들이라 해도 버거운 일이 아닐 수 없어 잠시 더 고되더라도 가파른 지름길을 택할 수밖에 없었다. 하지만 농활대답게 다들 허술한 복장에 신발은 대체로 고무신을 신고 가파른 고갯길 이십 리를 넘자니, 자루가 터져 데굴데굴 구르는 무들을 다시 주워 담으며 끈이 끊어진 종이박스를 부여잡으며 땀을 뻘뻘 흘리며 고개를 넘는 행색은 진지하면서도 우스꽝스러운 것이었다.

방학이라 학생들이 나오지 않는 귤암분교 교실에 숙소를 정하고 마중 나온 마을 분들과 인사를 한 후 다음 날부터 농활대가 한 일은 일단 '닥치고 노동'이었다. 아침 6시에 기상해서 밥과 국, 김치 반찬으로 배를 채우고 조를 나누어 일손이 필요한 농가에 투입되었다. 산촌인 귤암리에선 당연히 논이 없어서 작업 현장은 전부 비탈밭이었으며, 작물은 주로 주식인 감자와 옥수수였고, 돈이 좀 되는 작물이라야 담배가 전부였다. 우리 농활대는 두세 명씩 감자밭, 옥수수밭, 담배밭에 투입되어 주로 김매기 노동을 했다. 12시가 되면 작업조별로 대충 준비해 간 점심을 먹고, 1~2시부터는 다시 오후 작업을 시작해서 5~6시경에 작업을 마치면 돌아와 저녁을 먹고, 7~9시까지는 성인반, 부녀반, 청년반, 아동반 등으로 나누어 현지 농민들을 대상으로 하는 분반 활동을 했다. 그리고 숙소로 돌아온 뒤로는 새벽 1~2시까지 기나긴 평가의 시간이 이어졌다. 하루 평균 여덟 시간의 중노동, 네 시간의 혹독한 평가와 토론, 겨우 서너 시간의 수면, 이것이 열흘 동안 농활대의 변함없는 일과표였다.

그러므로 허리가 빠질 정도의 고력노동과 혹독한 자기비판으로 이루어졌던 이 열흘은 농촌과 농민들을 위해 바쳐진 시간이 아니라 우리 자신의 영혼과 육체를 갱신하는 일종의 고난주간과도 같은 시간이었다. 저 고랑 끝까지 다 김을 매기 전엔 허리를 펴지 않으리라는, 밭주인인 현지 농민이 먼저 쉬자고 말하기 전에는 결코 먼저 쉬고 싶다는 말을 하지 않으리라는 전투적인 강박노동, 옥수수나 감자 같은 간식 정도 외엔 새참은 철저히 거부해야 하고 어떠한 개인행동도 허락되지 않으며, 눈꺼풀이 무거워지고 저절로 고개가 꺾일 정도로 피곤한 밤의 평가 시간에도 이를 악물고 끝까지 버텨내야 하는 자학에 가까운 결벽주의. 이러한 엄숙한 자기단련은 서품을 받기 전의 신학생이나 수계를 받기 전의 사미승들의 그것과 그리 멀지 않았다.

밤의 평가회를 주도한 것은 당시 경제학과 2학년이었던 오모 선배였다. 그는 빨간 모자만 쓰지 않았을 뿐, 사실상 신병훈련소의 조교들과 다를 바 없이, 고된 노동과 열악한 식사에 지쳐 녹초가 다 된 농활대원들의 정신적·육체적 이완을 조금도 용서하지 않았다. 그는 자기가 졸지 않기 위하여 무릎을 꿇고 회의를 진행했으며 졸음으로 눈꺼풀이 처지거나 고개를 떨구는 대원들에게는 사정없이 볼펜을 던지거나 소리를 질렀다. 하지만 절대다수를 차지하던 신입생 대원들은 누구도 그 혹독함에 이의를 제기하지 않았다. 다들 그것이 하나의 통과의례라는 것을 잘 알았기 때문이다.

무엇을 향한 통과의례였을까. 나는 대학에 들어오기 전부터, 어쩌면 태어날 때부터 내 삶의 거의 모든 국면에 늘 알 수 없는 어두운 그림자가 드리워져 있었음을 느껴왔다. 대학 입학 후 느꼈던, 캠퍼스를 짓누르던 가위눌림 같은 막막한 억압감도 같은 성질의 것이었음을 알게 되었다. 나는 선배·동료들과의 학습과 토론을 거듭하면서 그 어둠과 가위눌림의 실체가 무엇인지 비로소 확연하게 알게 되었다. 무엇보다 바로 나 자신이 그 어둠과 가위눌림을 걷어내고 뿌리치는 작은 주체가 되어야 한다는 것도. 하지만 그것은 동시에 빠져나올 수 없으리라는 것을 알면서도 늪 속으로 한 발 한 발 걸어 들어가는 과정이기도 하다는 것을 어렴풋이나마 느끼고 있었다. 내게 농활은 바로 그 늪으로 향하는 다시는 돌이킬 수 없는 마지막 한 걸음이었다.

비록 현지 농민들을 의식화한다든가 그들과 연대한다는 것은 하나의 명분 이상이 될 수 없었지만 그 과정은 관념적으로나마 나 자신을 운명처럼 가난과 불행을 타고난 사람들과 같은 자리에 서게 만들었으며, 그들에게 희망이 없다면 내게도 마찬가지로 희망은 없는 것이라는 의식을 심어주었다. 과도한 노동과 과장된 자기학대는 그 위치감각과 정신적 연대의식을 반복적으로 주입하여 마침내 이를 이후 삶의 부동의 출발점으로 깊이 각인시키는 매우 효과적인 단련 과정이었다. 그 통과의례를 거치고 난 후 무엇을 향해 어떻게 싸워야 할지는 아직 충분히 모르지만 나 자신이 정신적으로나 신체적으로나 한 사람의 '전사'가 되어 있음을 느낄 수 있었다. 나는 그 농활에서 찍은 흑백사진 한 장을 아직까지 가지고 있다. 사진 속의 나는 여름 땡볕 아래의 고된 노동과 부실한 식사로 검게 그을리고 초췌했지만, 그런 것은 아랑곳도 없다는 듯이 형형한 눈빛 하나만으로도 감히 세상과 맞설 만해 보였다.

정선군 귤암리 농활은 이듬해인 1978년에도 계속되었고 상급학년이 된 나는 '빨간 모자'를 물려받아 신입생들을 내가 경험했던 바로 그 불의 도가니 속으로 밀어넣었다. 나는 여름의 본 농활 외에도 1977년과 1978년 겨울의 동계 특별농활에도 참여했다. 동계 특별농활은 여름 농활이 멤버십 트레이닝의 성격이 강해서 사실상 현지 농민들과의 연대활동은 부차화된다는 반성에 따라 실행된 것이다. 농한기인 겨울철에 소수의 활동대가 4~5일

정도 현지 농민들의 집에서 숙식을 함께하며 농촌의 실제 형편을 살피고 그들과의 보다 깊은 대화를 통해 농민운동의 가능성을 타진하는 활동을 하자는 것이었다. 나는 이 활동에 매우 열심이었고 그 결과 귤암리의 몇몇 청년 농민들과 꽤 깊은 대화까지도 나눌 수 있게 되었다.

겨울 동강 얼음을 깨고 큰 해머로 바위를 쳐서 떠오르는 민물고기를 잡아 매운탕을 끓여 됫병들이 막소주를 밤새 비우며 그들과 호형호제 의기투합하며 세상 돌아가는 이야기, 농촌의 팍팍한 현실 이야기 등을 나누다 좁은 토방에 한데 엉켜 잠들었던 일도 생각나고, 천식 기침이 도져서 이틀이나 꼼짝을 못 하다가 나에게 숙식할 곳을 제공해준 현지 농민이 달여준 산초열매 진액 덕분에 겨우 살아났던 일도 생각난다. 하지만 그 두 번의 겨울, 며칠 동안의 '연대활동'이 어떤 유의미한 결과로 이어졌는지, 그리고 그 활동이 과연 얼마나 책임 있게 수행되었는지는 말할 자신이 없다. 태어나서 농촌체험이라고는 단 하루도 없었던 서울내기 대학생과 태어나서 오로지 정선 산골짜기 외에는 서울은커녕 원주나 춘천 구경도 한 번 못한 젊은 농민이 만나서 말을 트고 호형호제를 하게 되는 인류학적 진풍경은 남겼지만, 거기서 한 걸음을 더 내딛는다는 것은 결코 간단한 일이 아니었다.

1970년대와 1980년대에 대학 농활단과 현지 농민들의 연대활동이 농민운동의 차원으로 발전한 사례가 없는 것은 아니었다. 영호남의 평야지대나 곡창지대에서는 이미 가톨릭농민회 등 농민들의 권익을 위해 싸우는 농민조직이 존재했고, 그런 지역으로 농활을 가는 대학 농활단은 실제 벌어지고 있는 농민운동의 현장을 경험하며 자연스럽게 농학 연대활동에 참여할 수 있었으며, 그 과정에서 농민운동에 투신하게 되는 대학생들도 꽤 있었던 것으로 알고 있다. 그리고 그러한 활동과 역량들이 축적되어 1990년 전국농민회총연맹(전농) 결성으로까지 이어질 수 있었을 것이다.

하지만 지역적으로 서로 고립된 데다가 척박한 비탈 땅에서 한계노동으로 겨우겨우 살아가는 정선과 같은 산촌 지역에까지 조직적인 농민운동의 바람이 도달하는 것은 당시로는 불가능에 가까운 일이었다. 게다가 1979년부터는 대학생과 농민들의 연대를 두려워한 공안 당국에서 대학생 농촌활동을 전면 금지함으로써 우리는 더 이상 정선군 귤암리에 발을 딛지 못하게 되었고, 그곳에 농촌 협업운동의 불씨를 지피려던 희망도 역시 더 이상은 발을 내딛지 못하게 되었다. 1979년 가을, 나와 가장 진지하게 이야기를 나누었던 귤암리의 청년 농민 K로부터 편지가 한 통 도착했다. 귤암리에 청년 농민들의 느슨한 모임이 만들어졌다는 소식과 함께 그가 지금은 농업과 관련된 공부를 하러 부산에 와 있으며 내년에는 귤암리로 돌아가 본격적으로 '생각하는 농민'이 되겠다는 내용이 적혀 있었고, 말미에는 "앞으로는 명인이와 함께 농업 발전의 시대를 열어야 되겠다"라고 덧붙여져 있었다.

그의 편지에는 "부산에서"라고만 되어 있어 답장을 할 수도 없었지만, 답장을 할 수 있었더라도 어떤 답장을 할 수 있었을 것이며, 했다고 한들 내가 그와 함께 오지 정선의 산골짜기에서 '농업 발전의 시대'를 열어나갈 수 있었을까. 그가 부산에서 고향으로 돌아와 생각하는 농사꾼의 길을 걸으려 하던 그해, 나는 수많은 선배들이 그러했던 것처럼 교내시위를 주도하고 감옥이라는 이름의 또 다른 대학으로 적을 옮기는 일에 이미 깊이 발을 들여놓고 있던 터여서 그를 만나려고 해도 만날 수 없었는데, 그렇다고 그런 이유로 만날 수 없게 되었다고 답장을 할 수도 없었다. 결국 나는 그 친구에게 그저 몇 번 자기 마을을 찾아와 실행할 수도 없는 일과 지킬 수도 없는 다짐들만을 늘어놓다가 다시 서울로, 대학생이라는 예비기득권 집단 속으로 돌아가버린 실망스런 존재가 되고 말았다.

2008년 늦은 가을, 나는 영월 동강에 사는 어떤 지인의 집에서 하룻밤을 묵었던 일이 있다. 다음 날 아침 그 집을 나선 나는 불현듯 생각이 나서 자동차 GPS에 의존하여 정선읍 귤암리 마을을 다시 찾았다. 꼭 30년 만이었다. 윗마을과 아랫마을로 나뉘어 있던 마을의 기본 지형에는 변함이 없었지만 농가들의 모습은 30년 전과는 비교도 할 수 없을 정도로 현대화(?)되었고 마을 형편도 많이 나아진 것처럼 보였다. 강변을 따라 구불구불 이어졌던 오솔길은 2차선 포장도로로 바뀌었고, 마을 안길도 전부 콘크리트 포장이 되어서 승용차로도 거의 모든 집 앞에 접근할 수 있게 되었다.

농사일이 다 끝난 계절이라 한가한 마을을 조금 걷다가 어쩐지 낯이 익은 한 사람을 만나게 되었다. 그도 나를 알아보았다. 겨울 농활 때 매운탕에 소주 파티를 했던 세 명의 마을 청년 중 한 명인 J였다. 그는 그래도 지금까지 마을을 지켜 오십줄의 중농이 되어 가족을 이루고 잘 살고 있었다. 그가 이끄는 대로 그의 집에 들러 차 한잔 마시며 옛날이야기를 나눌 수 있었다. 30년 전에 만났던 사람들 중 반 정도는 여전히 귤암리를 지키고 있었고 반 정도는 대처로 나가 새로운 삶을 살고 있다고 했다. 궁금했던 K는 일찍이 귤암리를 떠났다고 한다. 자세한 사정을 물을 수도 알 수도 없었지만 나는 그의 출분에 내가 어떤 영향을 끼친 것인가 싶어 마음이 무거웠다.

민중·민족·민주라는 기표를 기독교도들이 성부·성자·성신을 모시듯 하던 대학 시절, 마치 십계명처럼 가슴에 새기고 지내던 말 중의 하나로 '민중을 대상화하지 말라'

가 있었다. 민중은 시혜나 계몽의 대상이 아니라 변혁의 진짜 주체이며, 지식인은 민중의 일원으로 존재 전이를 하지 못한다면 민중의 주체화를 돕는 겸손한 조력자여야지 결코 그들을 대상화(요즘 말로는 타자화라고 하면 좋겠다)해서는 안 된다는 말이다. 2년에 걸친 농활 체험 외에는 생애에 농민들과 함께할 수 있는 어떤 기회도 갖지 못했고, 노동운동 경험은 물론 한두 달가량의 공장활동 경험도 없이, 이른바 '민중'을 가까이 접할 기회라고는 3년 가까운 교도소 체험 중 다 합해야 6개월도 채 안 되는 일반 수형자들과의 혼거 생활밖에는 없는 철저한 백면서생의 삶만 살아왔던 내게 '민중을 대상화하지 말라'는 말은 관념적으로는 이해할 수 있지만, 생활상으로, 신체적으로는 여전히 너무나 멀고 어려운 말이 아닐 수 없다. 이런 내가 '민중적 민족문학론'의 기치를 내걸고 '지식인 문학의 몰락'을 선언했으며 작가들에게 민중 속으로의 하방을 강요(?)했다는 사실은 아이러니라면 참으로 위험한 아이러니가 아닐 수 없다. 어쩌면 이러한 나의 이념적 위선은 1979년 가을, 부득이했다고는 하지만 귤암리의 청년 농민 K의 편지에 답장을 하지 않은 그 순간에서부터 싹텄던 것일지도 모른다.

그해 가을

여름 농활이 끝나고 2학기가 시작되면 대학 교정에는 난데없이 고무신을 신은 친구들이 여럿 눈에 띄는 진풍경이 펼쳐지곤 했다. 그들은 십중팔구 농활을 다녀온 친구들로서 신발만 그런 것이 아니었다. 옷차림은 대학생의 그것이라기에는 거의 거지꼴로, 바로 논두렁에서 나온 듯 허름한 바짓단이 반쯤 접혀 있거나 머리는 며칠씩 감지 않아 봉두난발이고, 어떤 친구는 때가 새카맣게 낀 손톱을 하고도 아랑곳없다는 듯 교정을 누비고 다녔다. 비록 잠시 동안이었지만 나도 첫 농활을 다녀온 1977년 가을에는 일부러 아버지의 낡은 작업복 같은 걸 찾아 입고 고무신을 꿰어 신고 등교한 날이 꽤 되었던 것으로 기억된다. 그래서 오죽하면 당시 교내에 상주하던 경찰이나 중앙정보부 요원들은 교내시위가 발생하면 고무신이나 허름한 운동화를 신은 학생들을 특히 지목해서 쫓아다니곤 했다. 그것은 지금 생각하면 차라리 농활의 귀여운 후유증이었다고 할 수 있겠지만, 고무신을 신고 등교했던 당사자들에게 그 행동은 몸은 비록 대학에 있지만 내 정신은 민중과 함께하고 있으며, 내 삶은 그들과 이렇게 언제까지나 동행하겠다는 절실한 고백이나 선언과도 같은 것이었다.

농활과 함께 시작하고 끝나다시피 한 첫 여름방학이 지나고 2학기 개강과 함께 다시 찾은 캠퍼스는 입학 후에 만난 캠퍼스와는 또 다른 의미에서 낯설었다. 그야말로 '여기는 어디? 나는 누구?'라는 우스갯소리처럼 수강신청을 하고 강의를 듣고 캠퍼스를 서성거리거나 돌아다니기는 했지만 이 공간과 내가 도대체 조금이라도 어울리기는 하는 건가 하는 생각을 떨칠 수가 없었다. 아니, 학과별이 아닌 계열별 입학으로 들어와 '인문계열 LA3반'이라는 임시분류 집단에 적당히 수용된 상태로 대학국어·대학영어·대학불어와 같은 고등학교 시절과 별다를 바 없는 기초과목이거나, 심리학개론·미학개론 등 관심은 갔지만 어떤 열정도 없이 혼자 중얼거리다가 나가는 교수들 때문에 차라리 안 듣는 것만도 못한 강의를 들으러 여기저기 강의실을 기웃거리며 다니는 게 전부인 대학이 낯설지 않아도 오히려 이상한 일이었다.

고등학교 시절엔 월계수 잎으로 둘러싸인 채 횃불과 펜이 교차하며 든든히 지켜주는 책 위에 '진리는 나의 빛'이라는 라틴어 경구가 깊이 새겨진 배지를 가슴에 달고 다닐 수 있는 그 최고의 대학에 입학하면 나는 저절로 진리의 문 앞에 가닿을 줄로만 알았다. 낮의 강의실은 권위 있고 정열적인 교수들과 탐구욕과 호기심과 비판적 의문으로 가득 차 어쩔 줄 모르는 학생들 사이의 치열한 토론이 오가는 지적 향연의 무대이고, 밤의 도서관은 낮 동안 떠벌려놓은 치기와 미성숙을 만회하기 위한 안타까움으로 가득한 익독(溺讀)의 현장일 것이라 생각했다. 하지만 그것은 오직 나의 상상 속에서만 가능한 풍경이었다. 1970년대 말의 대학은 죽어 있었다. 2학년이 되어 시작된 전공수업은 그래도 1학년 때의 기초수업보다는 조금 나았지만, 내가 원하던 생기를 발견하기에 그 시절의 대학에는 우선 '자유'가 없었고, 그렇기에 교수와 학생 사이에 나눌 수 있는 공통의 언어가 없었다. 자유가 없는데 대학이 살아 있을 수는 없었다. 정말로 하고 싶은 말은 전부 가슴 깊이 감추고 있는데, 하고 싶지 않은 말만으로 어떻게 대화가 구성되며 어떻게 진실이 교환될 수 있을까.

내가 그렇게 찾았던 '진리의 문'은 등록금을 내고 수강신청을 하고 시간표대로 드나들던 강의실에는 없었다. 그것은 오히려 학교 바깥 '옥호불상'(屋號不祥)의 중국집 골방과 대여섯 명만 들어차도 발 제대로 뻗을 곳이 없었던 누군가의 퀴퀴한 자취방에서 더 가까이 있었다. 줄담배의 매연과 땀 냄새와 밖으로 새어나갈세라 언제나 반쯤 볼륨을 줄인 낮은 목소리들의 웅얼거림이 뒤섞인 학회 세미나는 그 척박했던 시절 그나마 진리라는 것에 가까이 다가갈 수 있는 유일한 통로였다. 그러나 한국 현대사의 오욕을 배우고 한국 민중의 비참과 고난을 알게 되면서 유신독재 체제와 맞설 의지를 키우던 세미나의 모든 순간은 사실 역사의 제단에 기꺼이 자기 한 몸을 바칠 젊은 전사들을 길러내기 위한 일종의 '전시 신병훈련소'의 시간들과 다를 바가 없었다. 그리고 가르치는 자나 배우는 자나 대답보다는 의문이 더 많을 기껏해야 스무 살 언저리의 덜 여문 청춘들에 불과했기에, 진리란 눈에 보이는 현상이 아닌 그 너머의 더 깊고 먼 곳에 있는 어떤 것으로 알고 있던 나에게 세미나에서 말해진 것들이 곧 내가 생각하는 진리일 수는 없었다.

하지만 학교 바깥에서 수많은 시간을 보내며 행했던 어설프지만 절실했던 공부들을 통해 나는 진리가 그저 창백한 관념의 복잡한 추상 과정을 통해 얻어지는 것이 아니라, 나 자신과 나를 둘러싸고 동심원적으로 열려나가고 있는 현실세계라는 구체적 질료들과의 매 순간의 대결을 거치지 않고는 얻어질 수 없는 어떤 것이라는 인식을 얻을 수 있었다. 특히 자유를 박탈당해 죽은 말들만이 떠도는 대학 안의 참담한 무기력을 목도한 나는 이 자유의 부재와 싸우지 않고는 어떤 진리의 발견도 불가능하다고 생각하게 되었고, 이러한 생각은 이후 대학 생활 내내 나의 모든 생각과 말과 행동의 기초가 되었다.

1977년 2학기가 시작된 9월, 캠퍼스에는 어떤 움직임도 보이지 않았다. 물론 정중동이었겠지만 나는 어느새 어떤 일이라도 벌어지는 것이 아무 일도 일어나지 않는 것보다는 훨씬 더 낫다고 여기게 되었다. 그렇게 기다리던 어떤 '일'은 10월 7일이 되어서야 일어났다. 학교 곳곳에 "민족운동의 사회학: 사회학과 심포지엄"이라는 플래카드가 내걸렸다. 그것은 물론 일개 학과 주최의 학술행사였지만 마치 늪처럼 가라앉아 질식할 것만 같은 캠퍼스의 침묵에 던져진 한 개의 돌처럼, 행사 소식만으로도 캠퍼스는 이상하게 술렁였다. 당일 아침부터 나도 마음이 설렜다.

행사는 오후 4시쯤에 시작되었던 것으로 기억된다. 그런데 마침 내가 속한 인문계열 1학년 남학생들은 그날 오후 2시엔가 단체로 교련수업을 수강하고 있었다. 수업 중 쉬는 시간이 되자, 나는 그사이에 오며 가며 조금 친해지거나 말은 트지 않았어도 눈치로 나와 같은 부류일 것으로 능히 짐작되는 몇몇 학우, 아마도 예의 고무신 부대들과 말을 맞춰서, 그날 개최되는 사회학과 심포지엄에 인문계열 1학년들이 단체 관람을 하면 어떻겠느냐고 제의했다. 생각보다 많은 학우들이 적극적인 호응을 보였다. 나는 내친김에 기왕이면 교련수업이 이루어지던 사범대 옆 잔디밭부터 심포지엄이 개최되는 자연대 강당인 26동 건물까지(이 때문에 이 사건은 '26동 사건'으로도 불린다) 함께 대오를 맞춰 가면 어떻겠는가 하고 제안했고, 그 역시 만장일치로 호응을 얻었다. 그래서 거의 1백 명이 넘는 교련복 차림의 인문계열 학생들이 캠퍼스를 비스듬히 대각선으로 가로질러 행진하여 심포지엄 행사장인 26동으로 단체 입장하는 '사건'이 벌어지게 되었다. 교련복 행진을 지켜보던 사복경찰들의 무전기가 갑자기 바쁘게 교신을 시작했고 다분히 장난기를 포함한 이 행진으로 인해 캠퍼스의 조용한 술렁임은 점차 극도의 긴장 상태로 한 단계 더 나아갔다.

알고 보니 학교 당국은 학술대회가 반정부 집회로 변질(?)될 것을 우려하여 이날 오전 이 행사의 허가를 취소했다고 한다. 하지만 이미 입장한 학생들과 힘으로 밀어붙여 계속 밀려드는 학생들을 채 막아내지 못했기 때문인지, 아니면 마치 그물을 쳐놓듯 이참에 제 발로 한군데 모여드는 골치 아픈 '문제아들'을 일망타진하겠다는 숨은 의도 때문인지 강당은 폐쇄되지 않았고 4백여 명이나 되는 청중이 모여들게 되었다. 나중에 들은 바로는 이 행사의 주최자들도 이 행사를 교내시위나 농성 등으로 발전시킬 생각은 추호도 없었다고 한다. 하지만 행사장인 26동에는 이 술렁임이 이끄는 대로 찾아온 학생 청중으로 발 딛을 틈이 없었고, 학술대회장이 되지 못한 26동 강당은 정당한 학술행사를 하루아침에 불허한 학교 당국에 대한 성토장이 되고 말았다. 뒤늦게 26동 건물 밖을 포위하기 시작한 경찰은 종내 집회를 중단하고 해산하라는 통첩을 보내왔다. 이 통첩은 이글거리는 불씨 위에 기름을 부은 격이 되었다.

행사장 안에 있던 주최 학생들과 빼곡하게 자리 잡은 청중은 경찰이 학술행사장을 포위하고 집회 해산을 종용하는 것은 명백한 학생 활동 탄압이라 규정하고, 경찰이 먼저 포위를 풀고 철수하면 평화적으로 집회를 끝내겠다고 응답했다. 시간은 어느덧 8시가 넘어갔고 폭력 진압과 주동자 색출 검거 외에는 다른 카드를 쓸 줄 몰랐던 유신 말기의 경찰에겐 더 기다릴 여유가 없었다. 애초부터 행사를 주최한 선배들도 농성이나 시위 같은 계획을 가지고 있지 못했던 터라 즉흥적 농성을 강행해서 불을 보듯 뻔한 피해를 감수할 수는 없는 노릇이었다. 결국 학생들은 자진 해산을 결정했고 경찰은 집회장에 있던 학생들 전원을 관악경찰서와 학교 정문 부근의 신림파출소(서울대를 전담하는 파출소로서 당시 우리는 세계 최대의 파출소라고 비아냥거리곤 했다)로 분산 연행했다. 행사를 주최한 핵심 선배들과 행사장 분위기를 이끌던 몇몇 논객(?)들은 그 자리에서 구속되고, 나머지 단순 참가 청중은 인적 사항을 죄다 털어놓고 훈방되는 것으로 이른바 '26동 사건'은 종결이 되었다.

이 사건을 이처럼 상세하게 회고하는 이유는 그것이

대학에 와서 내가 주체적으로 참여했던 최초의 '행동'이었기 때문이다. 1학기에도 두 번의 교내시위가 있었지만 나는 그저 구경꾼이었을 뿐이다. 하지만 이번 행사에는 주최 측과 어떤 교감도 없었으면서도 즉흥적이고 자발적인 방식으로나마 청중을 '동원'하는 데에 한몫을 했으며, 모처럼의 학술행사를 기대하던 열기가 뒤늦은 집회 불허와 경찰의 봉쇄로 인해 저항적 농성의 결기로 상승하는 현장의 분위기를 통해 '억압을 뚫고 자유를 행사한다'는 것이 주는 희열을 온몸으로 경험할 수 있었다. 그것은 바로 순수한 '행동의 희열'이었다. 그 자리에 함께 있는 것만으로도 나는 내가 지금 바로 역사의 격랑 한복판에 두 발을 딛고 서 있다는 느낌을 받았다.

그리고 그 열기와 결기의 현장을 유신 체제에 대한 준엄한 재판정으로 바꿔놓은 선배들의 조리정연하고 견결한 논리와 의기가 준 감동 또한 잊을 수 없다. 그 자리를 이끌던 두 사람이 기억난다. 사회자로 행사를 주관했던 심상완(사회학 75), 불편한 몸으로 목발을 짚고 서서 낭랑한 목소리로 사태의 본질을 명확히 짚어나가던 홍윤기(철학 75)가 그들이다. 특히 홍윤기의 발언은 지금 내용은 기억할 수 없지만 경찰의 포위 소식으로 동요하던 청중에게 그 자리를 지킬 수 있는 용기와 지켜야 할 명분을 확고하게 심어준 빛나는 웅변이었다. 이 두 사람을 포함한 여덟 명의 학생이 그날 밤 긴급조치 9호 위반죄로 구속기소되어 1년 이상씩 실형을 살았고, 나는 그들을 그날 처음 알았지만 다음 날 그들이 투옥되었다는 소식을 듣고 뜨거운 눈물을 쏟았다. 그들은 나에게 순수한 정의의 언어가 얼마나 강력한 무기가 될 수 있는지 처음으로 알려준 스승이었다.

의도된 집회나 시위가 아니었던 '26동 사건'이 1977년 2학기 학내투쟁의 봉인을 열어젖혔고, 학내 분위기는 걷잡을 수 없이 뜨거워졌다. 얼마 후에는 도서관 장시간 농성투쟁이라는 시위 방식의 신기원을 세운 11·11 시위가 있었다. 이 시위의 주동자들은 도서관 3층 열람실을 기습 점거하여 안에서 문을 걸어 잠그고 무려 일곱 시간 동안이나 농성을 감행했다. 국사학과 3학년 연성만은 창문을 열어 창틀에 한 다리를 걸친 채 도서관과 본부 사이의 '아크로폴리스 광장'을 내려다보면서 메가폰을 들었다. 그리고 선언문을 읽고 구호를 외치며, 캠퍼스 이곳저곳에서 전투경찰들과 쫓고 쫓기는 공방전을 벌이는 시위대를 지휘했다.

그 덕분에 이 시위는 아마도 1975년 5·22 시위 이후 최대 규모의 교내시위가 되었을 것이지만, 안타까운 '부수적 피해'도 적지 않았다. 연성만은 시위대를 이끌고 도서관 3층 열람실을 점거했는데 그때 도서관에 진입한 시위대 중에는 상당수의 인문계열 1학년들이 있었다. 그런데 결국 열람실 벽을 부수고 진입한 전투경찰에 의해 연행된 이들 중에서 지난번의 '26동 사건'에 교련복을 입은 채 참석했다가 연행되어 신원이 드러났던 열 명 정도가 시위 상습 가담자로 제적 처분을 받고 말았고 한 명은 가담 정도가 심하다 하여 구속되기까지 하였다(나는 학생식당 쪽 시위에 참가하느라 도서관에는 진입을 못 했다). 이 일로 학과 배정도 받기 전에 제적된 친구들은 1980년 봄이 되어서야 학교에 다시 돌아오거나, 아니면 다른 학교에 재입학을 하거나, 그것도 아니면 복교에도 응하지 않고 그냥 대학 중퇴자인 채로 노동 현장이나 각종 투쟁 현장에 남아 있었다. 1977년 서울대 인문계열 입학생은 185명이었는데 그중 10여 명 정도가 한꺼번에 떨어져나간 것이다. 떠난 친구들도 불행했지만 남아 있던 친구들에게도 그 빈자리는 오래도록 남았다.[6]

'도서관 대첩'을 이끌었던 연성만은 내가 소속되었던 또 하나의 서클인 인문대 교지 편집실의 75학번 선배였다. 이름보다 '놀부'라는 별명으로 더 유명했던 그는 교지 편집실 외에도 두 군데나 더 학회 활동을 하던 75학번의 맹장격인 존재였다. 그는 다른 서클과는 달리 규율도 느슨하고 이렇다 할 세미나 프로그램도 없이 그럭저럭 굴러가는 대신 구성원들 간의 격의 없는 토론과 소통은 더 활발했던 교지 편집실에서 주로 '과학적 사고'를 강조하며 철학이나 문학을 전공한 선배들의 상대적으로 느슨하고 리버럴한 입장과 자주 각을 세우곤 했는데, 그중에서도 나중에 소설가이자 시인이 된 철학과 74학번 김영현과의 논쟁은 늘 흥미롭기 그지없어서 새내기인 나에게는 많은 공부가 되었다.

우리가 흔히 '편집실' 혹은 더 줄여 '집실'이라고도 불렀던 인문대 교지 편집실은 그래도 학교 내의 공식 학생활동 기구로서, 편집실은 그냥 기구의 이름일 뿐만 아니라 실제로 인문대학이 있던 1동 건물 3층 한구석에 있는 작은 방 하나의 이름이기도 했다. 다른 학회들이 대부분 서클룸(요즘 말로는 동아리방) 하나 없이 중국집이나 자취방을 전전하며 명맥을 이어나간 것에 비하면 그처럼 떳떳하게 방 하나를 차지하고 그 안에서 할 말 못할 말을 마음껏 떠들 수 있었던 것은 엄청난 혜택이자 특권이었다. 그리고 그 방에 모여든 군상들은 어쨌거나 오롯이 문사철(文史哲) 세 부분으로 이루어진 인문학 전공자라는 확실한 정체성을 가지고 있어 그 정신적 동질감은 남다른 데가 있었다. 학회가 나에게 과학적 엄격성을 가르쳤다면, 편집실이 나에게 가르쳐준 것은 그 과학적 엄격성이라는 그물로는 다 담을 수 없는, 아직 개념화되지 못한, 아니 어쩌면 늘 개념화를 거부하며 유동하는 '사람의 마음과 일'이라는 또 다른 고갱이였다. 그것은 문학과 철학과 역사가 가장 주목하는 것이기도 했다. 그리고 나 역시 그것을 깊이 사랑했다.

박정희 일인독재 체제가 지속되는 한 결코 발행할 수 없는 내용의 교지를 만들어 발행을 요구하고 끝없이 거절당하고 다시 만들어 요구하고 또 거절당하는 일종의 시시포스의 노동이 전부였던 편집실이 폐지되지 않은 것은 기적이었다. 어쩌면 그나마 대학 당국에 남아 있던 마지막 양식 한 조각이 그런 마지막 전횡까지는 막아주었는지도 모른다. 이 기적 같은 작은 틈 속에서 우리가 이루지 못할 꿈을 꾸고 활자화될 수 없는 말들을 나누면서 지켜온 것은 아마도 쉽게 규정할 수 없기 때문에 오히려 큰 가능성을 가진 '사람의 마음과 일'에 대한 무턱댄 믿음이 아니었을까 싶다.

출간될 수 없는 잡지를 만들기 위한 편집회의와 서랍 속에서 언제 빛을 볼지도 모르면서 바래가는 원고들, 특별한 약속도 의무규정도 없이 어떤 때는 자주, 어떤 때는 아주 뜸하게 만나는 구성원들, 얼마간의 분노와 얼마간의 좌절과 얼마간의 격정과 얼마간의 냉소와 얼마간의 결의와 얼마간의 도피와…. 이런 것들이 뒤엉켜 만들어진 이상한 이심전심의 동류의식으로 한없이 너저분한 편집실 공간은 이해할 수 없이 풍성했는데, 그것은 우리가 바로 언제 올지 모르는 고도를 기다리며 지쳐가지만 서로 미워하며 욕하다가도 다시 장난하며 춤추며 끝까지 서로 격려하며 깨어 있던 블라디미르와 에스트라공들이었기 때문일 것이다.

11월 11일 시위가 끝난 지 일주일 후, 학교에서는 또 하나의 작은 사건이 벌어졌다. 인문대 4학년 선배 몇 사람이 시위에 사용할 유인물 뭉치를 가지고 들어오다가 교문에 포진하고 있던 사복경찰들에게 발각되어 바로 검거되어버려, 예정된 시위가 무산되고 만 것이다. 우습고 황당한 해프닝과도 같은 사건이었다. 하지만 그렇게 잡혀가버린 사람들은 결코 우스운 사람들도 황당한 사람들도 아니었다. 김영현(철학 74, 작고), 이을호(철학 74, 작고), 김사인(국문학 74), 김태경(미학 74, 작고) 등이 그들이었는데 김영현과 김사인은 바로 인문대 교지 편집실의 선배로서 앞서 연성만과 마찬가지로 그 당시 나에게는 대학을 다니는 이유 자체였던 사람들이었다. 그들이 떠나간 11월 중순의 대학은 황량함을 넘어 황폐했고, 그 폐허 위로 그저 스산했던 3월의 바람과는 비교도 할 수 없이 살을 에는 차가운 북서풍이 속절없이 우우거리며 몰려다니기 시작했다.

인식의 전환

대학에 가면 책을 많이 읽으리라고 생각했다. 합격자 명단에서 내 이름을 발견한 이후로 철학, 역사, 문학은 물론 정치학이나 경제학, 사회학, 자연과학 등 '남아수독오거서'(男兒須讀五車書)의 정신으로 닥치는 대로 읽고 또 읽으리라 기염을 토했다. 중고등학교 시절에도 누구 못지않게 책을 많이 읽었다고 자부하곤 했으니 그런 생각이 공연한 호기만은 아니었을 것이다. 대학에 입학하고 거대한 중앙도서관의 폐가식 서고에 들어가서 끝도 없이 꽂혀 있는 책들의 행렬을 보고 아득한 황홀경에 빠졌던 기억이 지금도 새롭다. "지칠 줄 모르는 인식욕." 고교 시절 제대로 된 맥락도 모르고 매혹되었던 전혜린의 『그리고 아무 말도 하지 않았다』에서 가장 생생하게 뇌리에 남았던 구절이다. 할 수만 있다면 한 1년쯤 잠자는 시간을 전부 메피스토펠레스에게 저당 잡히고라도 그 책들을 다 읽고 싶었다. 그런데 무슨 책을 그렇게 읽고 싶었을까. 생각해보면 그 호기가 좀 어처구니없기도 했다. 그저 '고전'이라 부르는 것들, '명작'이라 부르는 것들을 무조건 다 읽고 싶었을 뿐이었다. 그러니 정작 무슨 책들을 그렇게 읽었는지 기억이 잘 나지 않는 것도 이해가 간다. 그저 책이면 좋았던 것이다.

교수 임용시 제출했던 대학 시절 성적표 복사본을 아직도 가지고 있어서 들여다보았다. 아직 학과가 정해지지 않았던 1학년 때 국어, 영어, 교련 같은 필수과목을 제하고 무슨 교양과목을 수강했는가 살펴보니, 미학개론, 사회학개론, 지구과학, 인류학개론, 사학개론, 심리학개론, 문학개론 등이었다. 과연 인문학부터 자연과학까지 두루 걸쳐 있다. 신입생다운 박람강기(博覽强記)의 결의가 엿보여 지금도 슬그머니 웃음이 난다. 하지만 그 강좌들 중에서 지금까지 기억에 남을 만큼 인상적이었던 것은 거의 없다. 미학개론(백기수), 사회학개론(김경동), 인류학개론(김광규), 심리학개론(장병림) 등 일부 과목의 담당 교수 이름이 아직도 생각나지만, 이미 고인이 되신 그 담당 교수들에게 미안하게도 그 강의들이 충실했기 때문이라기보다는 대체로 지루하고 실망스러웠기 때문이라는 편이 옳다.

하지만 대학 시절에 내가 무슨 책을 읽었고, 무슨 책을 구입했는지에 대한 비교적 상세한 기록이 남아 있기는 하다. 1981년 11월 4일자 서울지방법원 남부지원에서의 항소심 판결문이 그것이다. 이 판결문에는 내가 검거된 이후 나의 집을 불법 수색하여 압수한 책들의 목록과 이 책들에 대한 간단한 설명이 담겨 있다. 이 기록을 보면 나는 대학에 입학하여 역사철학회 및 인문대 교지 편집위원으로 가입하여 '세미나' 등의 방법으로 파울로 프레이리의 『피압박자의 교육학』, 김지하의 『황토』, 김수영의 『거대한 뿌리』, 셀리그만의 『경제사관의 제문제』, 이영협의 『일반경제사요론』, 왓킨스의 『현대정치사상사』, 최문환의 『민족주의의 전개과정』, 앙리 미셸의 『파시즘』, 양호민의 『공산주의의 이론과 실제』, 하경근의 『후진국 정치론』 등을 공부한 것으로 되어 있으며, 1978년부터 1980년에 이르는 3년 동안 루카치의 『역사소설론』과 『역사와 계급의식』, 안병태의 『조선근대경제사연구』, 모리스 돕의 『자본주의발달연구』, 레닌의 『국가와 혁명』, 알린스키의 『급진론자교범』, 아도라츠키의 『변증법적 유물론』, 앙리 르페브르의 『마르크시즘의 실천문제』, 존 이튼의 『정치경제학입문』, 카렐 코지크의 『구체적 존재의 변증법』, 혼다 겐기치의 『저개발 경제론의 구조』 같은 영어나 일본어 원서들을 구입하여 탐독한 것으로 되어 있다. 물론 이 책들은 당시에는 아니었더라도 시간을 두고 거의 대부분 읽어내기는 했지만(압수당한 이 책들을 돌려받지 못해서 나중에 다시 구입할 때 원통했던 기억이 새롭다), 그 시절 내 인식의 지도에 뚜렷한 발자국을 남긴 책들은 역시 쉬우면 쉬운 대로, 어려우면 어려운 대로 또래끼리 함께 모여 질문하고 토론하며 읽은 것이었다. 여기서 그 책들 몇 권에 대한 기억을 되살려본다.

1학년 1학기에 당시의 대학생들이면 누구나 읽게 마련인 리영희 선생의 『전환시대의 논리』나 『8억인과의 대화』를 통해 냉전 체제와 그 유산으로서의 편협한 반공주의적 세계 인식과 수사학에서 벗어날 수 있게 된 나는 이러한 인식 지평을 기성의 고정관념 전반으로 확장할 수 있게 되었다. 이때부터 자명한 모든 것은 일단 의심의 대상으로 삼아야 하고, 모든 표면적 현상의 이면에는 또 다른 본질이 숨어 있음을 늘 명심해야 하며, 어떤 개별적인 사실을 이해하고 싶을 때는 그것이 산출된 역사적 맥락을 먼저 확인해야 한다는 나름의 인식 규범이 갖추어지기 시작했다. 이러한 규범은 한국과 같은 억압적이고 닫힌 사회에서는 종종, 아니 매우 자주 전제적인 지배 세력이 강요하는 거짓 지식 및 거짓 규범·관습·전통과 충돌할 수밖에 없다는 것, 그리고 그 충돌의 결과는 대부분 유무형의 탄압과 박해로, 나아가 고문이나 투옥, 혹은 죽음으로까지 이어질 수 있다는 것 또한 자연스럽게 깨닫게 되었다.

『전환시대의 논리』 같은 의식화의 초벌구이에 해당하는 기초 세미나가 끝나고 나면 대체로 1학년 말에서 2학년 사이에 세계경제사와 한국경제사 같은 경제사 공부와 초보적인 정치경제학 공부가 뒤따랐고, 그것은 다시 한국 근현대사 공부로 이어졌다. 경제사는 이전까지 그저 사실과 사건들의 나열이나 연쇄로밖에는 파악될 수 없었던 역사의 발전 혹은 변동이 인간사회의 물질적·경제적 측면, 즉 생산력과 생산관계의 발전에 따른 사회변동의 결과라는 전혀 새로운 역사 인식의 세계로 나를 인도했다. 또한 한국 근대경제사 공부는 제국주의적 초과이윤을 노린 일제의 식민지배가 한국의 정상적인 근대적 발전을 저해하고 왜곡했다는 것, 그리고 이 식민지 경험 이후 한국이 오래도록 후진국의 굴레를 벗어나지 못했다는 것을 가르쳐주었다.

정치경제학은 주로 마르크스의 『자본』에 근거한 좌파 정치경제학 입문 지식을 공부했다. 노동가치론과 이윤론, 자본의 집적과 집중, 무정부적 생산과 주기적 공황, 제국주의와 금융자본 등에 관한 기본적인 공부는 자본주의의 막대한 생산력과 이윤 창출의 비밀과 그 위기의 논리적 필연성, 그리고 노동 착취와 궁핍화의 수렁에서 빠져나와 자본주의적 사적 소유를 폐기할 유일한 세력으로 성장할 수밖에 없는 노동자계급의 역사적 운명을 가르쳐주었다. 이어서 계속된 제3세계 종속이론에 관한 공부는 제국주의의 식민지 지배가 초과이윤을 목적으로 식민지를 '원료 공급지이자 상품시장'으로 고착시키는 한, 피식민지의 정상적이고 자주적인 경제 발전은 불가능하다는 사실, 그리고 제국주의가 2차 대전 이후 대부분의 식민지 지역에 대한 정치군사적 직접 지배를 포기하고 '해방'시켜주었다 할지라도 초과이윤 수탈을 위한 경제적 지배가 계속될 수밖에 없다는 사실을 알려주었다.

다음에는 한국 근현대 정치사회사에 대한 공부를 통해 일제 식민지 지배하의 민족해방 운동과, 이른바 '해방공간'이라 불리는 1945년에서 1950년에 이르는 민족 해방과 분단 고착으로 이어지는 격변기를 이해할 수 있었다. 그 이후에는 엄정한 '현실' 그 자체였던 4·19와 5·16 이후 박정희 군사독재 체제의 본질에 대한 공부가 뒤를 이었다. 이 같은 경제사와 정치경제학에 대한 기초적인 공부를 통해 나는 장구한 세계사의 통시적 흐름 속에서, 또 냉전 시대라는 당대의 세계정세라는 공시적 배경 속에서 내가 살아왔고 또 살고 있는 대한민국이라는 나라와 그 사회가 어떤 위상을 가지고 있는지, 또 무엇을 보존하고 무엇을 변화시켜야 하는가를 더 깊이 궁구하게 되었다.

사회과학 공부가 나를 둘러싼 객관세계에 대한 올바른 인식을 가져다주었다면, 철학 공부는 '그렇다면 이 객관세계 속에서 나는 어떤 위치에 놓여 있으며 내가 해야 하고 또 할 수 있는 일이 무엇인가'라는 문제에 대한 각성을 가져다주었다. 대학 초년 시절의 철학 공부는 존재론과 인식론, 윤리학에 대한 눈을 뜨게 해, 매우 소박한 유아론에 빠져 있던 나에게 어느 순간부터 나 자신을 늘 '세계 내의 존재'로, 전체 속의 부분으로, 타자와의 관계들 속의 한 주체-객체로 인식할 수 있는 힘을 길러주었다. 그로 인해 나는 멀거나 가깝거나 나를 둘러싼 모든 문제들을 언제나 평면적이거나 원근법적으로 사유하는 대신 입체적으로 사유하느라 애를 쓰는 '깊이 생각하는 사람'이 될 수 있었다. 특히 헤겔과 마르크스로 이어지는 변증법 철학은 나에게 세계와 인간의 존재를 해명하는 존재론이자 그러한 세계와 인간을 이해하는 인식론, 그리고 세계와 인간을 올바른 존재로 변화시키는 윤리학이 통합된 최고의 철학적 사유로 다가왔다. 나는 모든 현상을 있는 그대로 받아들이지 않고 그 배후의 맥락과 인과적 과정을 먼저 생각한다. 어떤 경직된 도그마나 당위도 끝없이 의심하지만 절대로 불가지론에는 빠지지 않는다. 세상 모든 것들은 변화하되 그냥 변화하는 것이 아니라 대립된 것들의 상호 갈등과 투쟁과 상호 침투를 통해 변화하는 것이며, 세상이 변하지 않는다고 느끼는 것은 내가 이 갈등과 투쟁에서 벗어나 방관하고 있기 때문이라고 생각한다. 나의 이러한 인식론적 태도가 모두 변증법 철학에서 온 것이라고는 할 수 없겠지만, 변증법 철학을 접하지 않았다면 이런 태도를 가질 수는 없었을 것이다.

　이처럼 대학교 1~2학년 시절에 수행했던 사회과학과

철학 공부는 그 이후 내 평생의 세계 인식의 기초가 되었다. 구성주의적 입장에서 본다면 나는 이 공부들에서 얻은 인식으로 나를 둘러싼 세계를 '좌파적 관점' 혹은 '진보적 관점'에서 구성했던 것이고, 그렇게 구성된 세계와 평생을 씨름해온 것인지도 모른다. 그렇다면 이러한 인식과 그 인식을 토대로 살아온 삶은 일종의 허구였을까. '세계 그 자체'를 인식하는 것은 불가능할지도 모른다. 하지만 불가지성이 곧 무의미와 무기력으로 환원될 수는 없다. 나는 이러한 공부들을 통해서 변화와 진보가 곧 지고선은 아닐지라도 끝없이 자기 존재의 위상과 의미를 탐색하고 '지금 이 상태'를 넘어서고자 하는 낭만적 충동이 없는 삶을 견디지 못하는 존재가 되고 말았다.

문학도가 된다는 것

사람들은 내게 동행을 제의해왔다. 빈 삽을 땅에 꽂고 나는 쿨럭쿨럭 기침을 했다. 뜨뜻하고 부우연 대기가 모든 이들의 힘을 넘어뜨리고 있었다. 강변에서였다.

강은 혓바닥으로 내 폐부를 핥으며 언제나 거기에 있었다. 나는 쿨럭쿨럭 기침을 했다. 내 기침을 다 믿을 수는 없었다. 더 아픈 이들은 오히려 가슴 젖혀 이미 피안으로들 뛰어들고 있었다. 그래 분명히 피안이었다. 세계의 저편이었다. 그들은 동행을 제의했었다. 이 세계에서 그들에게 젖혀 보일 가슴이라곤 없는 나는 언제나 웅크린 뒷모습뿐이었다. 부끄러움뿐이었다. 가끔씩 더운 바람이 몰려왔다.

그러나 모오든 다변의 외침들이 아우성치며 불려갔다. 또한 가끔씩 강은 흰 이빨을 보이며 웃었다. 그래 모오든 목쉰 사랑들은 공포에 지고 있었다. 나는 삽으로 내 가슴의 피안을 깎아내고 있었다. 그 삽질은 어쩌면 깊은 강바닥에서 되돌아오고 있을지도 몰랐다. 나는 쿨럭쿨럭 기침을 했다. 어쩌면 이 세계가 내 좁은 폐부에 가득 밀려오고 있을지도 몰랐다.

삽질을 쉬고 다시 기침을 한다.
강바닥엔 분명 세계의 깊이가 드리워져 있었다.
문득 강이 조금씩 뒤채이는 소릴 들었다.
환청은 아니었다.
나만큼한 분량의 강이 깊은 바닥으로부터 일어나고 있었다.[7]

2학년이 되면서 국어국문학과로 진입하게 되었다. 이른바 국문학도가 된 것이다. 국어국문학과는 갓 사범대학을 졸업한 국어과 여교사들에게 둘러싸여 조숙한 시재(詩才)를 칭찬받던 중학교 시절부터 문예반에 들어가 문청 흉내를 내며 교모를 삐딱하게 쓰고 다니던 고등학교 시절 내내 언제나 지망 1순위의 학과였지만, 정작 대학에 들어가서는 불문과나 서양사학과 같은 곳에 마음을 뺏겨 잠시 1순위 자리가 흔들리기도 했다. 1학년 동안의 호된 정신적 단련이, 나는 문학 아니면 안 할 거야, 투의 문청끼를 싹 거두어간 대신, 좀더 폭넓은 지적 축적에 대한 욕망이 그 자리를 차지했다. 나는 서양사학과에 가서 서구 지성사의 흐름을 통시적으로 공부해보면 어떨까 혹은 불문과에 가서 영어 외의 확실한 제2서구어에 능통해지는 것도 좋지 않을까 싶기도 했다. 지금도 마찬가지지만, 지식, 학문, 진리 같은 말들은 당시의 나에게는 모두가 서구적 전통의 번역이거나 번안을 뜻했을 뿐이다. 하지만 다행히(?) 당시엔 매우 인기학과였던 불문과나 서양사학과 같은 곳을 가기엔 내가 1학년 동안 취득한 학점이 모자라서 나는 처음 생각대로 국어국문학과로 방향을 정했고, 그 서구 관련 전공들은 내 마음 속에 '신 포도'로 남게 되었다.

사실 당시의 대학 분위기에서 나 같은 병아리 학생운

동가들에게는 인문대에서 서양사학이나 영문학, 불문학, 독문학 같은 외국문학 전공을 선택하는 것은 마치 사회대에서 경영학을 선택하는 것이 그러하듯 어느 정도는 금기이기도 했다. 그것들은 말하자면 제국주의 학문에 속한다는 이유에서였다. 1960년대 4·19 이후부터 한국 지성사의 중요한 흐름으로 되살아난 민족주의적 경향은 특히 대학에서 강하게 뿌리를 내렸고, 그 때문에 당시 웬만큼 의식이 있다는 학생들은 국어국문학, 국사학, 그리고 조금 더 확장해서 동양사학 등에 학문적 민족주의자, 혹은 반제국주의자로서의 자존심을 투사했으며, 특히 영문학 등 외국문학을 선택한 친구들을 은근히 속물시하는 분위기였다.

내 경우는 그 정도로 국수주의자는 아니어서 외국문학을 제국주의 학문으로 경원하지도 않았고, 우리 것이라는 이유로 한국문학을 편애하지도 않았다. 어차피 어떤 공부건 결국은 한국사회의 문제 해결을 위한 수단이기 때문에 국문학인가 불문학인가 하는 건 단지 접근 경로의 차이에 불과하다고 생각했다. 외국문학을 전공한다면 조금 더 폭넓은 방법론을 섭렵할 수 있으며 비교론적 접근이 가능하다는 장점이 있을 것이며, 한국문학을 전공한다면 한국문학이라는 생생한 텍스트와 바로 마주함으로써 한국사와 한국 현실에 좀더 직핍할 수 있다는 장점이 있으리라 생각했다.

　나는 때 이른 중학교 시절부터 '비평'이라는 말이 주는 어쩐지 예리하고 명징한 뉘앙스에 이끌려 막연히 비평가가 되고 싶다는 생각을 하곤 했다. 그래서 내가 한국문학을 공부하는 국문학도가 된다는 것은 내 무의식 속에서는 곧 내가 문학비평을 하게 될 것이라는 의미였을 것이다. 다만 당시는 내가 장차 무엇이 되고 싶다거나 될 것이라는 생각조차 쉽게 꺼내놓기가 사치스럽고 부끄러울 정도로 목전의 싸움, 즉 말기 유신 체제와의 생사를 건 투쟁에 모든 것을 다 갈아 넣어야 하는 시절이었으므로 비평가가 되고 싶다거나 될지도 모른다는 생각 같은 것은 일단 의식의 지하창고 저 구석에 깊이 처박힐 수밖에 없었다. 국어국문학과에 진입한 첫해 내내 학생운동가 포즈에 빠져 수업 빼먹고 리포트 안 내는 걸 자랑으로 여긴 덕에 두 학기 연달아 학사경고를 면한 수준의 학점을 받은 지경이었으니 국문학도로서의 자의식 같은 것도 생길 리가 없었다.

　내가 한국문학을 공부한다는 것과 한국사회의 올바른 진로를 타개해나가는 일이 어떤 관련을 가지는가에 대해 진지하게 생각해본 것은 2학년 겨울방학에 어떤 생각에서였는지 교지 편집실의 몇몇 선배·동료와 함께 한국 현대문학사 세미나를 진행하면서부터였다. 변변하게 참고

할 만한 현대문학사 문헌이라고는 백철의 『조선신문학사조사』, 조연현의 『한국현대문학사』, 김윤식·김현의 『한국문학사』 정도가 전부였던 1970년대 후반에 방대한 작품 텍스트를 꼼꼼히 찾아 읽었을 리도 없이 진행된 세미나였을 것이다. 하지만 그처럼 축적된 선행 연구가 일천하다는 것이 나의 무모한 도전의식을 자극했는지 나는 그 세미나가 진행되는 동안 시간이 날 때마다 도서관에 틀어박혀서 감히 식민지 시대의 문학사를 직접 개괄하는 글을 쓰기 시작했는데, 그것이 1980년 봄이 되어서야 나올 수 있게 된 인문대 교지 『지양』 창간호에 실린 200자 원고지 200여 매 분량의 「미몽의 시대: 식민지 시대의 문학」이라는 글이다.

프란츠 파농의 식민지 문화론에 기대어 식민지 시대의 문학 전반을 식민지 지배기구의 승인 아래 프티부르주아 문인들에 의해 이루어진 '식민화된 문학'으로 규정하고, 한국문학의 본령을 반일 의병가사나 민요, 독립군가 등 민중문학에서 재발견해야 한다는 취지의 이 글은 지금 읽어보면 낯이 뜨거워질 정도로 제대로 된 텍스트 비평과 분리된 '아무 말 대잔치'에 가까운 것이었다. 하지만 당시 대학가 일부에서는 1970년대 들어서 새롭게 대두하기 시작한 한국문학사의 민중적 재해석의 경향을 급진적으로 밀어붙인 매우 도발적이고 문제적인 문건으로 받아들여지기도 했다. 그리고 비록 수박 겉핥기식이고 관념 편향적인 것이기는 했지만, 이처럼 한국 현대문학사를 통시적으로 개괄해서 집필까지 해본 것은 개인적으로 한국문학을 비평적으로 연구한다는 것이 어떤 것인가에 대해 초보적이나마 '눈을 뜨는' 경험이었다.

이렇게 무모한 정열로 한국 현대문학사와 씨름하면서 한국문학 공부와 한국사회 문제를 연결시키는 일에 대한 문리를 얼마간 깨쳤다고 할 수 있었다면, 얼마 지나지 않아 어린 시절부터 문학비평에 대해 막연하게 가져왔던 관심이 다시 의식의 지평 위로 떠오르게 되는 일이 일어났다. 1979년, 3학년 1학기 전공수업 중에 「꺼삐딴 리」와 「흑산도」로 문명을 알린 소설가이기도 한 전광용 선생이 담당했던 한국현대소설론 과목이 있었다. 당시 거의 대부분의 국문학 전공강의가 그랬듯이 그 과목도 실제 수업은 한 학기 동안 다섯 차례 정도나 되었을까. 개강 2주차 쯤에 교수가 나타나 간단히 리포트 과제를 내주고, 한두 주 후에 과제를 교수 연구실에 제출하면 다시 또 한 주 후에 수업을 열어, 두어 주에 걸쳐 학생들이 제출한 과제들에 대해 코멘트를 하고 나면 또 적당히 종강이 되는 식이었다. 물론 학교 자체가 교내시위 등으로 종종 휴업을 하곤 했으니 한 학기에 대여섯 차례의 수업일수면 그다지 비정상적이라 할 수도 없었다.

아무튼 그 수업의 첫 과제는 당시 각종 문학 잡지 등에 게재된 소설 한 편씩을 골라 200자 원고지 15매 정도 분량으로 비평문을 써내는 것이었다. 그때 나는 이병주의 「정학준」이라는 단편소설을 선택해서 과제를 제출했는데 전광용 선생이 수업 중에 내 리포트를 소개하면서, 이것 봐라, 제법이구나, 너는 앞으로 문학비평을 해라, 라고 한마디를 던졌다. 그 한마디는 마치 마법의 주문처럼 내 안에 깊숙이 얼어붙어 있던 비평가로서의 자의식을 해빙시켰고, 그때부터 언제가 될지는 모르지만 장차 비평가로 살아가게 될 것이라는 생각을 간직하게 되었다. 나는 당시에 서울대 학생운동의 흐름 속에서 나름 꽤 중요한 역할을 하고 있었기 때문에 유신 체제와 싸우는 일 외엔 어떤 개인적 미래도 꿈꿀 수 없었고 해서도 안 됐지만, 그 순간 또 다른 내가 있어 마치 고기를 잡던 베드로가 그물도 배도 가족도 버리고 그냥 예수를 따라나서듯 언젠가는 비평가의 길을 나서게 되리라는 것을 느꼈다.

비평을 하게 될 것이라는 생각을 더욱 부추기는 일은 거기서 그치지 않았다. 그해 여름방학에도 나는 농활 기간 외에는 거의 매일 학교에 나와 도서관이 아니면 학과의 작은 학습공간에서 공부를 하며 지냈는데, 7월 어느 날인가 학과 선배인 박모 형이 내게 짧은 글 한 편 써볼 생각이 없느냐고 물어왔다. 『창작과비평』의 독자 투고란에 200자 원고지 15매 정도의 기고를 하는 일이었다. 1966년에 창간된 계간지 『창작과비평』은 지금까지 50년이 넘도록 간행되면서 한국의 당대문학과 인문사회과학 담론지형에 커다란 영향력을 행사해온 대표적인 진보잡지이지만, 1970년대 후반은 그 영향력이 명실상부 최고조에 달했던 시기였다고 할 수 있다. 박현채·유인호 같은 사회과학자와 강만길·안병직 같은 역사학자, 백낙청·염무웅·구중서·김종철·최원식 같은 문학평론가, 리영희 같은 저널리스트 등 본격적으로 형성되기 시작한 한국적 좌파 담론의 진원지라고 할 수 있던 『창작과비평』은 아무리 가난한 대학생이라도 어떻게든 정기구독을 하거나 아니면 쌈짓돈이라도 털어서 계절마다 한 번씩은 꼭 사 읽어야 하는 영혼의 양식과도 같은 잡지였다. 비록 독자 투고였다고는 하나 이 잡지의 말석에라도 자기 글 한 꼭지가 실린다는 것은 대단한 일이 아닐 수 없었다. 그리고 내 경우를 보면, 실제로 독자 투고라고 해도 그저 무작위로 투고된 글들이 실리는 것이 아니라 나름의 적절한 필자 수소문과 청탁을 거치던 것임을 알 수 있다.

청탁된 내용은 『창작과비평』 1979년 여름호에 만해 탄생 100주년 기념 특집으로 실린 안병직·김흥규 두 필자의 글에 대한 논평이었다. 부탁이라고는 했지만 마감도 며칠 남지 않은 것으로 보아 박모 형도 고민하다가 결국 내게 떠맡기는 것이라 사실상 명령(?)에 가까웠다. 나는 급하게 안병직·김홍규 두 분의 해당 평론을 읽고 도서관에서 만해 관련 자료를 약간 찾아 읽은 후 서둘러 원고를 완성해 마감 전에 글을 다 써서 창비로 부쳤고, 그 글은 8월 중순경 1979년 가을호에 게재되었다. 비록 독자 투고란이기는 했지만 당대 최고의 잡지에 "서울대학교 국어국문학과 3년 김명인"이라는 기명 원고가 실렸으니 어쨌든 『창작과비평』 편집위원들로부터 기본적인 필력을 인정받았다는 것이고, 이 사실은 내가 '글 쓰는 존재'로서의 정체성을 가지게 하는 데 큰 힘이 되었다.

그 후 얼마 뒤에 『창작과비평』 주간이었던 평론가 염무웅 선생으로부터 사무실로 한번 방문하기 바란다는 연락을 받았다. 나는 당시 종로 2가 사거리에서 멀지 않은 공평동 대로변의 출판사 일조각 사옥에 세 들어 있던 창비사의 비좁은 사무실을 찾아 염무웅 선생을 만났다. 그때 염무웅 선생은 예의 '독자 투고'를 크게 칭찬하면서 내게 혹시 '김수영론'을 써볼 수 있겠는지 물었다. 아마도 그것은 『창작과비평』식의 '신인 발굴' 절차였을 것이다.

김수영론을 써보겠노라 답을 했지만 그 약속은 오래도록 지켜질 수 없었다. 모든 사적인 삶의 행로를 정지시켰던 1970년대 말부터 1980년대 초반 무정한 세계의 냉혹한 논리 때문이었다. 유신 체제의 마지막 가을이었던

1979년 가을 내내 교내시위를 준비하여 결행하고 검거되었다가 박정희의 죽음과 더불어 풀려나는 등 눈코 뜰 새 없이 바쁘게 보냈고, 학교로 돌아온 나를 기다린 것은 격랑 같았던 '서울의 봄'이었다. 그리고 1980년 겨울, 나는 경찰차에 실려 학교를 떠났다가 4년 후에야 돌아올 수 있었다.

하지만 문학은 국어국문학과에 진학하거나 한국문학사를 다시 쓰거나 비평적 글쓰기에 입문하는 형태 이외에 또 다른 형태로도 다가왔다. 아니, 그것은 형태도 없이 찾아왔다. 1978년과 1979년 두 해 동안 나는 초보 국문학도였고 그보다 먼저 뜨거운 열도와 팽팽한 긴장에 과몰입했던 '반지하' 학생운동가로서의 시간을 살았다. 그것은 과잉된 당위의 시간이었고, 존재를 위한 시간은 거의 허락되지 않았다. 하지만 나는 만 나이로 이제 갓 스무 살이 된 홍안의 청춘이었고, 이제 곧 닥쳐올 삶의 모든 난제와 모든 비의 앞에서 어쩔 수 없이 쩔쩔맬 수밖에 없는 천둥벌거숭이에 지나지 않았다. 안고수비(眼高手卑)! 눈은 높았으나 손은 서투른, 정신은 맑았으나 마음은 혼돈이었던, 당위는 알았지만 존재가 그것을 채 못 따랐던, 세상에 갓 나온 한갓 무녀리에 지나지 않았다. 눈과 손 사이, 정신과 마음 사이, 당위와 존재 사이, 그 젊은 날의 위태로운 틈새들에 찾아온 것이 문학, 이른바 '시적인 것'이었다.

"인간은 생각하는 동물"이라고 할 때 '생각'은 그저 마음의 흐름이 아니라 몸과 마음의 흐름을 일단 멈추고 그것을 바깥에서 다시 들여다보는 적극적 행동이다. 자연 그대로의 일차원적인 삶을 살아가는 것이 아니라, 그 삶을 일정한 거리를 두고 객관화하는 것이다. 이를 통해 인간은 정체하거나 퇴행하는 대신 변화하고 성장하고 극복하고 초월할 수 있게 된다. 자기 자신과 자신이 속한 세계의 움직임에 대해 객관적 거리를 두고 반성하는 것을 이른바 '메타적 사유'라고 할 수 있을 것인데, 이것이야말로 인간을 인간답게 만드는 가장 중요한 정신적 동력일 것이다. 특히, 교양인이자 지식인으로 살기를 원한다면 이러한 삶에 대한 거리두기는 평생을 두고 훈련하고 반복하지 않으면 안 되는 기본적 원칙이라고 할 수 있다.

이러한 거리두기의 첫 번째는 윤리적 거리두기로, 옳고 그름을 판별할 수 있는 거리두기이다. 두 번째는 논리적 거리두기, 이것은 맞고 틀림을 판별할 수 있는 거리두기이다. 삶에서 어떠한 세속적 성취를 하는가는 또 다른 문제이겠지만 윤리적 판단력과 논리적 판단력, 이 두 가지만 제대로 행사할 수 있다면 그것만으로도 인간은 후회 없는 완성된 삶을 살 수 있을 것이다. 하지만 나는 이 두 가지 거리두기도 제대로 하지 못하면서 또 다른 거리두기의 세계 속을 헤매며 살아왔다. 그것은 분명 생각의 과잉이고 관념의 낭비라고 할 수 있지만 또한 생각하는 자의 피할 수 없는 숙명과 같은 것이었다.

또 다른 하나는 '철학적 거리두기'라고 부르자. 그것은 눈앞에서 보이거나 전개되는 현실적인 것들 모두의 본질을 묻는 일이다. 이는 눈에 보이는 모든 것은 한갓 모방된 것일 뿐이므로 그 너머의 이데아만이 진실이라는 식의 속류 형이상학과는 다르다. 오히려 현실적인 것들로 이루어진 무한한 세계를 거듭된 추상을 거쳐 응축하여 그 에센스를 추출하는 작업이라고 할 수 있다. 그것은 어떤 현상의 개별과 보편, 부분과 전체, 존재와 인식 사이의 관계를 끝없이 묻고 답함으로써 현실적인 것들의 세계 내적인 위치를 탐구하는 일이다. 나는 그저 주어진 현실 속에서 윤리적·논리적 당위를 충실하게 이행하는 성실한 실천사로서만이 아니라, 현실과 당위와 실천의 더 깊은 의미를 계속 의심하고 되묻는 철학자로서도 살고 싶었다.

나머지 하나는 '시적 거리두기'이다. 이것은 앞에서 거론한 윤리적·논리적·철학적 거리두기 모두와 연관되며 동시에 그 모두와 맞서는 또 다른 차원의 거리두기라고 할 수 있다. 인간의 삶에는 윤리적 당위와 논리적 추론과 철학적 성찰로 아직 다 포획하지 못한, 또는 도저히 포획할 수 없는 커다란 잉여의 심연이 존재한다. 통제 가능한 정신에 맞서는 통제 불능의 신체가 있고 선한 선택에 맞서는 악한 충동이 있으며 윤리적·논리적 정언에 맞서는 깊은 허무의 반론이 있다. 그것은 이성의 피안에 존재한다. 나는 이성을 확신하지만, 동시에 이성으로부터 도피하고 싶어지기도 한다. 모든 것을 이성의 힘으로 포획하고 싶어하지만, 여전히 포획되지 않는 것들 때문에 괴롭기도 하고, 또 그런 것들에 악마적 매력을 느끼기도 한다. 나는 그런 것들을 부정하는 대신, 오히려 불확실하고 모호하기만 한 그것들의 품 속으로 종종 뛰어들어 이성의 이름으로 행해지는 모든 것이 혹시 저지를지도 모를 어떤 오류들에 대한 심리적 저지선을 구축하기도 하는데, 그것을 나는 '시적인 거리두기'라고 부른다.

시는 모든 현존하는 것들에 대한 끝없는 의문이고 아직 오지 않은 것들, 이름 붙일 수 없는 것들에 대한 기대로서, 이성으로는 그것들을 다 설명할 수 없기 때문이다. 그 시절 나는 시대의 전사이고 싶었지만 동시에 내 안에는 왜 그래야 하는가를 묻는 회색분자가 존재했고, 냉철한 이론가이고 싶었지만 동시에 내 안에는 영원이나 시적 초월 같은 말에도 쉽게 솔깃하는 덜떨어진 영혼이 존재했다. 그 무렵 진지하게 시를 썼고, 그것으로 내 격렬하게 동요하는 삶에 기우뚱한 균형추를 매달아둘 수 있었다. 이것이 아마 그 시절 내 나름의 '시적 거리두기'의 언어적 흔적이었을 것이다. 아, 그 무렵 나는 학회의 동기

여학생을 열렬히 짝사랑하는 중이기도 했다. 솔직히 말하면 그 이루어지지 못한 짝사랑이야말로 그 시절 내 '시적 거리두기'의 숨은 동력이었지도 모른다.

    강변엔 몸서리쳐지는 바람뿐이다.
    그 바람의 갈피마다 숨은 무변(無邊)의 칼날들을
다 읽을 수 없었다.
    먼저 들녘 풀잎들이
    내게서 부는 바람에 가슴을 베이고
    돌아오는 바람에 나는 의미 없이
    얼굴을 터뜨려 우는 것이다.

    바람은 불어오는 것이 아니고
    되돌아오는 것임을
    알 수도 없었다. 나는
    내 목숨과 싸운 것일 뿐
    내 목숨을 살다가 홀로 눈 멀어
    거대한 삶을 못 읽는 것을

    그러나 기다릴 수 없음은 강물,
    기다리지 않음으로 하여 나는 언제나
    역사의 뒷전에 머무르고

내 오류의 크나큰 무게를 적재하고
강물은 항상 떠나고 있는 것.[8]

2부

안개의 숲, 무림

그 숲에 들어서기 전에

1981년 1월 1일, 그날은 눈이 많이 내렸다. 그날 아침 남영동 역사 부근에 있었던 내무부 치안본부 대공분실 건물의 5층 취조실 침대에서 잠을 깼다. 그 방엔 폭 30센티미터, 높이 1미터쯤의 장방형 창문이 서너 개 있었다. 좁다란 창문들은 바깥으로 향한 유일한 통로였고, 그 창문들 너머로는 이 잿빛 벽돌 건물이 무엇을 하는 곳인지 알 리가 없는 수많은 생활인들의 피로한 삶을 적재한 전철이 용산을 거쳐 인천과 수원으로, 아니면 서울역을 거쳐 청량리 너머 의정부로 오가는 모습이 보였다. 하지만 그날 아침은 그 모든 복잡다단한 풍경은 다 사라지고, 아침인데도 불구하고 아직 어둑신한 하늘로부터 커다란 눈송이들만이 수직의 창을 가득 채우며 하염없이 쏟아져 내리고 있었다. 내 침대 옆의 간이침대에서 잠이 깬 감시 형사도, 야 눈 한번 장하게 온다, 라고 소리쳤다.

내 담당 수사관이었던 이근안 경위는 전날 밤엔 그래도 연말이라고 집에 가서 자고 온다며 퇴근을 했고 그 대신 서열이 낮은 하급 수사관이 나와 함께 신년 아침을 맞은 것이다. 눈 내리는 풍경은 아주 잠깐이었지만 그곳이 전날 밤까지도 극도의 긴장과 두려움이 옥죄어오던 취조실이었다는 사실을 잊을 만큼 비현실적이었다. 신년 아침의 폭설로 인해 어두운 회색의 모호함으로 가득해진 바깥세상의 풍경이 밀고 들어와 취조실 안의 시간은 잠시 멈춘 듯했고, 나는 홀로 막막하고 아득한 기분 속으로 빠져들었다. 그날 오전에는 몇 번째인지 모르도록 계속 다시 쓰고 있던 진술서를 쓰는 것 외엔 아무런 취조도 없었기 때문에 그러한 기분은 꽤 오래 지속될 수 있었다.

기억이 틀리지 않다면 아마 그날 오후였을 것이다. 집에 다녀온 이근안 경위가 다시 취조를 시작하면서 이렇게 말했다. 야, 김명인, 내가 너네 사건에 이름을 붙이려고 며칠 고민을 해봤는데 '무림' 어떠냐. 기가 막히지 않냐? 안개 무(霧), 수풀 림(林), 무림(霧林) 말이야. 이건 갈수록 점점 범위는 커지는데 실체가 딱 잡히지 않아서 안개 숲을 헤쳐나가는 기분이라 '무림사건'이라고 부르는 게 딱인 거 같아. 넌 어떠냐? 좋지 않냐? 나로서는 좋다고 할 수도 아니라고 할 수도 없는 노릇이지만, 감각이 있으시네요, 하고 그냥 맞장구를 쳐주었고, 그런들 나쁠 건 없었다. 그때부터 1980년 12월 11일에 서울대 교정에서 일어났던 교내시위 및 유인물 살포 사건은 '무림사건'이 되었다. 생각해보면 그 사건을 '서울대 반파쇼학우투쟁 선언 사건'이라거나 아니면 '서울대 학생간첩단 사건' 같은 것이 아니라 '무림사건'이라 이름 붙인 것은 고문기술자 이근안 경위가 저질렀던 그 모든 살벌했던 국가폭력 대행업들을 생각해보면 그나마 가장 폭력의 냄새와 무관한 일화가 아니었던가 싶다.

그는 자신의 이 작명감각을 스스로 매우 대견해했는데 이후로도 그의 고문기술이 완성해낸 여러 사건들에 '학림'(學林)이라든가 '부림'(釜林)이라든가 하는 수풀 림 자 돌림의 이름이 붙여진 것을 보면 어느 날 갑자기 발견된 자기 재능(?)에 대한 나르시시즘이 꽤 오래 지속되었음을 알 수 있다. 하지만 지금 생각해보면 그의 이 난데없는 작명감각은 머릿속에서 나온 것이 아니라, 1981년의 첫날 아침, 시야를 분간하기 힘들 정도로 쏟아져 내린 눈발과 그 눈발이 빚어낸 어둡고 모호한 분위기에서 나온 것이 아닐까 싶다. 나는 지금도 '무림'을 생각하면 그 우울했던 새해 첫날 눈 내리는 아침의 기이하고 막막한 어둠 속으로 깊이 빠져 들어가곤 한다.

무림사건, 그것은 좁게는 1980년 12월 11일 서울대학교 교정에서 일어났던 「반파쇼학우투쟁선언」 살포 및 시위 사건을 지칭한다. 그럴 경우 이 사건은 비록 광주민중항쟁 무력 진압 이후 서울대에서 벌어진 최초의 학내 시위 사건이고, 선언문의 과격함이 사회적 파문을 일으켰다는 특이 사항은 있었다고 하더라도 그날 시위를 주도했던 남명수, 남충희, 김회경, 윤형기 등과 선언문을 작성했던 김명인과 전체적인 기획과 조율을 맡았던 현무환과 최영선, 그리고 이른바 배후 조종자로 지목되었던 박용훈과 이원주 등 열한 명이 연루된 학내시위 사건으로 한정되며,[1] 그 이전 1970년대 말기에 무수히 일어났던 교내 시위 사건들과 그리 다를 것 없는 수준이라고 할 수 있다. 물론 그렇다면 '무림사건'이라는 이름도 붙여지지 않았을 것이다.

하지만 넓게 보면 이 사건은 1974년에 일어난 전국민주청년학생총연맹(민청학련) 사건으로 학생운동 세력이 큰 타격을 입고 긴급조치 9호의 발효로 인해 사찰과 탄압이 고도화됨에 따라 서울대 내에서 민청학련 사건 때 피해를 입지 않은 학생운동 지도자들을 중심으로 1975년 경부터 비밀리에 조직되기 시작되어 1980년 12월 11일 교내시위 사건을 계기로 그 실체가 공공연하게 밝혀진 '서클연합회'(속칭 '언더') 활동 전체를 포괄하는 상당히 큰 규모의 사건이었다.[2] 하지만 그 규모보다도 이전 4·19 이후 민청학련 때까지의 학생운동사의 흐름 속에서 있었던 이러저러한 공안 사건과는 달리 관련자들 내부에 어떤 위계화된 조직이나 강령적인 통일성 같은 것이 없는 수평적이고 실무적(?)인 성격 때문에 그 실체와 범위를 확정하기 곤란하여 가히 '무림'이라 이름 붙일 만했다. 그러므로 40년을 넘어 50년에 가까운 세월이 지난 지금 '무림'을 제대로 돌아보기 위해서는 기본적으로 1970년대 후반에서 1980년대 초반까지, 즉 유신 체제 말기에서 신군부 체제 초기에 이르는 정치사회적 상황과 서울대학교를 위시한 당시 학생운동사의 흐름에 대한 이해가 전제되어야 하고, 이 전제 위에서 보아야만 작은 '무림사건', 즉 1980년 12월 11일의 그 사건에 대한 평가 역시 올바로 이루어질 수 있을 것이다.

나는 당시 서울대 서클연합 조직의 지도급 구성원이었고, 많은 논란을 일으켰던 「반파쇼학우투쟁선언」을 기초했으며, 취조 과정에서 서울대 서클연합 조직의 실체와 구성원들 상당수의 이름을 최초로 누설한 당사자로서 오래도록 이 사건에 대해 공개적인 발언을 회피해왔다. 나의 개인적 입장과 해석이 어떤 것인가와 상관없이, 모험주의적인 선언문 작성과 취조 과정에서의 나약한 대응으로 광주민중항쟁 이후 신군부 세력과의 일전을 준비 중이던 서울대 학생운동 세력의 역량에 적지 않은 타격을 입게 한 장본인으로서 근신하는 것이 최선이라 생각했기 때문이다. 하지만 앞에서 밝힌 것처럼 40년이라는 시간이 흘러 이젠 60대 중반을 넘어 노년의 문턱에 들어서고 있는 이 시점이 마지막 기회가 아닐까 하는 생각에 여전히 나를 괴롭히고 있는 무거운 기억들과 마주하며 이 사건에 관한 내 생각들을 정리하여 세상에 남기고자 한다.

'무림사건'에 관해서 이제부터 내가 할 이야기는 넓은 의미의 무림사건으로서 1970년대 후반에서 1980년대 초반까지의 서울대학교 학생운동사를 재구성하거나, 작은 의미의 무림사건으로서 1980년 12월 11일 시위 사건의 세부적 진실을 전달하려는 것과는 거리가 있다. 이러한 작업은 이미 이루어져 있어 여기서 내가 이를 다시 시도하는 것은 불필요한 중복이 될 것이기 때문이다.[3] 무림사건에 대한 나의 기술은 이 두 개의 선행 작업을 토대로 하고 충실히 참조하겠지만 기본적으로는 역사적 기술도, 실록이나 보고서도 아닌, 이 사건과 관련된 개인적 회고의 형식으로 진행될 것이다. 그러므로 그때 정말로 무슨 일이 있었는가 하는 이른바 팩트에 관련해서는 기록을 확인하거나 관련자들의 진술을 청취하는 등의 방식으로 어떻게든 오류를 줄이도록 하겠지만, 당시의 내 생각과 행적을 되살리는 데서 오는 왜곡과 착종, 심지어 때로는 의식적으로, 때로는 무의식적으로 이루어질 수도 있는 은폐와 방어, 과장과 축소는 피할 수 없을 것이다.

오랫동안 '무림사건'을 생각하면 그 역사적 맥락이나 포폄 같은 것들 대신에 눈 내리던 1981년 1월 1일의 막막했던 아침이 가장 먼저 떠오르고, 「반파쇼학우투쟁선언」을 단숨에 써내려갈 때의 그 조증(躁症)과도 같은 열기가, 눈이 올 듯 우중충했던 1980년 12월 16일 오후, 마치 미하엘 엔데의 소설 『모모』에 나오는 시간도둑들처럼 검은색 외투를 입고 검은색 승용차를 타고 나를 검거하러 왔던 형사들의 이미지가, 내가 선언문 작성자임을 입증하기 위해 완전히 발가벗긴 채로 서서 선언문 전문을 암송해야 했던 한밤중의 터무니없이 넓고 뼈저린 한기가 가득했던 관악경찰서의 지하공간이, 거대한 육식맹수와 마주 앉은 것 같았던 고문기술자 이근안과의 밀고 당기던 나날들이, 2년 7개월의 공식 수형 기간은 차라리 짧았다 할 정도로 그 후로도 오랫동안 나를 짓눌렀던 기나긴 수치와 죄책감과 늘 쫓기고 쫓겨 막다른 골목에 처박히는 악몽이 마치 밀물처럼 훅훅 밀려들곤 했다. 그런 기억들 모두가 나에게는 '무림'의 떼놓을 수 없는 한 부분이었고, 이것들을 돌이키는 일과 분리된 건조하거나 냉정한 기록은 나에게 가능하지도 않을뿐더러 무의미한 것이기도 하다. 그러므로 이러한 기억과 이미지들 위에 역사적 맥락을 오버랩시키는 것을 이 글의 기술 방식으로 삼고자 한다.

지상의 삶과 지하의 삶

1977년에 이어 정선군 귤암리에서의 2차 농촌활동을 마치고 돌아온 1978년 8월 하순 어느 날 오후, 나를 역사철학회로 이끌었던 선배가 알려준 시간과 장소 정보만을 가지고 아무런 사전지식도 없는 채 마치 첩보원들이 접선 장소에 나가듯 성북역에서 경춘선 열차를 타고 북한강변 대성리역 부근의 어떤 장소로 향했다. 그 자리에는 나를 포함한 열네 명이 모였는데 나와 같은 인문대 77학번 몇 명만 낯이 익을 뿐, 나머지는 전혀 모르는 친구들이었다. 일행은 곧 대성리 계곡의 한 민박집으로 향했다. 대성리는 당시 수도권 대학생들의 각종 수련회가 빈번하게 열렸던 지역 중 한 곳이어서 그 정도의 인원이 1박을 하며 이야기를 나눌 만한 민박집은 얼마든지 있었다. 민박집에 도착해서 소개인사를 나누고서야 열네 명의 면면을 다 알게 되었고, 그 모임이 어떤 성격의 모임인지 확실히 알 수 있었다.

그날의 참석자는 76학번 선배인 김창호(철학)·이원주

(국어교육)·정인용(사회학)과 77학번인 인문대 김명인(국문학, 역사철학회)·김지석(철학, 농촌경제학회)·윤종범(불문학, 경제철학회)·현무환(독문학, 후진국경제학회), 사회대 김성식(경제학, 흥사단아카데미)·성두현(경제학, 사회철학회)·이홍동(정치학, 사회과학회)·최영선(사회학, 국제경제학회), 법대 김규장(법학, 경제법학회), 경영대 이태화(경영학, 사회복지학회), 사범대 심재철(영어교육, 농촌법학회) 등이었다. 참석한 77학번들은 모두 각 학회 77학번 중에서 선발된 대표들이었다. 그날은 바로 서울대 서클연합 77학번 대표자회의(이른바 '77언더')의 결성일이었던 것이다.[4] 선배 세 명은 '76언더' 소속이었고 이 '77언더'를 1년간 지도해나갈 사람들이었다. 그러면 이 모임은 어떻게 기획되었고, 또 이 모임에서는 어떤 논의들이 있었던가.

76학번인 김창호 등은 76언더의 중심 인물들이었고 그들이 각 학회의 76학번들을 통해 의식과 활동 역량이 뛰어난 77학번들을 추천받고 그들을 대상으로 단과대별로 적절히 안배해서 선발한 것이 이 열두 명이었던 것이다. 이날 결성된 모임은 이후 자체적으로는 '77언더'라는 약칭으로 불렸지만 물론 대외적으로는 절대로 그 존재가 알려지면 안 되는 모임이었다. 이 모임은 향후 76학번 언더의 뒤를 이어 학회를 중심으로 하는 학생운동 역량의 재생산, 즉 신입회원의 모집과 교육과 관련한 협력과 정보의 공유, 학회 세미나 프로그램의 개발, 반유신 투쟁의 효율적 전개를 위한 현실 인식의 공유와 운동 방법의 개발, 각 단과대 일반 학생들을 대상으로 하는 의식화와 조직활동의 전개, 교내시위 등 저항운동의 지속적 전개를 위한 시위 주동자의 물색과 권유, 시위의 성공적 전개를 위한 초동시위대의 동원 등의 작업을 주요한 과업으로 삼는 서울대 학생운동의 사실상 실질적 지도부로 성장해 나가게 된다.[5]

그날 날씨는 나쁘지 않았고 8월 하순인 데다가 강바람까지 잘 불어와 덥다기보다는 좀 시원했던 것으로 기억된다. 강바람을 느끼며 선배들로부터 언더 활동에 대한 기본 사항을 숙지받으면서 드디어 이런 날이 오는구나, 하고 생각했다. 학회에 가입해서 세 학기를 보내는 동안 나는 학업성적은 바닥이었지만 대학 속의 대학이었던 학회에서 이루어지는 모든 학습과 활동에서는 언제나 진심이었고, 미래는 막연했지만 그 길을 가는 동안 어떤 일이 주어지든 피하지 않으리라 생각했던 열성분자였다. 이날의 모임에 내가 역사철학회 77학번을 대표해서 얻은 참가 자격은 곧 이제 그동안 혼자서 아파하고 깨우치고 결의하고 단련해온 모든 것들을 이제는 혼자서가 아니라 여럿이 함께하는 공적인 '운동'의 영역에서 쏟아넣을 수 있는 기회를 의미했다. 그것은 자랑스러웠지만 심각하고 엄숙한 일이기도 했다.

'77언더'라는 말조차 감히 밖으로 내놓지 못하고 속으로만 알고 있어야 했던, 이름도 없고 강령도 없고 규약도 없으며 꼭 필요한 것 외에는 더 알아서도 안 되고, 알 수도 없었지만, 동시에 그 어떤 시대의 그 어떤 학생운동 조직보다 더 고도화된 인식과 규율을 암묵적으로 견지해 나가야 했으며 느슨한 팽팽함, 또는 팽팽한 느슨함으로 무장되어야 했던 이 전대미문의 조직체계의 한 구성인자로 활동한다는 것은 나를 이제까지와는 전혀 다른 사람으로 만들었다. 나는 그때부터 수년 동안 마치 누구에게도 말 못 할 금지된 사랑에 빠진 것처럼 위험하면서도 짜릿하고, 기쁘고 벅차면서도 슬프고 우울한 그런 상태의 삶을 살게 되었다. 그러면서도 겉으로는 별일이 없는 것처럼, 공식적으로는 인문대 국문과 학생이며, 인문대 교지 편집실과 역사철학회의 보통 구성원 중 하나로 살아가야 했다.

그것은 캠퍼스에 실핏줄처럼 퍼져 있는 중앙정보부나 경찰의 예민한 촉수를 피하기 위해서이기도 했지만, 동시에 내가 77언더의 구성원이라는 사실을 알아서는 안 되는 학회 동료나 후배들, 또 인문대 교지 편집실 구성원과 학과 친구들에 대해서도 철저히 보안을 유지해야 했기 때문이다. 언더 구성원들과는 학내에서는 서로 아는 척을 하지 말아야 했고, 모임은 학교 바깥에서 학교를 오가는 노선버스가 지나가지 않는 매번 다른 장소에서 한 달에 한두 번 정도만 가졌으며, 모든 연락처와 결정 사항은 철저히 암기하되 일단 사용되거나 이행된 이후에는 가급적 잊어버리고 혹시라도 메모가 남았으면 완전히 소각해 버리는 것이 원칙이었다. 하지만 여기서 논의된 사항들은 언제나 내 모든 일상과 활동의 최우선 순위에 놓이는 것이었다. 그러니 그때부터 나는 완벽한 이중생활 상태를 살게 된 것이다.

나는 이미 1학년 때부터 앞서 이야기한 바 있는 '26동 사건'에 연루되기도 했고, 인문대 교지 편집실 활동을 통해서 늘 편집 기획이나 원고 내용과 관련하여 학교 당국과 맞서 싸우곤 했기 때문에 이미 중앙정보부나 경찰에서는 문제학생, 즉 잠재적 시위 주동자 정도로 잘 알려져 있는 형편이었으므로, 언더 구성원이 되었다고 갑자기 아닌 척하는 것도 이상한 노릇이라 공개적이고 무해한 상황에서는 여전히 정의파 대학생처럼 행동했다. 하지만 정말로 문제가 될 만한 상황, 특히 교내시위 현장에서는 잘못 가담하여 체포되거나 불필요하게 연행 조사를 당하는 일은 철저히 피했다. 그것은 다른 언더 구성원들 모두 마찬가지였다. 경거망동은 금물이었다. 그 때문에 나는 오히려 1978년 2학기부터 내가 결국 시위 주동자로 나설 수밖에 없었던 1979년 10월 이전까지 대여섯 차례 일어났던 교내외 시위에 대한 사전정보와 후일담 등에 대해서는 매우 잘 알 수 있었지만 현장에는 적극적으로 나설 수가 없는 특이한 처지에 놓이게 되었다. 혹시 누군가 당시의 나를 관찰하고 있었다면 저 친구는 1학년 때는 아주 투사연하고 다니더니 2학년 여름방학을 지내고 나서는 뭔가 좀 조심스러워졌다고 느꼈을 것이다.

이렇게 지상과 지하를 오가는 이중적인 삶은 한편으로는 살얼음을 밟고 가는 것처럼 위태롭고 극도로 긴장된 것이며, 그만큼 냉정하고 치밀한 현실주의자의 태도를 요구하지만 다른 한편으로는 매우 낭만적인 감수성을 자극하는 것이기도 했다. 스스로 매우 중요한 일을 하고 있다는 자의식과 함께 내가 이렇게 중요하고 위험한 일을 감수하고 있는 사람이라는 사실을 누구에게도 말할 수 없다는 데서 오는 피할 수 없는 고독감은 매우 낭만적이면서도 어떤 의미로는 자학적이기도 한, 고통 어린 쾌감을 가져다주었다. 이런 낭만적 쾌감과 자학적 고통의 교직은 내 영혼에 숭고한 빛과 퇴영적인 그림자를 번갈아 드리우곤 했다.

이럴 때면 그래도 문학도라고 윤동주와 이육사의 차이에 대해 생각하곤 했다. 마음속은 민족 현실에 대한 안타까움과 부끄러움으로 가득했다고 해도 객관적으로는 여전히 일개 문학 전공의 대학생이었던 윤동주는 시 속에 자기 삶의 일상에서 건져낸 안타까움과 부끄러움을 극한까지 밀어붙여 표현할 수 있었다. 하지만 이미 항일투쟁의 최전선에서 누구에게도 말할 수 없는 임무를 수행하던 이육사는 정작 자신에게 가장 중요한 현재적 일상의 내용과 거기서 길어 올려지는 생각들에 대해선 어떤 표현도 할 수 없었다.

물론 나는 이육사 편이었다. 그의 현재는 늘 단정한 슈트와 넥타이 차림으로 모든 것을 숨기고 엄혹한 감시하의 국경을 넘나들어야 했던 자의 운명처럼 '말할 수 없는 것'으로 가득했기 때문이다. 대신 그는 과거의 향수와 추억을 노래하거나, 다가올 미래에 대한 영웅적이고 낭만적인 계시만을 노래할 수밖에 없었다. 나는 뤼순감옥에서 옥사하기 전, 비밀임무를 띠고 국경을 넘나들던 시기에 찍은 이육사의 사진에서 단정한 슈트와 넥타이 안에 모든 것을 유폐시킬 수밖에 없었던 혁명가의 고독을 읽을 수 있었는데, 그것은 내가 잠시나마 그런 종류의 삶을 살아본 경험이 있었기 때문이다. 나는 지금도 윤동주의 시를 읽으면 연민을 느끼고, 이육사의 시를 읽으면 고통을 느낀다. 연민은 밖을 향하고, 고통은 안을 향하는 것이기 때문이다.

첫사랑이 흘러간 항구의 밤
눈물 섞어 마신 술 피보다 달더라

공명이 마다곤들 언제 말이나 했나?
바람에 붙여 돌아온 고향도 비고

서리 밟고 걸어간 새벽길 우에
간(肝)잎만 새하얗게 단풍이 들어

거미줄만 발목에 걸린다 해도
쇠사슬을 잡아맨 듯 무거워졌다

눈 우에 걸어가면 자욱이 지리라고
때로는 설레이며 파람도 불지⁶

 간이 줄아들 만큼 아슬아슬한, 거미줄만 걸려도 마치 무거운 쇠사슬에라도 걸린 것처럼 가슴을 쓸어내려야 했던, 이육사의 백척간두와 같던 나날들은 윤동주는 경험할 수 없었던 것이다. 나는 그 무렵 이 시를 참 많이 좋아했다.
 우리 언더들은 부정기적이라고 하기에는 일정한 리듬이 있고 정기적이라고 하기에는 매우 불규칙한 모임을 통해 선배 언더들로부터 전해 들은 시위 준비 상황과 같은 학내 소식과 정세 판단을 공유했고, 소속 단과대와 학회의 조직이나 일정 같은 것들에 대해 토론했다. 그리고 조직 저변의 확대라는 차원에서 77언더 구성원들은 각각의 소속 단과대별 77학번 언더조직을 구성하는 작업을 시작했다. 77언더로서 인문대에 소속된 나와 김지석, 현무환은 유기홍(국사학)·백형신(중문학)·안기석(철학) 등과 접촉하여 인문대 77언더를 결성하였고, 사회대에 소속된 최영선·성두현·이홍동 등이 박문식·유종일(경제학)·이계성(정치학)·황인하(사회학) 등을 규합해 사회대 77언더를 결성하였으며, 같은 방식으로 사범대와 법대 등에도 단과대별 언더모임이 만들어졌다. 77언더가 학회 기반의 조직이었다면 단과대별 77언더의 결성은 언더조직을 단과대 및 각 학과 단위로까지 확장하고 심화시키는 작업이었다.[7] 이 작업은 한편으로는 반정부 시위에서의 대중동원이나 운동인력의 재생산 기반을 마련하는 데에 큰 도움이 되었으며 특히 단과대별로 계승되면서 서울대 학생운동의 토대 자체를 견고하게 하는 데 큰 역할을 하게 된다.

이처럼 학습이나 정보 공유, 조직 강화 작업 같은 겉으로 드러나지 않는 일상적 과업들은 비교적 탄탄하게 진행되었지만 아직은 2학년에 불과한 77언더들에게 어떤 구체적인 실천적 과업은 주어지지 않았다. 우리는 아직

더 많은 공부와 훈련이 필요한 예비군에 불과했기 때문이다. 그러던 중 누가 처음 발의를 했는지, 전체 모임에서 공식적으로 이야기된 것인지, 아니면 몇 사람끼리만 따로 이야기한 것인지 기억은 나지 않지만(아마도 후자일 것이다), 우리가 독자적으로 뭔가 수준에 맞는 행동을 하나쯤 실행해보는 것이 어떨까 하는 얘기가 나왔다. 뭔가 막중한 역할을 부여받은 것 같지만, 실제로 할 일은 별로 주어지지 않는 미지근한 상황에 만족하지 못해서 몸이 근질근질했던 것이다. 하지만 아직 풋내기인 우리가 시위 주동을 할 수는 없고, 교내 유인물 살포나 반정부 낙서 같은 것도 자칫하면 꼬리를 밟혀 위험을 자초할 수 있었다. 그래서 생각해낸 것이 '축제 방해 작전'이었다.

지금은 '대학 축제'라는 말도 사라져 '대동제'가 대세가 되었고, 그것도 주로 학과별·동아리별 주점 개설과 각종 연행 관련 동아리 발표에 아이돌 가수 초청 공연 등이 주된 프로그램으로 굳어졌지만, 1960~1970년대 대학가에는 매년 '축제'라는 설레는 행사가 있었다. 고교 시절에는 대학생이 되면 해보고 싶은 것의 으뜸이 미팅이었고, 버금 순위가 축제, 그것도 이성 파트너와 함께 참가하는 댄스파티였다. 하지만 나는 대학에 들어간 이후로 얼떨결에 미팅은 한두 번 해봤지만 댄스파티에 참여한다는 것은 언감생심이었다. 그런데 긴급조치 9호로 인해 마치

냉동창고같이 얼어붙었던 대학에서도 이 축제만은 '순수한 학생 행사'이자 '대학의 낭만'이라는 미명 아래 여전히 허용되고 있었다. 권력의 입장에서는 시위에 참가하는 대학생보다 축제에 참가하는 대학생이 한 명이라도 많으면 좋았을 것이다.

1978년 가을에도 어김없이 축제는 진행되었다. 77언더 멤버 중 나와 최영선, 심재철은 축제의 하이라이트로서 마지막 날 대운동장에서 열리는 댄스파티(당시엔 '쌍쌍파티'라고 불렀다)를 '깽판 놓기'로 계획했다. 그 계획이란 세 가지 공작(?)을 동시다발적으로 진행하는 것인데, 하나는 댄스파티장인 운동장 한가운데 최루탄을 투척하는 것, 또 하나는 음악이 연주되는 가설무대에 공급되는 전력선을 절단하는 것, 마지막 하나는 가설무대의 천막에 불을 붙이는 것이었다. 최루탄 투척을 하겠다고 나선 심재철은 교내시위 때 경찰이 투척했으나 요행히 터지지 않은 사과탄(수류탄 크기의 둥근 형태의 최루탄)을 몇 개 확보할 수 있다고 했다. 그리하여 최영선이 전력선 절단을, 나는 방화를 맡기로 했다.

아마도 10월의 어느 날 저녁이었을 것이다. 우리는 거사 시간을 댄스파티가 한창 고조될 시점으로 맞춰놓고 각자 행동에 돌입했다. 나는 쌍쌍파티 참가 학생인 것처럼 양복을 걸치고 슬그머니 무대 뒤쪽으로 돌아가 준비했던 성냥통을 천막 아래쪽에 고정시키고 라이터로 불을 붙인 후 재빨리 자리를 떴다. 그와 거의 동시에 댄스파티가 진행되던 운동장에서는 두 개의 폭발음이 들렸는데 그야말로 마치 집단체조라도 하는 듯 운동장의 세 군데에 순식간에 원형의 빈 공간이 열리고 한참 춤을 추던 무리들이 코와 입을 막으면서 피신하는 모습이 보였다. 최루탄 투척 계획은 성공이었다.

한편, 무대에서는 천막 한켠에 불이 붙기는 했는지 한창 연주 중이던 밴드 멤버들이 우왕좌왕하며 불을 끄는 모습이 보였다. 다만 그 불은 생각보다 규모가 작아 천막을 제대로 태운 것 같지는 않았다. 불을 붙인다고 만일 휘발유 같은 것을 사용할 경우 자칫 인명 피해가 생기면 문제가 커질 것 같아 성냥통 한 개만을 사용했으니 음악이 중단되는 작은 소동은 있었지만 화재 사고로 이어질 정도는 아니었다. 무대 불빛은 여전히 밝았던 것으로 보아 전선 절단을 맡은 최영선 쪽은 실패한 모양이었다(나중에 확인해본 결과 도구가 변변치 않아 전력선을 순간적으로 절단하는 것이 어려워 이내 포기했다고 한다). 아무튼 세 개의 사과탄이 폭발했고 무대에 작은 화재가 일어나 잠시 중단되었던 댄스파티는 다시 시작되기는 했지만, 이미 흥이 깨져버린 파티는 얼마 지속되지 못하고 곧 끝나버렸다.

이 축제 방해 사건에 관한 소식은 다음 날부터 학교 내에 퍼졌는데, 그중에는 전투경찰이 축제를 방해하려고 사과탄을 던진 것이라 추단하고 분노하는 축도 있었고, 쌍쌍파티를 못마땅해한 일부 학생들의 행동이라고 보는 축도 있었지만, 별다른 피해를 남긴 사건이 아니었기에 유야무야 한바탕의 해프닝으로 끝나버린 듯하다. 어쩌면 당시의 일촉즉발의 교내 분위기로 보아 경찰 측에서 수사를 진행했지만 별다른 증거를 확보하지 못해서 곧 종결 처리되었을 수도 있다. 일을 벌인 우리 세 사람은 나중에 유신 체제가 붕괴하고 긴급조치 9호도 휴지 조각이 되어버린 후에 이 일을 간혹 이야기하며 '영구 미제 사건'이라 부르며 웃곤 했다.

그 이후로 이 거사(?)를 돌이켜볼 때마다 나는 낯이 붉어지곤 했다. 무엇이라도 하지 않고는 견딜 수 없던 당시의 감정은 이해가 가지만 기본적으로 치기 어린 행동이라는 것을 부인하기는 힘들었다. 그리고 같은 캠퍼스에서 동시대를 호흡하던 동료 학생들 한쪽은 정장을 차려입고 파트너와 함께 댄스파티에 참여하는데 다른 쪽은 그것이 못마땅하다고 사과탄을 던져 넣고 방화를 하는 상황은 유신 시대라는 잘못된 시간이 만들어낸 웃지 못할 풍경이 아닐 수 없었다. 돌이켜보면 그때 우리는 어설프기도 하고 서글프기도 하던 '어둠의 자식들'이었다.

박정희가 죽었다!

어느덧 1979년이 되었다. 그해 상반기의 관악캠퍼스는 조용했다. 하지만 그것은 마치 하반기에 몰아칠 시대의 격랑을 앞둔 '폭풍 전야의 고요'와 같은 조용함이었다. 그것은 나 개인으로서도 마찬가지였다. 나는 그해 1학기에는 나름 국문학도 노릇에 열중했다. 식민지 시대 문학사를 정리하는 논문을 완성했고, 시를 꽤 여러 편 썼으며 시를 쓰는 청춘답게 이루어지지 않는 짝사랑에 골몰하다가 술을 너무 많이 마신다고 자책하고는 또다시 술을 퍼마시는 전형적인 술꾼의 악순환을 대놓고 탐닉했다.

1979. 5. 18.
아프다. 백 번이고 천 번이고 나는 내 게으름을 뉘우쳐야 한다. 술이나 마시고 그것도 저녁 내내.

1979. 5. 19.
공부할 시간이 남는 것이 너무나 기이한 까닭, 그래서 나는 술을 퍼마셨나? 부족한 논리로 후배들의 화살을 받고 떠들고 노래하고 싸우고 결국은 집에 와서 무저갱으로 떨어지고.

1979. 5. 21.

오늘도 기억에 남느니 술뿐이다. 수첩과 주민등록증 또 분실이다. 혁명이 어쩌구 의식이 어쩌구 다 아 소용없다. 흔들리는 자에게는, 그것도 아주 처음부터 그런 자에게는.

1979. 5. 22.

나의 방탕성, 또 술을 처먹었구나. 이젠 그만 술독을 비우자. 잃었던 모습을 찾아야 한다. 예리한 칼로 삶의 한 금을 그어야 한다. 그토록 무거운 생활과 싸움의 짐을 지고서 너는 너무 뻔뻔스러울 정도로 게을러져 있었다. 밤엔 자리에 누워서도 스스로 너무 혐오스러워 잠을 이룰 수 없었다.

닷새 중에 나흘을 술에 빠져 살았던 그 무렵의 기록이다. 그때는 왜 그렇게 술을 마셔댔을까. 그 무렵 사당동의 작은 시멘트 블록집 방 한 칸을 빌어 옹색한 자취 생활을 했는데, 가족과 온전히 분리되어 혼자 살게 되었다는 데서 오는 해방감과 짝사랑의 실패에서 온 허탈감과 고독도 한몫했을 테지만 긴장된 언더 활동과 미구에 닥쳐올 피할 수 없는 어떤 결단의 순간에 대한 예감이 가하는 무게를 본능적으로 피하고 싶었던 때문이기도 했을 것이다.

아무튼 이러다가는 술독에 빠져 죽을 것 같아서 나는 몇 달 만에 자취 생활을 접고 가족들의 엄숙한 생활투쟁이 현존하는 집으로 다시 기어들어갔다.

그해 8월 9일에는 노사분쟁을 겪던 YH무역의 여성노동자들이 회사 측의 직장 폐쇄에 항의하며 마포 신민당사를 점거하고 3일간 농성을 벌였고, 전투경찰의 강제 진압 과정에서 노동자 김경숙이 사망하는 사건이 발생했다. 전경의 폭력 진압으로 당사를 유린당한 신민당은 무기한 농성을 벌였고 이를 지휘했던 김영삼 신민당 총재는 국회에서 의원직 제명이라는 중징계를 당했다. 그것은 막바지에 이른 유신 체제의 경직성을 드러낸 징후적인 사건이었다. 이 사건은 잠시나마 혼곤한 자기연민 상태에 빠져 있던 나의 의식을 흔들어 깨웠다.

1979. 8. 17.

태풍을 만났다. 인천엔 통렬하게 몸부림치는 바다가 있었다. 바람은 내 얼굴을 난타하며 무너지기를 요구했다. 절제가 날아가고, 나태가 날아가고, 허위가 날아가고, 썩은 양심이 날아가고, 남은 것은 질기고 가느다란 믿음뿐, 그것도 바람 앞에선 무섭게 몸서리쳤다, 호흡이 어려울 정도로. 나는 부끄러웠다. 태풍을 끌고 서울로 돌아왔다.

개강이 되어 학교로 돌아가자 또 다른 충격이 기다리고 있었다. 교지 편집실의 76학번 선배이자 학과 선배이기도 했던 박일용·한철희(국문학)와 고세현(국사학)이 그동안 '지하신문'을 발간하고 배포해오다가 결국 검거를 당해 전부 구속되었다는 소식이 들려온 것이다. 또 한 번 육친과도 같았던 선배들과의 생이별이었다. 늘 마음의 준비를 하고 있으면서도 막상 이런 일이 닥치면 슬픔과 분노를 가누기가 힘들었다. 하지만 그 무렵엔 슬픔에 갇혀 있는 것도 사치스러운 일이었다. 마음을 추스르고 다시 보이지 않는 전선으로 한 걸음 더 짓쳐나가야 했다. 나는 구속된 고세현 선배의 후임으로 새로 인문대 교지 편집장이 되었고, 다른 한편으로는 언더 활동에도 더 집중해나갔다.

9월 11일에는 김준희(법학), 김낙년(경제학, 나중에 뉴라이트의 핵심 이론가가 되어 한국학중앙연구원장이 되는 바로 그 김낙년이다), 김종채·신상덕(사회학), 김진태(외교학) 등 사회대 76학번이 주도한 대규모 시위가, 9월 20일에는 김용호·김창희(철학), 김종수(동양사학), 윤언균(불문학), 오석종(교육학) 등 인문대 76학번이 주도한 대규모 시위가 아흐레 간격으로 캠퍼스를 뒤흔들었다. 이 중에는 나를 역사철학회로 끌어들이고 언더조직에까지 인도한 선배도 있었고, 교지 편집실 선배도 있었다. 하지만 이번에 내게 찾아온 느낌은 슬픔과 분노보다는 오히려 어떤 임박한 승리의 예감 같은 것이었다. 그것은 유신체제를 향한 학생운동의 막바지 총공세가 진행 중이라는 느낌이었고, 끌려가는 선배들의 뒷모습에는 비극적 아우라 대신 고지 점령을 목전에 둔 병사들에게서나 보임 직한 어떤 자신감과 투혼 같은 것이 어른거렸다. 이전까지는 내가 시대의 역풍을 뚫고 한 발 한 발 나아간다는 느낌이었다면 이제는 바람의 방향이 바뀌어 빠른 뒷바람을 받으며 달려나간다는 느낌으로 충만해졌다.

9월 20일 시위가 끝난 다음 날, 인문대 가을 체육대회가 열렸다. 학교 측에서는 어떻게든 이 체육대회를 무산시키려고 했으나 체육대회는 9·11과 9·20 시위가 있기 전부터 학생회가 없던 인문대 각 학과 대표들이 발의하여 인문대학장으로부터 허가를 얻은 것으로, 순수 학생행사인 만큼 학교 당국이든 사찰기관이든 막을 명분이 별로 없었다. 아마도 바로 전날 대규모 시위가 있었는데 설마 다음 날 또 시위가 일어나지는 않겠지 하고 방심한 측면도 없지 않았다. 당국은 운동회 장소를 도서관이나 본부 건물, 인문대나 사회대 부근과는 거의 1킬로미터 이상 떨어진 대운동장과 마라톤 경기를 위한 순환도로 일대로 엄격히 제한하고 실제로 대운동장 주변에 전투경찰을 다수 배치하여 만약의 사태에 대비했다.

오전 10시경에 시작한 체육대회는 별다른 이상 없이 잘 진행되었다. 학과 대항이었는지 아니면 문·사·철 대항이었는지 축구경기가 먼저 열렸고 그다음으로는 마라톤과 기마전이 이어졌다. 문제가 있다면 마라톤에서 발생했다. 경주를 하는 대신 뛸 수 있는 모든 인문대생들이 대오를 맞춰서 4킬로미터 순환도로를 한 바퀴 돌았기 때문이다. 대오에서는 일사분란하게 구호도 외쳤는데, 잘 기억은 나지 않지만 '유신 철폐', '학원 자유' 이런 정치적 구호가 아니라 이를테면 '인문대 만세' 같은 소리만 요란한 엉터리 구호였다. 그것은 체육대회 기획자들이 사전에 참가자들에게 만일 한 번이라도 정치적 구호가 튀어나오면 체육대회는 끝장이 나고 학과 대표들이 모두 다치게 된다고 신신당부를 했기 때문이다. 물론 대오를 갖추고 구호를 외치는 집단 구보 형식의 마라톤 경기는 전대미문의 것이었고 전투경찰대는 바짝 긴장했지만 그렇다고 체육대회를 중지시킬 수는 없었다.

기마전이 끝나고도 한 번 '위기'가 있었다. 매우 전투적인 기마전이 끝난 뒤 체육대회 참가자들은 점심식사를 하러 캠퍼스 중심의 학생회관에 있는 학생식당으로 가기 위해 다시 한 번 대오를 갖추기 시작했다. 그러자 운동장 외곽에 있던 전투경찰대가 역시 대오를 갖춰 운동장 트랙 바로 앞까지 전진해왔다. 그때 방모라는 국문과 76학번 복학생이(그는 평소엔 좀 유머러스하기는 해도 소극적인 사람이었는데) 갑자기 운동장 중앙, 그러니까 전투경찰과 학생들의 가운데로 홀로 걸어 나가더니 갑자기 전투경찰 쪽을 향해 외치기 시작했다. 전투경찰은 즉시 철수하기 바란다. 만일 철수하지 않는다면…. 여기까지 외친 그는 잠시 침묵했다. 대오를 갖추던 학생 쪽도, 방독면을 쓴다 최루탄을 장착한다 하며 어수선했던 전투경찰 쪽도 잠시 마른침이라도 삼키듯 똑같이 고요해졌다. 5초 정도 흘렀을까. 그다음 그의 입에서 나온 말은 "만일 철수하지 않는다면 철수할 의사가 없는 것으로 간주하겠다"였다. 학생들 속에선 폭소가 터져나왔고, 전투경찰 쪽에서도 실소가 들려왔다. 나름 평화로운 체육대회의 오전이 그렇게 지나갔다.

하지만 진짜 문제는 점심시간에 발생했다. 체육대회 참가자들은 점심식사를 위해 학생식당으로 이동하면서도 대오를 갖췄고, 이젠 구호가 아니라 노래를 불렀다. 그런데 그 노래는 〈선구자〉도 〈아침이슬〉도 〈훌라훌라〉도 아니었다. 근 3백 명에 가까운 인문대생들이 〈송아지〉, 〈따르릉〉, 〈학교종〉, 〈엄마 앞에서 짝짜꿍〉, 〈나비야〉 같은 순수 동요 메들리를 반복해서 부르며 대운동장에서 서울대 시위의 성지인 도서관 앞 아크로폴리스 광장을 거쳐 학생식당으로 향했다. 그 광경은 어제 시위의 여진

이 아직 남아 있는 캠퍼스에 말로 표현할 수 없는 감동과 동요를 불러일으켰다. 나 역시 동요 메들리를 목이 터져라 부르며 대열 속에 함께 있었지만, 어제 시위에 나섰다 잡혀간 선배들을 생각하면 어쩔 수 없이 목이 메었다. 아마도 대열 속에 있던 다른 친구들 역시 같은 심정이었을 것이다. 내 생애에 동요를 그렇게 목 놓아 부른 적은 그 이전에도 그 이후에도 없었다.

우리 대열이 학생식당에 다 입장하기도 전에 도서관 옆 계단 위쪽 자연대 부근에서 이제는 〈송아지〉도 〈따르릉〉도 아닌 바로 그 노래, 〈아침이슬〉이 울려 퍼지기 시작했다. 서울대 최초의 자연발생적 시위가 시작된 순간이었다. 식당에 도착한 인문대생들은 일부러 바깥 상황을 모른 척하며 다 못 끝낸 〈송아지〉를 마저 부르며 식사 준비를 시작했는데 한 사복형사가 식당에 난입하더니 "이 ××들아, 〈송아지〉 좀 그만 불러!" 하고 소리를 질렀다. 우리는 폭소로 답했다. 물론 그날 체육대회는 그것으로 끝이었다. 캠퍼스 곳곳은 주동자도 없이 게릴라전 방식으로 시위에 나선 학생들과 전투경찰 사이에 난무하는 보도블록 조각과 최루탄, 확성기와 노랫소리, 펑펑거리는 발사음과 기세를 돋우는 구호와 함성 소리로 이미 뜨거운 전장이 되어 있었다.

그날 등교했던 서울대생들은 인문대 체육대회가 진행

되고 있음을 소문으로 다 알고 있었고, 무슨 일이든 일어날 것이라고 예상했으며, 비록 외곽순환도로였지만 알 수 없는 집단 구호 소리를 들어 알고 있었다. 마침내 점심시간에 먼 운동장으로부터 캠퍼스의 중심으로 점점 노랫소리가 크게 들려오고 있었고, 그것이 동요이건 운동가이건 문제가 아니었다. 그 가을 캠퍼스는 마치 유증기가 가득한 지하 작업장 같은 분위기였다. 횃불이 아니어도 성냥이 아니어도 그저 옷을 스치다 정전기라도 한 번 일어나도 그것은 곧 걷잡을 수 없는 폭발로 이어질, 문자 그대로 일촉즉발의 상황이었던 것이다.

이 사건이 일어난 며칠 후, 나는 학교 당국으로부터 '지도휴학' 처분을 통고받았다. '지도휴학'이란 학교 당국이 '불량'의 정도가 심하여 선량한 동료 학생들에게 나쁜 영향을 줌에도 불구하고 교내에서는 선도가 불가능하다고 판단되는 학생들에게 휴학 처분을 내려 자동적으로 군대에 입대하도록 하는 악질적 규정이었다. 교내시위가 격화되자 아마도 '관계기관 대책회의' 같은 곳에서 매우 조잡한 방식으로 급조한 규정이었을 것이다. 그런데 하필 내가 그 첫 적용 대상 중 한 명으로 지목되었다. 이제부터 군대 가서 '특수학적변동자'로 취급되면서 인생 쓴맛 좀 보라는 일종의 처벌인 셈이다. 물론 당사자에게 소명의 기회 같은 것은 전혀 없었다. 무엇보다 내가 어떤 맥락에서 '처분'의 대상이 되었는지 납득할 수가 없었다. 물론 인문대 체육대회를 설계한 학생들 중 한 명이기는 했지만 그 사실을 당국이나 기관원들이 알 리는 없었다. 만약 알았다면 나 외에 다른 '주모자'들도 당연히 같은 처분을 받았을 것이다. 게다가 '언더' 구성원으로서 웬만하면 저들의 눈에 띄는 행동을 하지 않으려 노력하는 중이기도 했음에도 불구하고 무슨 맥락에서인지 나는 '지도휴학' 대상자가 되어 학기도 다 마치지 못하고 조만간 군대에 끌려갈 운명이었다.

물론 사찰기관과 한통속인 학교 당국의 그토록 자상한 '지도'를 받아들일 생각은 추호도 없었다. 그리고 웃지 못할 일이지만 불의의 '지도휴학' 처분을 받아서 자기 의지와 상관없이 병영에 끌려갈 처지에 놓인 자원들이 다수 발생했다는 것은 그해 연이은 교내시위로 이제 구인난(?)에 처하게 된 시위 주동 인력 관리(?) 주체들의 입장에서는 꽤 반가운 일이기도 했다. 나는 병영에 끌려가느니 감옥에 가겠다는 결심을 굳혔고, 같은 처지의 지도휴학생들과 함께 박정희 장기집권의 황혼빛이 점점 더 선연하게 다가오던 1979년 가을의 뜨거웠던 열기를 이어갈 준비를 했다. 나와 같은 77학번으로서 지도휴학 처분을 받은 유종일(경제학), 이계성(정치학), 장훈열(법학), 황재홍(지리교육)과 지도휴학 대상자는 아니었으나 자원자로 76학번 이호룡(국사학)이 이 일에 함께했다.

우리는 서로의 자취방을 전전하며 선언문을 초안하고 시위 진행과 대중동원 계획을 수립해나갔다. 디데이는 10월 12일이었다. 하지만 의외의 변수가 발생했다. 연이은 학원 사태와 야당·재야 세력의 저항으로 한창 위기에 몰려 있던 박정희 정권은 10월 9일 '남조선민족해방전선 준비위원회(남민전) 사건'을 발표함으로써 끓어오르던 반유신 투쟁의 열기에 찬물을 끼얹고자 했다. '남민전'은 이재문, 신향식 등 남한 내의 구좌파 토착혁명가들의 주도로 유신 체제의 말기적 폭압에 저항하기 위해 만들어진 투쟁조직이었다. 이들은 당시의 학생운동이나 재야운동 세력의 일반적 투쟁 방법과는 궤를 달리하는 매우 과감한 투쟁을 전개하다가 결국 공안기관에 꼬리가 밟혀 80여 명이 검거되기에 이르렀다. 시인 김남주가 동아건설 최원석 회장의 저택 담을 넘어 들어가 강도 미수 혐의를 뒤집어쓰기도 한 바로 그 사건이다. 우리가 디데이로 예정했던 10월 12일은 남민전 사건이 언론에 보도되기 시작한 지 3일밖에 안 되는 날이라 자칫 남민전과의 연관성을 의심받을 수도 있는 상황이어서 우리는 한 주를 미루어 10월 19일을 디데이로 잡았다.

하지만 10월 19일 무렵은 뜨거웠던 9월의 학내 분위기가 어느 정도 식은 데다가 중간고사가 임박하여 일반 학생들의 시위 참여도가 낮아질 수밖에 없었다. 우리는 늘 하던 방식대로 학내의 여러 포인트에서 약간의 시차를 둔 다발적 시위를 시작했으나 실제로 시위에 참가한 인원은 교내 전체를 흔드는 대규모 시위로 이어지기에는 충분한 숫자에 이르지 못했다. 특히, 나는 비교적 외진 장소라서 시위 개시 장소로는 한 번도 사용되지 않았던 도서관 통로 동편의 2미터 정도 높이의 가벽을 선택했는데, 그 위에 올라 '유신헌법 철폐하라', '박정희는 물러가라' 등의 구호를 외치며 학우들을 끌어모으려 했지만 학생들보다 사복경찰들이 더 먼저, 더 많이 몰려오는 통에 5분도 못 버티고 허망하게 잡혀 내려와, 사지가 들리고 목울대까지 잡힌 비참한 몰골로 연행되어 전경버스에 처박혀졌다. 목청도 작고 체구도 왜소한 편인 내가 현장의 투사나 선동가로 어울리는 인물은 못 된다는 것을 절실히 확인한 순간이었다.

나를 비롯한 '공범들'은 학교 정문 앞의 신림파출소를 거쳐 곧 관악경찰서로 이송되어 조사를 받은 뒤 며칠 동안 그곳 유치장에 갇혀 있다가 긴급조치 9호 위반죄로 기소되어 고척동에 있는 영등포구치소에 수감되었다. 조사해서 감옥에 보내는 쪽이나 조사받고 감옥으로 가는 쪽이나 서로 마치 컨베이어 벨트를 마주한 공동 작업자들처럼 손발이 척척 맞았다. 정보과 형사들도 우리가 왜 시위를 주동하고 거의 제 발로 걸어 들어오듯 잡혀왔는지 굳이 취조하지 않아도 다 알았고, 우리도 저들의 거의 자동화된 감옥 보내기 작업을 굳이 방해하지 않았다. 이처럼 1970년대 말의 대학과 관할경찰서 정보과는 수많은 학생 양심수들을 찍어내는 하나의 공장이었다.

다만 우리의 경우 하나의 예외적인 사건이 있었다. 10월 27일 아침, 관악경찰서의 반원형 파놉티콘(유치장) 2층 각 방에 한 명씩 갇혀 있던 우리는 유치장 담당경찰관들의 가슴에 검은 리본이 달려 있는 것을 보고 의아해하면서 왜 저것을 달았을까 수군수군 이야기를 나누었다. 누가 죽었나, 설마 박정희가? 그 궁금증은 얼마 가지 않아 꽁보리밥에 시든 단무지가 몇 개 들어 있는 도시락을 아침식사로 나누어주던 어린 잡범을 통해 해소되었다. 그 친구가 우리에게 작은 목소리로 "박정희가 어젯밤에 깨졌대요!"라고 전해주었기 때문이다. 유종일을 필두로 나의 공범들은 그 말을 듣자마자 마치 3·1 운동 참가자들처럼 만세삼창을 외쳤고 그것에 화가 난 담당경찰에 의해 유치장 안은 잠시 험악한 분위기가 돌았다. 그 소식의 진정한 의미가 무엇인지 그때 당장 알기는 힘들었다. 이제 한 시대가 끝나고 새로운 시대가 임박했으며, 우리는 다른 선배들처럼 1~2년씩 자동화된 감옥살이를 하게 되지는 않을 것만은 확실했다.

하지만 박정희가 죽었다는 말을 들었을 때 나는 다른 친구들처럼 만세를 부르지 못했다. 갑자기 물 밖으로 끌려나온 심해어처럼 가슴속이 터질 것 같았고, 머릿속은 마치 구멍이라도 뚫린 듯 아무 생각도 나지 않았다. 순간 어떻게 이런 일이 있을 수 있을까 하는 생각에 어안이 벙벙했고, 그다음에는 이제 어떤 일들이 기다리고 있을까 하는 생각에 골몰하느라 오히려 말수가 줄어들었다. 기쁘다기보다는 어쩐지 더 막막한 기분이 들었다. 그 막막함은 새롭게 전개되는 포스트 박정희 시대가 어떻게 전개될 것인지, 앞으로 나는 어떻게 살아야 하고 또 어떻게 살게 될 것인지, 이렇게 시대 상황과 나 개인의 미래에 대해 금방 가늠이 되지 않는 데서 오는 본능적 불안감과 멀지 않았다.

그들은 박정희가 죽었다고 해서 우리를 금방 놓아주지는 않았다. 우리는 10월 28일 밤인가 먼저 와 자리를 잡고 있었던 선배들의 격한 환영을 받으며 영등포구치소에 수감되었고, 닷새 후인 11월 3일 새벽이 되어서야 구속은 되었으나 아직 기소는 되지 않은 상태로 '구속 취소' 처분을 받고 짧은 영어 생활에서 해방되었다. 그렇게 유신 체제가 끝장이 나고 다시 학생 신분으로 돌아왔지만, 그것은 모든 것의 종언이 아니라 새로운 모든 것의 시작이었다.

서울의 봄

10월 19일에서 11월 3일까지, 겨우 보름의 시간이었지만 교내시위를 주동하고 구치소까지 다녀왔으며 그사이에 박정희를 정점으로 하는 유신 체제라는 철옹성 같던 '적'의 갑작스런 소멸을 경험한 나에게 그 보름은 그저 열다섯 개의 하루가 스쳐 지나간 궤적일 수는 없었다. 대학 중퇴자, 혹은 고졸자라는 경력과 2년 이상의 영어 생활을 각오하고 집과 학교를 떠났으나, 마치 잠시 여행이라도 다녀온 것처럼 나는 그저 리포트 제출하고 시험도 봐서 학점을 따야 하는 보통의 대학 3학년으로 돌아왔고, 학교 당국이 내게 내린 지도휴학 처분은 시나브로 없던 일이 되어버렸다. 그렇게 돌아오기는 했지만 나는 더 이상 보름 전의 나일 수는 없었다. 내가 교내시위를 주동하고 감옥에 가겠다고 결심한 것은 당연히 유신 체제의 폭압에 대한 투쟁이 목적이었지만 개인적으로는 존재 전체를 건 하나의 '실존적 기투'였으며 그다음에 무엇이 올 것인가에 대해서는 아무것도 생각해본 것이 없었다. 그것밖에 길이 없다고 생각하고 선택한 길이 갑자기 사라졌을 때 밀려오는 혼란과 불안, 그럼에도 불구하고 '공적 존재'로서의 정체성을 다시 세워야 한다는 정언 명령이 혼재하는 것이 출소한 이후의 내 내면의 상황이었다.

아픔의 끝으로 날으리, 고독의 끝으로 날으리, 쇠약의 끝, 공포와 수치의 끝으로 쉬임 없이 날으리. 그것은 소멸, 그것은 죽음, 그러나 알리라. 소멸의 힘만이 두터운 목질의 과녁을 꿰뚫을 수 있음을.[8]

서울의 어둠을 빠져나오며
열차는 더 큰 어둠에 숨이 막히고
눈발 날리는 호남선 연변을 따라
끈끈히 흐르는 것은 도대체
서러움인가 아픔인가
후우 입김을 불어
얼어붙은 차창을 녹이면
묵묵히 눈시울에 젖어드는
남도의 불빛

흐르는 것은 가난이고
흐르는 것은 분노일 뿐
나는 한 조각 보잘것없는 몸짓으로
또한 흘러갈 뿐이다
기인 어둠에 부대끼며 나는
소멸의 한 점이 되어갈 뿐이다[9]

'소멸일기'라는 제목이 달린 두 편의 시가 있다. 한 편은 1979년 5월에 쓴 것이고, 또 한 편은 1979년 12월, 혹은 1980년 1월에 쓴 것이다. 앞의 소멸이 좌고우면하지 않고 과녁을 향해 직선으로 날아가는 전사의 궤적으로 나타난다면 뒤의 소멸은 그보다 훨씬 겸손하다. 그 궤적은 빠르지는 않지만 더 길고 더 멀다. 이제부터는 차창을 내다보며 문득 마주한 "더 큰 어둠"과 더 오래 맞서야 했기 때문일 것이다. 1979년에서 1980년으로 넘어가는 겨울, 방학을 맞아 광주와 부산, 대구에 흩어져 있던 벗들을 만나기 위해 완행열차 편으로 다녀온 짧은 여행의 행장과 감상이 그려진 「소멸일기2」에는 앞으로 가야 할 길 위에서 독재자의 죽음 따위는 오히려 가벼운 에피소드에 지나지 않으며, 이제부터야말로 평생을 건 더 힘겹고 두려운 싸움이 기다리고 있다는 비감한 깨달음이 들어 있다. 게다가 직전에 12·12 쿠데타라는 예기치 못한 권력 탈취극이 일어나 마치 완성 직전에 있던 직소퍼즐판을 한꺼번에 뒤엎어버린 것처럼 그때까지의 모든 순진한 낙관론을 뒤흔들었고, 그것은 오히려 독재자의 죽음에도 불구하고 군사독재 체제의 그림자를 떨쳐버리고 민간정부를 세우는 일조차도 간단한 일이기는커녕 다시 또 모든 것을 걸어야 하는 고난의 과정이라는 사실을 깨우쳐주었다. 그러므로 이 시를 지배하고 있는 비감한 정조는 막연한 감상이 아니라 매우 현실적인 것이었다고 할 수 있다.

그 여행을 끝으로 나는 다시 학교 현장으로 돌아왔고 즉시 언더의 다른 멤버들과 함께 변화한 국면에 대응하는 학생운동의 전략을 수립하는 작업에 참여해야 했다. 쿠데타를 통해 국면 장악에 성공한 신군부는 10·26 직후에 발효된 비상계엄의 해제와 유신헌법의 철폐, 직선제 개헌을 통한 민간정부의 수립을 전제로 한 정치개혁 일정의 발표를 계속 미루면서 신군부 체제 수립을 위한 음모를 획책하고 있었고, 김영삼·김대중·김종필 등 이른바 3김과 전통적 재야세력은 정국의 주도권을 빼앗겼다는 위기의식 속에서도 미국의 동향에 신경을 곤두세우며 상황의 반전, 혹은 적어도 얼마간의 호전의 계기를 찾기 위해 정중동의 시간을 보내고 있었다.

대학생들은 유신 체제하의 가장 강력한 반체제 세력이었고, 아직 어떤 정통성도 정당성도 가지지 못한 신군부 체제의 향후 명운을 가늠하는 데에도 가장 커다란 변수임에는 틀림없었지만 변화된 상황에서 이러한 잠재력을 어떻게 발휘할 것인가는 아직 불분명한 상황이었다. 긴급조치라는 초법적 탄압장치가 있을 때는 어떻게든 그 조치를 위반하는 행동을 누적시켜 무력화시키는 방식이 유일하고도 또 효과적인 투쟁 방식이었지만, 계엄하에서 아직은 숨어 있는 권력이었던 신군부를 대상으로 같은 방식의 투쟁을 해나가는 것은 효과를 기대하기가 쉽지 않았다. 오히려 이러한 모호한 국면에서는 이전까지 소수 학생들이 시위를 주도하고 학생대중은 이에 호응하는 게릴라전 방식의 학생운동의 틀을, 합법적인 학생자치기구의 결정에 의해 전체 학생대중이 움직여나가는 대중적 진지전 방식의 틀로 바꾸어나가는 주체 역량 강화 작업이 더 중요하고 시급한 것이었다.[10]

이러한 입장에 따라 1979년 11월 27일 서울대 전체 과대표회의가 열렸고 여기서 학생회부활추진위원회 결성이 결정되었다. 위원장으로는 박문식(경제학 77), 총무로는 유기홍(국사학 77)이 선출되었고, 언더는 주로 유기홍을 연결고리로 하여 학생회부활추진위원회가 민주적인 총학생회를 구성하는 산파 역할을 충실히 할 수 있도록 적극 지원하였다. 1980년 2월 중순경에는 이원주, 현무환, 최영선, 김명인 등이 만나 총학생회 회칙안을 마련했고[11] 공청회를 통해 이를 통과시켰는데, 핵심 사안인 학생회장 선출 방식은 각 학과 대표들로 대의원회를 구성해 이 대의원회에서 학생회장을 선출하는 간접선거 방식을 채택했다.

총학생회장 선거일이 3월 28일로 결정된 가운데 총학생회장 인선 작업이 시작되었다. 그 결과 총학생회장 심재철(영어교육 77), 부학생회장 김학진(조선공학 77), 대의원회의장 유시민(경제학 78), 학생활동위원장(학생활동위원회는 학생운동과 사회 세력과의 연대를 담당하는 특별기구로 설치되었다) 이홍동(정치학 77) 등이 후보로 내정되었고 이들은 3·28 선거를 통해 전부 그대로 당선되었다. 이로써 서울대 총학생회는 유신 체제하에서 만들어진 학도호국단 체제를 무력화시키고 전국 최초로 구성된 학생자치기구였으며 명실상부하게 학생 전체를 하나의 역량으로 묶어내는 굳건한 대중조직으로 우뚝 서게 되었다.[12]

이처럼 개별 학과에서 단과대로 또 대의원회와 총학생회로 긴밀하게 이어지는 학생조직을 일사불란하게 완결시킴으로써 언더는 서울대를 향후 1980년대 한국 학생운동을 이끌어나갈 가장 강력한 주체 역량이자 근거지로 정초하는 데 성공했다. 그것은 물론 언더 멤버 몇 사람의 능력이나 수고의 결과라기보다는 긴급조치라는 엄혹한 탄압에 맞서 버티면서도 일정한 조직체계와 통제력을 유지해왔던 서울대 학생운동의 축적된 역량이 빚어낸 결과였다. 이제 이렇게 형성된 주체성을 바탕으로 이 모호하고 불안정한 과도적 국면에 무엇을 어떻게 할 것인가 하는 전략·전술적 사유가 필요한 시점이었다.

다만 한 가지, 이처럼 서울대 학생운동이 일사불란하게 통일된 조직체계를 가지게 되었다고는 하지만 그 무렵 하나의 변수가 발생하고 있었는데 그것은 대체로 민청학련 무렵부터 대량으로 배출(?)된 복학생들의 존재였다. 그해 2월 29일 정부는 그동안 누적된 긴급조치 위반자 687명에게 복권 조치를 내렸다. 김대중·윤보선·함석헌·문익환·백낙청·리영희 등 재야인사, 노동운동가, 일반 시민들과 함께 학생운동가 373명도 함께 복권되었고, 그들은 이제 학생 신분을 되찾아 다시 복교할 수 있게 되었다. 그중 거의 300명가량이 서울대생이었고, 그들이 이제 신학기를 맞아 다시 캠퍼스로 돌아오게 된 것이다. 그들은 대부분 크고 작은 학내외 사건을 주도하고 감옥살이를 몇 년씩 경험한 베테랑이었고, 재학생들에게는 전설적 선배였다.

이들 중에는 순수하게(?) 중단되었던 학업을 마치기 위해 복학하는 경우도 있었지만 나름의 정세 판단과 현재 자신의 입지에 따라 대학과 학생운동의 비중과 역할을 적극적으로 이용하고자 하는 경우도 적지 않았다. 특히, 대다수의 복학생들이 당시 학내 지도부였던 '언더'의 존재와 영향력을 잘 알지 못했으며, 그들의 눈에는 재학생들이 학생회 부활 등 학내 문제에 몰두하여 신군부 세력의 쿠데타 이후의 정치 정세에 대한 대응이 미흡한 것으로 보였을 것이다.

3월 말에는 복학생들이 주최한 유신잔당 척결과 민주

주의 수립을 주장하는 교내 집회가 열렸고 4월 초에는 일부 복학생들의 주최로 '김지하 문학의 낮'이라는 행사가 준비되었다가 무산되는 일도 있었다. 특히 '국민연합'과 같은 재야 정치세력과 깊은 관련을 맺고 있던 일부 복학생들은 개강 직후부터 가두시위를 주장하며 학생대중을 도구적으로 '동원'하고자 서두르며 재학생들을 압박해왔다. 총학생회 구성을 계기로 학내 조직체계를 일원화하고 학생대중 전체의 통일된 힘을 가장 적절한 기회에 집중할 준비를 해나가고 있던 재학생 지도부로서는 이러한 흐름을 그대로 보고만 있을 수는 없었다. 우리는 한편으로 일부 복학생들의 경거망동(?)을 통제하고 다른 한편으로 복학생 선배들과의 소통을 통해 오해나 대립이 아닌 진정한 연대와 협력을 모색할 필요가 있었다. 복학생들이 개최하려던 '김지하 문학의 낮' 행사는 다른 이유에서가 아니라 바로 우리 재학생 지도부가 이를 적극적으로 방해(?)했기 때문에 무산된 것이었다.[13]

우리는 4월 11일 도서관과 본부 건물 사이의 아크로폴리스 광장에서 열기로 한 총학생회 부활 기념식에서 복직교수 및 복학생 환영회를 함께 열어 복학생들을 학생회의 이름으로 공식 환영함으로써, 학생회가 단지 서울대 교내의 자치기구일 뿐만 아니라 서울대 학생운동의 중심 기구로서 모든 대표성을 가진다는 것을 은근히 시위하였다. 나는 이날 학생회 명의로 발표된 환영사「복학생들께 드리는 글」을 작성했는데, 이 글은 표면적으로는 환영사였지만 문맥상으로는 재학생 지도부의 리더십을 불신하거나 이에 도전하는 복학생들에 대한 일종의 견제의 의미를 담고 있었다. 이어서 4월 14일 재학생 지도부와 복학생 대표들 간에 비공식 연석회의가 열렸다. 재학생 측에서는 심재철 학생회장, 이홍동 학생활동위원장 외에 김명인·유기홍·박성현(정치학 77) 등이 '언더'를 대표하여 참석했고 복학생 측에서는 안양로(정치학 68)·김병곤(경제학 71)·이해찬(사회학 72)·황인성(독문학 71) 등 명망 있는 선배들이 참석했다. 이 연석회의에서, 현안에 대해 광범하게 의견을 교환한 결과 다행히 복학생 측이 재학생 지도부의 노선과 리더십을 충분히 이해하고 긴밀한 상호협조를 해나가는 쪽으로 정리가 이루어졌다.

또 다른 변수로는 어용교수 등 대학 내 유신잔재 청산이라는 문제가 있었다. 개학 초기부터 전국의 사립대학에서는 사학 비리, 족벌재단, 어용교수 문제들이 학내 주요 쟁점으로 떠올랐고 이는 각 대학의 학생자치기구 건설과 민주적 훈련을 위해 매우 중요한 계기가 되고 있었다. 서울대 내에서도 어용교수, 유신교수들에 대한 비판을 담은 대자보가 걸리는 등 이 문제가 대두되고 있었다. 하지만 재학생 지도부는 자칫하면 당면한 신군부 등 반민주 세력과의 투쟁이라는 초점을 흐릴 수 있다는 점에서 이 이슈를 제기하는 학생들을 설득하여 더 이상의 확산을 억제할 수 있었다.

이로써 서울대 학생운동은 정치권의 영향력에서 독립된 '단일한 대오'를 굳건히 유지한 채로 신군부 세력과의 투쟁을 위한 전략·전술적 일관성을 유지할 수 있게 되었다. 첫 행동은 4월 16일, 학생들 때문에 계엄을 지속할 수밖에 없다는 내용으로 전날 발표된 최규하 대통령의 담화문을 성토하는 학생회 주최의 정치집회를 여는 것으로 시작되었다. 2천여 명의 학생들이 모인 집회에서 학생회는 계엄 해제, 정부 주도 개헌 작업 중단, 언론 자유 보장, 미복권자 복권, 양심수 전원 석방, 노동3권 보장, 학원 자율화 등 광범한 요구를 내건 결의문을 채택하고 교내시위를 벌였다. 그리고 사흘 뒤인 4월 19일에는 3천 명 이상이 참여한 가운데 4·19 혁명 20주년 기념제를 열었고, 천여 명의 학생들이 '비상계엄 철폐' 등의 현수막을 내건 스쿨버스 수십 대에 나눠 타고 '전두환 퇴진' 등 구호를 외치며 서울 시내를 남북으로 관통해 수유리의 4·19묘역을 참배하고 돌아왔다. 나는 이 집회에서 발표된 「4·19 제20선언」을 기초했다.

이렇게 학생회를 중심으로 학내 역량을 최대치로 끌어올려가는 가운데 재학생 지도부는 매우 까다로운 문제에 봉착했다. 그것은 병영집체훈련 입소 문제였다. 새 학기 초 대학 남자 신입생들의 병영집체훈련 입소는 대학가의 반유신 투쟁의 싹을 자르기 위해 1976년부터 실행된 유신 체제하의 가장 말기적 광증의 하나로, 이를 박정희 사후에도 그대로 계속한다는 것은 어불성설이었는데 당시 최규하 정권은 이를 여전히 강행했던 것이다. 이미 성균관대 등에서 병영집체훈련 거부 투쟁이 있었던 터라 서울대에서 이를 그대로 받아들인다는 것은 있을 수 없는 일이었다. 하지만 문제는 최규하 정권을 배후 조종하던 당시 신군부 세력이 이 병영집체훈련 입소 거부 운동을 학생들의 반공안보 의식의 결여는 물론 친북 세력의 배후 조종의 영향으로 교묘하게 유도하여 국민대중과 학생운동 세력을 이간하는 중요한 매개로 이용하려고 한다는 데 있었다. 그럼에도 초기에는 원칙론이 우세했고 4월 26일 총학생회 대의원회에서는 5월 4일부터 13일까지로 예정되어 있던 신입생 병영집체훈련 입소 전면 거부를 결의했다. 그것은 명분이 있는 당연한 결정이었다.

그러나 5월 1일, 재학생 지도부는 신중한 토론 끝에 병영집체훈련 입소에 응해야 한다는 결론을 내렸다. 어려운 논의였지만 여전히 반공냉전주의적 사고가 지배적인 국민대중 정서와의 유리를 막고 저들의 고립화 전술을 무력화시키는 것이 더 중요하다는 신중론이 우세했다. 재학생 지도부는 이처럼 병영집체훈련 입소를 양보하는 대신 이를 계기로 신군부 세력과 유신잔재 세력에 대한 공격의 고삐를 더 바짝 조이기로 하였다. 그날 밤늦게 학생회장 심재철은 기자회견을 열어 병영집체훈련에 응소하기로 한 사실을 밝혔는데 이는 다음 날 새벽부터 신문과 방송의 톱기사로 전국에 알려졌다. 그와 함께 재학생 지도부는 병영집체훈련 응소가 패배나 후퇴가 아니라 오히려 대대적인 공세의 시작이라는 것을 설득해 다시 한 번 전체 서울대생들의 단결과 각오를 다잡는 의미로 총학생회 주최의 '민주화대행진'이라는 이름의 집회를 개최하기로 결정하고, 이를 단 하룻밤 만에 전체 단과대와 학과별 조직을 통해 연락하고 성사시키는 놀라운 기동력을 발휘했다.

나는 이 결정에 따라 밤새 국면 전환의 논리를 명쾌히 제시하는 글을 기초했고, "유신잔당에 대하여 민족의 이름으로 일대 민족적 성전을 선포한다"는 '장엄한'(?) 선언이 포함된 이 글은 5월 2일 무려 1만 명의 학생들이 운집한 현장에서 '민중투쟁선언'이라는 제목으로 발표되었다. 하지만 이날 행사의 백미는 병영집체훈련 응소 결정의 의미와 이를 통한 반민주 세력과의 단호한 투쟁의 결의를 오직 세 치 혀의 힘만으로 1만 학생대중에게 설득해낸 복학생 김부겸(정치학 76)의, 역사에 남을 만한 탁월

한 웅변이었다. 그날 아크로폴리스를 가득 채운 1만 명의 학생들은 김부겸의 말 한마디 한마디에 울고 웃었으며, 격앙하고 탄식했다. 지금도 나는 데모스테네스가 다시 살아온다 하더라도 2천 년 후 또 다른 아크로폴리스에서 약관 20대 대학생의 목소리에 실려 현하지변으로 터져 나온 이 아름답다 못해 전율할 웅변을 이기지는 못할 것이라고 생각한다. 이날 김부겸의 웅변 이후 서울대 학생들 내부에서는, 이제부터 김부겸이 죽으라면 죽고 살라면 살겠다는 말들이 회자되었다.

집회 이후 1만 명의 학생들은 모두 어깨동무를 하고 계엄 해제를 외치면서 정문까지 평화행진을 했으며, 전원이 다시 아크로폴리스 광장으로 돌아와 바로 그날부터 병영집체훈련을 마친 신입생들이 학교로 돌아오는 5월 13일까지를 '민주화대행진' 기간으로 정해, 도서관에서 전체 학생들이 반신군부 투쟁의 당위성과 투쟁 방향 등을 토론하고 투쟁의 결의를 충전하는 장기농성전에 돌입했으며 학생 지도부는 여기에 거의 모든 역량을 쏟아부었다.

어쨌든 5월 1일 서울대에서 열린 대규모 집회 이후 상황은 마치 시위를 떠난 화살처럼 5월 중순에 벌어질 신군부 세력과 민주 세력 간의 일대 격돌을 향해 돌이킬 수 없이 치닫게 되었다. 한편, 5월 1일 집회의 성공에 고무된 심재철 학생회장은 아직 협의도 거치지 않은 채 14일까지 비상계엄을 해제하지 않으면 15일부터 더 강력한 투쟁을 전개하겠다는, 대규모 가두시위를 예고하는 듯한 발언을 하기도 했다. 하지만 5월 11일에 서울지역 총학생회장단과 일부 지방대 총학생회장들이 참여한 총학생회장단 회의에서 "15일 봉기설은 잘못 알려진 것이며 가두시위는 당분간 자제한다. 단, 휴교령이 내려질 경우에는 강력한 투쟁을 전개한다"라는 결의를 함으로써 심재철 회장 발언의 후폭풍을 무마했고 5월 16일 오후 3시 이화여대에서 공식적인 전국총학생회장단 회의를 개최하기로 결정하였다.

회군

그러던 5월 13일 밤, 예기치 못한 사태가 발생했다. 연세대를 비롯한 서울 시내 6개 대학생 약 2천 5백여 명이 시내 중심가에서 계엄 해제를 요구하는 기습시위를 감행한 것이다. 이는 5월 11일 서울지역 총학생회장단 회의에서의 가두시위 자제 결정을 정면으로 거스르는 일이었다. 하지만 그것은 이미 신학기 개강 초부터 학원 자율화 투쟁 등을 통해 무르익을 대로 무르익은, 대학생들의 아래로부터의 투쟁 의지가 총학생회장단의 통제력을 넘어선 것을 의미하기도 했다. 이날 밤 고려대에서 긴급 소집된 서울지역 총학생회장단 회의에서는 이미 일부 대학생들이 가두로 진출한 이상 이제 대규모 가두시위를 통제할 명분이 없으며 다음 날부터 모든 대학이 가두 진출을 할 수밖에 없음을 인정하고 각 대학 역량에 따라 가두시위를 결행하기로 했다.

5월 14일, 오전부터였던 것으로 기억된다. 전날 병영집체훈련을 마치고 돌아온 1학년 남학생들에 대한 환영식을 끝으로 장기간의 토론농성을 마친 서울대생 8천여 명은 총학생회의 가두 진출 결정에 따라 단과대별로 모여 아크로폴리스로 집결했다. 총학생회에서는 정문을 돌파하여 봉천동-노량진-한강대교-용산-서울역 코스로 진행하는 시위 경로를 설정하고 전투경찰대가 철통같이 방어하고 있는 정문을 돌파하기 위해 각 단과대별 역할을 나누어 정했다. 정확한 시간은 기억이 나지 않지만 아마 점심식사를 마친 1~2시경이었을 것이다. 전체 대학에서 차지하는 정원은 적었음에도 불구하고 언제나 시위대중의 절대다수를 차지했던 인문대와 사회대가 정문 돌파의 선봉대를 맡았고 정문 오른쪽 둔덕에서는 사범대 체육교육과가 투석조를 담당했다. 법대, 경영대, 사범대, 자연대, 약대 등이 뒤를 이었고 여학생들이 절대다수인 가

정대와 음대, 미대 등은 교내 각지에서 돌을 줍거나 보도 블록을 깨서 투석조를 지원했다. 그리고 가장 숫자가 많았던 공대생들은 사전에 삼삼오오 개별적으로 학교를 빠져나가 봉천동 고개 부근에서 집결하여 정문을 지키는 1천여 명이 넘는 전투경찰들의 배후를 공격하기로 했던 것으로 기억된다.

나도 한 명의 시위대원으로서 동료 인문대생들과 가장 앞줄에서 스크럼을 짜고 전투경찰대와 바로 맞섰다. 처음엔 거리를 두고 날아오는 최루탄과 사과탄 때문에 정문 가까이 진출이 쉽지 않았지만 투석조의 공격으로 전투경찰들이 주춤할 때마다 조금씩 정문으로 나아간 시위대는 마침내 전투경찰들과 백병전 상태에 돌입했다. 그때부터는 눈물 콧물을 아랑곳하지 않고 거의 눈을 감은 채 뒤에서 밀려오는 시위대의 힘에 밀려 한 걸음씩 나아갔고, 한 시간 가까운 공방전 끝에 결국 중과부적에 몰린 전투경찰의 방어벽이 조금씩 무너지다가 마침내 완전히 붕괴되었다. 정문이 뚫린 후엔 전투경찰은 전투경찰대로 시위대는 시위대대로 대부분 탈진 상태에 빠져 정문 앞 광장과 작은 매점들 앞에 저마다 주저앉아버렸고 나는 최루가스 때문에 눈이 거의 안 보여 매점 화장실로 달려가 황급히 눈을 씻고 나서야 겨우 눈을 뜰 수 있었다.

잠시 후 전열을 재정비한 시위대는 대열을 지어 봉천

동, 노량진, 용산을 거쳐 서울역까지 도보시위에 나섰고 이미 방어망이 뚫려버린 경찰은 속절없이 시위대의 진행을 위한 교통정리를 해주는 것으로 임무를 바꿀 수밖에 없었다. 그런데 철통 같던 정문 방어망을 물리력으로 돌파하여 가두 진출에 성공했다는 승리감으로 시위대의 기세는 하늘을 찌를 것 같았고 '계엄 철폐', '신군부 퇴진' 등 구호를 외치는 목소리도 드높았지만, 세 시간 가까운 가두행진 동안 일반 시민들의 반응은 기대한 것과는 달리 미지근했다. 연도의 시민들은 박수나 환호는커녕 별다른 감흥이 없는, 오히려 약간의 불안감이 섞인 눈길로 시위 행렬을 물끄러미 바라보고만 있을 뿐이었다.

아마도 장기간의 군사독재 공포정치의 지배가 낳은 공포와 불안이 그들로 하여금 섣부른 동조와 환호로 나아가게 하지 못한 가장 큰 원인이었겠지만, 그 시점까지 여전히 안개처럼 모호한 정국의 양상도 시민들을 침묵 속의 관망 상태에 묶어두지 않았을까 생각한다. 시민들의 이러한 예상외의 소극적 반응은 오랜만에 맞은 '서울의 봄'이 사실은 '춘래불사춘'이거나 한바탕의 '일장춘몽'으로 끝날지도 모른다는 불길한 예감을 불러일으켰다. 서울 시내 전역에 진출한 7만여 명의 학생들은 밤 10시까지 시내 각지에서 경찰들과 공방전을 펼치며 자력으로 쟁취한 자유와 해방의 열도로 들끓었지만 시민들의 정동의 온도계는 아직 영도 부근에 머물러 있었던 것이다.

다음 날 5월 15일, 서울지역 대학생들은 다시 가두로 나섰다. 서울대 학생회는 오전에 아크로폴리스 광장에서 열린 집회에서 학교에서부터 가두행진을 하지 않고 각자 대중교통편을 이용해서 서울역 광장으로 진출하기로 결정했다. 오후가 되자 서울역 광장에는 서울 각 지역의 대학생들이 모여들어 대략 10만 명으로 추산되는 시위 인파를 이루고 있었다. 10만 명이라니! 이런 규모의 반정부 시위대가 서울 중심부에 집결한 것은 아마도 4·19 이후 20년 만에 처음이었을 것이다. 10만 명이라는 시위대의 규모는 신군부 세력에게도 놀라운 일이었겠지만 이 시위에 참여했던 학생들 자신에게도 놀라운 일이기는 마찬가지였다. 게다가 전날에는 학교별로 벌어진 분산적이고 자연발생적인 시위행동이었다면 이날은 각 대학 학생회 간의 일정한 소통과 연대에 의해 이루어진 집회였으니 10만 명이라는 규모는 더욱 그 존재감이 큰 것이었다.

하지만 10만 명이라는 규모보다 놀라웠던 것은 이 정도 인원의 집결이 충분히 예상되었으면서도 그 규모에 맞는 집단행동의 양식과 절차, 전략과 전술이 전혀 준비되지 않았다는 사실이다. 이 대규모 집회의 공식 주체는 서울지역 각 대학의 학생회장들의 모임인 학생회장단이었지만 당연히 그 이전에 이 학생회장단을 통해 모처럼의 대규모 가두집회를 성공으로 이끌 수 있는 전략과 전술을 행사할 능력을 지닌 핵심 주도 세력이 존재해야 했다. 서울지역 대학생 일동의 이름을 건 성명서와 구호, 요구 사항, 플래카드와 깃발 등의 시위 도구는 물론 대규모 집회에 걸맞은 음향 장비와 시설 같은 것도 당연히 준비되어야 했다. 하지만 이날 현장에는 아무것도 준비된 것이 없었다.

매끄럽게 진행되는 10만 명 이상의 대규모 대중집회가 일상화된 오늘날의 관점에서 보면 이는 놀랍다 못해 도저히 이해할 수 없는 일이지만 거듭 놀랍게도 그것은 사실이었다. 훗날 그날의 이러한 무정부 상태를 두고 당시 서울대 언더그룹을 맹비난하는 일부 인사들이 있었지만 그것은 일종의 시대착오였다. 1980년대 중반 이후 학생운동의 대중화·일상화와 더불어 서울대 중심의 학생운동 구도는 해체되었지만 당시까지 학생운동권에서 4·19 이래 유신 말기까지 가장 치열하고 지속적으로 반독재 투쟁을 전개해왔던 서울대의 영향력은 절대적이었고 서울대 내에서 언더그룹의 헤게모니와 조직력은 독보적이었다. 하지만 그럼에도 불구하고 그 역량이란 기실 우물 안 개구리에 불과했다. 그것은 기껏 잘 의식화되고 조직된 서울대 학생운동 내부용이었을 뿐, 이러한 대규모의 대중운동은 또 다른 차원의 문제였다.

유신 체제 하에서 소규모 교내시위를 지속적으로 산출하는 과정에서 얻어진 그들의 이론과 실천은 이런 공개적인 대규모 연대집회에서는 전혀 쓸모가 없었다. 이 상황에서는 그저 그 전날처럼 대규모의 시위 군중이 나서서 계엄령 해제와 민주 회복을 외치다 보면 어떻게 되겠지 하는 것 이상을 기대할 수 없었다. 상상력도 웬만큼은 경험적 토대가 있어야 발휘되는 법이다. 게다가 어느 정도 각 대학 간의 연락과 묵계로 이루어진 연대집회라고는 했지만 14일과 15일의 연이은 대규모 집회·시위는 충분히 기획된 것이 아니라 거의 자연발생적으로 발전된 사실상의 미조직 군중집회였다. 이는 마치 수공업자에게 갑자기 큰 기계공장을 가동시키라고 맡긴 꼴이었다. 그러니 무슨 전략전술이 가능했고 잘 조직된 대중집회가 가능할 수 있었겠는가. 그러므로 10만 대중이 오합지졸이 되는 것은 필연적 귀결이었다. 부끄럽지만 이것이 그 소문난 '서울역 회군'의 가장 핵심적인 팩트였다.

나는 그날 서울역 광장 남쪽의 대우빌딩 로비에 있었다. 최근까지도 그날 대우빌딩 로비에는 나와 현무환, 최영선 등 이른바 '77(학번) 마피아'와 76학번 이원주 등 당시 서울대 학생운동 핵심 지도부가 다 함께 모여 있었던 것으로 기억하고 있었다. 그리고 그곳에서 한편으로는 남대문 쪽에서의 전경 사망 사고, 계엄군의 효창운동장 진입, 신현확 총리의 학생 귀가 종용 담화, 김대중 씨의 해산 종용 등 그다지 유리할 것 없는 정보를 속속 접했고, 다른 한편으로는 서울역광장과 대우빌딩 사이의 고가도로 아래에 정차되어 있던 마이크로버스 안에서 이루어지는 학생회장단 회의의 경과에 귀를 기울이면서 나름의 대책을 세우기 위해 고심했다고 기억하고 있었다. 하지만 그 자리에서 집회를 더 계속할 것인지 아니면 해산할 것인지 명확한 결정을 내리지는 못하고 갑론을박만 했을 뿐이었던 것으로 기억된다.

하지만 그 자리에서 설사 해산하지 않고 계속 투쟁을 결정했다고 하더라도 그것은 실제로 관철될 수 없는 결정이었다. 그나마 당시의 상황을 좌우할 수 있는 결정권에 가장 근접한 주체는 우리 몇 명의 학생 지도부가 아니라 마이크로버스 안에 있던 학생회장단이었기 때문이다. 우리가 할 수 있는 일은 그런 결정을 서울대 학생회장인 심재철에게 전하고 심재철이 다른 학생회장단을 설득하도록 하는 것뿐인데, 그 미증유의 군중 집결 상황에서 우선 마이크로버스에 접근하는 것조차 힘들었을 뿐만 아니라 미리 정해진 전술도 아닌 계속 투쟁 전술을 그 자리에서 심재철에게 설득하고 이를 다시 다른 학생회장단 전체에게 관철한다는 것은 거의 불가능에 가까운 일이었다. 결국 오후 8~9시경 일부 대학생들이 서울역광장을 빠져

나가면서 대오가 흐트러지는 것을 목격하고 어렵게 상황을 파악해본 결과, 이미 마이크로버스에서 학생회장단이 해산을 결정했다는 사실을 전해 들었던 것으로 기억된다. 그리고 밀물처럼 밀려들었던 10만 군중이 얼마 지나지 않아 썰물처럼 빠져나가는 것을 속수무책으로 바라볼 뿐이었다.

사건 이후 40여 년이 지나서야 나는 이러한 기억이 매우 불투명하고 불완전한 것이었음을 알게 되었다. 우선 이원주도 현무환도 최영선도 당일 대우빌딩 로비에 있던 적이 없었다는 것이다. 이 글을 쓰기 위해 다시 확인한 결과, 최영선은 한일빌딩 옥상에 있었고 현무환도 다른 군중 속에 있었다고 하며, 현무환에 의하면 이원주는 14일과 15일 양일간 우리와 함께 있지 않았고 연락도 잘 되지 않았다는 것이다(그는 이제 고인이 되어 그 당시 어디에서 무엇을 하고 있었는지 확인할 길이 없다). 그러면 도대체 어떻게 된 일일까. 어떤 알 수 없는 이유로 기억의 왜곡과 착종이 발생한 것이 분명하다.

어쩌면 나는 그날 명색이 지도부로서 아무것도 하지 못했다는 비난을 피하기 위해 그나마 현장에 전원이 함께했었다는 식으로 기억을 가공한 후 그것을 그대로 믿어왔던 것인지도 모른다. 그리고 2023년에 있었던 한 세미나에서 그날의 상황에 대한 더욱 상세한 진술들을 접할 수 있었다. 2023년 11월 9일 국회 의원회관에서 국회 민주주의와 복지국가연구회에서 주최한 '1980년 서울의 봄 학생운동에 대한 성찰'이라는 세미나가 열렸다. 그 자리에서 서강대 현대정치연구소 책임연구원인 오세제가 '서울역 회군 연구: 신군부의 심리전과 학생운동의 대응'이라는 주제로 발제를 하였고 나는 그 발제문에 대한 토론자의 한 사람으로 초청된 바 있다. 이날 논의된 내용에 대해서는 후술하겠지만, 우선 그 발제와 토론, 청중 질의 등을 통해 1980년 5월 15일 서울역 상황에 관해 그동안 내가 전혀 몰랐던 사실 몇 가지를 접할 수 있었다.

오세제의 발제문에는 5월 15일의 해산과 관련된 비교적 상세한 사실들이 보고되고 있다.[14] 우선 예의 마이크로버스는 이미 전날 14일 가두시위 때부터 당시 서울대 학생처장 이수성(법학 59) 교수가 준비하여 15일 당일에는 이수성 교수와 총학생회장 심재철, 학생활동위원장 이홍동, 대의원회의장 유시민 등이 동승하여 서울역까지 갔고 그 안에서 서울지역 총학생회장단 모임도 진행되었다고 한다. 또한 이날의 해산 결정에 이수성 교수가 깊이 관여했고 심재철의 해산 발표에는 이수성 교수의 집요한 설득이 크게 작용한 것으로 보고 있다. 나는 훗날 심재철로부터 이날 해산 결정은 다른 대학 학생회장들의 동요와 무기력, 그리고 개별 행동 때문에 불가피했다고 들은 바 있는데 이 발표문이 사실이라면 이는 심재철의 궁색한 변명이었다고 할 수 있다.

그리고 대우빌딩 21층에는 이목희(경제학 71)가 근무하던 국제경제연구원이 소재하고 있었는데 이 공간에서 김병곤, 이해찬, 박석운(정치학 73) 등이 회동하여 이날의 상황에 대한 대책을 논의하는 일종의 컨트롤타워 역할을 했다고 한다.[15] 그렇다면 내가 왜 다른 장소가 아닌 대우빌딩 로비에 있었는가도 조금은 설명이 된다. 21층의 국제경제연구원이 정말 컨트롤타워 기능을 했는지는 불확실하더라도 나는 아마도 김병곤 등과 연락하며 이날 집회의 향방을 조정해야 하는 중간 위치에 놓여 있었던 것일지도 모른다. 그렇지 않다면 내가 어떻게 그날 있었던 여러 상황을 실시간으로 접할 수 있었는가가 설명되지 않기 때문이다. 그리고 그 세미나의 토론 과정에서 5월 15일 당일 마이크로버스 안에서 사실상 총학생회장단 회의라고 할 만한 어떤 공식적인 회의나 토론도 존재한 적이 없었다는 최민(국사학 78)의 진술도 있었다. 선천성 신체장애가 있는 그는 심한 피로감을 느껴 휴식을 위해 마이크로버스에 동승했다가 그런 상황을 목격했다고 한다.

이제 나의 기억과 2023년 11월의 세미나를 통해 새롭게 알게 된 사실 등을 종합하여 1980년 5월 15일의 이른바 '서울역 회군'의 전말을 거칠게나마 정리해보기로 한다. 5월 14일에 이어 5월 15일에도 서울 시내에서 대규모 학생시위를 전개하게 된 것은 학생운동 주체 쪽의 입장에서 본다면 잘 준비되고 기획된 것이라기보다는 자연발생적인 것에 가까웠다. 5월 11일에 서울지역 총학생회장단과 일부 지방대 총학생회장들이 참여한 총학생회장단 회의에서는 5월 16일 전국총학생회장단 회의 개최 전까지는 신군부 측의 대응을 비롯한 정세 추이를 관망하겠다는 입장이었고 이는 당시 서울대 학생운동 지도부의 전략적 방침이기도 했다. 하지만 5월 13일 저녁 일부 대학생들의 기습적 가두시위로 인해 이러한 '전략적 자제'의 벽이 무너진 후 5월 14일의 대규모 가두시위가 어쨌든 성공적으로 진행되었고, 이는 관성적으로 5월 15일의 대규모 집결로 이어지게 된 것이다. 이날의 집회를 위한 성명서나 구호, 요구 조건, 집회·시위의 방식이나 경로 등 내용적 준비와 방송 시설, 집회·시위 물품, 대중 통제 요원 배치 등 물리적 준비가 전혀 이루어지지 못한 것은 이 집회의 자연발생적 성격을 뒷받침한다.

서울대 지도부는 이런 상황을 통제할 역량을 갖추지 못했고 결국 이날 상황의 주도권은 총학생회장단에게, 아니 보다 정확히 말하면 서울대 총학생회장인 심재철에게 대부분 넘어가는 것으로 귀결되었다. 실제로 15일 하루 종일 서울대 지도부는 심재철과 제대로 연결되지 못해 거의 어떤 영향도 미치지 못했으며 그사이에 심재철은 내내 동행했던 이수성 교수의 영향 아래 놓이게 된다. 오세제의 발표에 의하면 이수성 교수는 당시 중앙정보부 서울대 책임자였던 김만복(법학 66)과 긴밀하게 소통하고 있었으며 교내 학생운동에 대해서는 온건론자로서, 심재철 학생회장은 물론 당시 총학생회 측과도 상호 신뢰가 깊은 상태였다.[16] 여기에 공수부대 출동설·북한 남침설의 유포, 학생시위 규모의 의미를 축소하도록 하는 언론보도 통제, 5월 15일 오후 7시 30분 신현확 총리 명의의 정치 일정 단축 관련 담화문 발표 등 신군부의 각종 심리전 작업과 공수부대의 효창운동장 진주라는 무력시위, 불의의 전경 사망 사고 등은 준비 안 된 집회의 취약성을 집요하게 파고들어 학생운동 지도부의 혼선을 조장했으며 심재철에게는 해산 결정의 결정적 빌미를 제공했다.

이에 따라 심재철은 자의적으로 오후 5시와 8시 30분 두 차례에 걸쳐 집결한 대중에게 집회 해산 결정을 공지했고 이로써 4·19 이후 20년 만에 달아올랐던 10만 학생 대중의 열기는 갈 곳을 잃고 차갑게 식어버렸다. 비록 지도부 내에서도 해산 불가를 주장하는 강경론이 팽팽했고, 실제로 유시민 같은 이는 마이크로버스 위에서 해산 불가를 외쳤으며 고려대 학생회장 신계륜과 숭전대 학생회장 윤여연 등 일부 총학생회장들은 격렬하게 해산에 반대했다고 주장하기도 했지만, 이 대규모 집회의 근본적인 자연발생성과 무정부성은 온건론이 우세할 수밖에 없는 기본 조건으로 작용했던 것이다.

그날을 어떻게 기억할 것인가

훗날 '서울역 회군'으로 명명되었던, 10만 학생대중의 '기세등등한' 집결과 용두사미 같은 해산으로 요약되는 이날의 사건이 40년도 더 지난 최근까지 역사적 평가의 대상으로 다시 소환될 만큼 문제적 사건이 된 것은 그것이 바로 사흘 뒤에 일어난 '광주항쟁'[17]과 가지는 연관성 때문이라고 할 수 있다. 특히 이날의 해산을 '회군'이라 명명하고 이 회군이 없었더라면, 다시 말해 이날 10만의 학생대중이 해산하지 않고 그대로 대오를 유지하여 광화문이나 청와대 쪽으로 행진하거나 최소한 서울역광장에서 철야농성이라도 지속했더라면, 그리하여 경찰이든 공수부대든 신군부의 물리력과 충돌하여 서울에서 어떤 결판을 냈더라면 지역적으로 고립된 상태에서 속수무책으로 유린당할 수밖에 없었던, 광주에서의 비극적 학살과 처절한 항쟁, 그리고 이를 지렛대로 한 신군부의 장기집권은 없었을 것이라고 생각하는 사람들은 지금까지도 이 날의 회군을 두고두고 후회할 통탄할 만한 사건으로 간주하고 있다.

이런 입장을 가진 인사들은 이날 회군의 책임을 서울대 학생운동 지도부(총학생회장 심재철은 물론 재학생 지도부인 언더그룹과 이에 깊게 연루된 복학생 지도부라고 할 수 있는 김병곤을 중심으로 하는 한국사회연구회 그룹)에게 돌리고 지금까지도 역사적 책임을 묻고 있다.[18] 그들은 이를 당시 서울대 학생운동 지도부에게 내재된 준비론적 경향 및 안이한 정세 인식에 대한 비판으로 확대하고 다시 1980년 12월 11일 서울대 언더그룹의 주도로 일어난 '반파쇼학우투쟁선언' 사건(이른바 무림사건)과 관련된 이른바 '무림-학림 논쟁', 즉 준비론파(혹은 단계투쟁파)와 선도투쟁파의 갈등으로까지 연결시킨다. 그리고 이는 결국 1980년대 초반 학생운동에서 준비론에 대한 투쟁론의 전략적·도덕적 우월성 혹은 정당성을 고착시키는 것으로 귀결된다.

이러한 견해는 일종의 정설로서, 공고한 역사적 사실처럼 전승되어오고 있다. 5월 15일의 '서울역 회군'의 역사적 평가에 대하여 당시 서울대 지도부의 일원이었던 나는 어쩔 수 없이 방어적인 처지에 놓여 있고, 이에 대한 나의 견해 역시 구차한 변명으로 받아들여질 가능성이 높다. 그럼에도 불구하고 이 사건에 대한 입장을 정리하는 것은 오늘의 시점에서 45년 전에 펼쳐졌던 한국 현대사의 한 중대한 국면을 어떻게 이해해야 할 것인가와 관련된 문제이며 따라서 여기에는 최대한 객관적이고 냉정한 접근이 필요하다고 생각한다.

나는 2023년 11월 9일의 세미나에서 오세제의 발제에 대한 토론문[19]을 통해 이미 이러한 생각의 일단을 밝힌 바 있으므로 이에 기초하여 내 견해를 밝히고자 한다. "역사에서 '만일'은 무의미하다"라는 말은 반은 맞고 반은 틀리다. '만일 ○○했더라면'으로 시작하는 가정법적 상상은 그저 주관적 원망의 표현에 그칠 뿐이며 그런 일이 일어나지 않은 것이야말로 객관적 역사사실이고 실제 역사의 인과적 연쇄가 '그런 일'을 허락하지 않았기 때문에 일어나지 않은 것이라고 할 수 있다. 그러므로 그런 가정법적 상상은 무의미하다고 할 수 있다. 하지만 그렇다고 그런 가정법적 상상이 과연 아무 쓸데없는 주관적 망상에 지나지 않는 것일까. 이미 일어난 일들을 기술하는 것이 역사라고 한다면 역사는 그저 이미 벌어져서 도저히 변경할 수 없는 하나의 사물이나 화석이 되어버린 사건들의 연쇄를 인과적으로 후술하는 데 그치는 매우 수동적이고 추수주의적인 고고학적 작업이 된다. 역사의 교훈이라는 것은 '그렇게 될 수밖에 없는' 어떤 필연의 인과를 밝히는 데서 얻어지기도 하지만, '왜 그렇게 되지 못했을까' 혹은 '이랬더라면 어땠을까'를 묻는 것에서도 얻어진다. 필연의 연쇄고리의 확인과 더불어 수많은 '결과적 우연들'이 어떻게 그 필연의 연쇄고리와 연결되지 못하고 탈락하게 되었는가를 함께 확인하는 것이야말로 지나간 사건들의 연쇄이자 그에 대한 서사로서의 역사가 현재의 우리에게 교훈을 주는 이유일 것이다.

나 역시 '그때 서울역 회군이 없었더라면 광주의 비극은 없었을지 모르고 신군부의 집권도 실패했을지 모른다'는 가정법적 상상의 무게를 부정하지 않는다. 아니, 부정하지 않는 정도가 아니라 그 시기에 나를 비롯한 서울대 학생 지도부 구성원들이 가졌던 나이브하고 우유부단했던 태도와 인식에 대한 의구심은 어쩌면 지금까지도 내 의식의 밑바닥에 깊이 침전되어 있다고 할 수 있다. 그것은 광주항쟁에 대한 죄의식과 함께 영원히 남을 것이다. 그러한 상상이나 가설이 설사 다른 객관적 사실이나 근거에 의해 한갓 허구임이 판명된다고 하더라도 서울역 회군이 광주의 비극을 낳는 데 단 1퍼센트라도 원인으로 작용했다면 나는 그것을 평생의 책임으로 받아들이고 반성하면서 살아야 한다고 생각해왔다.

그것은 어떤 객관적 근거를 제시하더라도 해제할 수 없는 내 개인적인 마음의 잠금장치이지만, 다시는 그런 일이 반복되어서는 안 된다는 생각은 같은 사건을 겪은 수많은 동시대인의 마음속에서 일종의 정동적 확신이 되어서 1980년대의 간고한 민주화 투쟁의 역사 과정에 커다란 긍정적 영향으로 작동했을 것이다. 하지만 동시에 왜 그렇게 되지 못했는가. '지도부의 불철저성'이라는 주관적 요소만이 원인이었다고 한다면 그것은 역사가 그저 주체들의 태도에 달렸다는 주의주의(主意主義, voluntarism)적 해석에 머무르는 것이다. 따라서 어떤 더 중대하고 불가피한 객관적 요인들이 서울역 회군을 역사적 필연으로 만들었는가를 냉정하게 성찰하지 않으면 안 된다.

나는 오세제가 기술한 바와 같이 '서울의 봄'이 광주학살-항쟁으로 신군부가 주도권을 확고히 하기 전 민주/반민주 세력 간의 중요한 대치전 상황이었다는 점[20]에 동의한다. 하지만 서울역 회군이 이 대치 국면을 반전시킨 유일무이한 요인이었으며, 따라서 당시 회군을 결정했거나 결과적으로 방임한 서울대 학생운동 지도부의 오류가 곧 이 대치전을 민주 세력의 패배로 이끈 결정적 요인이었다는 판단에는 동의할 수 없다. 나는 서울역 회군의 원인과 역사적 의미를 이렇게 파악한다.

첫째, '서울의 봄'이 대치 국면이었다고 한다면 대치의 양 주체 간의 조직적·물리적 역량은 매우 비대칭적인 것이었다. 12·12 쿠데타를 감행한 신군부 세력은 비록 국민적 정당성은 획득하지 못했다 하더라도 군대라는 물리력에 기반한 유사 권력체로서 여론전과 외교전, 심리전까지 수행할 수 있는 잘 조직된 주체였던 것은 틀림없다. 반면 그에 대항했던 '민주 세력'은 온건하고 타협적인 정당 정치인, 유신 체제 내내 산발적인 저항만을 반복했던 재야인사, 엄청난 감시와 억압 속에서 소규모의 반지하 조직을 유지하며 교내시위·투쟁에 모든 역량을 소모했던 학생운동 세력의 느슨한 연대로 이루어져 어떤 통일된 조직도 공유하는 프로그램도 없던, 그리고 무엇보다 갑작스런 박정희의 죽음으로 전혀 어떠한 준비도 갖추지 못하고 있던 사실상의 오합지졸이었다. 이러한 '민주 세력'의 주체적 취약성은 '서울의 봄'을 광주항쟁이나 6월 항쟁 같은 이후의 대치 국면과 구별하게 만드는 가장 큰 요인이었다고 할 수 있으며, 이 국면에서의 패배는 기본적 주체 역량의 절대적 비대칭성에서 예견된 것이었다고 할 수 있다.

둘째, 역사적으로 다양한 대치 혹은 전투 국면에서 어떤 주체가 왜 어떤 국면에서는 성공하고, 왜 어떤 국면에서는 실패하는가는 여러 주객관적 조건과 역량 간의 복잡한 상호 길항 관계에 의해서 결정되는 것이지 주체의 의지 여하에 따라 결정되는 것은 아니라고 본다. 신군부의 심리전이 이 국면에서 매우 결정적인 영향력을 행사했다는 것은, 그들의 전술이 탁월했다는 것도 되지만 그보다는 그러한 심리전이 먹힐 만큼 당시 상황에서 그들의 헤게모니가 지배적이며 효과적이었다는 것을 반증한다. 주체의 의지는 매우 중요한 것이지만, 그것 역시 이러한 조건과 역량들의 총체적 맥락 속에서 형성되고 발휘되는데 이를 무시하고 주체의 의지만을 문제 삼는 것은 주의주의적 오류이다. 나는 서울역 회군에서 학생운동 지도부의 정치적 입장이나 전술적 오류를 비판하는 것은 정당하다고 보지만, 이를 투쟁성의 부족 같은 심리적 요인으로 비판하는 것은 과학적이지 못한 태도라고 생각한다.

셋째, '만일 그때 회군을 하지 않았다면 광주의 참극은 없었을 것이다'라는 가설에 대해서 나는 앞에서도 밝힌 바와 같이 그 가설이 만에 하나라도 참일 가능성이 있다고 보기 때문에 이 회군이라는 역사적 사건에 연루된 일인으로서 책임감을 느낀다고 했지만, 역사적 사건의 발발과 관련한 주관적 판단과 객관적 인과 분석 사이의 혼동은 피하는 게 과학적 태도이다. 그 국면에서 설사 서울역 회군이 일어나지 않고 서울에서 대규모의 시위와 무력투쟁이 일어났다고 해도, 신군부는 그로 인해 타격을 입었든 아니든, 비교적 격리 장악이 쉬운 광주 같은 지방도시에서 더 악랄한 반격을 통해 결정적 국면 전환을 꾀하고 그를 통해 권력 장악에 성공할 수 있었을 것이라는 가설 역시 똑같이 가능하다. 서울역 회군이라는 사건과 '서울의 봄'이라는 국면에 대한 역사적 평가는 여전히 현재진행형이고 이는 해석 시점에 따라 수많은 이견을 낳을 수밖에 없는 것인데, '회군'만이 '서울의 봄'을 일장춘몽으로 만들고 광주학살을 일으킨 유일하거나 최대의 요인이라는 가설도 여전히 여러 가설들의 하나에 불과하다.

이에 덧붙여 오늘에 와서 '서울역 회군'의 책임 소재를 물으며 당시 학생운동 지도부의 반성을 요구하는 이유가 무엇일까도 한번 짚고 넘어가야 할 것 같다. 단지 과거 사실에 대한 단순한 호사취미의 발로일 수는 없으니 이러한 문제 제기에는 분명 나름의 현재적 의의가 내재되어 있을 것이다. 이들은 혹시라도 우리 사회에서 신군부 세력과 같은 이러한 반민주적 폭력과 시민저항의 대치 국면 같은 것이 재연될 가능성이 있다고 보는 것일까. 그리하여 다시는 1980년의 서울역 회군과 같은 오류가 있어서는 안 된다는 것을 새삼 다시 강조하고 싶었던 것일까. 한국사회가 그 정도의 퇴행을 하리라고는 생각하지 않지만 만에 하나 그런 퇴행과 위기가 올 수도 있다고 한다면 이런 문제 제기는 가능하다고 볼 수는 있다.

그럼 질문을 바꿔서 혹시 이들은 지금도 우리에게 '민주화'가 가장 주요한 과제라고 생각하는 것일까. 나는 박정희의 죽음과 신군부의 집권 과정을 민주/반민주 구도 속에서 보는 것은 한국 내의 일국적 상황에서 가능한 관점일 뿐이라고 생각한다. 한국사회는 여전히 더 많은 민주주의가 필요한 사회이지만 이를 과거의 민주화 투쟁의 연장선상에서 파악하는 것은 시대착오라고 할 수 있다. 과거사의 엄정한 해명은 언제나 필요한 일이기는 하고 우리가 그로부터 어떤 교훈을 얻어야 하는 것은 옳지만, 지금 다시 '서울의 봄'을 떠올리고 민주/반민주 대치 국면의 기억을 불러오는 것이 현재 한국사회의 문제들과 관련해서 어떤 적극적 의미가 있는지는 이해하기 힘들다.

지금 한국사회에서 더 확실한 정치적 민주주의와 분단 체제 극복 등과 같은 일이 여전히 중요한 과제로 존재한다는 것은 인정할 수 있지만, 1998년 체제라 불리는 신자유주의 체제의 야만적 지배와 임박한 기후위기에 의해 고통받고 있는 2000년대 이후의 새로운 피지배집단의 사회경제적·생존권적 해방이라는 새로운 과제가 보다 절박하게 제출되고 있음을 인식해야 한다. 그리고 이 과제의 실천은 과거와 같은 민주/반민주 구도와는 전혀 다른 관점과 방법을 필요로 한다. 이런 상황에서 민주/반민주 시대의 역사적 사건을 다시 불러와 성찰과 반성을 요구하는 것에 각별한 적극적 의미가 있다고 보기 힘들다. 혹시 또 다른 이유는 없을까.

광주학살의 책임자를 밝히고 처벌해야 하는 것과 마찬가지로 광주학살의 주요 원인인 서울역 회군을 결정한 당시 서울대 학생운동 지도부의 책임자도 밝혀서 이를 공식적 기록으로 공유해야 한다는 것이 앞서의 이선근·오세제 등의 입장인 것으로 보인다.[21] 이것이 과연 온당한 생각일까. 공식 역사에 광주학살 책임자인 전두환·노태우 등과 더불어 이를테면 김병곤·이원주·김명인 등 당시 서울대 학생운동 지도부의 이름이 함께 등재되어야 한다는 말인가. 학살자·가해자들의 천인공노할 잘못과 저항자들의 투쟁 과정에서의 오류를 동렬에 놓아서 역사의 법정에 세워야 한다는 것인가. 그들이 참회의 성명서라도 내서 자신들의 과오를 공개적으로 천명하고 그에 따른 어떤 형식의 사회적 처벌을 받았어야 했다는 것인가. 아니, 더 극단적인 방법으로라도 속죄를 했어야 한다는 것인가.

과문한 탓인지 모르나 서울역 회군의 전말에서 서울대 학생운동 지도부의 오류 혹은 역량 부족이 있었다는 것은 굳이 다시 강조하지 않더라도 이미 많은 사람들 사이에서 일찍부터 공공연히 인정되고 있는 사실이다. 그것은 나뿐만 아니라 김병곤이나 이원주 등 당시 지도부의 보다 중요한 인물들 역시 잘 알고 있었다고 본다. 이선근

스스로가 김병곤이 사망하기 전에 "서울역 회군은 천추의 한"이라고 했다지 않는가. 공교롭게도 김병곤과 이원주는 그 이후에도 자신의 생명이 다하는 날까지 전선을 이탈하지 않고 투쟁을 계속하다가 치명적인 병을 얻어 세상을 일찍 떠난 사람들이다.[22] 이들의 삶과 죽음 자체를 바로 과거의 실수나 오류에 대한 치열한 참회와 반성의 결과로 이해할 수는 없는 것일까.

이러한 일종의 시대착오적 고발 행위는 동시대에 같은 대열에서 모든 것을 걸고 투쟁을 함께했던 옛 동지들에 대한 예의가 아니며, 극단적으로 말하면 부관참시와 가까운 일이 아닐까. 나는 이것을 과거 운동권 내에서의 인정투쟁에서 어떤 이유로든 밀려난 일부 인사들의 일종의 복수 행위는 아닐까 짐작한다. 그리고 이런 행동은 자칫하면 이제 과거를 반추하는 것 외엔 별다른 할 일이 없는 한물간 민주화 세대 내부의 지나간 과거사를 둘러싼 한가한 논공행상이거나 개인적 한풀이 같은 것으로 여겨지기 쉽다. 이제 그만 내려놓으면 좋겠다. 나는 이 글이 이러한 과도한 원한에 대하여 당시 학생운동 지도부가 할 수 있는 가장 정중한 대답으로 받아들여지기를 바랄 뿐이다.

'광주사태'

서울역 회군이 있었던 이틀 후인 5월 17일, 나는 아침부터 이화여대 동창회관 연회장에서 전날에 이어 향후 대응 방안을 논의하기 위해 열리고 있던 전국 총학생회장단 회의에 일종의 옵서버로 참석하고 있었다. 총학생회장단을 주재 중인 심재철 등과 서울대 지도부 사이의 연락을 위해 파견된 것이었다. 옵서버라고는 하지만 학생회 내에서 어떤 공식적인 직책도 없었기에 회의장 안에는 들어가지 못하고 주름막 형태의 칸막이가 쳐진 회의장 밖 한쪽 구석에 머물러 있으면서 필요시 심재철과 이홍동을 호출하여 주요한 소식을 전하고 받았다. 하지만 그 시간에 신군부 역시 결정적 반격을 준비하고 있었다. 실제로 제주도 일원으로까지의 비상계엄 확대 조치는 5월 18일 0시를 기해 발효되었지만, 그 이전 17일 오후부터 그들은 전국 각 대학에 병력을 진주시켜 무지막지한 폭력으로 교내에 있던 학생들을 검거하거나 추방하는 작업을 개시함으로써 학생들의 행동력을 거세시키고 다시금 전국적인 공포 분위기를 조성하기 시작했다. 이화여대에 모인 총학생회장단을 검거하는 것이 그들의 최우선 목표일 수밖에 없었다.

오후 서너 시경이었던 것으로 기억된다. 식당 바깥쪽

에서 한 여학생이 "계엄군이 쳐들어온다!"라는 단말마의 외침과 함께 식당 안으로 뛰어들었다. 회의장에 있던 전국 총학생회장단 구성원들은 아수라장을 일으키며 각자 여러 방향으로 달아나기 시작했다. 그중 대부분은 계엄군에게 검거되었겠지만 요행히 빠져나간 인원도 있었을 것이다. 학생회에서 아무런 보직도 없었기 때문에 검거되면 매우 곤란해질 것이 뻔한 나로서는 밖으로 뛰어나가는 위험을 감수할 수가 없었다. 대신 연회장 한켠의 주방으로 재빨리 뛰어들어가 주방 안에 있던 조리노동자들에게 긴급히 도움을 청했다. 지니고 있던 가방은 한구석에 숨겨두고 조리노동자들의 도움으로 주방용 가운을 빌려 입고 모자를 쓴 채 감자가 가득 든 커다란 고무용기 앞에 앉아 감자껍질을 깎는 작업을 시작했다.

그런 지 십 분도 못 되어 주방 안으로 형사 한 명과 군인 두 명이 들어와서, 여기 학생들 안 들어왔느냐고 소리를 치면서 주방을 뒤지기 시작했다. 그들은 이내 내가 숨겨놓은 가방을 찾아냈고, 이 ×× 어디 갔느냐고 호통을 쳤다. 조리노동자 한 분이 어떤 학생이 거기 숨겨놓고 밖으로 도망갔다고 둘러댔고 형사와 군인들은 다행히 누군가 변장을 하고 숨어 있으리라고까지는 생각하지 못했던지 그대로 밖으로 나가버렸다. 한숨 돌린 나는 주방에서 감자 깎는 작업을 계속하다가 노동자들이 퇴근할 무렵

식자재 창고에 숨어서 밤을 지샌 후 다음 날 새벽 5시 무렵 사위가 밝아지기 전에 그곳을 나와 이화여대 북서쪽의 비교적 낮은 담을 넘어 무사히 탈출할 수 있었다. 그때부터 5월 17일과 18일에 집중 검거되어 가공할 폭력 속에 불법 수감되어 있던 학생과 민주인사들 중 김대중 내란음모 사건 조작에 포함되는 일부를 제외한 나머지 인원이 석방되는 7월 중순경까지 두 달 동안 나는 도피 생활을 계속할 수밖에 없었다.

내가 정식으로 수배를 당한 상태인지는 확인할 수 없었지만 이화여대 동창회관 주방에서 피신해 있던 동안 가방과 함께 내 신분이 드러날 소지품들을 경찰에 압수당한 터라 당연히 수배를 당했으리라고 판단해서 도피를 결정했다. 아닌 게 아니라 사흘 뒤인가 집에 전화를 해보니 형사들이 다녀갔다고 했다. 흔히 '잠수 탄다'는 말로 표현되는 도피 생활은, 그것도 서슬 퍼런 계엄령하의 서울에서의 도피 생활은 쉬운 일이 아니었다. 나는 어떻게든 언더조직 구성원들과는 어떤 관련도 없는 사람과 장소를 찾아다녀야 했다. 그리고 나의 도피를 도와준 사람들이 피해를 입지 않도록 극도의 보안을 유지해야 했다.

그 때문인지 나는 아직까지도 내가 그 두 달 동안 어떤 사람의 거처에서 얼마 동안 신세를 졌는지 다 기억하지 못한다. 만약의 경우를 위해서 의도적으로 기억을 지우려고 애썼기 때문이다. 확실히 기억나는 것은 정근식(사회학 76) 선배의 남현동 자취방과 천호동인가 있었던 모 공안기관 직원의 집, 아직도 그 주인이 누구인지 어떻게 연결되었는지 알 수 없는 부암동의 한 작은 양옥집뿐이다. 해당 장소에 머물렀던 기간도 매우 불확실해서 예의 공안기관 직원의 집에서 내 기억으로는 1주일 정도 머물렀던 것 같은데 훗날 그를 직접 만나 들어보니 내가 그의 집에서 무려 한 달이나 머물렀다는 것이다. 이러한 기억 역시 혹 오래 머물렀던 사실이 드러나면 그가 더 곤란해질 것 같아 1주일 동안 있었다고 기억을 조작했기 때문이다.

도피 중에 대부분의 시간은 주로 은신처에서 책을 읽었지만 부득이 외출을 할 경우는 책을 가지고 있으면 대학생이라는 사실을 눈치챌까 봐 책도 마음대로 못 가지고 다녔고, 마치 실업자나 룸펜처럼 보이도록 옷차림도 될수록 허름하게 하고 다녔다. 그리고 낮에는 검문을 피하기 위해 영화 두 편을 동시상영하는 변두리 극장에서 시간을 죽이는 날도 적지 않았다. 심지어 뒷골목 구멍가게를 다니며 마침 그 무렵 처음 유행하기 시작했던 가장 초보적인 컴퓨터게임인 벽돌깨기에 심취하기도 했다. 하도 여러 번 하다 보니 실력이 늘어, 어느 날인가는 구멍가게 주인이 내게 돈 천 원인가를 들려주며 이제 그만 좀 하라고 해서 쫓겨난 기억도 있다. 어느 정도 단계를 넘어서면 처음 넣었던 십 원인가를 돌려받거나 한 오십 원이나 백 원쯤의 보너스까지 받으며 무한정 계속할 수 있었기 때문에 아이들의 코 묻은 동전을 노리고 기계를 설치한 가게 주인으로서는 내가 영업을 방해하는 동네 백수건달로 보였을 것이다.

도피 생활 처음 며칠 동안은 기척도 없이 숨어 지내던 나는 5월 22일인가 동정을 살피기 위해 밖으로 나왔다가 그때서야 광주에서의 처절한 항쟁 소식을 접하게 된다. 청량리에서 서울대까지 운행하던 95번 시내버스에 타고 있던 내게 정오뉴스가 들려왔다. 광주지역에서 무장폭도들이 난동을 벌이고 있다는 짧고 건조한 뉴스였다. 아마도 5월 21일 발표된 이희성 계엄사령관의 관련 담화문 내용을 전하는 뉴스였던 것 같다. 그 뉴스는 마치 산사태가 덮쳐오듯 내 온 존재를 흔들었다. 나는 마침 운전기사 외에 승객이라고는 나 한 명밖에 없던 정오의 버스 뒷좌석에 쭈그리고 앉은 채 오열을 터뜨렸다. "무장폭도들의 난동"이라는 단 여덟 자만으로도 광주에서 어떤 끔찍한 일이 일어나고 있는지 충분히 짐작할 수 있었다. 광주에서 무장군인과 시민들의 격렬한 충돌이 일어나고 있으며 담화문의 내용으로 볼 때 분명히 부마항쟁 때보다 더 심각한 수준임에 틀림없다고 생각했다. 먼 남도에서 피어린 항쟁이 벌어지고 있는데 속절없이 도망이나 다니고 있는 내 자신이 한없이 부끄러웠다.

하지만 광주로 가는 모든 길은 이미 철저하게 차단되어 있었고 어떤 통신도 연락도 이루어지지 못한 채 결국 5월 26일 새벽, 전남도청에 구축되었던 시민군 최후의 방어선이 무너지면서 광주항쟁이 종식되었다는 소식이 전해졌다. 그 사이에 나는 이런저런 경로를 통해서 벗들과 연결을 시도했고 6월 초 즈음에야 이원주, 현무환, 최영선 등 언더 지도부와 다시 만날 수 있었다. 그때 윤상원 등 광주항쟁 주체들이 만들어 배포했던 『투사회보』를 처음 접했다. 오오, 광주여! 광주여! 그날 이후, '광주'라는 말은 나에게는 시시포스의 바위덩이가, 프로메테우스의 독수리가 되었다. 나는 내 영혼 속에 광주라는 이름의 감옥을 짓고 그 안으로 걸어 들어갔다. 이 나이가 되어도 '광주'라고 낮게 읊조리면 내 가슴에서는 저도 모르게 눈물이 배어 나온다.

자책과 울분의 나날이었지만 수배 중이라 행동에 제약이 컸던 내가 할 수 있는 일은 많지 않았다. 이원주를 비롯한 언더 지도부는 이미 5월 22일부터 어렵게 입수한 『투사회보』를 바탕으로 광주항쟁의 진실을 알리는 유인물을 제작하여 이후 6월 말까지 서울 시내 고등학교, 구로동 양평동 등 공장지대, 난곡동·봉천동·신림동 등 달동네 등에 조직적으로 배포했으며 가두시위에 대비하는 조직 정비에도 만전을 기해나갔다. 나는 인문대 78학번 언더 구성원들과 접촉하여 광주항쟁에 관한 선전 작업을 지휘했고 나 스스로도 새벽이슬을 맞으며 구로동 벌집촌과 난곡동 달동네에 두어 번 유인물 배포 작업을 했던 기억이 있다. 언젠가는 서울역 일대에서 가두시위가 있다고 해서 나갔던 적도 있지만(그날 가두시위는 사전에 정보가 유출되었는지 실행되지 못했던 것으로 알고 있다) 그것은 내 속에 치받쳐 올라오던 울분과 슬픔을 생각하면 일 같지도 않았다. 울분과 슬픔 못지않게 공포도 만만치 않았지만 그것들은 서로 길항하고 대치하는 것이 아니라 서로 뒤엉키고 상승 작용을 일으켜 나는 마치 처형장으로 걸어가는 사형수처럼 그 감정들을 한 덩어리로 뒤섞어 마치 체념하듯 받아들이고 있었다.

실로 한 걸음 한 걸음마다 죽음의 그림자를 의식하지 않고는 내딛을 수 없었던 나날들이었다. 유신 말기에도 그런 기분은 마찬가지였지만 광주항쟁의 참혹하고 처절한 무게감은 너무나 압도적이어서 내가 이대로 비루한 목숨을 이어간다는 것은 죄악처럼 여겨졌다. 그 무렵 어느 날 고등학교 시절 학교 간 연합문학서클을 함께했던 사람들과 만나 술 한잔할 기회가 있었는데, 그 자리에서 평소엔 정치적인 문제에 조금만치의 관심도 없던 한 선배가 술잔을 내려놓으며 뱉었던 한마디 말이 지금까지도 생각난다. "우리 이제 다 나가서 싸우다 죽어야 하는 거 아니냐?" 그처럼 그때는 보통의 사람들조차 죽음이라는 문제를 실감하며 살 수밖에 없었다. 그 무렵 나는 언제 어떻게 죽어야 제대로 잘 죽을 수 있을까만을 생각했다.

조용한 가을

7월 중순에 들어서, 5월 17일과 18일에 대량 검거되어 무자비한 계엄군의 폭력을 견뎌냈던 학생과 민주인사들이 김대중 내란음모 사건 관련자들을 제외하고는 기소되지 않고 대부분 석방되었고, 나 역시 도피 생활을 접고 집으로 들어갔다. 8월 중순, 이원주와 현무환, 최영선 등과 회동하여 2학기 서울대 학생운동의 기본 방침을 정리하는 자리를 가졌다. 그 자리에서는 아직도 신군부가 안정적이지 않다는 등의 이유를 내세워 강력투쟁을 해야 한다는 주장도 나왔으나, 싸움의 성격이 관료집단과 군부로 구성되는 단일한 적에 대한 전면전이며 현재로서는 이러한 전면전을 수행할 수 있는 유일한 주체인 학생운동은 무조건 시위에 돌입하는 무모성은 지양하고 적들의 탄압으로부터 조직 역량을 보존하면서 다양한 전술적 요소를 개발하여 빠른 시일 내에 이러한 전면전에 대비하는 자

세를 정비한 후 적들과의 싸움에 임해야 한다는 쪽으로 방침이 정해졌다.[23]

1980년 하반기 학생운동에 대한 이러한 기본 방침은 이후 일부로부터 언더 지도부가 준비론, 역량보존론, 단계투쟁론 등에 함몰되어 학생운동의 가장 주요한 임무인 선도투쟁을 방기 내지 방해한 것으로 평가받는 빌미가 되었다. 하지만 1980년 2학기에 한정된 이러한 단기적 전술 방침을 두고 이를 준비론이나 단계투쟁론 같은 전략론적 차원에서 비판하는 것은 넌센스다. 그 이전 서울역 회군 때 나타난 서울대 지도부의 판단과 1980년 2학기의 이런 방침을 형식적으로 연결하면 마치 당시 서울대 지도부에게 고질적인 준비론적이고 선도투쟁 회피적인 경향이 있었던 것처럼 보일 것이다. 하지만 이러한 2학기 학생운동의 방침은 5월 투쟁에서의 나이브한 경향의 연장선상에 있었던 것이 아니라 반대로 서울역 회군을 포함한 5월 투쟁에 대한 근본적 성찰과 비판을 통해 정해진 것이었다.

언더 지도부는 5월의 가두 진출과 같은 수동적이고 기회주의적인 투쟁 방식과 학내에서의 과거와 같은 무책임하고 일회적인 행사형의 투쟁 방식에 대한 집중적인 비판과 반성을 통해 앞으로는 교내외를 막론한 집회·시위 투쟁은 물론 대학이나 노동자 등 각 계급·계층 주체 간의 연대투쟁까지도 철저히 준비되고 기획된 상태에서 수행하지 않으면 안 된다고 판단했다. 그러기 위해선 5월 투쟁 이후 흐트러진 주체 역량을 효율적으로 수습하고 이를 더욱 고도로 조직화하는 한편, 대중 선전을 강화하고 대학 간, 계급·계층 간 연대를 건설하는 작업이 우선되어야 한다고 보았다. 그리고 이러한 준비가 어느 정도 마무리되는 겨울방학을 지나 이듬해인 1981년 신학기 개강 이후 4~5월 즈음 신군부에 대한 전면적인 일대 반격을 시작하기로 한 것이다.

이러한 전략적 사고의 바탕에는 1970년대 이후 학생운동의 흐름에 대한 일정한 평가와 성찰도 작동했다. 1974년에 있었던 민청학련 사건은 유신 체제에 대한 학생운동 세력의 강력한 저항운동이었으나 그 역량의 핵심은 각 대학의 소수 엘리트 학생운동가와 일부 사회운동가들의 결합으로 이루어졌기 때문에 이 운동은 핵심 운동가들에 대한 전면적 검거와 가혹한 응징[24]을 끝으로 완전히 궤멸되었다. 게다가 곧 이은 1975년의 5·22 서울대 교내시위 사건으로 그나마 남아 있던 민청련의 잔존 세력까지 완전히 뿌리 뽑힌 결과를 낳았다. 이후 유신 체제 내의 학생운동은 거의 지하화되다시피 하여 소수의 유격전 형태로 전개될 수밖에 없었고, 이것이 바로 기본적으로 대중투쟁이어야 했던 1980년 5월 투쟁을 제대로 수행하지 못한 내적 원인이기도 한 것이다. 따라서 이제는 엘리트 운동가들만의 조직운동도 아니고 무조직적인 대중투쟁도 아닌, 운동가들과 대중이 조직적으로 결합한 지속 가능한 대중투쟁의 건설이 기본 과제로 떠오르게 된 것이다.

1980년 9월 7일 전국 대학에 내려졌던 휴교령이 해제되고 2학기가 시작되었다. 그동안 교내 언더 지도부의 수장 역할을 맡아왔던 이원주는 일선에서 물러나서 보다 장기적인 운동을 준비하기 위해 군입대를 하기로 했고 본격적으로 77학번들이 언더 활동을 이끌어가기로 하였다. 기왕의 현무환, 최영선, 김명인 외에 공대, 자연대 등 이과 쪽 학생들의 적극 참여를 위해 박남운(약학 77)을 영입하여 새로운 언더 지도부가 구성되었으며, 인문대와 사범대 등 인문계 대학은 내가, 사회대와 법대 등 사회계 대학은 최영선이, 공대와 자연대 등 이과계는 박남운이 관리를 맡고, 현무환은 학내 상황에 대한 협의는 함께 하되 타 대학과의 연대활동에 보다 더 힘을 기울이는 쪽으로 책임을 분장하였다. 또한 78학번 언더 구성원들을 차기 중심 역량으로 집중훈련시키고 그들을 중심으로 다시 79학번 언더조직을 구성하는 작업에 착수하여 11월까지는 그 구성 작업을 마쳤다. 이와 함께 78~79학번을 중심으로 다수 학회의 구성원들을 동원하여 교내 여러 강의실과 복도 벽, 화장실에 '전두환 타도' 등의 낙서 작업을 수행하고 12·12 군사반란과 광주항쟁의 진상, 전두환 퇴진의 당위성을 알리는 대국민 편지 작업을 실행함으로써, 언더 구성원들의 긴장도와 투쟁력을 높이고 학생대중에게 학생운동의 조직적 움직임이 살아 있음을 드러내는 소규모 행동들을 실행했다.

하지만 '서울의 봄' 기간 동안 정치의식과 행동력이 첨예하게 성장했을 뿐만 아니라 광주항쟁의 진실에 치를 떨며 그 비극적이면서도 영웅적인 투쟁의 서사를 이어가기를 열망했던 서울대 학생운동의 들끓는 투쟁의 정동을 생각해보면, 이 같은 언더 지도부의 지나칠 정도로 냉정한 현상 판단과 1981년 봄학기를 결정적 시기로 설정하는 투쟁의 로드맵은 매우 소극적이며 방어적이라는 인상을 줄 수 있었다. 언더조직에 포함된 학생들은 지도부의 이러한 방침을 충분히 이해하고 받아들일 수 있었지만 언더조직의 존재를 모르거나 아니면 알았다 할지라도 언더조직이 5월 투쟁과 광주항쟁을 겪고 나서 해체되거나 무력화되었을지도 모른다고 생각한 비언더조직 학생운동가들은 학생운동의 최중심부이자 선봉에 서야 할 서울대의 이러한 침묵을 이해할 수 없었다. 게다가 서울대 학생운동의 동향을 주시하고 여차하면 대규모 검거 작업에 나서기 위해 모든 정보력을 총동원하고 있는 경찰, 안기부, 보안사 등 공안기관의 감시망을 피하려면 언더조직은 그전보다 더 높은 수준의 보안체제를 유지할 수밖에 없었다. 실제로 언더조직의 존재를 알고 있거나 과거 언더조직에 포함되었다가 이런저런 이유로 탈퇴하거나 배제된 경험이 있던 학생들이 당시 언더조직 구성원들에게 언더의 존재 여부나 2학기 운동 방침 같은 것을 물어올 경우, 언더조직 구성원들은 5월 투쟁 이후에 언더가 해체되어서 자신들도 이제 더 이상 조직적으로 연결되어 있지 않다는 식으로 대응할 수밖에 없었다.

이런 상황에서 언더조직의 관리 범위 밖에 있던 일부 학생들 사이에서 교내시위를 비롯한 보다 더 적극적인 대군부 투쟁을 시도하는 움직임이 빈번해지는 것은 자연스러운 일이었다. 하지만 '관리되지 않은 교내시위'가 빌미가 되어 서울대 학생운동에 대한 일대 탄압이 야기되고 이것이 다음 해의 전면적인 공세적 전환을 목표로 진행되어가고 있던 내부 조직 강화와 외부 연대구축 작업에 큰 지장이 초래될 것을 염려하지 않을 수 없었던 언더 지도부로서는 이러한 시위 움직임이 포착될 때마다 구성원들을 총동원하여 저지 작업을 펼칠 수밖에 없었다. 그리고 그것은 모두 성공했다. 그럴 수밖에 없었던 것이 아무리 언더조직 외부의 학생운동가들이라 할지라도 언더 구성원들의 정보망에 포착되지 않고는 어떤 시위도 준비할 수 없을 정도로 언더조직은 촘촘한 네트워크로 서울대 전체를 장악하고 있었기 때문이다. 당연히 지도부로서는 언더조직의 그 누구도 시위에 동원되어 검거되거나 이로 인한 조직 와해 같은 일이 일어나기를 원하지 않았고 그런 상황에서는 어떤 교내시위도 사실상 불가능했다.

이 무렵 이태복(국민대 69)과 이선근을 중심으로 노학연대를 기치로 내세우며 1980년 5월경에 결성된 전국민주노동자연맹(전민노련)과 전국민주학생연맹(전민학련)이 비밀리에 조직을 넓혀가고 있었다. 이들은 '서울의 봄' 시기의 서울대 학생운동이 준비론에 함몰되어 올바른 투쟁 노선을 잃어가고 있으며 서울역 회군이 '서울의 봄' 국면을 패배로 이끈 가장 결정적 사건이라고 판단하고 있었다.[25] 1980년 2학기 들어 자신들이 보기에 '비정상적인 침묵'에 빠져 있던 서울대에서 어떻게든 교내시위 등 적극 투쟁을 일으키기 위해 노력했고, 결국 12월 12일에 12·12 신군부 쿠데타 1주년을 맞아 교내시위를 결정한 것도 나중에 알고 보니 이 전민학련의 소행이었다. 설사 언더조직이 동조하지 않고 방해를 한다고 할지라도 자신들이 동원 가능한 인원을 최대한 결집하여 시위를 실행할 생각이었다. 이 시위를 준비했던 중심인물인 박성현은 한때 77학번 언더조직에 속했고 박문식 역시 언더조직의 영향 아래서 총학생회 구성 이전의 학생회부활추진위원장을 역임했다. 이들은 전민학련의 구성원이 되어 당시 언더 지도부의 로드맵에 크게 반발했으며 언더조직의 반대에도 불구하고 교내시위를 강행하기로 했던 것이다. 1980년대 학생운동사를 말할 때 빠지지 않고 등장하는 '무학 논쟁'(무림-학림 논쟁)이라는 것의 실체는 바로 1980년 하반기 서울대 내에서 일어났던 이러한 투쟁 방식을 둘러싼 갈등이었다. '무학 논쟁'이라는 용어는 이러한 갈등을 마치 실제로 무슨 대단한 논쟁이라도 벌어졌던 것처럼 과장하여, '학림'이라고 불리던 '전민학련' 관련자들이 자신들의 '선도투쟁 노선'이 지닌 역사적 위상을 부풀리기 위해 사후에 만들어 유포시킨 일종의 '텅 빈 기표'라고 할 수 있다.

11월 25일, 언더 지도부는 이러한 12·12 1주년 교내시위 강행 계획을 접하고 대책을 숙의하였다. 그 결과 내년 봄의 대규모 반격을 위해 조직을 관리·보전하고 내적 역량을 키워나간다는 애초의 방침은 견지되어야 하지만, 12·12 1주년을 맞아 즉각적인 투쟁을 통해 신군부 세력에 대해 경고하고 광주학살에 대한 민중의 분노를 표현하는 것 역시 학생운동의 투쟁력을 고양시키는 데 도움이 될 것이며, 대신 언더 외의 역량에 시위를 맡기는 것이 아니라 '언더 직할'로 시위를 조직해 이번 기회에 학생운동은 물론 전체 민중민주 운동의 방향을 제시하는 수준의 선언문을 공표하는 것이 필요하다는 결정에 이르렀다. 다만 거사 일자는 12월 12일 당일에는 학교 전체에 감시가 너무 심할 것 같으므로 그 하루 전인 12월 11일로 잡기로 했다.

이런 결정에 따라 현무환과 최영선은 시위 주동자 물색, 당일 시위 참여자 동원 등을 책임지고 나는 시위 때 살포할 선언문을 작성하는 것으로 역할을 분담했다. 그리고 1980년 12월 11일 현무환이 물색하여 설득한 남명수(언어학 77), 남충희(철학 77), 김회경(교육학 77), 윤형기(토목학 77) 등이 주도해 예정대로 교내시위가 전개되었다. 내가 선언문을 기초하였다는 사실은 비밀에 부치기로 했기 때문에 나는 시위 현장에 참여하지 않았다. 1981년 당시의 1심 재판 판결문에는 시위 상황이 다음과 같이 기술되어 있다.

> 동년 12. 11. 11:57경 서울 관악구 신림동 소재 서울대학교 학생회관 제1식당에서 위 남충희, 윤형기는 콜라병을 깨뜨려 학생들의 이목을 집중시킨 후 서울대학생 500~600명이 있는 자리에서 "횃불" 노래를 선창하면서 선언문 500매, 구호전단 500매를 살포하고, 피고인(남명수)은 학생회관 옆 장미넝쿨 받침대 위에 올라가 호루라기를 불어서

> 학생 1,000여 명의 이목을 집중시킨 뒤 메가폰으로 구호를 외치면서 선언문 200매, 구호전단 300매를 살포하고, 위 김희경은 학생회관 2층 라운지에 선언문 100매, 중앙도서관과 학생회관 사이 층계에 선언문 및 구호전단 각 100매를 살포하고 위 학생들과 구호를 외치면서 시위를 하고, (…)[26]

이것이 이른바 '무림사건'이 벌어진 1980년 12월 11일 정오 무렵 서울대학교 학생회관 부근의 풍경이었다. 훗날 반독재·민주화 운동을 민중민주 변혁운동으로 전환시키는 기점이 되었다고 평가받는 사건이지만, 그 시작은 이처럼 소박했다고 할 수 있다. 이날 시위는 시위에 가담한 학생 숫자보다 더 많은 경찰 등 기관원들과 학교 정문 부근의 대형 파출소에 상주하고 있던 전투경찰대의 폭력적 진압으로 오래 지속되지 못했고, 네 명의 시위 주동자는 현장에서 검거되어 관악경찰서를 거쳐 남산 회현동 시경 대공분실로 이송되었으며, 이후 1월 19일 구속기소되어 일선 경찰서 유치장을 거쳐 영등포구치소에 수감되기까지 약 40일 동안 죽음과 같은 구타와 고문의 나날을 보내야 했다.

반파쇼학우투쟁선언

단지 일회적인 교내시위 사건이었다면 굳이 '무림사건'이라는 이름으로 남을 리도 없고 이렇게 구구한 회고의 대상이 되지도 않았을 것이다. 이 사건은 광주항쟁 이후 서울대에서 최초로 일어난 교내시위 사건이기도 하지만 무엇보다 현장에서 뿌려진 '반파쇼학우투쟁선언'이라는 이름이 붙은 선언문 때문에 두고두고 유명해졌다. 그리고 나는 그 선언문을 기초한 사람으로서 이후 평생을 그것이 남긴 오랜 후유증(?)을 안고 살게 되었다. 이날 시위 사건이 일어난 후 이「반파쇼학우투쟁선언」은 공안 당국은 물론 언론에서도 큰 주목을 받게 된다. 이전까지의 반정부 학생시위에서 살포된 유인물과는 그 내용과 어조가 판이하게 다른 이른바 '불온 유인물'이라는 것이다. 시위 사건이 일어난 후 3일이 지난 12월 14일,『조선일보』는 '정치부' 명의로 다음과 같은 박스기사를 내보냈다.

> 지난 11일 서울대에 뿌려진 소위 '반파쇼학우투쟁선언문'은 우선 서술방식 자체가 레닌이 소련 혁명을 위해 유럽에서 모스크바에 송출, 대중을 선동한 수백 건의 선동문건과 유사한 데다가 평양방송이 대남적화를 위해 떠들어대고 있는 논리와 대

동소이하다는 점을 지적해야 할 것 같다. (…) 비라 내용을 주목해보면 현정부를 규탄 매도하는 문구는 단 몇 행뿐으로, 그 전체 내용이 정권 차원이 아니라 현재 우리 사회가 갖고 있는 자본주의체제 및 자유민주주의체제를 근본적인 타도의 대상으로 내세우고 있는 것이 특징이다. 게다가 이 비라는 변증법에 의한 폭력혁명을 큰 줄거리로 하면서 구체적인 내용에 있어서는 북괴의 통일노선과 완전히 일치하는 주장을 내세우고 있다. (…) 더구나 이번 비라에 나타난 문구들을 보면 "반민족파쇼지배집단", "혁명적 열기와 반동적 폭압" 등등 북괴 평양방송이 떠들어대고 있는 수없는 용어들을 거의 망라하고 있다. 이것을 보면 이 비라의 작성자가 김일성이 파견한 교사에 의해 훈련받은 자이거나 공산혁명이론에 밝은 자, 또는 북괴의 대남방송을 청취한 자라는 것이 분명하다. 이번 비라가 극히 일부 불순학생 또는 외부세력에 의해 제작되었고 전체 학생과는 전혀 무관하다는 것도 더 말할 나위가 없다. (…) 다시 말해 지금까지 일반이 간단히 생각해온 순수한 학생운동과 좌익혁명을 목적으로 한 학생운동은 마땅히 구별되어 시민과 학생들에게 정확히 알려져야 한다는 것이다.[27]

이 기사는 당시 신군부 세력이 이상하게 조용했던 1980년 2학기 서울대에서 종강 직전인 12월 11일 교내 시위가 발생했고 게다가 전례 없이 높은 수위의 선언문이 살포된 데에 적지 않게 당황했음을 보여주지만, 동시에 이를 기화로 폭압적 광주학살의 공포 이후에도 여전히 저항의 기세가 꺾이지 않는 서울대를 비롯한 학생운동 세력에 대해 본격적인 탄압의 칼을 휘두르겠다는 의지를 보여준 것이기도 하다. 과연 그 선언문은 이 기사가 설명한 것과 같은 내용을 담고 있을까. 문제의 「반파쇼학우투쟁선언」 전문을 여기 옮겨본다.

> 팔레비와 소모사를 능가하는 악랄한 살인마 전두환에 맞서서 이 땅의 민주주의와 통일을 위해 몸 바친 2천여 광주의 넋 앞에 이 글을 바친다.
>
> 반파쇼학우투쟁선언
>
> 이 땅의 민주주의는 과연 죽었는가? 한 줌도 채 안 되는 반민족 파쇼지배집단의 물리적 탄압과 파시스트 언론의 조직적인 선전 음모에 의해 그 정신을 압살당하고 있는가? 일껏 축적된 투쟁 역량은 이대로 와해되고 말 것인가? 혁명적 열기와 반동적

폭압의 크나큰 소용돌이 속에서 아직도 의연히 자리 잡지 못하고 표류하고 있는가? 이제 역사는 우리에게 지난날의 투쟁을 통절히 반성하고 변화된 상황에 응전하는 우리의 새로운 자세 확립을 요구하고 있는 것이다. 우리의 문제는 싸움을 할 수 있는가 없는가가 아니라 어떻게 싸워야 적의 숨통을 철저히 조일 수 있는가이다. 그러기 위해서 우리는 다음과 같이 투쟁을 위한 몇 가지 이해를 함께 나누고자 한다.

첫째, 우리의 적은 누구이며, 그들의 본질은 무엇인가?

우리의 명백한 적은 민중의 포위공격으로부터 기본적 수탈체제를 방어하기 위해 안간힘을 쓰고 있는 국내의 매판 지배세력으로서 국내 매판 독점자본, 매판 관료집단, 매판 군부 바로 그들이다. 한국의 정치사는 바로 이 세 개의 매판집단의 역학관계의 변천사에 불과하며 10·26에서 5·17까지의 과정은 곧 그러한 역학관계의 또 한 번의 재편성 과정에 지나지 않는다. 그러나 그들은 우리 민중에 대해서는 항상 단일한 한 개의 적임을 명심하여야 하며 그들 내부의 갈등에서 문제 해결의 실마리를 찾으려는 미망에서 벗어나야 한다. 또한 70년대를 점철한 한국 민중의 투쟁에 절박한 위기를 느낀 결과 10·26이라는 예방조처를 취하여 한국의 지배체제를 재편성, 새로운 파쇼정권을 밀고 있는 미국이 언제까지나 영원한 우방일 수 있을까? 그들도 한국 민중의 요구가 무엇인지를 진실되게 받아들이는 태도를 갖지 않고서는 우리 투쟁의 화살을 피할 수 없을 것이다.

둘째, 재편된 적은 기득권 방어를 위해 어떤 음모를 꾸미고 있는가?

역사상 민중의 혁명적 열기에 찬물을 끼얹고 등장하는 반동정권은 항상 중요한 내적 모순을 안게 된다. 그것은 바로 기존의 기득권을 재생산하는 기본적 생산관계를 보존·강화해야 한다는 측면과 상승된 민중의 요구를 표피적·부분적이나마 수용해야 한다는 두 측면의 모순 대립이다. 이는 반동정권의 가장 커다란 약점이며 우리 투쟁의 가장 중요한 이점을 형성하게 된다. 먼저 경제적인 측면에서 보면 적들은 경제개발계획 이후 형성되어온 재생산 구조를 온존한 채, 자본의 성격 자체를 변화시켜 가고 있다. 최근 진행 중인 중화학공업 재편성 과정에서도 볼 수 있듯이 적들은 70년대의 비교적 독립성을 가진 십여 개의 독점자본의 총체로서 성격지어진 한국의 자본을 하나로 통합한 국가자본으로 변화시키고 있다. 이는 개별 독점자본 간의 과당경쟁을 막고 대외 경쟁력을 향상시키며 해외자본과의 복잡한 지배·종속관계를 커다란 덩어리로 재편시킴으로써 당면한 경제적 위기를 극복하는 중요한 포석이 되는 것이다. 그러나 국가자본주의화는 적들이 내부모순을 극대화시키면서 도달하는 최후의 형태이다. 따라서 우리는 그러한 적들의 긴박한 경제전략과 표리를 이루며 나타나는 파멸적 자기모순을 간과해서는 안 된다. 자본의 국가자본에로의 집중은 중소자본가층의 현저한 분해를 야기하며 노동의 집중적 수탈을 감행하게 한다. 이는 사회구조의 첨예하고 대립적인 이원화 현상을 유발하여 적들은 점차 고립화되고, 오히려 자신들의 물적 기반 자체를 근본적으로 뒤흔드는 자기 파멸의 길이 되는 것이며 민중승리의 혁명적 비전이 되는 것이다. 정치는 경제의 집약적 표현이다. 국가독점자본주의의 정치적 외피는 파시즘이다. 파시즘은 국가독점자본을 물적 기반으로 하고 물적 기반을 박탈당한 중산계층의 불안의식을 이데올로기로 하는 고도의 폭력적 정치형태이다. 그것은 폭력과 기만을 그 통치기술의 근간으로 하는바 군부가 현 지배세력의 정점에 서서 총칼로 만능을 삼는 것이 그 첫 번째 증거이며, 언론을 통폐합함으로써 대중조작을 통한 우민화를 수행하기 위한 선전 및 조작도구를 완전 장악한 것이 현 지배세력의 파쇼적 성격의 두 번째 증거가 되는 것이다. 기본적 생존권과 정치·경제적 민주주의에 대한 민중의 뜨거운 열망을 부정하여서는 최소한의 정통성을 부여받지 못하는 것이 적들의 현실인 것이다. 소위 '민주, 정의, 복지'의 이데올로기는 그것이 갖는 허구성에도 불구하고 우리 민중의 피어린 욕구의 집약적 표현임에 틀림없으며 적들도 그 내용을 완전히 부정할 수는 없다. 그러나 기본적으로 민주적일 수 없고, 정의로울 수 없으며, 민중복지와는 무관한, 더구나 민족적일 수는 더욱 없는 매판적 파쇼군사정권이 어떻게 그 기대를 충족시킬 수 있을 것인가?

셋째, 우리는 5월 투쟁으로부터 무엇을 배워야 할 것인가?

우리 운동의 궁극적 과제는 무엇인가? 그것은 한마디로 민중이 주체가 되는 통일된 민족국가의 수립이다. 그것은 구체적으로 수탈체제에 의해 기본적 생존권조차 부정당하는 노동자 농민 등 근로대중과 진보적이고 전위적인 지식인세력이 스스로를 조직화하여 외세와 국내 매판지배세력을 이 땅에서 완전히 축출하고 일체의 분단의 조건들을 분쇄하여 궁극적으로 민족의, 민중의 통일을 성취하는 위대한 민중투쟁의 승리를 의미한다. 이는 우리 민족에게 부여된 어렵고 긴 투쟁의 과정이다. 79년 후반에서 80년 초까지의 그 격동의 시기 역시 이러한 커다란 과제의 수행이라는 맥락에서 조명해보아야 한다. 1980년의 시작은 지배세력의 입장에서는 보다 견고한 지배체제의 구축을 의미했고, 유신체제하에서 소외당했던 정치세력에게는 정권의 장악을 의미했으며, 우리에게는 민중의 투쟁을 보장할 수 있는 민주적 제도와 헌법기관의 구축을 의미했다. 그러나 우리는 투쟁의 구체적 전개과정 속에서 그러한 기본목표를 상실해버리고 말았다. 첫째, 우리는 적의 본질과 상황을 명확히 파악하지 못했다. 둘째, 우리는 형식적 민주주의를 실천적으로 극복하지 못하여 민중들과 결정적으로 유리되고 말았다. 셋째, 학생대중은 전체 역량조차 효과적으로 발휘하지 못했다. 그것은 바로 학생운동이 70년대 이래로 지녀온 이념과 투쟁역량의 한계 그 자체였다. 70년대의 운동 전체가 갖는 비민중적 무책임성의 요소가 바로 광주항쟁의 실패라는 교훈으로 나타났으며 5·17 쿠데타의 성공으로 표출되었던 것이다. 광주항쟁은 투쟁 내용의 급격한 진전을 수용하고 주도해나갈 담당세력, 즉 조직된 민중역량 없이는 현재의 적을 섬멸할 수 없다는 70년대 운동 전체에 던지는 우리 민중의 피의 선언인 것이다.

넷째, 우리는 어떻게 싸워야 하는가?

5·17 쿠데타와 광주학살로 이미 적들은 우리 민중의 명백한 피의 원수로서 집중적 타도의 대상으로서 스스로를 규정짓고 있다. 따라서 이제부터의 투쟁은 광범한 민중연합이 매판파쇼지배세력을 어떻게 섬멸하느냐의 본격적인 반파쇼투쟁이다. 그 반파쇼투쟁의 주체는 통일된 민족국가의 근간이 될 근로대중이어야 한다. 조직된 근로대중의 지도력에 의해 주도될 때 비로소 반파쇼투쟁은 확실한 전망을 갖는 것이다. 그러나 문제는 우리 근로대중에게 그러한 지도력이 부재하다는 데 있으며, 더 큰 문제는 적들은 이미 국가를 폭력기구화함으로써 만반의 준비태세를 갖춰나가고 있다는 데 있다.

최근의 집회시위에 관한 법률 개정안, 사회보호법 등은 그들의 준비작업의 일단편에 불과한 것이다. 아직 우리 근로대중의 조직화·세력화가 명확한 모습을 드러내지 않은 상태에서 누가 과연 역사적으로 부여된 당면투쟁을 주도해나갈 것인가? 이를 수행할 추진력은 현재 유일한 역량을 지니고 있는 학생운동에서 나올 수밖에 없다. 이제 학생운동은 산발적 투쟁의 한 요소가 아니라 전체투쟁을 진행시키는 주도체로서 자기변신을 하지 않으면 안 된다. 이러한 역사적 요구는 학생운동의 양적 확대와 질적 심화를 당위적으로 요청하는 것이다.

1. 근로대중에 대한 정확한 연구(?)와 그들과 더불어 투쟁을 전개할 수 있는 실천적 전투력의 강화이다. 이에는 한국사회의 경제적 모순구조에 대한 과학적 분석과 구체적 검증이 뒷받침되어야 한다.

2. 학생운동 역량의 양적 확대와 질적 심화가 어디서든지 전개되어야 한다. 그리하여 모든 투쟁역량을 통일적으로 적에 대한 투쟁을 향해 전개해야 한다.

3. 간단없는 투쟁의 전개이다. 투쟁역량의 승화로부터 지속적이고 철저한 투쟁이 전개되어야 한

다. 따라서 모든 학생대중은 항상 투쟁의 자세를 가다듬고 상황의 전개에 임해야 한다.

4. 시위만능의 투쟁관은 타기되어야 한다. 시위는 그것을 포함한 모든 전술적 요소와의 전체적 고려하에서 가장 효과적으로 사용되어야 하며 그래야만 비로소 학생운동은 적들에 대한 탄력적인 전체적인 응전력을 확보할 수 있게 된다. 이를 위한 모든 전술적 요소의 개발은 집중적 과제이다.

5. 학생세력의 민중운동에의 수렴과정이 보다 집단화되고 체계화되어야 한다. 이를 통해 반파쇼 민중연합이 이념적·조직적으로 성숙될 것이다.

5·17 이후 극렬한 탄압 속에서도 계속 투쟁을 전개해온 경희대, 한신대, 고대, 동대, 국민대, 성대, 연대, 숙대의 학우들에게 늦게나마 뜨거운 격려의 뜻을 보낸다. 아울러 해외에서도 조국의 민주화를 위해 투쟁하는 많은 애국동포와 그 밖의 양심적인 지식인들에게도 감사하며 계속적인 성원을 부탁한다. 그러나 우리 운동의 당면한 과제는 어떻게 하면 가장 효과적이고 지속적으로 적의 숨통을 조여가는가이며 그러기 위해서는 학생운동은 어떠한 내적 준비를 해나가야 하는가이다. 그것은 당면한 투

쟁의 외면이 아니다. 바로 당면한 투쟁의 시작이며, 투쟁의 심화과정인 것이다. 우리 민중의 위대한 승리를 위하여 민주학우여! 반파쇼투쟁에 모두 참여하자![28]

이 글은 저들이 규정하는 것처럼 북괴의 통일 노선과 궤를 같이하여 "공산폭력혁명"을 선동하는 문건이 아니라 명백히 "민중이 주체가 되는 통일된 민족국가" 건설을 목표로 하는 장기 지속적인 변혁운동을 제시하고 있는 문건이다. 하지만 이러한 목표 달성을 위한 나름의 과학적인 경로를 제시하기 위해 한국사회의 계급구조와 사회구성을 분석하여, 근로대중을 이러한 목표를 수행하는 주체 세력으로 규정하고 기존의 독점자본주의 체제와는 다른 사회를 지향한다는 것을 명확히 하며 대외종속적 독점자본주의 체제를 지탱하는 지배 세력의 '섬멸'을 전제로 한다는 점에서, 그리고 폭력이라는 말은 쓰지 않았지만 변혁 과정에서 필요하다면 폭력도 불사한다는 것을 굳이 부인하지 않고 있다는 점에서 반독재·민주화 투쟁이라는 기조 아래 쓰인 종래의 학생운동 유인물들과는 궤를 달리하고 있는 매우 '불순한' 문건임에는 틀림없다.

따라서 이 교내시위가 단지 '민주학생들'이 신군부의 폭압에 짓눌려 침묵하지 않고 끝까지 저항의 자세를 견지하고 있음을 보여주어, 신군부의 반민주적 행태에 분노하고 있지만 쉽게 저항할 수 없었던 국민들의 투쟁의식을 고취한다는 목적 아래 수행되었다면 이런 식의 급진적 논리를 펼치는 것은 과도한 일이었다고 할 수 있다. 또한 이러한 급진적 수위의 선언문이 공개되었을 경우 '적들'로부터 엄청난 탄압이 가해질 것도 충분히 예상되는 일이었다. 12월 5일 내게서 이 선언문의 초안을 넘겨받은 현무환은 글의 수위가 너무 높아서 공개될 경우 많은 문제를 야기할지도 모른다고 생각해, 이를 남명수에게 전하면서 "문제가 많은 초안이니 참고하여 새로이 유인물을 작성할 것"을 주문했으나 남명수 등 시위 주동자들은 수정을 시도하다가 결국 광주사태와 관련된 부분을 앞에 추가하고 제목만 바꾼 채 처음 초안 그대로 제작을 강행했다고 한다.[29]

그러면 나는 그때 왜 이러한 예측 가능한 위험을 무릅쓰고 이처럼 수위 높은 선언문을 기초했던가. 우선 논리적으로, 이 시위의 목적이 단지 신군부에 대한 불복종과 저항을 선언하는 것을 넘어 "이번 기회에 학생운동은 물론 전체 민중민주 운동의 방향을 제시하는 수준의 선언문을 공표하는 것"이라는 언더 지도부의 합의를 반영해야 한다고 생각했고 이 글은 그 목적에 가장 충실하게 작성된 것이었다. 이런 내 생각은 이 글의 수신자가 누구인가를 보면 잘 알 수 있다. 이 글에는 "우리"라는 말이 여러 차례 나오는데, 여기서 '우리'는 전위적 학생운동가들을 뜻한다. 이 글은 기본적으로 학생운동 내부를 향해 민족민중민주 변혁운동에서 주도체로서의 역할을 헌신적으로 수행해야 함을 역설하는 일종의 내부 문건이라고 할 수 있다. 문제는 기본적으로 전위적 학생운동가들을 수신자로 하는 내부 문건을 '적들'과 일반 대중을 향해 공개했다는 점이었다. 그 당시도 이런 사실을 잘 알았던 나는 왜 그런 실수를 범했을까. 이는 당시 내 내면의 심리적 동기를 떠나서는 이해할 수 없다. 당시 나의 내면은 더할 수 없이 급진적이었고 모험적이었다. 달리 말하면 허무적이었다고도 할 수 있을 정도였다. 솔직히 말하면 광주학살을 통해 권력을 탈취한 저 신군부 지배집단과 맞서 싸우기 위해 당장 거리에 나가 분신자살이라도 해야 하는 마당에 이 정도 수위의 글도 발표하지 못하면서 무슨 투쟁을 논할 수 있을까 싶은 마음이었다.

그래서 나는 더 이상 안 고칠 테니 현무환이나 시위 주동팀이 고치고 싶으면 고치라지 하는 생각으로 초안을 넘겨준 것이었다. 하지만 그들도 이 초안을 거의 수정하지 않고 그대로 제작에 들어갔다. 그들 역시 닥칠지도 모르는 위험을 알면서도 그대로 둔 것은 이 글의 기본 논리와 정동에 설득당했기 때문이며, 위험을 감내하더라도 이 글을 세상에 공표할 필요가 있다고 생각했을 것이다. 1980년 당시 우리 77학번들의 나이는 갓 스물두 살, 반공군사독재에 의해 애늙은이의 삶을 강요당했고, 어쩌다 보니 '혁명가의 교리문답'을 암기하며 살아가야 했지만 사실은 푸른 피가 끓는 청춘이었다. 게다가 광주에서 동년배 청년들이 속절없이 죽어갔다는 소식을 접한 지 겨우 반년이었다. '광주사태'는 산사태나 눈사태가 그런 것처럼 우리의 내면을 휩쓸어 죽음, 혹은 죽음보다 더한 어떤 지점으로 몰아쳐 내려가고 있었고 그 무렵 우리가 두려워한 것은 두려움 그 자체일 뿐이었다. 나는, 아마도 우리 모두는 그 무렵 마치 처형장으로 가는 편도 승차권을 끊어놓은 것처럼 폭풍같이 몰아칠 운명을 그대로 받아들이고 싶었을 뿐, 내일 어떤 일이 일어날지는 알고 싶지도 않았을 것이다.

아무튼 「반파쇼학우투쟁선언」은 일파만파의 후폭풍을 낳았다. 이 때문에 결과적으로 서울대 언더조직은 전부 노출되어버렸고 조직을 잘 보존해서 이듬해 봄 대반격을 감행하고자 했던 우리의 희망은 물거품이 되었다. 물론 언더조직이 붕괴되었다고 해서 수사기관에서 예측했듯이 서울대 학생운동 자체가 붕괴될 리는 없었다. 이듬해 봄에는 원래 기획되었던 수준은 아니라고 해도 서울대는 물론 각 대학에서 반체제 시위가 봇물처럼 터져

나왔다. 그리고 몇 년 후 감옥에서 나온 나는 아이러니컬하게도 그 무렵 「반파쇼학우투쟁선언」이 1981년 봄부터 대대적인 투쟁에 나선 한국 학생운동가들의 가슴에 그야말로 총체적 변혁의 주도체로서의 자기 정체성을 확고하게 각인시켜준 불도장이 되었다는 후일담을 들었다. 여러 소그룹에서 이 선언문을 가지고 세미나를 하기도 했고 실제로 어떤 그룹은 이 선언문을 학습한 것이 발각되어 전체 구성원이 옥고를 치렀으며 개인적으로 이 선언문 복사본을 가슴에 품고 다니다가 발각되어 감옥살이를 한 사람들도 있었다고 한다. 1980년대 내내 학생운동은 물론 전체 진보적 변혁운동 진영에서, 지금 생각해보면 매우 시대착오적인 각종 혁명 담론과 노선, 강령들이 백가제방의 기세로 명멸하게 되는데, 이 선언문은 그러한 흐름에 하나의 기폭제가 되었던 것이다.

남영동에서, 이근안이 있는 풍경

11월 하순에 12·11 교내시위를 결정하고 12월 5일 현무환에게 선언문 초안을 넘겨주던 무렵, 나는 사실 학부 졸업논문을 준비 중이었다. 이로 인해 어떤 일이 생길지도 모르지만 일단 공식적으로는 이 시위와는 무관한 상태를 유지하기로 했으며 따라서 졸업논문도 제출하고 정상적으로 졸업을 한 후 이듬해에는 입대를 하기로 했다. 그리고 입대를 한 후 할 수만 있다면 군대 내에서 작은 독서모임을 만드는 작업을 하고 거기서 더 나아가 가능하면 '혁명적 병사조직'을 만들어볼 작정이었다. 어떤 친구들은 학교를 졸업하거나 중퇴하고 노동운동에 뛰어들기도 했지만 나는 기질상 노동운동보다는 그런 지식인운동 쪽이 더 맞는다고 생각했고, 군대 3년을 헛되이 보내지 않고 그 안에서도 가능한 실천을 하고 싶었던 것이다.

지금에 와서 생각하면 그때 만일 검거되지 않고 무사히 졸업해서 군대에 갔다가 작정한 대로 병사조직 같은 것을 만들거나 만들려고 했다면 아마도 나는 더 끔찍한 국가폭력의 희생자가 되었을지도 모른다. 아무튼 선언문 초안을 쓰기는 했지만 이를 현무환에게 넘겨주고, 현무환이나 남명수 등이 이를 적절하게 각색을 해서 제작·배포하기로 했기 때문에 내가 검거될 확률은 거의 없다고 판단했다. 혹독한 취조 끝에 선언문을 남명수 등 시위팀이 아닌 다른 사람이 썼다는 게 밝혀지더라도 일단 그다음 타깃은 현무환이었고, 현무환이 검거된 후에 도피해도 무방하리라 생각했다. 물론 순진한 생각이었다.

12월 16일, 흐리고 추운 날이었던 것으로 기억된다. 나는 그날 오후 인문대 국어국문학과가 있는 관악캠퍼스

1동 3층의 한 강의실에서 졸업논문 발표 대기를 하고 있었다. 나는 열심히 공부했다. 물론 학점을 따기 위한 공부는 아니었다. 한편으로는 학회 세미나를 통해 역사, 철학, 사회과학 등 과학적 현실 인식에 깊이 몰두했지만 동시에 국문학도로서 한국문학에 대한 올바른 관점(당시로는 민중적·민족적 관점)을 견지하기 위한 공부에도 소홀하지 않으려 애썼다. 국어국문학과에 진입한 2학년 때 학점은 1학기 1.74, 2학기 1.92 등 학사경고를 겨우 면한 수준이었지만 유신 체제하의 대학은 단지 정치적으로만 얼어붙은 상태가 아니라 전반적인 학문적 분위기 자체가 정체와 답보를 면하지 못하고 있었다. 독재 체제는 정치적 민주주의만 말살하는 것이 아니라 사회문화적·학문적 활력 자체를 억압하는 것이다.

나는 혁명가적 자의식을 가지고 한국의 군사독재와 독점자본주의 체제에 저항했지만 동시에 한 사람의 국문학도로서 침체된 한국문학을 해방시켜야 한다는 책임감도 의식하고 있었다. 비록 대학제도 속에서는 학사경고를 겨우 면한 열등생이었지만 애초에 대학제도에 연연하지 않았기에 비록 충분히 성숙하지 못한 현실 인식과 역사의식의 한계 속에서나마 한국문학사, 특히 근현대 한국문학사 전체를 다시 읽어내겠다는 과욕을 실행에 옮겼다. 극도의 긴장으로 학생운동에 임하면서도 시간만 나면 도서관에 칩거하며 식민지 시대 문학사 전반을 민중적·민족적 시각에서 재해석해내는 작업에 매달렸고, 이는 1978년 겨울 '미몽의 시대: 식민지 시대의 문학'이라는 제목의 200자 원고지 250장 분량의 논문으로 마무리되었다.

이런 진보적 한국문학 연구자로서의 자의식은 이후에도 유지되어, 비록 학부 졸업논문이지만 1980년 2학기, 정중동의 캠퍼스에서 '식민지 시대의 농민문학운동'이라는 주제를 일찌감치 정해놓고 학교도서관과 국립도서관, 국회도서관은 물론 관련 자료가 있는 곳이라면 어디든 발품을 들여 돌아다니며 자료를 수집했다. 나는 식민지 시대 진보적 문학운동이 프롤레타리아 문예운동을 중심으로 이루어졌지만 식민지지주제 하에서 신음하는 농민들이 절대다수를 차지하는 상황에서는 농민문학이야말로 가장 중요한 민중문학의 본령이라는 입장을 갖고 식민지 시대 농민문학 작품·비평·운동을 나름대로 망라하는 작업에 매달렸던 것이다. 그해 12월 16일은 그 결과를 가지고 졸업논문 심사를 받는 날이었다.

하지만 나는 결국 졸업논문 발표를 하지 못하고 말았다. 오후 서너 시 무렵 발표회가 진행되던 강의실에서 바로 다음 순서였던 내 발표를 기다리고 있는데 학과 사무실에서 연락이 왔다. 관악경찰서에서 형사들이 찾아왔다는 것이다. 형사들이 나를 찾아왔다? 앞에서도 말했듯이 닷새 전에 일어난 교내시위와 관련된 것이라면 내게서「반파쇼학우투쟁선언」초안을 받아 간 현무환이 검거되지 않는 한 나는 어떤 관련성도 없는 것이 되어야 한다. 그렇다면 현무환이 이미 검거되었고 너무 빠른 느낌이 있지만 그가 극한적인 고문을 당한 끝에 내 이름을 발설한 것이 분명하다고 생각했다. 그게 아니라면 단순한 참고인 조사일 수도 있겠다는 생각도 없지 않았다. 물론 문밖을 지키고 있는 형사들을 피해 그 자리에서 도망할 수 있는 방법도 없었다.

결국 만일을 위해 논문원고와 각종 자료 등을 꾸려 넣은 가방을 마침 옆자리에 앉아 있던 당시 대학원생 홍정선(국문학 73, 작고)에게 잘 부탁한다며 맡기고 강의실 문을 나섰다(홍정선은 내가 가석방으로 출소하는 1983년 8월까지 이 가방을 잘 보관하고 있었고, 나는 그 덕분에 졸업논문도 제출할 수 있었으며 이 논문을 각색하여 1985년 창작과비평사가 내던 비평무크지『한국문학의 현단계』4권에 투고하여 평론가로 등단할 수 있었다). 건물 밖에는 검은 승용차가 대기하고 있었고 나는 참고삼아 연행한다는 두 형사의 말이 사실이기를 바라며 승용차에 몸을 실었다.

관악경찰서에 도착하기는 했는데 한동안 어떤 취조도

없어서 정말 찔러보기식으로 연행되었나 싶었다. 관악경찰서 정보과에는 내 얼굴을 알아보는 형사들도 더러 있어서 개중에는 "이번에는 또 무슨 일로 오셨나?" 하고 농담을 걸기도 했다. 그럴 만도 한 것이 나는 두 달여 전인 10월 초에 일종의 예비검속을 당해 관악경찰서에 연행되어 근 한 달 동안이나 불법 유치되어 있다가 석방된 적이 있었고, 그동안에 관악경찰서 정보과 형사들과는 제법 안면을 트고 지낼 수 있었기 때문이다. 저녁시간이 되자 그들은 내게 설렁탕 한 그릇을 시켜주었고 그 틈에 나를 왜 연행했느냐 슬쩍 물었더니 담당 형사는 자기들도 모른다고 곧 위쪽에서 지시가 내려올 거라고 했다. 그렇게 설렁탕 한 그릇을 얻어먹고도 오랜 시간이 흐른 뒤였다. 형사 한 명이 어디선가 전화 한 통을 받더니 나를 불러 지하실로 데리고 내려갔다. 그의 표정도 어느덧 딱딱하게 표변해 있었다.

한겨울의 관악경찰서 지하실에는 백열등 한 개가 매달려 있었고 그 외엔 책상 한 개와 의자 두 개만 있을 뿐, 춥고 휑뎅그렁했다. 형사는 서류철 하나를 들어 펼치더니 나를 보고 옷을 벗으라고 짧게 명령했다. 그래도 졸업논문 발표날이라고 외투와 낡은 양복 한 벌을 입고 있었던 나는 속옷과 양말만 남기고 외투와 양복, 셔츠를 다 벗었다. 그는 힐끗 쳐다보더니 그것들도 다 벗으라고 했다.

내가 우물쭈물하자 바로 "빤스까지 다 벗어, 이 ××야!" 하는 거친 말이 튀어나왔다. 나는 졸지에 한기 가득한 지하실, 형사 앞에서 완전한 알몸으로 서 있게 되었다. 네가 이 유인물 썼지? 그가 서류철에서 바로 그 「반파쇼학우투쟁선언」 유인물을 꺼내 흔들면서 물었다. 나는 순간, 아현무환이가 잡혔구나 하고 생각했다. 그렇다면 부인해도 소용없었다. 나는 곧바로 그렇다고 대답했다. 그는 "이 ××가 순순히 부네?" 하더니 그렇다면 한번 그대로 암송해보라고 했다. 12월 중순의 경찰서 지하실에서 발가벗은 채 형사 앞에 앉아서 나는 「반파쇼학우투쟁선언」을 처음부터 끝까지 암송해나갔다. 접속사 두 개 정도만 불분명했을 뿐, 기적처럼 모든 내용이 선명하게 떠올랐다. 형사는 다시 옷을 입으라고 하더니 군말 없이 나를 정보과로 데리고 올라갔다. 정보과에서 얼마간을 다시 앉아서 기다리고 있는데 그 형사가 나더러 밖으로 나가자고 했다. 그러면서 그가 낮은 소리로 "야, 너 지금 지독한 데로 가니까 버텨도 소용없다, 순순히 다 불고 몸이나 성해라" 하고 말했다. 그래도 관할서 형사라고 애써 베풀어준 배려였다.

바깥에는 또 다른 검은 승용차가 기다리고 있었고 얼굴도 식별이 안 되는 한 사내가 나를 뒷좌석에 거칠게 처넣고 다짜고짜 팔꿈치로 머리를 쥐어박더니 검은 두건 같은 것을 얼굴에 씌우고 고개를 숙이라 했다. 두 거한의 가운데 낀 채로 얼마간 실려 갔을 때 차가 어떤 언덕길을 오르는 느낌이었다. 나는 두 형사의 감시가 잠시 소홀한 틈을 타고 살짝 고개를 들어보았다. 그러자 두건의 아래쪽 약간의 틈새로 희미하게 거리의 모습이 보였다. 좁은 골목길인데 마침 내게 낯설지 않은 회현동 언덕길 같았다. 아, 남산이구나. 그래서 내가 중앙정보부로 가는 줄 알았다. 하지만 그곳이 어디든 범의 아가리로 들어가는 길이었다. 차에서 내려 건물 안에 들어서서야 두건이 벗겨졌지만 여전히 두 거한에게 양팔이 잡혀 이층인지 삼층인지 좁은 계단을 올라갔다. 지하실이 아니라 그나마 다행이다 싶었다. 역시 좁은 복도를 지나 어느 방 앞에 도착하자 문이 열렸다. 검은 방 안에 전등 한 개만 켜 있구나 하고 느끼는 순간, 갑자기 어디선가 발길질이 날아와 가슴을 쳤다. 나는 그대로 바닥에 웅크려 쓰러졌고 그 위로 아마도 영원인가 싶게 오래도록 발길질과 주먹질이 난무했다.

그때서야 나는 이곳이 중앙정보부는 아닌 줄 알았다. 짧은 견문에도 '중정'은 일단 처음에는 매우 신사적이라는 말을 들은 바가 있었기 때문이다. 마치 연육기로 고깃덩어리를 부드럽게 만드는 과정인 것처럼 온몸 구석구석을 다 짓이기는 '정성스러운'(?) 구타의 시간이 끝나자 나는 피투성이가 된 채 비틀거리며 일어설 수 있었고 그때서야 그들은 나를 철제 의자에 앉혔다. 그리고 간단한 인적 사항 확인 절차를 마친 후, 내게 12·11 시위에 관한 내용은 물론 대학 시절에 있었던 일들을 다 써내라고 했다. 나는 우선 맞지 않는 것이 반가워 그들에게 전혀 도움이 되지 않을 알맹이 없는 이야기를 길게 썼다. 진술서를 받아본 팀장급 형사는 "이 ××가 좀 봐줬더니 아주 장난인 줄 아네"라고 하더니 곁에 있던 두 명의 거한들에게 "이 ×× 정신 좀 차리게 해!" 하고 밖으로 나갔다. 다시 한 번 좀더 강하고 집요한 구타가 오래도록 이어졌다.

나는 이렇게 맞는 게 전부라면 해볼 만하다고 생각했다. 다시 한 번 엉터리 진술서를 썼다. 팀장급 형사는 "아무래도 안 되겠다. 이 ×× 매달아!"라고 명령했다. 두 남자가 방을 드나들며 주전자랑 수건, 철봉 같은 물건을 가져왔다. 드디어 물고문이었다. 검은 방 한구석에는 허리춤 윗부분으로는 다 개방된 화장실과 욕조가 있었는데 화장실 입구에는 문 대신 양쪽에 무언가 걸어둘 수 있는 요철장치가 되어 있었다. 그들은 내 두 다리를 모아 웅크리게 하고 두 팔로 그 두 다리를 감싸게 한 후, 내 손목에 수갑을 채우고 두 팔과 두 다리를 한데 엮어 그 사이에 철봉을 끼워 넣었다. 그리고 양쪽에서 철봉을 들어 올리니 나는 여지없이 꼬챙이에 꿰인 통닭처럼 머리를 아래로 처뜨린 채 철봉에 대롱대롱 매달리게 되었고, 그들은 그 철봉의 양끝을 화장실 입구에 걸었다. 내 머리는 화장실 안쪽 타일 바닥 쪽을 향했고 내 다리는 취조실 쪽을 향한 상태가 되었다. 그런 후 내 얼굴에는 수건이 덮혀졌고 그들이 말했다. 네 배후를 대라. 우리가 알고 싶은 건 바로 그거다. 안 그러면 너는 죽는다. 만일 할 말이 있으면 수갑 찬 손가락을 까딱거려라. 그러면 풀어주겠다. 그런 뒤 주전자의 물을 얼굴을 덮은 수건 위로 붓기 시작했다. 바로 코와 입으로 물이 들어왔다. 코가 쎄해졌다. 코와 입을 막고 숨을 참았지만 얼마 버티지 못했다.

콧속으로 물이 계속 흘러들었고 견딜 수가 없어서 손가락을 까딱거렸다. 주전자 물이 흘러들기를 멈추자 어쩔 수 없이 우선 인문대 교지 편집실 선배들의 이름을 댔다. 당시에 군대에 끌려가 있던 김영현을 비롯해 잡혀오더라도 별 혐의가 없을 만한 선배들의 이름을 한두 개 넘겨주었다. 하지만 그들도 나름의 정보력은 있었던지 나의 그러한 체면치레는 곧 더 심한 고문을 불러왔다. 또다시 구타와 물고문이 이어졌다. 물고문을 받다 보니 차라리 실신하는 게 훨씬 편하다는 것을 알게 된 나는 두 번이나 실신했다. 처음엔 이러다가 죽는 것 아닌가 싶었는데 설마 죽이기야 하겠나 하는 마음으로 스스로 정신줄을 놓았다. 희한하게도 아득한 기분이 들더니 의식을 잃을 수 있었다. 그럴 때면 그들이 물고문을 멈추고 뺨을 때리거나 머리를 흔들어서 깨워주었다. 구타와 물고문은 물론 단 십 분도 잠을 잘 수 없었다. 조서를 쓰는 동안 나는 꾸벅꾸벅 졸았고 그들은 그때마다 나를 조금도 놓아주지 않고 장난감 가지고 놀듯이 때렸다.

아직도 내가 얼마나 오랫동안 그 회현동 시경 대공분실의 작은 고문실에 있었는지 기억하지 못한다. 이틀인가 사흘인가 짐작도 할 수 없던 시간이 흐르는 동안 고통 속에서도, 이 친구들 참 취조 실력이 형편없다는 생각이 들었다. 내게서 이렇다 할 제대로 된 정보 하나 얻지 못한 채 이들은 마치 고문 그 자체를 즐기는 악마들처럼, 고통을 주는 것 자체가 목적인 지옥의 형리들처럼 그저 때리고 매달고를 반복했을 뿐이다. 그러던 중 그들은 고문과 조사를 멈추고 나를 다시 차에 태워 어디론가 보냈다. 그곳은 바로 남영동 치안본부 대공분실이었다.

회현동 시경 대공분실이 검은 벽과 붉은 피의 이미지 그대로 우리가 흔히 상상하는 그런 고문실의 분위기 그 자체였다면 내가 도착한 남영동 치안본부 대공분실의 취조실은 전혀 다른 분위기였다. 밝은 파스텔톤의 벽과 깔끔한 인조화강석 바닥으로 이루어진 공간은 언뜻 보면 보통의 사무실과 같았다. 조금 전까지 지옥 같은 춥고 검은 방에서 마치 괴수에게 잡혀와 곧 갈기갈기 찢겨 살육

될 순간을 기다리는 작은 짐승처럼 비참하게 이리저리 팽개쳐지다 온 나에게, 창문 아래 설치된 라디에이터에 갇혀 있다 빠져나오는 뜨거운 고압의 증기가 내는 정다운(?) 소음은 지금까지도 그 방이 따뜻하고 편안한 공간이었던 것 같은 일종의 공감각적 착각을 불러일으키기에 족했다. 수직으로 좁게 도열한 창문들과 커다란 침대, 욕조 하나와 변기 하나만이 겨우 하반신만 가려줄 수 있는 타일 벽으로 둘러싸여 있는 화장실, 그리고 철제 중형 책상 하나와 두어 개의 철제 의자만이 여느 사무실과는 다른 어떤 불길함을 자아내줄 뿐이었다. 게다가 내 방(?)은 넉넉할 정도로 컸다. 나중에 박종철 열사가 물고문을 받다가 사망한 취조실 사진을 보니 그곳은 내 방에 비하면 반, 아니면 삼분의 일 정도의 크기였다. 여기는 호텔로 말하자면 특실과 같은 곳이었다.

그 방에 두 명의 형사와 함께 들어가 있었는데 잠시 후 문이 벌컥 열리더니 그야말로 한 마리의 거수 같은 커다란 인간 하나가 들어와 내 앞에 섰다. 순간 나는 이곳은 그저 하얀 지옥에 불과하다는 것을 바로 깨달았다. 네가 김명인이냐? 나는 그를 올려다보았다. 1미터 80센티미터는 충분히 될 듯한 키, 거대했지만 비만하다기보다는 유도나 레슬링의 헤비급 선수처럼 터질 듯이 빵빵한 몸집, 그리고 짧은 깍두기 머리 아래 꿈틀거리는 검은 눈썹과 화등잔같이 커다랗고 돌출한 두 눈, 주먹코와 두툼한 입술, 들기름에 여러 차례 절인 듯한 검붉고 기름진 안색, 솥뚜껑처럼 크고 검은 손. 만일 근대 이전에 태어났다면 그는 틀림없이 전장을 누비며 한칼에 적장의 목 서너 개씩은 능히 베었을 상장군의 상이었다. 그에 비하면 회현동의 검은 방에서 나를 악랄하게 때리고 굴리던 형사들은 한갓 무명의 졸개들에 불과했다. 내가 이제부터 너를 조사할 이근안 경위다. 그는 뜬금없이 손을 내밀어 악수를 청했고 얼떨결에 손을 내준 나는 곧바로 비명을 질렀다. 그가 일부러 기선을 제압하기 위해 그런 것은 아닌 것 같은데 심상한 듯 내 손을 쥔 그의 악력은 분명히 저세상의 것이었다.

아니, 대단한 친구인 줄 알았더니 어디서 어린 애기가 왔네? 그가 그렇게 말했다. 아마도 그의 눈에는 그렇게 보였으리라. 나는 조금 창피했지만 그의 거대한 체구 앞에서 1미터 67센티미터밖에 안 되던 작은 키와 작고 하얀 얼굴, 왜소한 몸집인 내가 그에게 '애기'에 불과하게 보인 것은 어쩔 수 없는 일이었다. 그가 처음부터 자기와 신체적으로도 맞먹을 만한 상대를 예상하지는 않았겠지만 이 정도의 화제를 일으키고 잡혀온 녀석이라면 적어도 최소한 불굴의 투사 이미지 정도는 가졌으리라 생각했던 모양이다. 하지만 나는 그런 이미지와는 애초에 거리가 멀었다. 이근안이 처음 접한 나의 이러한 연약하고 왜소한 이미지는 그때까지 '간첩 잡는 베테랑 반공전사'로 명성을 떨치던 그로서는 매우 낯설었을 것이다.

또한 그는 내가 취조 대상으로서는 처음 만나는 대학생이라고 했다. 게다가 당시 갓 마흔줄에 들어선 그는 결혼을 일찍 해서 나와 동갑내기 아들을 하나 두고 있었다(그 아들은 당시 전투경찰로 복무 중이었는데 놀랍게도 아버지의 직장인 남영동 대공분실 경비팀에 소속되어 있었다. 나는 근무 중인 아버지를 찾아서 취조실 문을 열고 빼꼼히 들여다보는 그를 본 적도 있었다). 이런 점들은 그가 나를 취조 대상으로 다룰 때, 남파간첩을 다루는 태도와는 의식적이건 무의식적이건 일정한 차이를 두게 만들었던 것으로 보인다. 그것은 몇 년 뒤인 1985년 김근태 고문 사건에서 보여준 바 있던 악마와도 같은 이미지와도, 그가 스스로 남파간첩이나 고정간첩들(그는 이를테면 남민전 사건의 주역이었던 이재문 선생 같은 사람을 고정간첩이라 불렀다)에게 보여주었다고 말한 바 있던 저승사자의 이미지와도 사뭇 다른 것이었다.

그는 회현동에서부터 내가 입고 있던 온통 피로 얼룩진 옷을 육군 훈련병 옷 같은 것으로 갈아입히면서, 무식한 것들, 사람을 이 따위로 무지막지하게 만들어 놓다니, 하며 혼잣말을 했다(그들은 이 피 묻은 옷을 빨지도 않은 채 뭉쳐서 내 집으로 보냈고 식구들은 한편으로는 나의 소재를 알아서 안도하면서도 피투성이 옷을 보고 다들 몸서리를 쳤다고 한다). 물고문을 받으며 몸부림치다가 수갑에 깊이 파인 내 손목의 상처에도 사람을 불러 약을 바르고 붕대를 감아주도록 조치했다. 아마도 남영동 대공분실의 구내식당에서 제공된 듯한 식판에 담긴 음식으로 내가 식사를 마치게 한 뒤에야 비로소 취조 책상을 사이에 두고 정식으로 마주 앉은 그는 일단 내게 태어나서부터 현재까지의 삶의 이력을 낱낱이 쓰라면서 볼펜 한 자루와 편선지 한 묶음을 내주었다. 나는 몇 시간에 걸쳐 진술서를 쓰고 나서 첫날 밤은 모처럼 제대로 잘 수 있었다. 물론 내 옆에서는 이근안도 함께 잠을 잤다. 남영동에서 있었던 약 한 달 동안 나는 혼자 잘 수 없었다. 대부분 이근안과 함께 잤고 이근안이 집에 다녀오는 주말에는 다른 수사관이 대신 내 곁에서 잤다. 어쨌든 회현동에서는 잡혀온 사냥감처럼 취급되었다면 남영동에서의 첫날은 그래도 사람 취급을 받은 셈이었다.

하지만 둘째 날부터는 사정이 달라졌다. 나의 첫 진술서는 필요한 모든 알맹이가 다 빠진 것이나 다름없는 맹탕 진술서일 수밖에 없었고, 그것을 읽어보고도 그들이 여전히 '신사적으로, 혹은 인간적으로' 나를 대할 리가 없었다. 이근안은 어떻게 준비했는지 커다란 배 한 알을 가져와 내가 보는 앞에서 한 손으로 그 배를 으스러뜨리면서 자기가 마음만 먹으면 나를 어떻게 망가뜨릴 수 있는지를 보여주었다. 나는 공포에 질렸지만 동시에 그의 손에서 으스러뜨려지는 배에서 흘러나오는 과즙을 보는 순간 주착스럽게도 입에서는 군침이 돌았다. 그는 1심에서 사형 언도를 받았던 남민전의 이재문 선생이 사형 집행도 받기 전인 검거 6개월 만에 구치소에서 옥사한 것은 바로 자신이 취조 과정에서 그렇게 설계(?)했기 때문이라고 했다.

그는 이재문 역시 바로 이 방(내가 있던 취조실)에 있었는데 자기가 그의 왼쪽 발목 관절과 오른쪽 무릎 관절을 비틀어놓은 후 그에게 저 문 앞까지 걸어갈 수 있으면 바로 석방해주겠다고 했더니 그래도 살겠다고 문 앞까지 두 팔로 기어가더라고 우스개처럼 으스대며 말했다. 자기는 합기도 9단으로 스스로 자기 사지의 모든 관절을 다 뺐다가 다시 맞춰놓는 훈련을 했으며 회현동 것들과는 달리 피 한 방울 안 흘리고 겉으로는 멀쩡한 채로 사람의 내부 장기를 다 파괴할 수 있다고 자랑인지 협박인지 겁을 주었다. 그의 관점으로 나는 그야말로 한주먹감도 되지 못했다.

그 후 일주일 정도 나는 그들이 원하는 답을 내놓을 때까지 잠을 거의 못 잔 것은 물론이고, 대부분 다리를 화장실 칸막이 위에 올린 엎드려뻗쳐 자세로 취조를 받았다. 또한 의자에 앉아 있을 때는 이근안이 바로 옆에 앉아 마음에 들지 않는 대답이 나오면 다 쓴 볼펜심으로 끝없이 허벅지를 찔러대거나 엄지손톱 밑을 자기 손톱으로 깊게 누르거나 하는, 거구인 이근안을 생각하면 매우 미니멀하고 우스꽝스러워 보이지만 고통의 수준은 여느 고문과 다를 것이 없는 다양한 고문을 끝도 없이 견뎌야 했다. 아마도 내가 '언더조직'이라는 것을 처음 발설하며 무너질 수밖에 없었던 결정적 순간은 그가 내게 이제 나를 인간 취급 안 하겠다면서 내 왼쪽 손목을 비틀어 빼놓은 직후였을 것이다. 그럼에도 불구하고 이근안에게는 나의 존재 자체를 파괴하겠다는 생각은 없었던 것으로 보인다. 회현동에서 여러 차례 받았던 통닭구이 물고문도 하지 않았고, 이른바 칠성판이라 불리던 전기고문 도구도 보여준 적은 있지만 실행하지는 않았다.

그것은 무엇보다 내가 생각보다 고분고분하게 말을 잘 듣고 잘 '불어서' 그런 것이기도 하겠고, 그가 나를 '한주먹감도 안 되는 어린 대학생'으로 일말의 연민의 감정을 놓지 않고 한 수 접어주는 대접을 해서 그런 것이기도 하겠지만, 그들의 나름 '과학적인' 수사체계에 힘입은 바도 적지 않았을 것이다. 이근안에 의하면, 내가 진술서를 쓰면 이근안 자신을 비롯한 일곱 명으로 구성된 분석

팀이 이를 돌려 읽고 분석해서 진술 내용의 사실관계를 파악하고 모순점이나 약점을 정리한 후, 이를 다시 집요하게 추궁해서 전체적으로 설득력 있는 맥락과 인과관계를 완성해나가는 식의 수사를 하고 있기 때문에 자기들은 고문 같은 야만적 수단을 쓰지 않아도 된다는 것이었다.

그리고 그것은 그들이 우리 사건을 박정희 시대 이래 수없이 자행되어온 수많은 조작 사건들과는 다른 방식으로 접근하고 있었다는 뜻이기도 했다. 간첩이나 반국가단체·용공단체 조작을 하려면 가짜 사실을 만들어야 하고, 그러기 위해서는 조작 대상자에게 사실에도 양심에도 반하는 억지 진술을 받아내야 하며, 그러려면 살인적인 고문을 통해 그 대상자의 영혼을 완전히 무너뜨려야 하는 것이다. 하지만 그들은 이 '무림사건'을 그런 식의 용공사건으로 조작하는 대신 그야말로 어떻게 대학에서 이 같은 불온한 용공적 문구가 가득한 문건이 나오게 되었는가를 사상적·조직적 맥락에서 실체적으로 파악하는 데에 더 중점을 두기로 한 것으로 보였다.

처음엔 그들도 회현동 시경 대공분실 관계자들이 그랬듯이 이 문건을 쓴 자 자신이거나 그 배후자에게 분명히 대북 용공 용의점이 있을 것이라 보았고 그것을 우선 캐내려 한 것으로 보인다. 하지만 내가 이 문건의 작성자라는 사실이 틀림없고, 거듭된 취조와 진술에 기초해볼 때도 나에게 이런 문건을 쓸 만한 실력(?)이 있다는 것이 확인되었으며, 그럼에도 불구하고 내게는 그저 대학을 다닌 것 외엔 어떤 다른 대공 용의점도 없다는 사실을, 비록 마지막까지 일말의 의심을 거두지는 않았다고 해도 부인하기 힘들었던 것으로 보인다. 대신 그들은 서울대 내부에 이런 수준(?)의 문건을 써낼 인자를 키워내는 어떤 보이지 않는 힘이 있으며 그 힘의 실체를 한번 파헤쳐봐야 하겠다는 쪽으로 수사 방향을 잡은 것이다.

여기에는 나에게 간첩이나 그 비슷한 대북 관련 배후자가 없다는 사실을 그들에게 필사적으로 납득시켜야 했던 본능적 절박함도 기여(?)한 바가 적지 않았다고 생각한다. 그러자니 상대적으로 나 역시 대학 내의 학회 등 학생들 자신의 조직적 학습 및 운동 체계의 수준을 힘주어 강조하지 않을 수 없었고, 이는 결과적으로 그들에게 적어도 서울대 내의 학생운동은 그저 몇몇 열혈 학생들이 가끔 한 번씩 참다못해 교내시위를 시도하는 정도를 넘어선 조직체계를 갖추고 있다는 확신을 가지게끔 했으며, 그들에게 이를 파헤쳐 이런 서울대 내의 학생운동 조직을 '발본색원'하겠다는 의욕을 자극하게 된 것이다.

결국 그들은 이 사건을 간첩이나 반국가단체 조직 사건으로 조작해내서 이를테면 '북풍'의 한 수단으로 이용하는 쪽을 선택하는 대신 학생운동에 실질적 타격을 입힐 절호의 기회로 삼는 쪽으로 방향을 잡아나가게 되었다. 그들은 나를 고문해서 어떤 결정적 한 방을 얻어내는 대신 나를 한 명의 어린 자생적 사상범으로 취급했고, 나로부터 서울대 학생운동의 구조와 역사에 대한 지식을 얻어내고자 했다. 나 역시 내가 그저 한 명의 열혈 대학생으로 이런 교내시위 사건에 연루되었거나 간첩의 지시에 의해서가 아니라 매우 오랜 학습과 연단을 통해 사상적 확신에 이르게 되었으며, 그러한 확신에 의해 이러한 문건을 쓰게 되었다는 사실을 입증해야 했다. 그리고 수사 방향의 흐름은 결국 어떠한 강령도 지도자도 없는, 서울대 학생들의 반체제운동 조직이자 학회 연합체 수준인 '언더조직'의 발견으로 귀결되지 않을 수 없었다. 거꾸로, 학습과 실천 양면에서 매우 높은 수준의 단련을 요구받는 그런 조직이 있었기 때문에 나 같은 자생적 학생사상범이 등장할 수밖에 없었다는 결론이 도출되는 것이기도 했다.

 이는 이근안이 나를 그나마 '신사적으로' 취급했던 또 하나의 내면적 이유이기도 했다. 그는 자기도 고려대 법대를 나왔다고 하면서(이는 사실이 아니다. 그의 최종학력은 1958년 서울 경동고등학교 졸업이다) 반공 전선에 복무하기 위해 일선 경찰을 자원한 애국적 사명감에 불타는 실천적 엘리트로서 나와 더불어 능히 사상적 논쟁을 벌일 만한 수준을 가지고 있음을, 사실은 고문기술자라는 점보다도 더 표 나게 자랑하고 싶어했다. 실제로 그는 종종 나를 취조 대상으로서가 아니라 그의 사상이라고 할 것도 없이 어설프기 그지없는 반공반북 사상의 설파 대상자로 삼고 싶어했다. 자기는 나와 더불어 사상 논쟁을 하는 것이 흥미로우며 어떤 면에서는 이상주의적 관점에서 자기도 나에게 동감하는 부분이 있다고, 그런 세상은 북한 정권과의 싸움에서 이긴 다음에 생각해보자고도 했다.

이런 태도는 이근안에게만 있던 것이 아니었다. 박종철 고문치사 사건의 최고 책임자였던 치안본부 대공분실장 박처원도 궁금한 듯 가끔 취조실에 들러서 나에게 반북 투쟁으로 점철된 개인사를 털어놓았다. 심지어 한번은 당시 경찰의 최고 수뇌인 치안본부장이었던 류흥수도 찾아와, 나 같은 '머리 좋은 엘리트'가 하필 '붉은 물'이 들어 유감이라면서 지금이라도 반성하고 애국하겠다고 결심하면 자기가 책임지고 불기소 처리해 경정급 특채로 '내외문제연구소'[30]라는 대공문제 전문 어용연구소에 취직시켜주겠다는 망발(?)을 늘어놓고 가기도 했다.

물론 당시의 수사 방향과 관련된 이러한 판단은 어쩌면 저들에 맞서 묵비권을 행사하거나 어떤 고문이나 폭력 앞에서도 끝까지 동료나 선후배들의 이름을 밝히기를 거부하지 못한 나 자신을 변명하기 위한 일종의 아전인수식 해석일 수도 있다. 그들이 나의 대공 용의점을 계속 환기시키면서 겁박을 가한 것 자체가 사실은 서울대 학생운동 세력을 발본색원하기 위해 필요한 정보를 빼내겠다는 그들의 원래 의도를 관철하려는 수단이었다고 볼 수도 있기 때문이다. 어쨌든 나는 일주일여 만에 결국 서울대 내의 '언더조직'을 발설했고, 내가 아는 범위 내에서 그 전모를 그들에게 전부 털어놓았다. 그리고 어떻게든 발설하지 않으려 애썼던 78학번 인문대 언더 구성원들의 명단도 결국은 해를 넘기지 못하고 그들에게 다 넘겨주고 말았다.[31]

결과적으로 대공 혐의를 벗으려는 필사적인 노력 때문에 서울대 학생운동의 핵심 조직인 '언더'의 실체를 드러내게 된 상황에 이르게 된 나는 이제 저들이 '언더'를 마치 민청학련 때와 같이 반국가단체나 이적단체로 규정하고 관련자들을 대규모로 검거하여 중형을 받게 만드는 상황을 막기 위한 나름의 '작전'을 세우고 실행하였다. 기왕 그들이 알게 된 '언더'가 사실상 민청학련을 포함하는 서울대 내의 1970년대 반유신 투쟁 전체를 꿰뚫고 존재해온 서울대 학생운동의 유서 깊은 지도부였다는 식으로 그 실체를 최대한 부풀리기로 했다. 그런 맥락에서 김병곤도 이 언더의 배후이자 상위 구성원이었으며[32] 그보다 더 선배급인 서울대 학생운동의 전설적 존재들인 장기표(법학 64)[33], 이신범(법학 67), 김근태(경제학 65) 등도 다 이 '언더'의 배후임에 틀림없다고 주장했다. 그것은 당사자들에게도 어떤 위험이 닥칠지 모르지만, 그들이 당시 한국 민주화 운동에서 차지하고 있던 위치를 고려한다면 매우 큰 파장을 불러일으킬 수도 있는 위험한 모험이었다. 하지만 나는 제5공화국 출범을 앞둔 시점에서 저들이 대규모의 반체제 조직 사건을 터뜨려 다시금 정국을 경색시키지는 않을 것이라는 나름의 판단을 믿어보기로 했다. 아닌 게 아니라 그들은 내 입에서 장기표의 이름까지 나오자 조금 황당해하는 눈치였다.

사건을 최종 정리하여 기소 일정을 조율하던 시점이었던 1월 10일을 전후한 어느 날 대공분실장 박처원이 내 취조실에 찾아왔다. 그러더니 내게, 네가 말한 대로 '언더'가 이렇게 70년대 서울대 학생운동의 총지도부인지는 모르겠는데 솔직히 너무 사건이 커진다, 아무래도 좀 줄여야 할 것 같다, 라고 말했다. 그 말을 듣고 나는 한편으로는 놀라는 척하면서 속으로는 쾌재를 불렀다. 그전까지는 이근안도, 너는 이적단체 수괴급으로 아마 무기징역쯤 구형되고 15년 정도 언도받아서 한 10년은 착실히 감옥살이를 해야 할 거다, 라고 말했고, 나도 그 정도의 형량은 각오하고 있었다. 하지만 박처원의 '줄여야 하겠다'는 말은 이 사건을 이적단체 사건조차 아닌 '불온 유인물'이 살포된 교내시위 사건 정도로 대폭 축소하겠다는 뜻이었다.

그 결과 이 사건으로 기소되어 징역형을 언도받은 사람은 총 아홉 명이 되었다. 그야말로 단순 계엄법 위반 사건이었다면 12월 11일 당일 시위를 주동했던 남명수, 남충희, 김회경, 윤형기 등 네 명과, 이를 직접 기획한 현무환과 최영선 그리고 선언문을 기초한 김명인 등 일곱 명 정도만 실형을 살아야 했지만(이 중에서 남충희, 김회경, 윤형기는 1심에서 집행유예 처분을 받고 일찍 석방되었다), 그들은 여기에 박용훈, 이원주, 허헌중, 고세현 등 네 명을 더 포함시켰다. 73학번이었던 박용훈은 사실상 이 사건과 아무 관련도 없었지만 민청학련 이래 선배그룹의 대표격으로, 이원주는 1980년 2학기가 시작하자마자 군대에 입대했기 때문에 역시 이 사건과 아무런 관련이 없었는데도 현무환 등 77학번 언더조직의 직접 상부인 76학번 언더조직의 핵심 인물이었다는 이유로(그는 따로 군사재판을 받아 징역 1년에 집행유예 2년을 언도받고 불명예제대 처분을 받았다), 허헌중 역시 78학번 언더조직의 핵심 인물이라는 이유로, 그리고 고세현은 가장 억울한 경우인데 단지 남명수에게 몇만 원의 시위 자금을 건네

주었다는 이유에서 함께 엮여 실형을 살았다.

그러니까 이 사건은 결론적으로는 단순 교내시위 사건으로 처리되었지만, 박용훈, 이원주, 허헌중을 엮어 넣음으로써 반국가단체, 혹은 이적단체 등 조직 사건으로서의 흔적만 남긴 꼴이 된 것이다. 여기에 박용훈과 김명인, 최영선은 압수한 서적들을 문제 삼아서 '이적표현물'을 소지 탐독했다는 이유로 반공법 위반죄를 부가했는데, 이 역시 반국가단체 혹은 이적단체 규정시 적용하려던 죄목이었으며, 학원 내의 공산주의 세력의 소행이라는 사건 초기의 언론플레이에 짝을 맞추려 했던 결과라고 할 수 있다. 후에 2심까지 진행되었던 재판 결과 내가 받았던 징역 3년 자격정지 3년이 최고형이었고 나머지 관련자들은 대부분 1년에서 2년 정도의 짧은(?) 형량을 받은 데서 보듯 이 사건은 사건 발생시의 호들갑(?)과 비교하면 일종의 용두사미로 끝난 셈이었다.

하지만 취조 결과 줄줄이 엮어 나온 78학번 이후의 서울대 내의 언더조직 관련자 수십 명이 검거되었다가 훈방된 이후, 거의 대부분 군대에 강제징집되어 녹화사업의 대상이 되는 등 많은 고초를 겪었다. 이 사실은 내게 두고두고 오랜 트라우마로 남았다. 그리고 이 사건 조사가 끝난 후 전두환 정권은 서울대 학생운동의 본산을 뿌리 뽑았으며 당분간 서울대 내에서는 어떤 반정부 운동도 일어나기 힘들 것이라고 했고, 이근안은 경위에서 경감으로 일계급 특진되는 등 이 사건을 맡아 처리했던 치안본부 대공분실은 공안 사건 부문에서 일약 국가안전기획부나 보안사령부 등 타 공안기관을 능가하는 위상을 차지하게 되었다.

1981년 1월 19일, 나는 33일에 걸친 악몽 같았던 불법 구금을 끝내고 계엄포고령 및 반공법 위반 혐의로 구속영장이 청구됨에 따라 남영동을 떠나 용산경찰서 유치장으로 이송되었다가 이틀 후인 1월 21일 안양구치소 미결감에 입소하였다. 남영동에 들어간 것이 1980년 12월 18일인가 19일이었으니 그 후 한 일주일 동안 버티다가 결국 '언더'의 존재를 밝히게 되었고, 이에 따라 12월 말부터 한 열흘에 거쳐 관련 선후배들이 속속 잡혀오면서 수사가 급진전되어 1월 10일을 전후해서는 이 사건이 용공조직 사건이 아니라 약간의 용공성이 있는 단순 시위 사건으로 축소 정리되었다. 그다음 열흘 정도는 영장 청구와 관련된 후속 작업들이 진행되었을 것이다. 그러므로 내 경우 마지막 열흘은 거의 아무런 조사도 받지 않고 취조실에서 하릴없이 먹고 자던 기간이었다. 그 시기에는 거의 매일 침대를 같이 쓰던 이근안도 집에 자주 다녀오고 대신 다른 젊은 수사관들이 번갈아 야전침대를 놓고 나를 지켰다.

'스톡홀름 증후군'이라는 말이 있다. 납치된 인질이 오랫동안 납치범과 함께 지내다 보면 자포자기 상태를 거쳐 납치범에게 동조하거나 의지하고 심지어 그를 변호하게 되는 심리 현상을 말한다. 나에게도 그런 현상이 없지 않았다. 공안경찰은 처음에 나를 간첩과 관련된 용공사범으로 간주하고 그 방향으로 수사를 진행하려고 했다. 하지만 의외로 이근안은 처음 며칠이 지나고 나자 나는 간첩은 아닌 것 같다고 선언했다(그는 나를 '빨갱이'는 아니고 '벌겡이'라 불렀다). 그런 후 수사의 흐름은 대북 용공 혐의를 캐는 것에서 학생운동의 실체를 파헤치는 것으로 점차 바뀌어갔다. 하지만 남영동의 모든 수사관들이 그런 결론에 동의하는 것은 아니었던 것으로 보인다. 아마도 그 '수괴'인 박처원도 기본적으로는 이근안의 결론에 동의하면서도 한편으로 마지막 의심을 거두지 않고 일부 수사관들에게 용공 혐의점을 계속 조사하라고 했을 것이다.

그 때문에 세 번 정도, 이근안이 자리를 비운 사이에 면식이 없던 다른 수사관들이 내 방으로 찾아와 "너 아직도 다 불지 않은 거 있지?" 하면서 이미 탈탈 털어서 더 나올 것도 없는 내 행적과 인맥을 다시 들추며 추궁을 했다. 그들의 기세는 조금 더 살벌하고 적대적이었다. 이근안에게서는 당하지 않았던 구타를 당하기까지 했다. 이러한 별개의 취조는 심지어 1월 초순경까지도 진행되었다. 나는 이근안이 외출이나 외박에서 돌아오면 이런 사실을 그에게 알렸다. 그는 처음엔 조금 기분 나쁜 표정을 지었지만, 두 번째 다시 그런 사실을 알게 되자, 이 ××들이 정말, 하면서 화를 내며 방을 나갔다. 상부에 항의의 뜻을 전하러 나간 것으로 보였다. 나는 그런 그가 진심으로 고마웠다. 1월 초 다른 수사관들이 마지막으로 내게 와서 "너 이근안이 싸고도니까 무서운 게 없는 거 같지? 우리가 보기엔 너는 빨갱이새끼 맞거든?"이라고 말한 것을 볼 때 이근안은 진심으로 수사관으로서 자신의 확신에 의심을 품는 대공분실 내의 일부 경향에 대해 분노하고 항의한 것으로 보인다. 나는 그 순간 분명히 스톡홀름 증후군 초기 상태였을 것이다.

이근안은 눈 내리던 1월 1일 저녁, 요즘 프라이드치킨이란 게 새로 나왔다며 부하들에게 그걸 사오라고 시켜서 나와 나누어 먹기도 했고, 더 이상 진술서를 쓰지 않게 되어 아무 할 일이 없던 1월 중순 무렵부터는 나와 함께 있는 밤시간에 부하 수사관까지 해서 세 명이 고스톱 판을 벌이기도 했다. 취조실 책상 위에서 피의자와 수사관들이 함께 치는 고스톱이라니! 그는 내게 한 10년 이상 감옥에 있게 될 터이니 체력 관리에 각별히 신경 써야 한다며 독방에서 할 수 있는 운동 몇 가지를 가르쳐주기도 했다. 그리고 지금도 생각하면 실소가 나오는 말이지만, 나중에 출소하면 자기를 찾아 남영동에 한번 오라며 부근 삼각지 어딘가에 도가니탕 잘하는 식당이 있으니 거기서 도가니탕이나 한 뚝배기 하자고 했다. 나는 입으로는 순순히 그러마고 했지만 속으로는 관절 뽑기 전문가의 입에서 도가니탕을 먹자는 말이 그렇게 심상하게 나오는 것이 우습기도 했고 기가 막히기도 했다.

아니, 사실 지금에 와서 생각해보면 도가니탕이나 먹자는 말보다 더 우습고 기가 막힌 것은 한 달여 동안 내가 회현동과 남영동에서 겪은 일들 자체였다. 그 한 달여의 시간은 군대를 동원해 쿠데타를 일으키고 무고한 시민들을 학살하여 권력을 차지한 범죄자를 고발하고 그것을 용인한 체제에 저항하겠다는 시민을 잡아다가 고문하여 범죄자로 낙인찍는 과정이었다. 시민의 안전을 수호하는 것이 임무인 경찰공무원이 월급을 받으면서 하는 일이란 것이 온갖 언어적·물리적 폭력을 구사하여 '동료 시민(?)'을 범죄자로 만드는 일이었으며, 잡혀온 시민은 처음부터 이 언어도단의 상황을 거부하기는커녕 하나의 기정사실이자 불가피한 고난으로 받아들이면서 심지어 폭력의 가해자에 대하여 무기력한 의존 상태에 빠지기까지 한 것이다. 이런 엽기적인 희극이 또 어디 있을까. 그 기간 동안 이근안은 나에게, 나는 이근안에게 도대체 누구이며 무엇이었을까. 우리는 과연 서로에게 인간이었을까. 이근안이 폭력기계의 형식으로 소외된 존재일 동안, 나 역시 사실은 그와 함께 이 희비극에 마리오네트로 동원된 하나의 비인간이 아니었을까.

2년 7개월, 감옥에서

재심을 위해 국가기록원으로부터 발급받은 법무부 재소자 신분카드에 의하면, 나는 1981년 1월 19일에 용산경찰서 유치장에 이송되었다가 이틀 후인 1월 21일 구속 지휘가 내려옴에 따라 안양교도소 구치감으로 이송되었고 그곳에서 약 한 달 머물다가 2월 20일경에야 영등포구치소로 이감된 것으로 되어 있다. 안양교도소에 갔던 일은 잘 기억이 나지 않는데 구속 당시엔 계엄포고령이 해제되지 않아 육군 수도군단 관할 교도소인 안양으로 갔던 모양이다. 감옥에 다녀온 모든 사람이 공감하듯 취조실에 갇혀 있다가 유치장으로 넘어가게 되면 폭력적 취조에서 놓여났다는 점에서 한 번 안도와 해방감을 느끼고, 거기서 다시 구치소로 넘어가면 유치장의 열악한 시설과 급식 상황을 떠나서 제대로 된 수형 체제 속에 편입된다는 점에서 또 한 번 안도감을 느끼게 되며, 재판 과정이 다 끝나 형이 확정된 후 기결수가 되어 교도소로 이감해서 본격적인 수형 생활이 시작되면 그때부터는 일종의 생활인(?)으로서의 일상적 안정감을 얻게 된다.

구치소에 입감되면서 규칙적인 식사와 운동이 이루어졌고 일주일에 한 번씩 가족면회(그곳에서의 공식 명칭은 '접견'이라고 한다)가 가능해졌으며, 무엇보다 가족들이 넣어준 책을 읽을 수 있게 되었다. 비록 0.7평짜리였지만 독방에서 누구의 간섭도 받지 않고 생각하고 움직일 수 있었으며, 비록 집필은 불가능하지만 집중적인 독서는 얼마든지 가능해졌다. 형기가 어떻게 정해질지 모르는 재판 과정이 남아 있었지만 어떤 결과가 나오든 상관없다고 마음을 먹고 이 새로운 생활에 몸과 마음을 적응시키기 위해 애썼다. 가족들도 자주 면회를 왔고 올 때마다 생활에 필요한 의류나 물품 등을 넣어주었으며 주로 간식이나 특식 등을 구매하는 데 필요한 얼마간의 영치금도 넣어주었다.

하지만 지속적으로 면회를 오고 전적으로 책을 넣어준 것은 가족으로 제한된 면회를 자유롭게 하기 위해 일부러 '약혼 증명서'까지 제출했던 지금의 아내, 유윤숙(약학 78)이었다. 나는 그와 1980년 9월, 이공계 쪽 언더 대표로 합류했던 박남운의 소개로 처음 만났는데 몇 차례 만나지도 못하고 3개월 만에 내가 감옥에 들어온 것이다. 그는 직장에 매인 상황에서도 어렵게 시간을 내서 부지런히 내가 읽고 싶어하는 그 많은 책들을 어떻게든 구해 넣어주었고, 그것은 이후 내가 기결수가 되어 전주교도소·의정부교도소로 옮겨다니는 동안에도 꾸준히 계속되었다. 나는 덕분에 2년 7개월의 수형 기간 동안 거의 3백 권이 넘는 책을 읽을 수 있었다.

우리 '공범'들은 구속기소가 된 상태였기 때문에 영등포구치소에서는 일주일에 한 번 정도씩 서울남부지청으로 가서 조사를 받았고 1981년 6월 1일, 국선변호인도 없는 재판[34]을 통해 예정된 유죄 판결을 받고 각자 형량을 나눠 가졌다. 나는 징역 3년 자격정지 3년을 선고받았는데 우리는 즉각 항소했으나 11월 4일 항소심에서도 기각되어 그대로 징역형을 살게 되었다. 그리고 기결수로 신분이 바뀌어 구치소가 아닌 교도소로 옮겨가게 된다. 그해 11월 17일 나는 구로구 고척동에 있던 영등포구치소를 떠나 작은 마이크로버스를 타고 머나먼 전주교도소로 향했다. 그 스산했던 늦가을 날, 마이크로버스 차창 밖으로 보이던 갈색 들판과 회색 하늘, 아직 이파리를 다 떨구지 못한 나무와 하염없이 이어지던 전봇대들이 지금까지도 영화 속 한 장면처럼 떠오르곤 한다.

지금도 마찬가지지만 그 젊었던 시절에도 나는 관념적으로는 매우 반항적이었지만 기질적으로는 반항적인 인간이 아니었다. 자신의 내적 현존이나 밖에서 주어진 실존적 조건들에 대해서는 늘 의문을 품고 벗어나고자 애를 썼지만 그것은 언제나 관념 속에서의 일이었을 뿐, 현실 속에서 사람들과의 관계에서나 구체적인 생활 조건과의 관계에서는 매우 순응적이었다. 아니, 순응이라고 하기보다는 '그러니 어쩌겠는가' 혹은 '어떻든 무슨 상관인가' 하는 방임에 가까웠다. 그렇기 때문에 나를 잘 아는 사람들은 김명인이라는 친구는 북극이건 사하라사막이건 아무데나 던져놓아도 어떻게든 살아낼 것이라고, 그것도 즐겁게 살아낼 것이라고 말하곤 한다. 나는 불의는 못 참지만 불이익이나 불편은 잘 참는 유형의 인간이다. 감옥살이에 대해서도 마찬가지였다. 나는 어떻게든 잘 살아냈다.

구치소에 오기 전에는 유치장에서 주어졌던 꽁보리밥에 단무지뿐인, 아마도 식민지 시대에서부터 그랬을 것 같은 열악한 도시락밥도 물만 있으면 잘 먹었다. 구치소에 와서는 반찬과 국의 종류를 바꿔가며 하루 세 끼 꼬박꼬박 공급되는 쌀과 보리와 콩이 섞인 이른바 '가다밥' 식단은 유치장 도시락밥에 비하면 성찬이었으니 말할 것도 없었다. 여름에 주어지는 홑겹의 푸른 수의도 입을 만했고 겨울에 주어지는 솜을 두둑이 둔 누비 수의도 속에다 내복만 잘 받쳐 입어주면 추위를 막는 데는 손색이 없었다.

 누워서 양팔을 벌으면 딱 맞는 0.7평의 작은 공간이지만 요가나 맨손체조를 하기에는 좁지 않았고 비록 무릎에 올려놓고 읽어야 하지만 책을 읽기에는 전혀 불편함이 없었다. 비닐 칸막이를 열고 들어가는 독립된 화장실도 있고 화장실 창밖으로 하늘도 볼 수 있으며 방 배정을 잘 받으면 담장 밖으로 숲이나 나무도 볼 수가 있었다. 한겨울에도 난방은 안 되지만 비닐로 화장실 입구를 막고 솜옷이랑 양말을 갖춰 입고 있으면 책을 읽고 있어도 손이 곱을 정도는 아니었고, 밤에는 담요를 두 장 정도 반 접어 깔고 지급되는 크고 두터운 솜이불을 반으로 접어 그 속에 들어가 코만 내놓고 잠들면 나름 포근한 잠도 잘 수 있었다.

 하루에 30분 정도 주어지는 운동 시간이 되면 좁은 마당일지언정 바깥 공기를 쐬며 뛰어다니며 땀도 낼 수 있을 정도는 되었고, 일주일에 한 차례씩 한 5분 정도 주어지는 목욕 시간이지만 퀴퀴한 냄새 없이 살 수 있을 만큼은 되었다. 1960~1970년대에 감옥살이를 한 선배들 얘기를 들으면 방에서 빈대도 나오고 식단도 형편없었다고 했지만 나는 2년 7개월 동안 감옥살이를 하면서 내 방에서 이나 빈대나 바퀴벌레 같은 것들을 본 적이 없었다.

 이런 안정된(?) 조건 속에서 하루 종일 책을 읽을 수 있으니 감옥을 대학, 혹은 대학원이라 부르는 것도 과언이 아니었다. 나는 마치 정말로 대학원에라도 새로 입학한 것처럼 책에만 묻혀 살았고, 검찰 조사가 어떻게 이루어지든, 판결이 어떻게 나서 형기가 어떻게 정해지든 상관없다는 태도로 일관할 수 있었다. 긴급조치 시절부터 선배들이 법정에서는 투옥과 재판의 원천적 부당성을 주장하는 싸움을, 감옥에서는 도서 검열이라든가 기본 처우와 관련된 교도소 당국과의 싸움을 가열차게 전개했다는 전설 같은 이야기들을 많이 들어왔지만 내가 있는 동안 영등포구치소에서는 그런 싸움도 일어나지 않았는데, 어쩌면 선배들의 앞선 싸움 이후 많은 것들이 개선된 결과인지도 모른다. 게다가 나는 이런 면에서는 턱없이 보수적이어서 감옥살이는 감옥살이답게 하면 되지, 처우 개선 투쟁을 굳이 할 필요가 있을까 싶었던 것이다.

더구나 재판 과정에서도 고문에 의한 강제 진술로 증거 능력이 없다는 등의 항변 한마디도 하지 않았고, 최후 진술도 우리가 했던 행동의 역사적 정당성을 원론적으로 주장하는 매우 고상한 논조로 일관했을 뿐이었다. 생각해 보면 '무림사건'의 다른 동지들 중에서도 그렇게 투쟁적인 친구는 없었던 것 같다. 모두들 그저 할 바를 다했으니 주어진 운명의 길을 가겠다는 그런 심사였을까. 지금도 나는 감옥에 들어가서 자신의 투옥 사실 자체의 부당성을 주장하며 온몸으로 투쟁했던 선배들을 생각하면 한편으로 부끄럽기도 하지만 다른 한편으로는 그들은 나와는 다른 종류의 사람들이라는 생각이 든다.

형기가 확정되고 마치 고도에라도 유배된 듯 전주교도소로 이감되고 나니 나의 이러한 수동적 수형 생활(아니, 어쩌면 주어진 조건에 빨리 적응하고 그 조건 안에서 나름의 세계를 구축한 것이니 능동적인 것일까)은 더욱 심화되었다. 영등포구치소 미결감에 있을 때는 재판도 진행 중이고 면회도 자주 있었으며 당분간 서울대에서 학생시위는 잠잠할 것이라는 저들의 호언장담을 비웃기라도 하듯 3월부터 교내시위가 터져나오는 통에[35] 서울대 시위 주동자들이 모여드는 영등포구치소 각 사동 1층과 2층에 두 개씩 있는 독방은 새로 들어오는 학생들로 점차 채워져갔으며 그러다 보니 '손님맞이'에 바빠서 늘 분주하고 어수선했다.

하지만 전주교도소로 이감을 가니 그런 분주함은 완전히 사라지고 좌익수 사범들만 모아놓은 독거사동에서 온종일 독서와 운동에만 매진하는 단조롭지만 내적으로는 풍요로운 생활이 지속되었다. 같은 사동의 모든 독방에 각종 간첩 사건이나 반국가단체 등 조직 사건에 연루된 비전향좌익수들이 기거하고 있었지만, 그들과 운동이나 면회 다녀올 때 외엔 만날 일도 없었고 또 나 자신도 적극적으로 그들과 소통할 생각이 없었다.

    납북 어부, 남파 공작원들의 가족, 어쩌다 "김일성 만세"를 부르거나 "장백산 줄기줄기"로 시작되는 조선민주주의 인민공화국 국가를 일부 부르거나 북한 체제를 찬양했다는 죄목으로 잡혀온 이른바 '막걸리 반공법' 위반자들은 좌익수가 아니라 국가보안법 희생자였다. 그리고 공안기관의 조작과 강압으로 관제 빨갱이가 되어야 했던 남한 내 민주인사들도 마찬가지였다. 그들은 일부 소수를 제외하고는 대체로 전향서를 쓰고 독방을 벗어나 일반수들과 함께 기거하는 혼거사동에 들어가는 경우가 대부분이었다. 반대로 북쪽에서 공작원으로 내려온 분들은 비록 감옥에서 생애를 마칠지언정 악랄한 전향공작을 견뎌내며 지조를 지키며 살아가는 경우가 대부분이었다. 내가 있던 독거사동이 바로 그런 진짜 좌익수들이 10년, 20년씩 형기를 다 마칠 때까지, 혹은 무기징역을 받아 생애를 다할 때까지 살아가는 곳이었다. 나도 그들처럼 가슴에 빨간 번호표를 붙이고 있으니 분명히 좌익이기는 했지만 그들과는 결이 다른 좌익이었다. 혁명가로서 그들의 견결한 신념과 행동을 존경하기는 하지만 대한민국의 변혁 과정에서 북쪽의 주도권을 인정한 적이 없었던 나로서는 그들과 동지의식을 느낀다거나 흉금을 터놓고 말을 나눌 생각은 없었다.

이와 관련하여 특별히 기억나는 일이 있다. 1981년 12월인가 아무튼 겨울의 어느 날, 누군가 내 방문을 두드렸다. 일어서서 철문에 달린 작은 철창을 내다보니 내 또래의 젊은 친구가 자기 이름은 김영이라며 부림(釜林)사건[36]이라고 불리는, 부산지역의 용공조작 사건 관련자로 들어온 부산대 4학년이라고 빠르게 말하고 지나갔다. 이후로도 그가 운동 시간이나 면회 시간 등에 오가며 내게 해준 말에 의하면, 그는 당시 무려 10년이라는 징역형을 언도받았는데 현역 군인의 신분으로 초병 근무 중 자신을 검거하러 헌병들이 오는 것을 보고 총을 든 채로 탈영했다가 잡혀와서 탈영죄까지 병합되어 그렇게 무거운 형을 살게 되었다고 했다. 그가 바로 1989년「살아 있는 무덤」이라는, 전주교도소를 비롯한 전국의 좌익수 수용 감옥에서 일어난 잔인한 전향공작을 폭로한 소설을 발표한 소설가 김하기였다.

그는 아마도 전주교도소 시절에 같은 사동의 비전향 장기수들과 상당한 교류를 했던 모양이고 그를 통해 전해 들은 내용을 바탕으로 이 소설을 완성한 모양이다. 그는 이 소설로 창비신인문학상, 신동엽창작기금 등을 수상했다. 하지만 1996년에는 중국 여행 중 취중에 두만강을 건너 입북했다가 그곳에서 추방되어 돌아와 2년간 다시 투옥되기도 했고, 2016년 제20대 총선에서는 유명한 변절자 김문수를 대통령으로 만들겠다며 부산지역에서 새누리당 후보로 출마했다가 낙선하기도 했으며, 그와 관련하여 나와 신문지상에서 약간의 논쟁을 한 적도 있다. 그의 인생 행로에 이렇다 저렇다 말을 늘어놓고 싶지는 않다. 다만 나는 1981년 겨울 어느 날 전주교도소 좌익수 사동의 내 독방 철창에서 만난 그 형형한 눈빛의 젊은 부산대 철학과 학생 김영과, 「살아 있는 무덤」을 썼던 소설가 김하기와, 김문수의 줄을 타고 새누리당 국회의원이 되고자 했던 전향자 김하기가 같은 사람이라는 사실 앞에서 때로는 황금도 녹슬게 하는 시간의 집요한 침식에 대해 생각하곤 한다.

1982년 늦은 봄 무렵부터 나는 독거사동을 나와서 일반수들과 혼거 생활을 시작하게 된다. 홀로 독방에서 지내는 것이 힘들어서가 아니라 사람들과 어울려야 한다는 생각이 들어서였다. 독거 생활을 하던 좌익수가 일반수들과 혼거방에서 지내기 위해서는 하나의 절차가 있었다. '전향'이다. 이른바 '전향서'에는 일정한 형식이 있다. 이를테면 나는 이러저러한 이유로 대한민국에 누를 끼쳤는데 이제 그런 과거를 반성하고 대한민국에 충성하겠다는 형식이다. 이런 형식에만 맞추면 실제 내용이 어떤 것이든 전향을 한 것으로 간주된다. 하지만 문제는 형식이 어떻든 상관없이 그 절차가 '전향'이라는 이름을 가졌다는 것이다. 엄밀한 의미에서 '전향'이란 자신이 가졌던 신념과 가치관, 사상을 부정하는 것이라고 할 때, 누군가에게 이것은 자신의 '정치사상적 생명'을 잃는 일로서 생물학적 생명을 잃는 것보다 더 받아들일 수 없는 일이 된다. 좌익사범들이 수형하고 있는 교도소에는 '교회사'(矯悔士)라고 불리는 전향공작 전담요원들이 상주한다. 김하기의 「살아 있는 무덤」에서 보듯 그들은 1960~1970년대를 거치는 동안 악명 높은 전향공작을 수행한, 특히 남파공작원들에게는 악마 같은 존재였다. 전주교도소에 이감한 지 두 달 가까이 지난 1982년 1월경부터 교회사 중 한 명이 나를 불러냈다. 말하자면 '전향공작'이었다.

처음엔 내가 공산주의자도 아니고 대한민국을 부정한 것도 아니므로 전향을 할 수 없다고 일언지하에 거절했다. 꽤 단호한 듯 보이는 대응이었지만 사실은 대한민국 헌법에는 양심과 사상의 자유가 있으므로 '전향'이라는 것은 처음부터 있을 수 없는 일이라고 해야 했다. 그 말 대신 나는 무슨 주의자가 아니고 국체를 부정한 적이 없다고 말하는 순간부터 이미 지고 들어간 것과 마찬가지였다. 변명을 할 일이 아닌데 변명을 해야 하는, 하수의 선택을 한 것이다. 그는 알았다고 조금 더 생각해보라고 하면서 나를 돌려보냈다. 직업 자체가 교회사이니 이런 상황을 한두 번 겪었겠는가. 방에 돌아온 나는 이 '전향'

이라는 문제를 두고 곰곰 생각을 해보았다.

전향서 쓰기를 거부하는 것은 그리 어려운 일이 아니었다. 그들은 남파공작원을 전향시키는 일에는 결사적으로 달려들었으나 남한 국적자들에 대해서는 협박도 공갈도 하기는 하겠지만 독방에서 계속 거주시키는 것과 가석방에 불이익을 주는 등 외엔 더 이상의 폭력은 가하지 않는다고 했다. 설사 그보다 더한 일을 당한다 한들, 이미 고문도 구타도 당할 만큼 당했는데 그보다 더할 것이냐 싶기도 했다. 그리고 10년, 무기 등을 받아 계속 독방에 있는 게 고통인 장기수도 아니고 2년 정도 남은 기간 동안 독방에서 지내는 것도 조금 단조롭다는 것 외에는 읽을 책만 있으면 어려울 것도 없었다.

남는 문제는 진짜 '징역살이'에 대한 나의 호기심이었다. 혼자 독방에 있는 것도 징역은 징역이겠으나 일반수들과 함께 섞여 살아보고 싶다는 생각이 강하게 들었다. 이를테면 '브나로드'(민중 속으로)에 대한 낭만적 동경이 생긴 것이다. 1970~1980년대의 진보적 대학생들을 반체제 투쟁 전선에 내몰았던 가장 큰 이념적 동력은 '민주 회복'이나 '조국 통일' 같은 것보다 더 근본적인 것, 즉 '민중 해방'이었다. 그리고 그 민중 해방은 '민중을 위한 투쟁'을 통해 쟁취하는 것이 아니라 '민중 속에서, 민중과 함께' 쟁취하는 것이었다. 이런 민중주체의 민중해방론은 1960년대 이래 한국의 진보 세력에게는 일종의 시대정신이었다. 봉건 시대, 식민지반봉건 시대, 자본주의 시대를 거치면서 온갖 억압과 착취에 시달려온 농민, 노동자 등 기층 민중이 주인이 되는 세상을 만들겠다는 이 민중해방론은 정통 마르크스레닌주의와 무관한 것은 아니었지만 마오쩌둥의 인민민주주의 노선이나 중남미의 해방신학론 등 제3세계 변혁이론에서 영감을 받고, 인내천의 동학사상이나 미륵불교 같은 우리의 전통 사상과도 맥이 닿아 있는 한국적 변혁사상이었다.

당시의 진보적 대학생들은 목전의 반독재 투쟁을 계속 수행하면서도 동시에 한국사회에서 보다 근본적 차원의 민중 해방을 실현하기 위해 대학을 떠난 후에도 노동 현장, 농촌 현장, 도시빈민 현장으로 들어가는 것이 혁명가로 성장하기 위한 하나의 정규 코스였다. 교도소를 가득 채우고 있는 재소자들은 비록 범죄자이기는 했지만, 민중의 열악한 삶의 조건이 범죄를 만들어내는 것이라는 민중주의적 사고에서 본다면 그들이야말로 가장 낮은 수렁에 빠져 있는 불행한 민중이었고, 그들과 함께 섞여서 그들의 생각과 말과 행동을 이해하는 것은 이른바 '혁명적 교양'을 쌓는다는 점에서 매우 적극적 의의를 가지는 일이었다.

나는 이렇게 생각을 정리하고 며칠 후 교회사를 만난

자리에서 전향서는 못 쓰겠지만 반성문이면 쓸 수 있다고 말했다. 그는 나의 돌변한 태도에 신이 나서 어차피 요식행위니까 반성문도 괜찮으니 그저 대한민국에 충성한다고만 쓰면 된다고 했고, 나는 민주주의가 다시 지연되는 데 대하여 너무 분노한 나머지 과격한 행동을 했을 뿐이며 앞으로는 대한민국의 민주 발전과 번영에 이바지하는 시민의 한 사람이 되겠다는 정도의 내용을 A4 용지 두 장에 대충 써서 '전향'의 문을 통과했다. 나는 나의 전향은 사실상은 '위장 전향'이며 '이보 전진을 위한 일보 후퇴'로서 민중과 만나기 위한 불가피한 통과의례였다고 믿었다.

하지만 정작 문제는 그다음이었다. 나의 뜻밖의 순순한 전향에 들뜬 교회사는 나에게 어느 현장으로 출역(出役)을 나가고 싶은지 묻더니 대학생 출신이 꼭 필요한 자리가 있으니 그쪽이 어떻겠냐고 했다. 그 자리는 전주교도소 당국이 이른바 재소자 '교화'를 위해 만들고 있는 소내 월간지 『교화』를 편집 간행하는 일이었다. 나의 전향은 일반수들과 함께 자고 함께 먹고 함께 일하는 나로드니키적 실천을 위한 일이었고 그렇다면 교도소 출역장에 일반적인 인쇄, 피복, 목공 같은 제조 분야 현장을 선택했어야 했다. 그런데 나는 그때 교회사의 말에도 솔깃했던 것이, 도대체 한국의 교도소에서 말하는 '교화'라는 것이 어떤 이데올로기로 작동하며 그 잡지에 투고하는 일반 재소자들의 생각과 글의 수준이 어떤 것인지 알고 싶었고, 또 편집권에 일정한 재량을 준다고 하니 뭔가 그들에게 조금이라도 괜찮은 읽을거리를 제공하고 싶다는 생각이 들었기 때문이다.

그런 생각으로 덜컥 제안을 수락했다. 나의 그런 선택을 두고 전주교도소에서 복역 중이던 선배 '좌익수들', 즉 각종 공안 사건 연루자들이 마뜩잖아한다는 이야기도 들려왔다. 그들도 남파된 북쪽 출신들과는 달리 대개는 전향을 해서 일반 출역수로 복역 중이기는 했으나, 내가 그들에게는 어쨌든 '공적'이나 다름없는 교회사와 죽이 맞아서 교화 잡지 같은 것을 만들고 있다는 것은 칭찬받을 일은 아니었다. 나로서도 지금 생각해보면 결코 잘한 일은 아니었다. 그 일을 생각하면 지금도 가끔 부끄러움을 느낀다. 그것은 가볍기 짝이 없는 편의주의적 사고, 혹은 기회주의적 사고의 소산이었기 때문이다.

그리하여 나의 출역장은 전주교도소 교무과가 되었고 비교적 '죄질'이 양호한 모범수들만 될 수 있다는 '교무과 소지(교도소 청사 내의 각종 사무실을 청소하는 청소 및 잡역부를 일컫는 일본어)'들과 같은 방에서 기거하게 되었다. 내가 전주교도소 청사 2층의 교무과 사무실에서 다시 한 계단 더 올라간 옥탑에 가건물 형식으로 지어진 반쯤 독립된 교화 잡지 편집실에서 일하면서 어떤 내용의 어떤 잡지를 만들었는지 이제는 거의 기억이 나지 않는다. 다만 나는 그곳에서도 계속 책을 읽었고, 때론 되지 않는 시를 끄적이면서 그해 11월 다시 의정부교도소로 이감되기 전까지 9개월 정도, 재소자 신분으로는 매우 특이한 경험을 할 수 있었다. 교도관들의 직장 생활, 그들의 생각, 교도소 행정의 분위기, 교도관과 재소자 간의 철저한 계급 위계와 때로는 담배 공급을 둘러싼 검은 유착 관계 같은 것들이 떠오른다. 거기서도 나는 '서울대 학생'으로서 특별대우를 받았으며 때로는 교도관들에게 일종의 지식사전 역할을 하기도 했다. 그들은 종종 별로 대단치 않은 주제로 서로 논쟁을 하다가 나를 불러 유권해석을 받고서야, 역시 서울대생이야 하면서 논쟁을 끝내곤 했다.

그 작은 사무실 책상 앞에 앉아 있으면 저 멀리 널따란 구이들판과 모악산의 전경이 눈에 들어왔다. 특히, 강렬한 가을 햇살에 반짝이던 노란 들판과 굵게 꿈틀대던 검푸른 산그리매의 대조는 지금도 생생한 이미지로 뇌리에 남아 있다. 물론 비가 오면 비가 오는 대로, 바람이 불면 바람이 부는 대로, 날이 흐리면 흐린 대로 다 좋았다. 그 풍경 앞에서 내가 징역살이를 하고 있다는 것도 다 잊고 지나온 날들을 되새겼고, 앞으로 올 날들을 헤아렸다. 나는 기본적으로 과거에 대한 어떤 미련에도 미래에 대한 어떤 불안에도 시간을 바치는 것을 아까워하는, 오직 지금 현재만을 탐닉하는 류의 사람이지만 현재 자체가 그저 살아 있어서 앞날을 도모하는 것으로만 이루어져 있던 그 시절에는 그렇게 과거와 미래를 향한 상념에 많은 시간을 아낌없이 지불했다.

하지만 그 시절 가장 기억에 남는 것은 그 작은 사무실 공간에서의 일들이 아니라 강도, 절도, 폭력, 소매치기, 사기 등 흔하디흔한 각종 자잘한 범죄를 저지르고 징역을 살고 있던 재소자들과 같은 방에서 기거하면서 겪은 일들이다. 비교적 죄질이 좋은 모범수들만이 모여 있다고 했지만 그들도 역시 끝없이 먹는 것을 탐했고, 늘 작디작은 이익을 둘러싸고 서로 우기고 싸웠으며, "도둑놈들은 입만 열면 거짓말"이라는 말이 허언이 아니게 늘 밥 먹듯 거짓말을 했다. 두 사람이 같은 이불을 덮고 자면서도 서로 상대방이 방귀를 뀌었다고 우기는 어이없는 거짓말로부터, 밑바닥이었을 것임에 틀림없던 입소 전의 삶을 화려한 것으로 위장하고, 다들 어쩌다 실수로 아니면 재수 없게 들어오게 되었을 뿐, 자신은 아무 잘못이 없다고 하는 뻔한 거짓말까지, 그 외엔 더 할 일도 없다는 듯이 거짓말을 입에 달고 살았다. 그때의 경험은 나로 하여금 민중에 대한 과도한 연민도, 과도한 미화도, 또 과도한 실망도 아닌 어떤 균형감각을 가지게 하는 데 적지 않은 도움이 되었다. 각자 인생의 한 밑바닥을 통과하고 있는 사람들 특유의 비루함으로 채색되어 있을 뿐, 그들의 생각과 삶은 그와 다른 바깥사람들은 물론, 보다 상층의 돈 많고 품위 있는 척하는 인간군의 그것과 별로 다를 바가 없었다.

확률적으로 가진 것 없는 사람들이 더 많은 피해를 입으면서 살아가며 그만큼 새로운 세상에 대한 열망이 더 크다고 할 수는 있지만 반대의 예증도 너무나 많기 때문에, 그들이 보다 나은 삶을 살게 되는 것은 중요한 일이더라도, 그들이 꼭 그렇게 되는 일의 수행주체가 되어야 한다든지, 나아가 그렇게 '결정'되어 있다는 식의 생각에는 점점 더 별로 찬성하지 않게 되었다. 감옥에 갇힌 재소자들에 대한 성찰이라면 신영복 선생의 『감옥으로부터의 사색』이 단연 압권이고, 그 성찰에 대부분 동의하지만 그 안에도 어쩔 수 없이 1980년대 특유의 민중주의가 짙게 배어 있음을 잘 가려서 읽어야 한다고 생각한다.

그렇게 전주교도소에서의 징역살이가 딱 1년이 되는 1982년 11월 17일, 나는 서울과 가까운 의정부교도소로 이감을 가게 되었고 그곳에서 다시 독방으로 들어갔다. 좌익사범이 많은 전주교도소에서는 전향을 하면 바로 독방을 나와 다른 사람들과 혼거를 하는 게 당연했지만 의정부교도소에는 그런 개념이 전혀 없었다. 특히, 1982년

이면 전두환 정권에 대항하는 학생운동의 열기가 전국적으로 고조되던 때라서, 집시법(집회 및 시위에 관한 법률) 위반으로 구속되는 학생들의 수가 엄청나게 늘어나 나는 그런 집시법 위반자들과 마찬가지로 그저 일개 운동권 데모 학생으로 간주되었다. 그리고 다른 교도소도 마찬가지였겠지만 의정부교도소에 수감된 대학생들은 이른바 '처우 개선 투쟁'을 통해 집시법 위반 학생들만 따로 독립사동에 수용되는 일종의 특별대우를 받고 있었다.

전주교도소의 좌익수 독립사동은 같은 격리사동이라도 일종의 징벌적 의미가 강했던 반면, 의정부교도소의 학생수 격리사동은 반대로 어떤 특별대우라는 의미가 강했다. 나도 학생사동의 독방에 수용되었는데, 그 안에 수용되었던 학생들은 거기서도 처우 투쟁을 더 벌여서 한 사동에 합사되는 것을 넘어 각자 독방에서 먹고 자기는 하되 낮시간에는 각 독방의 문을 열고 서로 자유롭게 왕래하며 운동도 하고 싶을 때 마음대로 하는 일종의 '해방구' 생활을 하기에 이르렀다. 나는 일종의 문화충격을 받았다. 징역살이도 수도권과 지방은 이렇게 다른 것인가 싶었다.

교도소 내의 처우 개선 투쟁은 결과적으로 집시법을 전가의 보도로 삼은 전두환 정권의 반정부 학생운동 탄압의 원천 무효를 선언하고 실천한다는 의미가 있다고 할 수는 있지만, 그러한 '학생 재소자 처우 개선 투쟁'에 그다지 동조하고 싶은 생각이 없었다. 학생 재소자 처우를 개선하려면 동시에 일반 재소자들에 대한 부당한 처우에도 관심을 기울이고 필요한 싸움을 할 수 있어야 하며, 전두환 정권을 상대로 하는 과감한 정치투쟁 역시 병행해나가야 한다고 생각했기 때문이다. 그런 취지로 내 입장을 설명했고 실제 그런 제안을 하기도 했지만 유감스럽게도 그런 투쟁은 제대로 실행된 적이 없었다. 나는 그것을 이해할 수 없었다. 교도소 당국의 입장에서는 자기 교도소에서 정치투쟁이나 재소자 처우 개선 투쟁이 일어나면 골치 아프지만, 그런 투쟁이 일어나지만 않는다면 학생 재소자들에게 특별대우를 해주는 것쯤은 별 문제가 아니었을 것이다.

그런 매우 자유롭고 특권적인 징역 생활이 지속되던 1983년 6월경, 나는 잠은 독방에서 자되 낮 동안에는 출역을 통해 얼마간이라도 노동을 하고자 교무과에 신청을 해서 조적공(벽돌쌓기) 훈련을 받기 시작했다. 일은 매우 재미있었고 나의 조적 실력은 훈련생 주제에 때론 강사를 대신해서 다른 훈련생들을 가르치기도 하는 보조강사 역할을 맡을 정도로 향상되었다. 그리하여 8월 16일 다른 훈련생들과 함께 드디어 조적기능사 자격증 시험에 응시하게 되었다. 하지만 시험을 나흘 앞둔 8월 12일 새벽, 내 방문이 덜컹 열렸고, 석방이다 짐 싸서 나와, 라는 소리가 들렸다. 어리둥절한 채 세수도 못 하고 오래 보관되어 있어서 조금 퀴퀴한 냄새가 나는 듯한, 여름 날씨에는 어울리지 않는 겨울옷을 주워 입고 교도소 밖으로 가차 없이 쫓겨났다. 물론 밖에서는 아무도 기다리는 사람이 없었고, 나는 그사이에 서울에서 안양으로 이사한 가족들에게로 터덜터덜 발길을 향했다. 1980년 12월 16일 불법 연행된 이후 2년 8개월 만에, 구속기소가 된 1981년 1월 19일로부터는 약 2년 7개월 만에 그렇게 세상으로 돌아온 것이다.

스무 통의 옥중서신

이미 40년도 넘은 세월의 피안으로 자취를 감춰버린, 감옥에 갇혀 있던 약 2년 7개월, 만 936일의 시간 동안 내가 어떤 생각을 하며 살았는지를 다 알 수 있는 길은 없다. 비록 거의 대부분의 시간을 밖에서 보내주는 책들을 마치 흡입하듯 읽으며 보냈고, 문학, 역사, 철학, 사회과학을 망라한 3백 권 정도의 책은 그 세월을 견디게 해주었을 뿐만 아니라, 만 스물둘에서 스물넷까지 새파란 청춘기를 지나고 있던 나의 정신세계를 마치 퍼즐조각을 맞춰나가듯 형성할 수 있게 해주었지만, 그 독후감들은 이미 내 정신의 저 깊은 지층 아래 묻혀버려 지금 꺼내 읽는 것은 불가능하다. 하지만 편지가 있다. 안양교도소와 영등포구치소에서 미결수로 있던 10개월여 동안에는 엽서, 혹은 봉함엽서 형식의 편지를 자유롭게 써 내보낼 수 있었고, 전주교도소 시절과 의정부교도소 시절은 수형 급수에 따라 쓸 수 있는 편지 횟수가 정해지는데 전주 시절은 아마 한 달에 한두 차례, 의정부교도소 시절은 한 달에 서너 차례 편지를 쓸 수 있었던 것으로 기억된다. 그렇기 때문에 감옥에 있는 동안 내가 써서 내보냈던 편지를 모두 합하면 아마도 70~80통은 족히 될 것이다.

편지의 주 수신자가 지금의 아내이므로 아내가 받은 편지 수를 다 확인해보면 될 텐데 이렇게 추정할 수밖에 없는 사정이 있다. 아내는 내게서 온 편지들을 차곡차곡 다 모아놓고 있었지만, 어느 날 집안 청소를 하던, 지금은 돌아가신 장모님이 아내가 잘 모아둔 편지들을 발견했고 당신의 귀한 딸이 감옥에 간 남자와 편지를 주고받고 있다는 것을 알게 되자 떨리고 두려운 마음이 앞서 그 편지들을 모조리 태워 없애버린 것이다. 아마도 내가 의정부교도소로 이감한 지 얼마 안 되는 1983년 1월경의 일이었던 것 같다. 그 시절 내가 아내에게 보낸 편지는 1983년 2월 3일부터 8월 7일까지 보냈던 단 스무 통만 지금 살아남아 있기 때문이다. 만일 전부 남아 있었다면 내 개인사의 귀중한 기록이자 동시에 엄혹했던 1980년대 초반 사회문화사의 나름 의미 있는 기록물이 될 수도 있었던 옥중서신 대부분은 그렇게 한 줌의 재로 산화되어버리고 말았다.

하지만 지금 남아 있는, 의정부교도소 시절에 써 보낸 스무 통의 편지는 그래도 감옥 생활 전체를 통해 가장 정제된 형태로, 징역 3년째에 접어들어 충분히 차분해진 당시의 내 삶과 생각들을 잘 보여주고 있다는 것이 그나마 얼마간 위안이 되기는 한다. 재판 중이었던 영등포 시절과 출역을 나가 일반수들과 함께 지내던 전주 시절의 편지들은 아마도 의정부 시절처럼 그렇게 차분하고 정제된 형식의 글쓰기에는 못 미쳤을 것이기 때문이다. 의정부 시절에 보낸 스무 통의 편지는 영등포나 전주 시절보다도 훨씬 더 자유로운 상태에서 거의 하루 종일 관제 봉함 엽서 한 장을 깨알 같은 글씨로 가득 채웠다. 200자 원고지로 환산하면 한 통에 30매 정도에 육박하는 양으로, 다 합치면 500~600매는 능히 되는 매우 방대한(?) 한 권의 '서한집'으로 묶여도 좋을 규모를 가졌다. 그 내용도 투옥 초기의 흥분과 혼란을 지나 2년을 넘긴 시기에 본격적으로 출옥 이후의 삶을 고민하며 쓴 것이 대부분이라 그나마 남아 있는 것이 다행스럽다고 할 수 있다. 이제 의정부 시절에 썼던 스무 통의 편지 중 일부를 발췌해서 소개하는 것으로, 설익었으면 설익은 대로 나의 '감옥으로부터의 사색'을 대신하고자 한다.[37]

1983. 2. 3.
인간이 진정으로 주체적이고 자유롭기 위해서는 자기를 둘러싸고 있는 세계상황을 역사적·구조적으로 명확히 파악하고, 그 상황 속에서의 인간의 의미를 이해하며, 이러한 전체적 관련 속에서 자기 행동의 의미를 바로 알고, 그 앎을 통해서 다시 행동을 새롭게 시작할 수 있어야 하고, 그러한 한에서 진정 역사적으로 살 수 있어야 한다. 이렇게 자기 행동·행위를 부단히 역사화시키는 능력이야말로 주체적 인간의 제일의 덕목일 것이다. 가장 선행되어야 할 것은 현존 세계상황의 의식적 재구성임이 확실한데 이 엄청난 작업이 사실상 이곳에서는 거의 불가능하다시피 한 것이 되어서 곤란하기 그지없다. 그러나 그럼에도 불구하고 나는 노력하고 있다. 합리적인 세계 인식과 그에 따른 정당한 실천은 이 세계가 나라는 인간에게 부과한 벗을 수 없는 짐이기 때문이다.

1983. 2. 9.

너무도 분방하고 번잡했던 대학 생활을 보내면서 나는 가끔 나 자신이 모든 것을 너무나 사회화시킨 나머지, 그리고 사회적·역사적으로 중요하지 않다고 생각된 것들을 내 의식 속에서 거의 추방해버린 나머지, 사실상 고등학교 시절까지는 삶의 가장 중요한 주제였던 스토아적인 덕목들을 올바로 사회화시키는 일을 회피하고 있지나 않은가 하는 걱정을 하곤 했었는데 지금에 와서야 겨우 그 일을 다시 시작하고 있는 것 같다. 좀 이상하게 들릴지 모르나 이 시대의 대학은 자칫하면 자기 방기, 방종, 탐욕, 무시, 태만 등의 악덕들을 오히려 부추기는 분위기를 지닌 것 같다. 아니, 적어도 그러한 악덕들을 지적하고 반성을 요구하는 분위기는 아닌 것 같다. 나는 단지 사회적으로 의식화되었다는 것 때문에, 이른바 민족과 민중을 위해 약간의 투쟁을 하고 있다는 것 때문에 그러한 개인적 악덕이나 미숙성에 대한 반성에서 면제된 것처럼 행동하는 친구들을 여기서까지도 발견하고 있다. 우리는 사회의 전체적 완성을 위해 싸우라고만 말했을 뿐, 한 개별자로서 자기의 떳떳한 전체적 완성을 위해 싸우라고 말하는 데 인색했던 것이 아닐까.

1983. 3. 14.

소위 프랑크푸르트학파가 가지고 있는 한계에 관해서는 귀동냥으로 들어 알고 있었지만 하버마스를 읽고 보니 그 한계는 더욱 뚜렷이 부각되는 것 같다. 특히 하버마스의 이론은 한마디로 자기극복 능력을 상실해가는 유럽 정신사의 현주소를 가리키는 것이다. 그가 획득한 현란한 이론적 세련성과 장식성은 바로 서구에서의 역사적 변혁의 실질적 포기와 맞바꾼 것이라 해도 과언이 아니다. 그래도 2차 대전 전의 프랑크푸르트학파인 아도르노나 호르크하이머, 그리고 최근까지의 마르쿠제에게 있어서 '계몽'은 매몰된 진정한 인간이성의 비판적·실천적 회복이었는데 그에게 있어서는 계몽이란 단지 현상긍정의 상태에서 이루어지는 '의사소통-대화'로 주저앉고 말았다.

최근에 마르쿠제의 『자유와 진보를 위하여』를 읽었는데, 그는 그래도 서구 사회의 본질과 한계를 성실하게 구명하고 한편으로 그러한 폐쇄된 세계사적 질곡을 돌파할 힘으로서 제3세계에 주목했지만 하버마스에게는 그러한 비전이 간과되어 있다.

1983. 3. 28.

지금은 뤼시앵 골드만의 "Hidden God"을 읽고 있다. 이미 한국어 요약 번역판을 읽은 적이 있지만 이번에 온전한 영문판에 도전하는 중이다. 이 책을 읽으며 가장 인상적인 것은 그들 서구 지성의 막대한 축적량과 거기서 발생하는 지적 가속도이다. 그들 세계에서는 하나의 중요한 업적이 이루어지면 그것을 기반으로 해서 거의 기하급수적으로 그 후속 업적이 축적되어간다. 흡사 서구의 일찍 시작된 자본주의 운동이 자기의 가속도에 의해 거의 자동적으로 막대한 축적을 해나가는 것처럼 그들의 학문도 그와 비슷한 영구운동적 확대재생산을 하는 것은 아닌지 부럽지 않을 수 없다.

하지만 서구 학문의 그러한 축적과 세련화가 도대체 무엇을 대가로 하여 얻어진 것인지 생각해보면 그 부러움은 마땅히 정당한 비판으로 바뀌어야 할 것이다. 그들은 서구 자본주의의 제국주의적 발전―그것은 곧 우리와 같은 비서구세계에 대한 수탈을 의미한다―에 의해 여유 있는 아카데미즘의 물적 토대를 제공받고, 그 보상으로 학문적 세련―사실은 몰락해가는 서구의 장식적 화려함 혹은 지는 노을의 잔영 같은 것이지만―을 돌려주는 것이다. 그것은 실천력이 거세된 장식화된 정신이다. 하지만 낙조의 데카당한 아름다움과 일출의 건강한 아름다움은 분명히 닮았다. 우리는 몰락해가는 서구 정신의 비장한 자기고발의 아름다움을 우리의 새 세계를 위한 얼마간의 양식으로 삼아도 좋으리라.

이 책은 '비극적 세계관'이라는 문제를 다룬 책인데 인간과 세계의 관계를 기본 축으로 하여 그 조화를 표현하는 세계관에 이어지는 극단적 분열과 갈등의 세계관이 바로 비극적 세계관이라는 명제로부터 주로 파스칼과 라신의 작품들을 그 전형적 예로 분석하고 있다. 골드만은 이 책에서 이 비극적 세계관의 틀을 소포클레스, 셰익스피어, 파스칼, 라신, 그리고 사르트르나 하이데거 등 실존주의자들에 이르기까지 서구의 전 역사에 걸쳐 특정한 분열의 시대에마다 적용함으로써 하나의 패러다임으로 구성해내려는 것으로 보인다. 하지만 이 비극적 세계관이라는 것은 그것을 담지하고 있는 계급이 항상 구지배계급, 적어도 이전의 물질적·사회적·지적 특권을 박탈당한 계급이라는 점에서 기본적으로 보수적이고 회고적이다. 비록 그가 그 세계관에서 변증법적 요소를 발굴해내는 데 상당한 노력을 기울임에도 불구하고 그것은 소멸하는, 데카다닉한 세계관에 불과하다.

1983. 4. 10.

『제3세계의 생산양식』이라는 책을 읽었다. 신간이라고는 하지만 'From Modernization to Mode of Production'이라는 원제는 어딘가 귀에 익숙하다. 이 책은 제3세계에 있어서 서구 중심의 단일발전노선을 주장하는 소위 근대화론과, 서구 침략만 없었다면 제3세계의 근대자본주의로의 이행은 순탄했을 것이라는 종속이론 모두를 비판하면서 알튀세의 소위 '생산양식의 접합'이라는 개념을 중심으로 제3세계 발전론을 조명한 책인데, 아직 명확한 발전 방향의 체계를 못 잡고 혼미를 거듭하고 있는 우리 사회의 문제 해결을 모색하는 데 있어서 일정한 시각을 제시한다. 생산력-생산관계의 관계에 있어서 전통적인 진화론적 결정론—생산력 발전에 따라 '자연히' 생산관계의 변화가 야기된다—을 비판하고, 일정 생산력 단계에 있어서 잉여를 추출하는 독특한 방식인 생산관계가 생산양식의 성격을 규정한다는 기본 명제 위에서 상이한 생산양식 간의 접합이 가능하다는 이론을 끌어냄으로써 제3세계의 발전 문제 해명에 일정한 도움을 주고 있다.

1983. 4. 17.

문학은 기본적으로 삶의 세부적 디테일에서부터 세계 전체의 구조에 이르기까지 삶의 전체적 양상을 드러내 보여준다는 점에서 분명히 다른 과학들을 끌어안을 수 있다. 하지만 바로 그 포괄적 성격 때문에 여러 과학이 문학이라는 외피 속에 안주하기에는 한계가 있다. 삶의 구체적 디테일 속으로 무한히 확장된 문학적 탐구와는 다른 과학적 집약·분석·탐구는 여러 과학 각자의 몫이며 이는 문학적 외피 속에서는 만족될 수 없는 것이다. 문학의 세계와 인간에 대한 인식적 태도는 기본적으로 바라보는 것, 해석하는 것이다. 문학에도 분명 가설은 있다. 그러나 그것은 '있을 수 있는 것'에 대한 가설이다. 하지만 과학의 가설은 '있어야 할 것'에 대한 가설이다. 현실을 꿰뚫는 것은 바로 과학의 힘인 것이다. 우리 시대는 아직도 문학을 통해서 과학이 그럭저럭 말할 수 있는(말하고 있는) 그런 시대이다. 그것은 한편으로 경직된 시대상황에서의 구차한 방법론이라는 의미도 지니는 것이긴 하지만 한편으론 진정한 과학의 미분화 상태의 반영일 수도 있다. 언젠가 과학이 과학으로서 정당한 발언을 하게 될 때 아마도 지금과 같은 문학의 과잉 현상은 지양될 것이다.

1983. 4. 27.

내가 성장기에 겪은 물질적 가난은 당시의 나에게는 상당한 정신적 중압이며 외상이었다. 학교 공부를 어떻게든 계속하면서 그러한 중압을 견뎌나가는 방법은 단 한 가지밖에 없다고 생각했다. 즉, 물질적 결핍을 보상할 만큼의 정신적 자존과 풍요의 확보였다. 그것은 정신적 구차함이나 균형 잃은 일탈 등에 대한 거의 멸시에 가까운 배척, 모든 방만하고 무절제하고 무분별한 태도의 타기, 그런 것을 모두 포함한 정신적 엄격주의 같은 것이었다. 하지만 대학에 들어와서 여러 사람들과 부대끼며 지내고 생활 조건과 관념과의 분리를 허용하지 않는 것이 떳떳한 태도라는 것을 배우면서, 그리고 좋은 친구나 선배들과의 교류를 통해 그리고 항상 목전에 닥친 할 일들에 몰두함으로써 그러한 귀족주의적 태도는 발붙이기가 힘들었는데, 이곳에 들어와서 지내는 동안 척박한 생활 조건과 자꾸만 왜소해지는 나 자신에 대한 초조함, 나를 끊임없이 유혹하는 안일한 적당주의에 대한 내 나름의 저항으로서 다시금 이러한 '자세의 문제'가 대두하게 되었고, 나 자신을 기만하지 않고 항상 반성적 거리를 유지하려는 노력을 하는 과정에서 나 자신은 물론 타인과의 관계에 있어서도 일정한 반성적 거리를 가지게 된 것이다. 이러한 반성적 거리감의 유지 내지 확대는 한편으로는 분명히 나 개인에게 냉정한 성찰의 자세를 갖추어준 것은 사실이나 다른 면에서는 지나친 냉정성, 타인을 보는 시각에서 역동성 혹은 사랑의 배제라는 기계주의적 태도를 낳게 되었고 그것이 다른 사람들의 눈에는 교만이나 독선, 귀족주의 등으로 보이는 결과를 낳은 것이다. 아무튼 나는 또 한 번의 반성의 시점에 와 있다.

1983. 5. 8.

이곳에서 공부를 해나가면서 나는 외국에서 들어온 이론들과 우리나라의 현실적 역사 과정 사이에는 커다란 갭이 존재한다는 것을 절감하게 되었다. 예를 하나만 들자면 요즈음 제3세계 문제에 대한 책들이 많이 나오고 있는 것으로 알고 있다. 60년대 종속이론이 등장한 후 20년이라는 시간이 흐르는 동안 제3세계 사회과학은 이제 전세기부터 정론화되어오던 여러 과학적 패러다임에 중대한 타격을 입할 정도로 발전을 거듭해왔고 우리나라의 문제를 보는 데도 상당히 유효한 틀을 제공해주고 있다. 그러나 제3세계 사회과학이 우리의 분단 문제를 해결해줄 수 있을까? 분단 문제는 우리 시대 우리 역사의 당면 최고 최대의 문제이고, 우리나라에서 모든 역사적 노력은 분단 문제를 정점으로 수렴되어야 한다는 데는 아무도 이의를 달 사람이 없을 것이다. 그렇지 않은 실천은 그 잘못 설정된 목표 때문에 결코 올바른 길을 가지 못할 것이 확실하다. 주요 과제를 잘못 설정한 실천이 부차적인 과제만이라도 제대로 해결할 수 있을까? 이 분단 극복 과학의 수립과 발전은 바로 우리 세대의 과제가 될 것이다. 정치학, 경제학, 사회학뿐만이 아니라 인류학, 언어학 등까지도 이런 입장에서 비판적으로 검토할 필요가 있고 아직 전혀 감을 잡을 수는 없지만 철학도 문제가 될 것이다. 주체적인 과학을 수립하는 일! 그러나 뜻은 크고 능력은 없다. 누구든 공상이야 나만큼 못하겠는가. 구체적 현실에 뿌리박은 실천력이 확보되지 않는 한 공상은 공상으로 끝난다.

1983. 5. 15.

J. 이스라엘의 『변증법』은 단순히 좋다는 말만으로는 부족할 정도로 내게는 큰 도움이 되는 책이었다. 이때까지 상당히 혼돈된 형태로 막연하기만 했던 변증법에 관해 하나의 빛을 보내준 쾌저라고 생각된다. 변증법은 세계의 운동 방식 자체인가, 아니면 하나의 인식론적 틀인가 하는 문제설정 자체를 붕괴시키는 것이 이 책이었다. 이러한 두 개의 대립적 물음, 그것은 곧 인식하는 주체와 그와 독립되어 존재하는 객체와의 화해할 수 없는 이분법을 전제로 하는 비변증법적인(곧 비현실적인) 문제 제기에 다름 아니다. 객체는 이미 주체를 전제하고 있다. 카렐 코지크의 말대로 인간주체는 그로부터 독립적으로 존재하는 사물을 인식할 수 있기 위해서 이것을 그의 실천에 굴복시켜야 한다. 인간은 그의 관여 없이 존재하는 사물을 확인하기 위해서는 그 사물에 관여해야 한다. 인간은 다만 그가 인간현실을 형성하고 일차적으로 실천적 본질로서 행위하는 한에서만 현실을 인식한다.

이른바 상관적 실재론이라고 명명되고 있는 변증법적 인식론에 의하면 분명히 인간주체와 독립된 실재세계가 존재하지만 그것은 인간주체와 내적인 관계를 맺는 한에 있어서만 의미를 지닌다. 여기서 내적인 관계라는 것은 전통적인 어법으로 말하면 아마 상호 침투를 의미할 것이다. 결론적으로 인간이 현실을 인식한다는 것은 곧 그것에 작용을 가하는 것, 곧 실천을 의미하며 실천을 통해 관계 맺는 주체와 객체의 상호작용의 과정이 바로 세계의 형성 과정이고, 세계의 형성 과정 자체가 세계의 운동이며 세계 그 자체이기 때문에 앞에서 제기한 변증법은 세계의 운동 방식인가 아니면 인식의 틀인가 하는 물음은 자연히 해소되고 만다.

진리는 주체와 객체의 실천적 관계를 통해 구성되는 상대적 전체성의 계속적인 집적 과정을 통해 드러나는 것이지, 한꺼번에 설명될 수 있는 것이 아니다. 기계적인 반영이론의 한계는 더욱 직접적으로 비변증법적이라는 데 있다. 인식이란 실재하는 것의 수동적 반영에 지나지 않는다는 것이 반영이론의 소박한 규정이라고 할 수 있는데 여기서는 객관적 현실과 반영받는 의식은 엄격히 구분되어 있을 뿐만 아니라 그 관계는 완전히 일방적이다. 주체의 능동적 기여는 관여할 여지가 없고 현실은 막막한 사물의 세계이다.

주체적 인식, 즉 인식적 실천은 현실을 산출할

수 있다. 거듭 말하지만 그렇지 않으면 인간의 삶은 무의미해진다. 이스라엘의 말을 빌리면 "한 사물의 인식은 글자 그대로 한 사물의 속성의 반영이 아니다. 그것은 그 사물에 관한 인간적(주체적) 결단이다." 어떤 입장을 선택하는가, 주체의 능동적 실천을 우위에 놓는가 아니면 인간적 실천과 분리된 사물의 구조를 우위에 놓는가 하는 것은 단순한 현실 인식의 차원을 넘어 엄청난 의미를 갖는다. 세계가 실천하는 인간의 것이 분명하다는 사실은 어려운 시대를 사는 우리에게 단순한 명제를 넘어서는 힘을 주기 때문이다.

1983. 5. 29.

요즘 내가 잡독을 좀 한다고 했는데 그중 하나로 다나카 미치코라는 일본 여성이 쓴 『미혼의 당신에게』라는 책이 있다. 이 책은 한동안 여성 문제를 접하지 않고 있던 나에게는 조그마한 자극이 되었다. 나는 앞으로 여성 문제에 대한 접근, 특히 결혼이라는 제도에 대한 다각적인 검토를 게을리하지 않아야 할 것 같다. 남성이라는 존재와 함께 묶이지 않으면 홀로 서지 못하는 것이 이제까지의 여성이라는 존재이며 "여성은 태어나는 것이 아니라 만들어지는 것"이라는 게 보부아르의 입장이고, 이는 60년대 페미니즘의 이론적 기초가 되었던 것이다. 대립자 없는 운동은 없는 것이고, 일단 페미니즘이 자기정립을 하기 위해서는 이제까지 종속과 의존의 관계이고 현재는 대립의 관계이며 미래엔 동지적 관계인 남성과의 관계 속에서 자기를 의식하는 것은 불가피한 것이었다. 그리고 보부아르 등의 이론은 이러한 자기정립 단계에 유효한 이론이었다. 그러나 대립자로서의 남성과의 관계를 비변증법적으로 인식하고 초역사적인 것으로 설정할 때 속류 페미니즘, 특히 현재 미국 등 서구제국에서 유행하고 있는 극단적·적대적인 여성 해방 운동으로 타락하게 된다. 『미혼의 당신에게』를 보면 미국의 중산층 여성을 중심으로 한 속류 페미니즘은 급기야 CIA의 지원을 받으면서 제3세계의 인간 해방을 전제로 한 여성 해방 운동을 왜곡 저지하는 임무까지 수행한다고 한다.

그러나 유의할 것은 남성과의 관계에서 자기 자신을 정의하는 단계를 지났다고 해서 하나의 사회적 집단으로서의 남성 일반과의 적대적 관계가 해소된 것을 의미하는 것은 아니라는 점이다. 다만 현실적인 여성에 대한 억압구조의 기본 동인을 남성에게서 찾는 것이 아니라 이 세계 자체의 운동 과정 속에서 찾는다는 좀더 래디컬한 의식을 갖는 것을 의미할 뿐이다. 남성은 이 억압구조의 대행자에 지나지 않는다. 이 사실을 인식하지 못한다면 인간 해방과 여성 해방은 화해할 수 없는 평행선을 달리게 된다. 즉, 선택의 문제가 되어버리는 것이다. 남성의 의식화를 통한 여성과의 동지적 유대의 확보는 여성의 억압자는 남성이라는 허위의식을 파괴하는 제1전선이며 진정한 인간 해방을 위한 교두보이다. 그렇지만 우리들이 즐겨 부르던(?) 노래 가사와 같이 낮은 어둡고 밤은 길다. 여성 해방은 인류 최후의 혁명이 될 것이라고 누군가 말했지만 정말로 기나긴 역정이 우리 앞에 뻗어 있는 것이다.

1983. 6. 26.

이곳은 강제적으로 기본적인 자유를 영치당한 장소이기 때문에 이곳 생활에서 한 주일 전체 동안 나를 사로잡는 중요한 문제가 있다고 할지라도 그 성격상 네게 말할 수 없는 일들이 너무나 많다. 그럴 때마다 나는 답답하고 심지어는 분한 마음까지 갖게 된다. 그런 마음 이후에 다가오는 것은 역사의 극명한 한 단면으로서 '지금 이곳에서의 나'를 확인하는 일이다. 그것은 주로 나 자신에 대한 다음과 같은 물음에 차분히 하나하나 대답을 해나감으로써 이루어진다. 먼저 "너는 무엇을 얻기 위해 이 구속의 시간을 너 스스로 받아들였는가?"—이것은 역사 속에 놓인 나라는 한 개인의 비전의 문제이다. "너는 지금 이 삶의 무게를 감당할 자격과 능력이 있는가?"—이것은 현재 끊임없이 진행되고 있는 내 의식의 가열성을 묻는 것이다. 그리고 현실적인 여러 가지 능력들에 대한 자기점검이다. "너는 그러면 지금 이곳에서 무엇을 할 것인가?"—이것은 단조로운 이곳의 일상에 내면적인 생기를 부여하는 과제의 설정이다. 물론 이러한 자문자답이 하나의 완결된 전체를 이루어 명료하게 내 의식에 각인되는 경우는 드물다. 아무것도 없이 홀로 이어지는 이러한 반성의 흐름은 어느 순간에 갑자기 줄거리를 잃고 뚝 끊어져버리는 경우가 비일비재하다. 그리고 이곳 생활 전체를 통하여 이러한 반성의 순간도 흔한 것은 아니다. 그렇지만 이러한 순간 이후에는 나 스스로 느슨했던 의식의 고삐를 세게 조이고 얼마간 익숙했던 일상의 질서를 다시금 낯설게 바라보는 자기정렬의 시간이 뒤따르게 된다.

1983. 8. 7.

최근에 읽은 하인리히 뵐의 『신변보호』는 내게 독일이란 나라가 나치 시대 이후 계속 버리지 못하고 있는 불건전한 사회심리적 히스테리와 문화적 통치조작술로서의 섹스의 기능 등에 대하여 아주 리얼한 시사를 주었을 뿐만 아니라 그 주인공 몇몇을 통해서 인간이 자기의 품위를 끝내 지켜나간다는 것이 얼마나 중요한 일인가를 다시금 상기시켜 준 좋은 소설이었다. 그렇게 활동적이지는 않지만 '롤프'라는 한 인물이 보여주는 가라앉은 분노와 조용한 기다림은 기본적으로 인간적인 깊이와 넉넉함, 그리고 든든한 지성이 없이는 불가능한 태도라고 할 수 있을 것이다. 그것이 소위 '독일적 교양'인지는 모르겠으나 아무튼 아직도 반지성적 야만주의가 소위 지식인들 사이에서조차 일종의 건강성의 징표로 오해되는 우리의 풍토를 생각해볼 때 그 등장인물이 보여주는 차분함은 귀중한 덕성이며 진정한 래디컬리스트의 품위라고 생각되는구나.

이상의 편지들을 보면 징역살이 3년차를 맞은 의정부교도소 시절의 나는 독방에서 책 읽는 일이 거의 일상의 전부였다는 데서 나온 자연스러운 귀결이었겠지만 하나의 거대한 관념덩어리였다고 할 수 있다. 그리고 그 관념도 이 편지들 속에서는 검열을 거치면서 불가피하게 은폐되거나 추상화될 수밖에 없어 온전한 형태로 남아 있다고 할 수는 없다. 그럼에도 불구하고 이 편지들에서, 출소하기 전 마지막 6개월 동안 내가 했던 생각들의 대강의 얼개는 유추가 가능하다. 이 기간 동안 나의 독서는 주로 철학과 경제학, 문학 등에 집중되어 있었고 부수적으로 페미니즘도 관심 범위에 있었다. 철학 분야는 여전히 변증법 철학에 집중되어 있었지만 속류적이거나 결정론적 유물변증법을 넘어서 주체의 능동성이라는 문제에, 경제와 사회과학 분야에서는 토대-상부구조론에서의 제3세계적, 혹은 한국적 특수성의 문제와 역시 분단 모순으로 대표되는 한국 현대사의 특수성 문제에 관심을 가지고 있었다. 이는 「반파쇼학우투쟁선언」에서 나의 현실 인식이 지닌 거칠고 도식적인 성격에 대한 나름의 반성과 이후 한국사회 변혁운동의 기본 방향을 어떻게 설정해야 하는가 하는 나름의 모색의 결과였을 것이다. 기본적으로 마르크스레닌주의적 원칙에 의존하면서도 교조주의에 빠지지 않고 한국사회의 특수성과 주체의 능동성을 바탕으로 하는 한국적이면서도 인간의 얼굴을 잃지 않는 변혁운동을 추구해야 한다는 생각이 형성되고 있었던 것이다.

문학에 대한 생각은 이른바 '문학적 외피'라는 주제에

주로 집중되어 있었는데 이는 감옥을 나가서 내가 어떤 형식으로 변혁운동에 기여할 것인가 하는 문제와 연결되어 있었다. 나는 이 무렵부터 한국사회의 총체적 변혁을 지향하는 메타비평의 형태로 80년대 한국문학에 비판적으로 개입하는 문학평론가로서의 삶을 준비하고 있었다. 물론 문학적 외피라는 말이 단적으로 말해주듯이 나의 문학평론가로서의 삶은 그 근저에 변혁운동가로서의 삶이 전제되어 있는 것으로, 나는 이러한 변혁운동가로서의 삶에 따르는 위험이나 희생을 기꺼이 감수할 정신적 단련을 항상 의식하고 있었으며, 이는 "(정신적) 귀족주의"라고 표현하기는 했지만 일종의 혁명가적 염결성과 결벽증을 누누이 강조하고 있는 데서 잘 나타나고 있다. 과연 나는 이런 '혁명적 비평가'로서의 정체성을 어느 정도로, 언제까지 유지할 수 있었을까.

흥미로운 것은 내가 이 무렵 한국사회에서 겨우 싹을 틔우기 시작한 페미니즘 논의에 적지 않은 관심을 두고 이를 출소 후 결혼을 통해 구성하게 될 가족이 맞이하게 될 현실적 문제로 받아들이고 있었다는 점이다. 물론 서구 선진국에서의 급진적 페미니즘과 우리 현실에서의 페미니즘을 애써 구별하고 페미니즘을 총체적 변혁운동의 한 부분으로서 편입시키려 한다거나, 페미니즘을 매우 형식주의적 양성평등론의 실천으로 이해하는 한계도 분명했다. 게다가 페미니즘 문제에 대해서까지 수신자인 여자친구에게 일일이 설명하고 공부시키려는 맨스플레인이라니! 이는 실제 결혼 이후, 여전히 선배 혹은 교육자(?)적인 비대칭적 지위를 유지하면서 일종의 '가스라이팅'으로 나타나게 되었고, 아내와의 관계에서 적지 않은 문제들을 야기시키게 된다. 이 모든 관념적 성취물들이 진짜 황금 같은 깨달음인지 아니면 한갓 도금된 허위의식인지는 출소 후 새로 시작되는 생활이라는 장기간의 검증을 통해 판별될 것이다. 1983년 8월 13일 새벽, 나는 이 무거운 관념의 보따리들을 어깨에 잔뜩 이고 드디어 대학도 감옥도 아닌 벌거벗은 세상으로 나가게 된다.

– 3부 –

짧은 미몽, 긴 후일담

1   출세간, 문학이라는 외피

입사식의 절차

1980년 12월 학교에서 검거될 때 우리 집은 홍은동 문화촌 달동네의 북서향 언덕배기 가장 높은 곳에 위치한, 시멘트 벽돌로 지은 세 칸짜리 무허가 집이었다. 그전에는 역시 같은 동네이기는 했지만 맞은편 남향 언덕의 그래도 조금은 아랫동네의 붉은 벽돌집이었는데, 그 집에서 전세살이를 하다가 어찌어찌 조금 돈을 모아서 모처럼 아버지 명의의 '우리 집'을 마련한 것이었다. 그것이 1978년이었다. 그 집으로 이사할 때 골짜기의 남쪽 언덕에서 북쪽 언덕으로 옮기는 일이라 트럭으로 옮기는 게 불가능해서 모든 짐을 리어카로 옮긴 기억이 새롭다. 그때 내 부탁으로 학회와 교지 편집실 친구들 몇 명이 이사를 도와주러 왔는데 이삿짐의 남루함과 새로 이사하는 집의 그보다 더한 남루함에 많이 놀랐던 모양이다.

나중에 인천의 노동 현장에서 오래 활동을 했던 그 중 한 명이, 저렇게 가난한 프롤레타리아 계급의 아들이 왜 좀더 낮은 곳으로 내려오지 않는가 하며 아쉬워한 일이 기억난다. 글쎄, 왜 그렇게 하지 못했을까. 나는 지금도 나의 작은 손과 작은 발을 가끔 들여다보면서, 가족사와 관련된 남다른 사연과 가난하게 사는 동안에도 이건 원래의 내 삶이 아니었다고 늘 고개를 가로저으며 터무니없는 허영심을 부리던 순간들을 생각해내곤 한다. 아버지는 가계의 비밀을 홀로 끌어안고 견디며 자수성가에 성공하는 듯했지만 오래 못 가 다시 몰락을 맛보았다. 하지만 그 와중에서도 자식을 가르치는 일에는 어떤 유보도 없었다. 물론 그것은 이유가 안 된다. 나는 왜 나를 더 낮춰 일하는 민중 곁으로 가려 하지 않았을까. 가난과 남루가 그렇게 싫었을까. 반대로, 너무 어릴 적 잃어버려 제대로 누린 적도 없었던 '가버린 부르주아 세계'가 그렇게 그리웠을까.

하지만 그 집도 오래가지 못했다. 내가 감옥에 들어가 있던 동안 문화촌 달동네는 재개발로 인해 철거 대상이 되었고, 우리 집은 1983년 초 무렵의 무허가 주택인지라 보상금도 얼마 못 받아내고 철거되고 말았다. 우리 가족들은 다시, 경기도 안양시 석수동에 작은 벽돌조 양옥집을 하나 세 얻어서 탈서울을 해야 하는 신세가 되었다. 8월 12일 새벽, 의정부교도소 철문을 나선 나는 전철을 타고 석수역에 내려 가족들이 떠밀려 내려간 낯선 집에 도착했다. 12월에 검거되었다가 8월에 갑자기 석방되었으니 여름옷이 있을 턱이 없어서 겨울 바지에 셔츠 차림으로 외투와 양복 상의가 든 보퉁이를 하나 든 채였다. 가족들은 새벽에 내 전화를 받고서야 내가 가석방된다는 사실을 알았다. 아버지와 어머니, 세 명의 형과 큰형수, 어린 조카가 삐쩍 말라서 돌아온 탕아 같은 나를 맞아주었다. 두부 같은 건 없었다.

말이 나온 김에 나의 가족과 집에 관해서, 또 내 출생과 성장기에 관해서 약간의 소개를 하는 것이 좋겠다. 나는 가난했지만 프롤레타리아 계급 태생은 아니다. 좀 기구한 출생의 비밀을 지닌 1914년생 아버지는 젊어서부터 광업에 뛰어들어 내가 태어나던 1950년대 후반에는 국영기업이었던 삼척군 도계읍의 장성광업소 어룡탄좌의 현장소장직을 맡고 있었다. 탄광 번영기에 국영탄좌의 현장소장이라면 대단한 지위였을 것이고 당연히 그 지역에서는 유지급 인사로 행세했다고 한다. 아버지는 광업소장의 이름으로 인근 도계중학교에 장학금을 기부하기도 했고, 월급날이면 도계 읍내의 요정에서 날밤을 새며 놀기도 했다. 하지만 아버지의 화양연화는 그리 오래가지 못했다. 광업소장 자리에 만족하지 못했던 아버지는 이후 친구의 꾐으로 소장직을 그만두고 '쫄딱구덩이'라고 하는 독립적인 광구 몇 개를 소유한 소규모 탄광사업자로 변신했다. 나중에 그런 소규모 탄광사업자들을 '덕대'라고 불렀다는 걸 알았다.

광업에 대한 지식은 많았지만 사업자로서의 능력은 그만 못했던 아버지의 변신은 불행하게도 얼마 못 가서 실패로 끝났다. 내가 초등학교 2학년이던 1966년 어느 날, 집안의 가구란 가구엔 모두 빨간 딱지가 붙었고 나의 짧았던 부잣집 막내아들 시절은 종막을 고했다. 우리는 서울 변두리였지만 새로 칠한 바니시 냄새가 채 가시지 않았던 신식 한옥집에 살다가 바로 그 옆에 붙어 있던 아스팔트 루핑으로 지붕을 해 덮은 작은 판잣집으로 이사를 갔다. 나는 그때부터 오래도록 월사금(기성회비)을 못 내서 복도로 쫓겨나곤 하는 가난한 집 아이의 삶을 살았다. 어떤 때는 복도로 쫓겨나는 것을 못 견뎌 등교하는 대신 며칠씩 가방을 들고 거리를 헤매기도 하였다. 중고등학교 시절에도 내내 장학금으로 학업을 마칠 수 있었다는 것은 앞에서 이야기한 바 있다.

그사이에 루핑집에서 시작된 몰락한 사업가의 주거 변천사는 동대문 밖 전농동 시장통의 두 칸짜리 사글셋방, 휘경동 주택가 남의 집 두 칸짜리 행랑채, 봉천동 산동네의 겨울이면 벽에 물이 줄줄 흘러내리는 부실한 벽돌 전셋집, 서교동 고모네 이층집 더부살이를 거쳐 홍은동 문화촌 달동네를 전전하는 것으로 점철되었다. 그중에서도 가장 황당했던 것은, 고등학교 시절 내내 봉천동 산동네에서 학교가 있던 경복궁 옆 효자동까지 버스 통학을 하다가 봉천동에 있는 대학에 겨우 합격을 했더니 이제는 졸업한 고등학교가 가까운 홍은동 문화촌 산동네로 이사를 간 일이었다. 그때는 대학 시절 대부분을 가까운 곳에서 다녔던 넷째 형이 많이 부러웠다.

봉지쌀을 사 먹고 새끼줄에 매단 구공탄을 양손에 하나씩 들어 사오고 물지게를 지고 다니던 일도 이제는 추억이지만 당시에는 참 견디기 어려운 일상이었다. 그러는 동안에도 아버지는 다섯 아들을 먹여 살리고 공부시키기 위해 늘 무언가 사업을 도모하기는 했다. 하지만 하는 일마다 시원치가 않았고 설상가상으로 환갑 무렵에 뇌졸중을 겪으며 그의 삶은 결국 그대로 주저앉게 되었다. 아버지는 뇌졸중의 후유증으로 내가 출옥한 지 2년 만인 1985년, 71년의 그리 길지 않은 삶을 접고 말았다. 그사이에 형들 중 두 명은 안정된 고위공무원 신분이 되었고, 한 명은 중장비 기술자로 중동에 다녀와 나름 삶의 기반을 잡았으며, 아버지와 함께 오랫동안 잘 안 풀리던 큰형의 형편도 조금 나아져갔다. 이런 삶을 전형적인 프롤레타리아 계급의 삶이라고 할 수는 없을 것이지만 나는 가계의 몰락으로 인해 성장기 내내 변두리 도시빈민이라는 계급적 지위를 떠날 수 없었다.

안양 집으로 돌아온 나는 이제 책임 있는 한 사람의 성인으로서 새로운 삶을 시작해야 했다. 그것은 곧 어떤 형식으로든 노동을 해서 밥벌이를 할 수 있어야 한다는 것을 의미한다. 물론 내가 '혁명운동가'로서의 자기 정체성을 지키고자 했다면 밥벌이보다 이제부터 어떤 방식으로 운동을 계속할 것인가를 먼저 생각했을 것이다. 이를테면 이제 학생이 아니라 성인이 되었으므로 가족의 울타리를 벗어나 독자적인 삶을 꾸리겠다며 집을 나서 어디든 민중과 함께하는 현장으로 들어갈 수도 있었다. 하지만 나는 대학생 시절부터 농활을 빼놓고는 기층 민중의 근처에도 가본 적이 없었고 입대 후 병사조직을 만들 생각까지는 했어도 그 이후 노동 현장에 들어가겠다는 생각은 한 번도 해본 적이 없었다. 설사 노동운동에 인생을 걸지는 않더라도 길게든 짧게든 노동 현장에 몸을 담는 것은 내 동년배들에게는 일종의 필수적 통과의례처럼 여겨지던 시절인데 나의 선택지와 시간표에는 그 부분이 빠져 있었다.

지금도 누가 내 인생의 책이 무엇이냐고 물으면 서슴없이 조영래 변호사가 쓴 전태일 평전 『어느 청년노동자의 삶과 죽음』이라고 대답한다. 이 책을 감옥에 있는 동안 읽었겠거니 했는데 나중에 보니 이 책 초판 발행일은 1983년 6월 20일이었다. 내가 출소한 것이 그해 8월이었으니 그사이에 이 책을 받아 읽지는 못했을 것이고, 아마도 출소 후 얼마 안 돼서 읽었을 것이다. 그 책을 읽은 후 한 번도 그 영향을 떠나서 살아본 적이 없다고 할 정도로 그 책은 내게 깊이 저며 들어와 있다. 육화(肉化)라고 해도 좋을 것이다. 나는 2010년에 쓴 어떤 글[1]에서 전태일은 내 일생의 거대한 숙제이며, 그는 나의 영원한 채권자라고 말한 적이 있다. 하지만 그런 정도의 생애의 충격을 받고서도 그처럼 가난한 자들 속에 들어가서 사는 삶은 한 번도 생각해보지 않았다. 대신 간교하게도 그렇게 살지 못하는 것에 대한 부끄러움, 혹은 죄책감에서 해방되지 못하는 삶을 선택했다. 이제는 뻔뻔해져서 비난을 받아도 어쩔 수 없는 일이라고 생각하고 있다.

나는 처음부터 학생운동을 떠나면 지식인운동 혹은 전위조직 운동에 몸을 담을 것이라고 생각했다. 아니, 몸을 담게 될 것이라고 느꼈다. 감옥에서 비록 '외피'라는 단서를 붙이기는 했어도 문학(평론)을 하겠다고 생각한 것도 다른 선택지를 놓고 고민한 끝에 도달한 결론이라기보다는 거의 선험적으로 준비되어 있던 결론에 가까웠다. 물론 나는 형기 만료로 출소한 신분도 아니고 고작 가

석방으로 나온 불안전한 신분이었고 워낙 유명해진(세상 쪽에서라기보다는 공안기관 쪽에서이지만) 존재라 어디를 가서 무엇을 하든 늘 감시와 사찰의 눈길 때문에 운신의 폭이 워낙 좁아서 별다른 선택의 여지가 없었다고 할 수도 있었다. 하지만 그것이 현장에 들어가거나 보다 더 운동가적인 삶에 가까운 위치로 이동하는 것에 치명적인 장애라고는 할 수 없었다. 그것은 일종의 변명거리였고 사실 저도 모르게 감옥을 살다 나왔으니 좀 휴식이 필요하다는 이른바 '휴식분자'적인 생각에 내 생의 중요한 한 도막을 내맡긴 것이라 해도 좋았다.

처음엔 당분간 진보적인 출판사 같은 곳에 들어가서 장래를 도모해볼까 하는 생각이 있었다. 이 역시 그 시절 감옥에서 나온 수많은 대학생 출신 '빵잽이들'이 많이 선택하곤 했던 흔한 임시방편의 밥벌이 방법 중 하나였다. 이미 그 무렵에는 1970년대 민주화 운동 과정에서 배출된 수많은 지식인 빵잽이와 해직 기자, 해직 교수들이 인문사회과학 전문 출판사를 설립하고 출판을 통해 이른바 '민중민주민족 진영'의 저항 담론을 생산하고 보급하는 출판문화 운동을 전개하고 있었다. 그 운동은 단지 명분만으로서가 아니라 실제로도 이승만-박정희 시대로 이어지는 냉전분단의 오랜 암흑기 동안 탈냉전적이고 진보적인 담론에 목말랐던 독서대중으로부터의 열렬한 호응으로 '장사' 면에서도 수지가 맞는 중이었다.

당시 인문사회과학 출판사들은 호황을 맞아 사업과 사세를 확장 중이었고 감옥을 살고 나온 진보적 학생운동 출신이라는 고급의 노동예비군 역시 차고 넘치는 중이었다. 그런 빵잽이들 중에 더러는 아예 출판운동을 평생의 업으로 삼는 축들도 있었지만 대부분은 얼마 동안의 공부를 겸한 호구지책으로 이런 신생의 인문사회과학 출판사를 거쳐갔다. 나 역시 그런 생각으로 1970년대 이래 한국 진보 담론의 생산기지 역할을 했던 어떤 출판사에 선배를 통해 입사 의사를 전달했다. 하지만 기대와 달리 보기 좋게 미역국을 먹었다. 다리를 놓았던 선배가 지금 편집 인력이 넘친다더라는 식의 변명을 했지만, 나는 그 말을 지금까지도 믿지 않는다. 나는 그 유명한 진보적 출판사에서도 선뜻 받아들이기 곤란한, 위험하고 과격한 인물이었던 것이다.

그 무렵, 당시 초임 검사였던 넷째 형이 고등학교 선배가 하는 작은 무역 대리점(무역 오퍼상)에 잠시 취직해보지 않겠냐는 제안을 했다. 이미 선배에게 부탁해서 승낙을 받아두었다는 것이다. 처음엔 일언지하에 거절했지만 두고 생각해보니 그리 나쁘지 않은 제안이었다. 첫째, 자본주의 상품 생산의 한 귀퉁이를 직접 경험해보는 것도 괜찮을 것 같았고, 둘째, 나 때문에 늘 좌불안석인 가족들과 나를 주시하는 공안 당국에 대해 일종의 위약(僞藥) 효과를 줄 수도 있을 것 같았다. 그 회사는 독산동에 소재한 의류용 가죽 원단 수입 대리점이었는데 사장과 사장 친구인 부장, 그리고 여사무원까지 세 명이 꾸려나가던 중, 사세 확장으로 직원이 한 명 필요했던 차에 형의 말을 듣고 나를 한번 데려다 써보자 싶었던 모양이었다.

그해 10월부터 나는 대리 직함을 달고 무역 대리점 영업사원으로서의 경력을 시작했다. 아침과 이른 오후에는 때로는 사장과, 때로는 부장과 짝을 이루어 서울 시내나 주변 수도권지역의 가죽의류 제조업체를 순회하며 가죽 원단 소개를 하여 주문을 받아내고, 오후나 저녁 시간에는 시차 때문에 영업시간이 다른, 해외의 가죽원단 제조업체들에게 텔렉스를 이용하여 주문을 넣거나 고객 불만 사항을 전달하는 일을 했다. 일은 어렵기는 고사하고 내가 혹시 타고난 영업사원 체질 아닌가 싶을 정도로 재미있었다. 실제 매출이 얼마나 되는가는 사장만이 알았지만 하루하루 매출이 늘어나는 것은 분명했다. 이듬해 봄이 되자 일본어에 능통했던 사장은 일본과 파키스탄 등 아시아 중동지역 수입처를 관리하고, 나는 프랑스나 영국 등 유럽 수입처를 관리하며, 외국어가 조금 부족했던 부장은 국내 영업에 주력하는 시스템이 갖춰지기 시작했다.

5월이 되자 사장은 내게 프랑스 출장을 다녀오라고 했

다. 프랑스 쪽 현 수입선만으로는 국내 소요 물량을 충당하기 어려워졌기 때문에 이미 다른 오퍼상과 계약을 맺고 있던 프랑스 최대의 가죽원단 제조업체와 이중의 대리점 계약을 따내 오라는 특명이었다. 혼자 프랑스로 날아간 나는 프랑스 체류 닷새 만에 특명을 완수했고 이후로 회사의 매출은 가파른 상승 곡선을 그리게 되었다. 아직 '3저 호황'의 1980년대 중반이 오기 전 침체 국면이었던 1984년 무렵의 한국경제 상황에서는 좀 이례적인 일이기는 했다.

그렇게 오퍼상의 민완 영업사원으로 잘나가던 6월쯤인가 전두환 정권은 각 대학에서 교내시위 등으로 제적된 학생들에게 일괄 복적을 허용한다는 이른바 '유화조치'를 시행했다. 비록 한 학기밖에 남지 않았지만 나는 복적을 하기로 마음먹었다. 시위를 주동할 때, 또 휴학을 하고 노동 현장으로 들어갈 때 포기한 대학 졸업자로서의 기득권을 다시 회복하지 않겠다고 복적을 거부한 선후배·동료들도 있었지만, 나는 이번에도 그러한 원칙주의와는 거리가 멀었다. 남영동에서 이근안이나 박처원 등과 맞서다 결국 지고 말았을 때나 전주교도소에서 전향서를 썼을 때와 마찬가지로 애초에 불굴의 투사 계열은 아니었다.

그 대신 이미 젊은 나이에 벌써 재빠른 실용주의와 얄팍한 자기합리화를 삶의 또 다른 방편으로 능숙하게 다룰 줄 알게 되었던 것이다. 나의 관념적 급진성과, 성찰이라는 이름으로 행해지는 늘 한발 늦은 후회와 부끄러움의 포즈는 이러한 근본적 나약함과 기회주의를 감추기 위한 일종의 위장술이었다. 특별히 남들에게 강조한 적은 없지만 이런 맥락에서 "나는 아무래도 조금쯤 비켜서 있다"라고 고백하는 김수영의 시 「어느 날 고궁을 나오면서」는 내가 생애를 두고 가슴에 품어온 작은 손거울이었다.

복적을 하겠다고 말했더니 사장은 축하한다며 마지막 한 학기를 마치고 졸업장을 딸 때까지는 어떤 편의도 다 보아줄 테니 염려 말고 복적을 하라고 했다. 하지만 나는 아무래도 이 길은 내가 갈 길은 아닌 것 같다고 했다. 사장은 '김대리'를 앞으로의 자기 인생사업 계획에 매우 중요한 존재로 포함시키고 있었다며 간곡히 재고를 바란다고 했다. 하지만 그럴 수는 없었다. 지금의 아내가 그 회사 계속 다니려면 자기하고는 결혼할 생각 하지 말라고, 잠깐 주춤거렸던 내게 결정적인 쐐기를 박았다. 나는 8월 말로 10개월 동안의 장사꾼 생활을 접었다.

그런데 그 무렵, 마침 당시 신흥 인문사회과학 출판사 중 하나로 성장하고 있던 도서출판 풀빛의 나병식 대표가 내게 연락을 해왔다. 풀빛에서 편집장으로 일해볼 생각이 없는가 하는 제안이었다. 그러지 않아도 적당한 인문사회과학 출판사에 얼마간 의탁하면서 앞날을 도모하겠다고 하던 중에 우연찮게 무역업이라는 옆길로 잠시 빠져 있던 나에게 풀빛의 편집장 자리는 때마침 반가운 것이었다. 나는 그 제안을 어렵지 않게 수락했다.

9월에는 결혼식도 있었다. 상대는 오래도록 내 옥바라지를 했던 바로 그 사람 유윤숙이었다. 그는 1982년에 학교를 졸업하고 서울대병원 약제부에 근무하고 있었다. 옥중편지에서는 내가 아무렇지도 않게 '너'라고 하대를 했고, 그 역시 나를 깍듯이 '형'이라 불렀지만 그것은 학번이라는 절대적 서열체계가 작동하던 당시의 대학 풍토 때문이었다. 사실 그는 1958년생으로 나와 동갑내기였고 심지어 나보다 일곱 달이나 먼저 태어나기까지 했다. 하지만 재수를 해서 78학번이 되었다는 것 때문에 당시에는 부당하게 아랫사람 취급을 받고 있었다. 그를 처음 만난 것은 1980년 9월, '언더'의 이공계 책임자였던 약학대학 박남운의 소개를 통해서였다.

광주항쟁을 겪고 세속의 모든 게 덧없다는 생각으로 가득했을 때, 연애 또한 그렇다고 생각했었다. 8월 어느 날 언더 멤버들이 모인 자리에서 복잡한 프티부르주아식 연애는 이제 더 이상 하고 싶지 않으며 이제는 정말 함께 일생 동안 동지적 관계를 유지할 수 있는 건강한 상대가 있었으면 좋겠다고 말한 적이 있다. 그런데 그 자리에 함께 있던 박남운이 자기 약대 후배 중에 그런 친구가 하나 있으니 한번 만나보라고 했고 마치 장난처럼 한 달쯤 지난 9월 18일, 수원집이었던가 하는 신림동 어느 허름한 주점에서 박남운을 사이에 두고 그를 처음 만나게 되었다. 나는 그날 술값이 없어서 싸구려 손목시계를 내놓았다. 나중에 다시 가서 그 시계를 찾아왔던가. 기억이 없다. 어쩌면 그 손목시계도 우리의 음주 성지 봉천동 일미집이 문을 닫을 무렵, 주인 아주머니가 서랍을 열어 보여주었던 수십 개의 손목시계와 주민등록증, 학생증과 마찬가지로 수원집 서랍 속에서 가난한 주인을 기다리다 지쳐 고단한 삶을 마쳤을지도 모른다.

그래도 내가 그 자리에서 딱지를 맞지는 않았는지 애프터 약속이 잡혔고 우리는 일주일 후엔가 상도동 장승배기 부근 한 다방에서 다시 만났다. 첫 소개 때 너무나 아무렇게나 입고 나갔던 것이 좀 미안해서 두 번째 만날 때는 나름 예의를 차린다고 단벌 정장을 차려입고 나갔는데 나중에 얘기를 듣자니 그는 정장을 입고 나온 나에게, 이 사람 뭐지 하는 의구심이 생겼다고 했다. 그 시절에 어떻게 정장을 입고 나올 생각을 할 수 있는가 싶었다는 것이다. 지금 생각해보면 '동지적 관계' 운운하는 말뿐인 관념적 허세와는 다르게 나는 여전히 '아름다운' 여성 동지에게 잘 보이고 싶었던 약관의 애송이 혁명가 지망생에 지나지 않았던 것이다. 세 번째 만남은 아마도 교내 음대와 미대 앞의 이른바 초원의 길이라 불렸던 구릉지대의 한 귀퉁이였을 것이다. 나는 그때 즐겨 마시던 소용량의 포켓용 오가피주를 들고 나갔는데 그곳에서 그 독한 술을 다 마시고 아마도 2차까지 가서 꽤 술을 많이 마셨던 것으로 기억된다.

아마도 네 번째 만남을 가지기 전이었을 것이다. 10월 10일 전후한 어느 날, 나는 학교에서 영문도 모르고 갑자기 기관원들에게 붙잡혀 관악경찰서로 연행되는 불의의 일을 당했다. 처음엔 매우 긴장했지만 정작 끌려가 보니 며칠 전 약학대학 강의실에 살포된 반정부 유인물과의 관련을 추궁하다가 내 알리바이가 입증되자 더 이상 추궁이 없었고, 그것도 첫날 이외엔 이렇다 할 추가조사도 없었다. 그런데 하루이틀 지내다 보니 그곳에는 나 외에도 꽤 많은 학생들이 계속 잡혀 들어왔다. 알고 보니 유인물이 발견된 강의실에 있던 약대 78학번들이 몽땅 잡혀왔던 것이고, 인문대 후배들도 몇몇이 잡혀왔는데 그들은 무슨 이유로 잡혀왔는지 다들 영문을 몰라하는 눈치였다.

만일 혹시 교내시위에 관한 잘못된 첩보가 흘러들어 갔다면 추궁의 내용이 좀더 구체적이었을 것이고, 흉흉했던 교내 상황에 대한 예방적인 예비검속이었다면 굳이 인문대 외에도 사회대나 기타 대학의 기라성 같은(?) 후보자들이 많았을 텐데 지금도 도무지 무슨 이유였는지 알 수가 없는 이상한 연행과 구금이었다. 그러다가 나를 포함한 인문대생들은 제5공화국 헌법에 관한 찬반 국민투표가 있었던 10월 27일 다음 날에 전부 풀려났고, 약대생들은 그 후로도 보름 정도 더 잡혀 있다가 풀려났다.

이처럼 매우 모호한 저강도의 구금 상태가 보름 이상 계속되는 동안 경찰서 측도 우리를 매우 느슨하게 대했다. 약대 여학생 두 명만 독방에서 잤고, 남학생들은 모두 커다란 마루 강당 바닥에서 함께 기거했으며, 낮에는 두 여학생도 강당에서 함께 있었다. 그래서 처음 며칠을 제외한 나머지 긴 기간 동안 우리 구금자들은 마치 인문대-약대 연합엠티라도 온 것처럼 강당에서 함께 모여 세미나도 하고 놀이도 하고 노래도 서로 가르치고 배우면서 뜻밖의 강제 휴가를 받은 듯 매우 즐거운(?) 시간을 보냈다. 그런데 두 약대 여학생 중의 한 명이 바로 그 사람, 지금의 아내 유윤숙이었다. 이제 겨우 세 번을 만났을 뿐인 우리 둘은 그곳에서 강제로 보름 가까운 시간을 함께 보내면서 좀더 친밀해질 수 있었는데, 말하자면 일종의 '비밀교제'를 한 셈이었다. 그곳에 함께 잡혀 있었던 인문대와 약대 친구들은 후에 이 사실을 알게 된 후 우리를 두고 '관제연애' 혹은 '가두리연애'를 했다고 놀려댔다.

아무튼 나는 10월 말에 그곳에서 나왔고 아내는 11월 중순이 다 되어서 구류만기 29일을 다 채우고서야 그곳에서 나왔다. 그리고 한두 번인가 더 만났을까. 한 달 후인 12월 16일에 나는 다시 잡혀가서 그 후 2년 8개월이나 지난 1983년 8월에 세상으로 돌아왔으니 우리는 3개월을 만나고 3년을 헤어져 있었던 셈이다. 내가 만일 무림사건에 연루되지 않고 그대로 무사히 졸업을 했더라도 아마 바로 입대를 했을 것이기 때문에 어차피 3년 가까운 기간 동안은 헤어져 있었겠지만, 그래도 외출도 휴가도 있는 군대와 오직 편지와 철창을 사이에 둔 접견밖에 없는 감옥살이는 비교할 일이 아니다.

단 3개월을 만났을 뿐이지만 아내는 내가 감옥살이를 하는 동안 마치 남편이나 연인에게 그러는 것처럼 헌신적으로 옥바라지를 했다. 옥바라지라고는 하지만 수형자들은 교도소에서 모든 의식주를 제공해주므로 원칙적으로는 바깥에 있는 가족이나 지인들로부터 아무런 도움을 받지 못해도 살아가는 데는 지장이 없다. 그러나 바깥에서 누군가로부터 지속적으로 도움을 받는다는 것은 동료 수형자들에게는 매우 부러움을 사는 일이며, 대다수의 일반 수형자들의 경우 충분하고 지속적인 옥바라지를 받는 사람은 극히 제한되어 있다고 할 수 있다.

미결수 시절에 겨울에는 두툼하고 여름에는 시원한 한복을 넣어준다거나, 상한액이 있기는 하지만 일정한 영치금을 넣어주어 특식이나 간식은 물론 기타 필요한 생활필수품을 구매할 수 있게 한다거나 하는 것들이 현대판 옥바라지의 내용이다. 물론 정기적인 접견을 와주는 것도 포함된다. 그리고 나와 같은 학생과 지식인들에게는 누군가 책을 계속 넣어준다는 것이야말로 옥바라지의 핵심이었다. 아내는 이제 안 지 겨우 3개월밖에 안 되는 나를 위해 기꺼이 이런 옥바라지를 자청했다. 어쩌면 자의 반 타의 반이었을지도 모른다.

당시 학생운동을 하다가 감옥에 가는 남학생의 경우 마침 사귀던 연인이 있었다면 당연히 그 연인이 옥바라지를 하게 되고, 만일 솔로라면 같은 서클이나 학회의 여자 후배들이 주로 옥바라지를 맡는 게 관례였다(물론 여학생이 감옥에 갈 경우에 남자 후배들이 옥바라지를 했다는 말은 들은 적이 없으니 이 역시 거사는 남자가, 뒤치다꺼리는 여자가 한다는 심히 젠더적으로 편파적인 낡은 관행이었다). 그래서 누군가 감옥에 들어가면 주위 동료나 선후배들이 연인이 있는 경우 연인을 찾아서, 연인이 없는 경우면 여자 후배들 중에서 한 사람을 지목해 최소한 책이라도 넣어주는 역할을 맡게 했다.

내 경우는 감옥에 들어가고서야 약대 78학번 유모가 김명인의 '애인'(당시에는 요즘처럼 여자친구라 하지 않고 대뜸 촌스럽게 '애인'이라고 불렀다)임이 알음알음으로 밝혀졌고, 아내로서는 좀 억울해도 몇 번 만났던 정리를 생각해서라도 어쩔 수 없이 일단 옥바라지에 나설 수밖에 없었을 것이다. 하지만 아내는 한 걸음 더 나섰다. 나는 계엄법 위반은 물론 반공법까지 병합된 이른바 '좌익수'였기 때문에 가족 외에는 접견(면회)을 할 수가 없게 되어 있었다. 그러자 아내는 어떻게 했는지 과감하게 '약혼 증명서'를 날조(?)해서 교도소 당국에 제출하여 합법적인 약혼자 자격을 획득했다. 그리하여 그저 책과 영치금 정도만 넣어주고 읽은 책은 반환해가는 일반적 옥바라지를 넘어 가족의 자격으로 정기적으로 면회까지 와주었던 것이다.

그렇게 아내가 약혼자의 이름으로 처음 면회를 온 것이 영등포구치소에 있던 1981년 4월인가 5월이었을 것이다. 접견실 문이 열리고 파란 바탕에 물방울무늬가 있는 원피스를 차려입은 아내가 들어서며 환하게 웃던 모습을 나는 평생 잊을 수가 없다. 지금까지도 이 세상에서 가장 아름다운 물방울무늬 원피스였다. 영등포구치소 시절이야 같은 서울 하늘 아래에 있는 데다가 면회 횟수도 주 1회이니 편하게 자주 올 수 있었지만, 전주교도소에 있던 1년 동안은 한 달에 한 번밖에 면회가 되지 않았으며 당시만 해도 전주는 먼 곳이었다. 아내는 서울에서 새벽에 출발해 서너 시간 버스에 시달리며 전주에 와서 겨우 10분 정도 내 얼굴을 보고 또다시 서너 시간을 달려 서울로 돌아가는 기막힌 여로를 혼자서, 혹은 우리 가족과 함께 몇 번이고 기꺼이 감수했다. 게다가 요즘같이 연차휴가 제도 같은 것도 제대로 보장되지 않았던 당시에 아내는 내게 면회 올 시간을 내려면 전날 밤 당직근무를 하는 수밖에 없었고 모자란 잠은 고속버스 안에서 쪽잠으로 해결해야 했다.

그렇게 아내는 영등포, 전주, 의정부를 전전하며 2년 7개월 동안 나를 돌봐주었다. 감옥에서 책을 3백 권 읽었다고 종종 자랑하곤 하는데 그 책들은 모두 아내가 박봉을 쪼개 구입하거나 아니면 주위에서 발품을 팔아 빌려서 영치해주고 반환해간 것이었다. 나는 그런 수고는 아랑곳없이 감옥 안에서 편하게 뒹굴면서 이 책 넣어라, 저 책 넣어라, 편지는 왜 안 쓰냐, 면회는 언제 오냐 하고 갖은 요구만 하고 있었고, 그뿐만 아니라 이 책 읽어라, 저 책 읽어라, 이렇게 살아라, 저렇게 살아라 하는 철없는 '꼰대질'까지 마음껏 저질렀던 것이다. 그 안에서 내가 고상하게 쌓아갔던 '정신의 양식'이란 것도 사실은 이처럼 아내가 씨 뿌리고 키우고 걷어들여 정성껏 지어서 차려준 것들이었다. 게다가 아내는 우리 집까지 여러 번 찾아와 부모님을 위로해드리고, 형들, 형수들과도 일찌감치 관계를 터서 집으로 돌아와 보니 우리 식구들은 아내를 이미 며느리로나 제수씨로 여기고 있는 눈치였다.

아내는 내가 출소하고 비로소 둘이 만나게 되었을 때 정색을 하며 그동안 자기는 할 일을 다 했으니 이제 나를 떠나겠노라고 말했다. 충분히 그럴 수 있는 일이었다. 겨우 3개월 동안 서너 차례 만났을 뿐이고, 몇 년의 옥바라지를 해주었다고 해서 연인이 되어야 하고 더군다나 결혼까지 약속한다는 것은 말도 안 되는 일이 분명하기 때문이다. 하지만 당시의 나로서는 꿈에도 생각해본 적이 없는 폭탄선언이었다. 비록 편지를 통해 언제라도 자유를 찾아(?) 떠나라고 한 적은 있지만, 갑자기 헤어지자는 말을 듣는 순간 내가 감옥 속에서 홀로 지어나가던 공중누각 하나가 갑자기 와르르 무너져내렸다. 나는 그저 아내에게 매달리는 수밖에 없었다.

하긴 왜 그런 고비가 없겠는가. 사람과 사람이 만나는 일이 그렇게 순조롭기만 해도 이상한 일이다. 오래도록 연인 사이로 지내다가 한 사람이 감옥에 간 경우, 어떤 커플은 여자 쪽에서 먼저 '고무신을 거꾸로 신기'도 하고, 어떤 커플은 옥바라지까지 다 받고도 남자 쪽에서 배신(?)을 하기도 하는 등 그 시절에는 옴니버스 영화로 만들어도 될 만큼 수많은 만남과 이별의 서사들이 있었다. 이런저런 소문과 평판들이 떠돌게 마련이지만 속사정은 오직 당사자들만이 알 뿐이다.

시간은 상처를 주기도 하고 또 그 상처를 치유하기도 한다. 모든 일이 불가능해 보이기도 하지만 동시에 어떤 일도 가능한 것이 그 무렵 20대 중반의 인생이었다. 이후 몇 개월 동안, 나는 회사원으로 아내는 병원 약사로 일하면서 때로는 내가 퇴근 후 서울대병원 쪽으로 가서 아내를 만나 아내의 집이 있던 개포동으로 바래다주고 밤늦게 안양 집으로 돌아오거나, 반대로 아내가 독산동에 있던 내 직장으로 와서 저녁시간을 보내고 개포동까지 함께 갔다가 나 혼자 안양으로 돌아오는 식으로 만남을 이어가며 서로에게 좀더 가까이 다가섰다. 그러던 1984년 봄 어느 날, 결국 아내의 가족들에게 청혼 인사를 하러 갔다. 물론 환영을 받을 리가 없었다. 하지만 매사 신중하면서도 결단력이 있었던 장인어른만은 어떤 생각이었는지 내게 신뢰를 보였고, 결국 다른 식구들의 반대를 전부 진압(?)하고 결혼 허가를 내주었다.

1984년 9월, 나는 복학과 결혼, 이직이라는 세 가지 절차를 다 통과했다. 그것은 내게는 청춘과 결별하고 책임 있는 성인으로 거듭나는 나름의 입사식 절차들이었다. 복학은 별게 없었다. 첫 수업 날 등교했더니 과목 담당 교수들은 대부분, 등교하는 대신 리포트나 하나씩 써내라고 편의(?)를 제대로 베풀었다. 아마도 제 발이 저려서들 그랬을 것이다. 그들이라고 제자들이 잡혀가서 감옥에 간히는 모습에 아무렇지도 않았겠는가. 하지만 나는 이미 1980년 2학기에 수업을 제대로 다 듣고 시험까지 보고 졸업논문 발표를 하다가 잡혀 들어가서 제적을 당했기 때문에 특별히 편의랄 것도 없었다.

마침 1984년 2학기를 기해 유화조치의 일환으로 정사복 경찰들이 모두 철수한 데다가 1981년부터 시행된 졸업정원제 시행 이후 파격적으로 늘어난 학생 수로 인해 캠퍼스는 4년 전에 비하면 마치 시장 바닥처럼 북적였다. 그것은 낯선 풍경이었다. 복적은 했지만 학생으로서의 정체성은 제로에 가까웠던 나는 그저 한 학기 서류상 재학생에 불과했다. 생업도 따로 있었던 내게 이제 대학이란 곳은 기말에 리포트를 제출하고 졸업장만 받아 들기 위해 한두 번 들러야 하는 장소에 지나지 않게 되었다.

9월 15일, 나와 아내는 동숭동에 있는 흥사단아카데미회관에서 결혼식을 치렀다. 백 평이나 될까. 넓지 않은 공간이었지만 하객은 넘칠 정도로 많았다. 그리 많지 않은 양가 친지들을 제외하면 나머지는 전부 1980년대 중반 모든 나날을 전쟁처럼 살고 있던 나와 아내의 선후배·동료들이었다. 검은 두루마기를 차려입은 나는 풍물패가 요란하게 두드리는 사물 소리에 둘러싸여 친구들이 팔을 엮어 만든 가마를 타고 마치 출전하는 장수처럼, 하얀 한복 차림으로 먼저 나가 기다리던 아내를 향해 나아갔다.

사전에 일면식도 없었지만 불쑥 찾아가 인사를 하며 주례를 부탁한 당돌한 젊은 친구를 위해 선뜻 주례를 맡아준 시인 고은 선생이 우주와 속세를 아우르는 비장감 넘치는 주례사를 통해 독전관처럼 젊은 부부와 하객들을 뜨겁게 선동했다.

그날은 두 번의 뒤풀이가 있었다. 한번은 결혼식장 부근 갈비탕집에서, 또 한 번은 버스를 타고 한참을 더 가야 하는 북한산 우이령 골짜기의 널찍한 산장에서. 무엇을 먹고 마신들 늘 주리고 목말랐던 그 시절 수십 명의 젊은 청춘들을 그대로 돌려보낼 수가 없었기 때문이다. 나는 아직도 넓은 잔디마당에 둘러앉아 술 마시고 노래하고 웃고 떠들던 그 많은 벗들과 함께했던 그 저녁 어스름의 풍경을 생생하게 기억한다. 아내와 나는 그날 밤 너무 취한 몸을 지금은 없어진 북악스카이호텔에 뉘였고 이튿날에야 신혼여행을 떠날 수 있었다.

신혼여행지는 한려수도였다. 부산을 거쳐 충무(지금의 통영)로 가서 배를 타고 여수로 갔다가 광주를 거쳐 돌아오는 코스였다. 한려수도는 그저 거치는 과정이었을 뿐, 처음부터 내 마음이 서둘러 달려간 곳은 바로 광주, 망월동이었다. 당시만 해도 저주받은 유배지처럼 적막했던 망월동 5·18묘역 어느 무명 투사의 무덤 앞에 술 한 잔을 따라 바치고 무릎을 꿇은 채 하염없이 울고 또 울었다. 광주를 향해 내가 길을 나선 것은 1980년 5월이었지만 도착한 것은 1984년 9월이었다. 겨우 300킬로미터 남짓 거리에 있는 그곳에 무려 3년 4개월이 걸려 도착한 것이다. 하지만 그곳에서 아무리 하염없이 울었던들, 그때 나는 정말 광주에 도착했던 것일까. 그때 내가 광주에 갔던 것이 분명하다면 왜 나는 지금도 내가 광주를 향해 걷고 있는 중이라고 생각하고 있는 것일까.

그 여행을 마치고 돌아온 우리는 수유리 어느 모퉁이의 철공소 안집 1층, 방 한 칸, 부엌 한 칸의 4백만 원짜리 전셋집에서 서투른 신혼살림을 시작했다. 만 나이로 스물여섯 살 되던 해의 일이었다.

편집자 되기

신혼여행에서 돌아온 후부터 나는 역촌동에 있는 도서출판 풀빛으로 출근을 시작했다. 편집부 평사원이 아니라 처음부터 편집부장직이었으며 임금도 당시 대기업 초봉과 맞먹는 40만 원 정도의 고액 임금이었다(당시 서울대병원 약제부에 근무했던 아내가 받던 임금은 20만 원 남짓이었다). 나병식 대표다운 통 큰 채용이었다.

도서출판 풀빛은 1970년대 후반부터 대두된 인문사

회과학 출판 붐 속에서 탄생한 신진 출판사였다. 당시의 인문사회과학 출판 붐은 매우 특이한 현상이었다. 인문사회과학의 자연스러운 발전과 독서대중의 관련 분야 수요 증가에 힘입은 출판 분야의 내적 발전의 결과물이 아니라 다분히 외적 강제에 의한 돌연변이 현상에 가까운 것이었기 때문이다. 1972년 10월 유신으로 1인 종신지배 체제를 획책했던 박정희 군사독재 정권은 재야세력, 지식인, 학계, 언론계, 대학생들로부터의 강력한 반대와 저항에 맞닥뜨리게 되자 연이은 긴급조치 발표를 통해 초헌법적 철권통치를 감행하기 시작했는데 그중 하나가 바로 1975년, 유신 정권에 맞서서 자유언론 실천 운동을 벌였던 『조선일보』와 『동아일보』 기자들에 대한 무더기 해고 사태였다.

그 결과 조선일보에서 33명, 동아일보와 동아방송에서 무려 163명의 언론인이 거리로 쫓겨나게 되었다. 다른 직장으로의 전직 길도 막혀버린 그들 중 상당수가 갑자기 막막해진 생계 문제를 해결하기 위해 선택한 길이 바로 출판사를 만들거나 번역 등 출판과 관련된 일에 종사하는 것이었다. 정우사(1975), 청람문화사(1976), 과학과인간사(1976), 한길사(1976), 전예원(1977), 두레(1978) 등 이 무렵에 설립된 인문사회과학 출판사들은 모두 『동아일보』와 『조선일보』 해직 언론인들이 만들었

다.²

 이뿐만이 아니었다. 유신 체제가 지속되는 동안 긴급조치 위반이나 국가보안법 위반 등으로 실형을 살고 나온 대학생들 역시 진보적인 인문사회과학 출판사 창업으로 운동과 생계를 병행하는 것이 하나의 유행이 되다시피 했다. 1980년대 전반에 걸쳐 광민사(동녘), 인동, 한울, 형성사, 거름, 녹두, 돌베개, 지양사, 사계절, 석탑, 백산서당, 청사, 이삭, 청년사, 공동체 등 학생운동가 출신이 경영하는 인문사회과학 전문 출판사들이 우후죽순격으로 등장했다. 1979년에 창립한 풀빛은 그런 학출(학생운동 출신) 출판사의 원조격이라고 할 수 있다.

 이러한 해직 언론인과 학생운동가들에 의해 설립된 신흥 인문사회과학 출판사들은 1970년 『씨알의 소리』와 『사상계』 등 1960년대 진보 저널리즘을 대표하는 두 잡지가 폐간된 후 『창작과비평』(1968년 창간), 『문학과지성』(1970년 창간) 등 4·19 세대 문학 전공 대학교수들이 주관하는 학술문예 잡지와 더불어 일종의 진보적 출판문화 전선을 형성하여 오랫동안 냉전적 군사독재 체제 아래서 짓눌려 있던 진보적 사상·이념·문예에 대한 대중의 목마름을 적셔주는 역할을 떠맡게 되었다. 그러므로 이 새로운 인문사회과학 출판사들의 속출은 반민주 정권의 탄압으로 인해 대량으로 발생한 해직 언론인과 해직 교수, 전과자가 되어버린 학생운동가들의 생계 해결을 목적으로 시작된 것이기도 했지만 동시에 오랜 냉전독재 체제에서 억압되었던 사상과 이념의 자유를 회복하고 싶어 했던 당대 민중의 열망에 대한 진보적 지식인 집단의 응답이기도 했던 것이다.

입사 당시 풀빛은 나병식 대표가 네 명의 편집부원, 세 명의 영업부원과 함께 운영하고 있었다. 나 이전에는 서울대 선배인 박인배(물리학 72)와 김태경 등이 편집 책임자로 있었다. 나병식 대표는 서울대 국사학과 70학번이었는데 1974년 민청학련 사건 주모자의 한 사람으로서 사형까지 구형받고 1975년 봄 가석방되었으나 그해 서울대 5·22 시위 사건을 주도하여 재차 투옥되었다가 석방된 후 1979년에 풀빛을 설립했다. 그런 그가 같은 서울대 인문대 선후배 사이라는 것 외엔 일면식도 없었던 나를 선뜻 편집 책임자로 불러들인 것은 같은 '빵잽이'로서의 동병상련도 있었겠지만 그가 가진 범상치 않은 포용력과 결단력이 아니었다면 있을 수 없는 일이었다.

나는 언제까지 풀빛에 있겠노라 정해두지는 않았지만 1991년 말까지 근 7년 동안이나 풀빛에서 밥벌이를 하게 될 줄은 몰랐다. 적어도 2~3년 이내에 신변에 어떤 극적인 변화가 생기지 않을까 생각했는데 그것은 그 무렵 신군부 세력과 저항적 민중 세력 사이의 투쟁이 한 치 앞을 예측하기 힘들 정도로 치열하게 전개되고 있었기 때문이다. 아닌 게 아니라 풀빛에 근무한 지 3년이 채 안 되어 6월 민주항쟁이 발발했고, 곧 이어 7~9월 노동자대투쟁이 전개되었다.

하지만 이 두 사건은 한국 현대 민주화 운동, 혹은 민중운동사에서 최고의 공세적 앙양기에 일어난 사건이고 이후 매우 낙관적 정세 판단을 불러왔기 때문에 나는 오히려 일선 투쟁 현장과는 적당한 거리를 둔 채 이 '혁명적 앙양기'를 분석·평가하며 문학운동과 출판운동의 형태로 수렴하고 반영하는 '문화전선'에 온전히 복무할 수 있었다. 당시에 풀빛은 이런 작업들을 수행하기에는 최적의 요람이었다. 7년 동안 풀빛에 머물면서 6월 항쟁·노동자대투쟁의 치열하고 낙관적이었던 공세 국면과 1990년대 초반에 닥쳐온 사회주의권 붕괴와 변혁운동의 퇴조라는 참담하고 비관적인 퇴조 국면을 고스란히 경험했다. 그것은 지금 생각해보면 내 인생에서 가장 치열하게 빛나던 화양연화의 시간이기도 했다.

풀빛은 1979년 설립 초기에는 방송 관련 기획물이나 연성의 대중 출판물로 어느 정도 물적 토대를 갖춰나가다가 1981년 『전통시대의 민중운동』 상·하권을 필두로 풀빛신서 시리즈를 시작하면서 본격적인 인문사회과학 출판사로서 이름을 알리기 시작했다. 1982년에는 이미

'운동권 베스트셀러'로 많이 알려져 있던 일본 철학자 무타이 리사쿠의 『현대의 휴머니즘』을 번역 출판해내서 명망과 실리라는 두 마리 토끼를 다 잡아내는 데 성공했으며, 이어 1983년에는 한국 최초의 여성학 교재였던 『여성해방의 이론체계』와 함께 『소모임활동입문』, 『여덟시간 노동을 위하여』 등 노동 현장 활동가들을 위한 현장신서를 새로 기획해서 내는 등 본격적인 '운동권 출판사'의 면모를 갖춰가기 시작했다.

내가 입사한 1984년에 풀빛은 『후진국경제론』의 저자 조용범 교수의 『노동경제학』과 약칭 '자구발'로 불리며 베스트셀러가 된 고모부치 마사아키의 『자본주의경제의 구조와 발전』, 그리고 1970년대 노동운동사라고 할 수 있는 『1970년대 노동현장과 증언』을 발간함으로써 진보적 성격을 두드러지게 드러내면서도 물적 기초를 보다 공고히 할 수 있었다. 이에 힘입어 1980년대 민중시운동의 상징이 되었던 '풀빛판화시선' 시리즈로서 김지하의 『황토』, 양성우의 『낙화』, 강은교의 『붉은 강』, 김준태의 『국밥과 희망』, 그리고 1980년대 노동시의 금자탑이라 할 수 있는 박노해의 『노동의 새벽』 등을 잇달아 출간함으로써 '창작과비평'과 '문학과지성'이 양분하고 있던 문학출판계의 판도를 흔들어놓기 시작했다.[3]

나는 이처럼 대단한 기세로 1980년대 초반의 진보적

출판문화 운동의 선두로 치고 나가던 풀빛의 행보에 편집 책임자로 동승하여 혁명적 낭만주의로 자욱한 1980년대 중반의 문화전선을 종횡하게 된다. 역촌동 사무실로 출근하기 시작할 무렵, 풀빛은 마침 다섯 번째 판화시선인 박노해의 『노동의 새벽』 발간을 앞두고 있었다. 판화시선은 당시 풀빛의 비상근 주간직을 맡고 있었던 평론가 채광석의 작품이었다. 그는 서울대 영어교육과 68학번으로, 1975년 서울대 5·22 시위 사건으로 2년 반을 복역한 후 시인이자 평론가로 활동하면서 학생운동 동지였던 나병식과 의기투합하여 풀빛을 '거점' 삼아 '포스트 5·18 문학'이라 이름 붙일 수 있는 1980년대 민중적 민족문학의 판을 짜나가고 있었다.

그 첫 작품이 바로 '풀빛판화시선'이었다. 풀빛판화시선은 김지하·양성우·신경림·문병란·김정환·이성부·채광석·백기완·황지우·김남주·고은 등 진보적 지식인 시인들과 박노해·최명자·이선관·정명자·김영안·한상원 등 무명의 민중 시인들의 거친 숨결 가득한 시편은 물론이고, 오윤·홍성담 등 1980년대 민중미술 운동을 이끌던 판화가들의 오리지널 판화와 판각서체를 앞세운 거칠고 강렬한 디자인까지 상승적으로 작용하여, 내용·형식 양면에서 이제까지의 시집 출판의 관행적 형식을 완전히 파괴해버린 새롭고 전위적인 기획이었고, 소시민적 시의식, 혹은 미의식에 종언을 고하며 민중적 미의식을 선포하는 하나의 문학사적 퍼포먼스였다.

나는 여섯 명의 편집부원과 함께 나병식 대표를 통해 들어오는 인문사회과학이나 운동론 계열의 이론서(풀빛신서, 현장신서류) 원고와 채광석 주간을 통해 들어오는 시집 원고들에 책이라는 물성을 부여하는 작업을 해나갔다. 풀빛판화시선 외에도 『제3세계의 경제구조』(유아사 다케오), 『이성과 자유』(허버트 마르쿠제), 『경제사상사』(E. K. 헌트), 『경제학개론』(안병직 편), 『국가 계급 헤게모니』(임영일 편), 『경제원론』(히라다 기요마사) 같은 '풀빛신서'는 만드는 과정이 곧 공부하는 과정이었으며 내 생애의 인식 지도에 굵은 획을 그은 책들이었다. 하지만 여기서는 편집자의 입장에서 지금까지도 생생하게 기억에 남는 몇 권에 대해서만 더 언급하고자 한다.

첫 번째가 『노동의 새벽』이다. 잘 알다시피 『노동의 새벽』은 1980년대가 민중문학의 시대라는 것을 입증하는 산 증거와도 같은 시집이었다. 풀빛 사무실에서 이 시집의 원고를 처음 보고 채광석 주간으로부터 이것이 순혈의 노동자 시인의 작품이라는 말을 들었을 때 나는 온몸에 소름이 돋는 느낌을 받았다. 내가 어렴풋하게 감지하던 새로운 시대의 문학의 이미지가 이 시들이 개척한 미적 영역으로 말미암아 뚜렷하게 현실화되는 순간이었다.

물론 지금은 그 충격조차 하나의 클리셰가 되어버려 나머지 부분들은 전부 증발되어버리고 이제 내게 『노동의 새벽』은 노동해방 투쟁의 시적 형상물로서가 아니라 '평온한 저녁'을 향한 노동계급의 갈망의 노래로 기억되고 있지만, 그 당시에는 나에게 여전히 남아 있던, 시인이 되고 싶다던 조촐한 꿈을 완전히 박살내버린 충격적 텍스트였다.

하지만 개인적으로 그 노동자 시인 박노해를 직접 만났을 때의 기억은 그다지 아름다운 것은 아니었다. 언제였던가. 아마도 1985년에서 1987년 사이 언제쯤이었을 것이다. 수십만 부(백만 부가 팔렸다는 소문이 있지만 그 정도는 아닌 것으로 안다)가 팔린 이 책의 인세가 어떻게 시인에게 전달되는가는 오직 나병식 대표만이 알았다. 이 '얼굴 없는 노동자 시인'에 대한 시중의 궁금증이 워낙 커서 언론계를 중심으로 온갖 추측과 추적이 이루어졌고 박노해 자신은 신상이 노출되는 것을 극도로 꺼렸기 때문이다. 하지만 어느 날인가 나병식 대표가 박노해를 만나러 같이 가자고 해서 구로동 모처에서 그를 만난 적이 있다. 예측한 대로 그는 내 또래의 눈빛 뚜렷한 노동운동가였다(그는 1957년생으로 나보다는 한 살이 더 많다).

술잔을 앞에 두고 여러 대화가 오고 갔던 것으로 기억되지만 대화 내용보다 더 기억이 남는 것은 그의 태도였다. 인세 얘기뿐만이 아니라 당시 노동운동이라든가 정세에 대한 이야기가 오고 갔는데, 그는 처음 만난 나에게 마치 '지도자 동지'처럼 자신이 당대 운동에 관한 모든 것을 다 알고 있으니 자신의 말을 금과옥조처럼 경청하라는 듯한 태도로 일관했다. 나는 그의 그러한 태도에 실망감을 느낀 나머지『노동의 새벽』에 실린 시들에 대한 이제까지의 호감조차도 크게 삭감되는 기분이었다. 어려운 여건 속에서 노동운동을 하고 그 와중에 뛰어난 시도 써내는 그에 대한 경의를 유지하고 있던 내가 그의 눈에는 그저 자신을 무한히 존경하는 애송이 편집자처럼 보였는지 모르겠다. 그것은 결코 유쾌한 경험은 아니었다.

두 번째 책은 『죽음을 넘어 시대의 어둠을 넘어』이다. 나의 편집자로서의 경력 중 가장 최고의 책을 꼽는다면 단연 이 책일 것이다. 이 책은 광주에서 피의 열흘이 끝나고 살아남은 사람들이 공포를 이겨내며 만들어낸 역작 다큐멘터리이다. 학살자가 만든 진압의 기록에 대항하는 피학살자이자 항거자들의 기록은 항쟁 기간 광주에서 제작되고 배포되었던 『투사회보』를 비롯하여 힌츠페터 등 외국인 기자들의 기록과 영상물, 보도할 수 없었거나 삭제되었던 신문기사, 기타 유인물이나 보고서 형태로 가까스로 만들어졌던 산발적인 기록 등 무수하게 남아 있다.

하지만 그때까지의 모든 기록을 총합하여 광주항쟁의

전체상을 일목요연하게 복원해내고, 이를 정식 출판 등록을 갖춘 출판사를 통해 공개적으로 배포한 기록은 이 책이 최초이다. 전남사회운동협의회가 총합한 자료와 기록들을 작가 황석영이 책임 정리하고 풀빛이 제작·간행한 이 책은 '공식 상업출판물'의 형태를 갖추었을 뿐만 아니라 그 내용에서도 광주에 관해 떠돌던 온갖 소문과 추측, 심지어 유언비어의 거대한 산더미를 낱낱이 엄정하게 재분류하여 최대한 팩트에 가까운 광주항쟁의 전체상을 복원해냄으로써 광주항쟁에 관한 기념비적 기록물로 남게 되었다.

1985년 4월, 당시 나는 이 책의 간행을 결정하고 실행한 나병식 대표와 함께, 광주에서 자료 꾸러미를 짊어지고 비장하게 상경하여 마무리 작업을 했던 작가 황석영 선생을 도와 이 책의 제작 전 과정을 수행했다. 황석영 선생은 광주에서 상경하자마자 철저한 보안 속에서 역촌동 풀빛 사무실 근처 여관에서 몇날 며칠 밤을 새며 일했고, 나는 그의 작업을 곁에서 도우면서 채근하는 역할을 맡았다. 문병란 시인의 『부활의 노래』의 한 구절인 '죽음을 넘어 시대의 어둠을 넘어'를 이 책의 제목으로 정한 것도 나였다. 그렇게 완성된 원고는 을지로의 한 인쇄업체에 맡겨져 역시 밤을 도운 사진 식자 작업과 풀빛 편집진의 교정 작업 끝에 활자화되어 초판 2만 권이 인쇄되고 제본

되었으나 그 과정에서 정보가 새어나가는 통에 초판본은 전량이 압수되었다.

하지만 나병식 대표는 이에 굴하지 않고 당시 잘 알고 있던 윤재걸 기자를 통해 이 책의 요약본을 『신동아』 7월호에 게재하였고, 이 잡지가 무려 30만 부가 발매되면서 그 원본인 속칭 '넘어넘어'에 대한 일반 시민들의 들끓는 수요를 불러일으켰다. 결국 나병식 대표는 이 책을 3천 권씩 소량으로 마스터인쇄를 해서 대학가 서점들을 통해 비밀판매를 계속했고, 나중에는 1만 권씩을 찍어 김승훈 신부가 본당 신부로 있던 홍제동성당 뒷마당에 천막을 치고 보관하면서 출고하는 방식으로 열화 같은 수요를 감당할 수 있었다.[4]

지금도 숨 막히는 비밀 작업 끝에 이 책을 제작하여 세상에 내보냈던 긴박했던 나날들이 주마등처럼 스쳐 지나간다. 황석영 선생과 나병식 대표를 비롯하여 참여했던 모든 이들에게 이 작업은 그저 책 한 권을 만드는 작업이 아니라 그때까지만 해도 강요된 침묵과 억압된 울분의 심해를 떠돌던 광주의 기억과 정신을 지속 가능한 물질적인 표상으로 복원하는 투쟁이었다. 나는 지금도 밤새 사식 작업을 하던 여성 노동자들이 원고를 앞에 두고 울면서 글자 한 자 한 자를 새겨나갔다는 전산 사식업체 대표의 전언을 잊을 수가 없다.

세 번째 책은 두 권짜리 『한국민중사』이다. 1986년 10월경에 나온 이 책은 필화 사건으로 번져 법정에서의 역사 논쟁까지 불러일으켰다는 점에서 한국 출판사상 가장 문제적인 저술 중의 하나로 남게 되었다. 이 작업은 처음에는 1984년 무렵 유기홍, 도진순, 윤대원 등 운동하다 감옥에 다녀왔거나 대학원을 다니고 학위를 취득했더라도 제도권에 진입하지 못한 서울대 국사학과 77학번들이 주축이 되어 만든 '망원한국사연구실'이라는 연구 모임 멤버들에 의해 '진보적인 대중적 한국통사'를 내보자는 정도의 제안으로 시작되었다.

하지만 나병식 대표와 나는 이 기획을 당시까지만 해도 여전히 보수적인 국사학계에서는 전혀 시민권을 얻지 못한 '민중사'라는 개념, 즉 역사를 발전시키는 원동력이면서도 지배계급에 의해 수탈과 착취를 당하지만 결국 떨쳐 일어나 자기해방을 이루는 민중의 관점에서 다시 쓰는 한국사를 표방하는 도전적 저작으로 발전시키자는 데 뜻을 모았다.

그리하여 2~3년의 집필 기간 동안 한국사 전공자로서 학문적 엄격성을 의식하지 않을 수 없는 필자들이 집필해온 조심스러운 초고는 대표의 '비호'(?) 아래 학문적 엄밀성보다는 혁명적 한국사상(韓國史像)을 구현하는 것이 더 중요하다고 생각했던 나의 '전횡'에 의해 과감한 내용과 문체로 급진화되었고, 결국 이 급진화된 서술 부분 때문에 1987년 벽두부터 이 책은 공안 당국의 출판 탄압의 표적이 되고 만다.

1987년 2월의 어느 이른 새벽, 집에서 한참 곤한 잠에 빠져 있던 나는 갑자기 들이닥친 검은 양복을 입은 사내들에 의해, 아내와 세 살배기 딸, 장인과 장모님이 보는 앞에서 서울지검 공안부로 연행되었는데 이날 나 외에도 나병식 대표와 영업부장 등 몇 명이 더 연행되어 조사를 받았다. 그리고 며칠 후 나병식 대표는 국가보안법 위반으로 구속기소되고 나는 불구속 입건으로 석방되었다. 이것이 그로부터 몇 개월 동안 학계와 출판계를 떠들썩하게 했던 '『한국민중사』사건'의 시작이었다.

1979년 가을 독재자 박정희의 죽음과 더불어 일찌감치 시작되었어야 할 민주화 과정을 12·12 쿠데타와 5·18 광주학살을 통해 인위적으로 지연시킨 전두환 정권은 집권 내내 자신들의 원죄로 인한 거센 민중적 저항에 부대껴야 했다. 광주학살을 포함한 초기의 공포정치로 얼마간은 버틸 수 있었지만 사회 각 부문에서 봇물처럼 터져나오기 시작한 민주주의에 대한 요구를 공안통치술로 다 막아내기에는 역부족이었다. 대학가에서는 하루가 멀다 하고 반정부 시위가 일어나고 재야, 노동, 청년 등 각 부문에서도 수없이 많은 민주화 운동 조직이 결성되어 공공연한 저항을 전개하였다. 정치범과 양심범들은 갈수록 늘어났지만 감옥을 향한 자발적 행렬은 좀처럼 멈추지 않았다. 출판계도 마찬가지였다. 유신 시대와 5공 초기의 언론 탄압으로 해직된 기자와 해직 교수, 학생운동을 하다가 감옥에 다녀온 젊은 지식인들이 대거 인문사회과학 출판사를 설립하거나 대학가에서 서점을 열어서 진보적 지식과 사상을 광범하게 보급하여 민주화 운동의 사상적 토대를 심화·확장시켜가고 있었다.

이를 체제의 위협으로 간주한 공안 당국은 급기야 1985년경부터 '반정부의식을 고취하고 불온한 사상을 유포한다'는 명분으로 대대적인 출판 탄압을 전개하기 시작했다. 정당한 법적 근거도 없이[5] 서점가에 대한 대대적인 압수 수색을 벌이기 시작했고, 이는 단순한 장사꾼(?)이 아니라 민주화 운동으로 잔뼈가 굵은 출판인·서적상들의 성명서 발표, 압수처분 취소 소송 제기, 항의농성 전개 등 강력한 저항을 불러일으켰다. 이런 투쟁은 결국 1986년 6월, 한국출판문화운동협의회의 결성을 시작으로 편집자 모임인 문맥회,[6] 영업자 모임인 인문사회과학영업자협의회, 서적상 모임인 인문사회과학서적상연합회 등의 결성으로 이어졌고, 나아가 민주언론실천협의회·자유실천문인협의회·민주실천교육운동협의회·민중문화운동협의회·민족미술협의회 등 관련 문화단체와의 연대투쟁으로 공고화되었다.

『한국민중사』 사건은 더 이상 근거 없는 압수수색 정책으로는 출판운동의 기세를 꺾을 수 없다고 판단한 공안 당국이 결국 전가의 보도인 용공몰이를 통해 국면 전환을 꾀하기 위한 나름의 작품이었다. 그들은 몇 개월에 걸쳐 이 책을 검토한 결과 이 책이 "반국가단체인 북한을 이롭게 할 목적으로" 집필되고 배포되었다는 결론을 내리고 자신만만하게 기소했던 것이다. 하지만 당시 언론들은 과거처럼 공안검찰의 논리를 받아쓰는 방식으로 보도한 것이 아니라 이것을 '역사 논란'으로 취급했고, 전반적으로 보수적이었던 역사학계에서도 적극적으로 대응에 나섰다.

1987년 5월 역사학 대회에 참가한 550여 명의 역사학자들이 이 저서는 1970년대 이후 학계의 연구 성과를 학문적으로 정리한 결과물로서 사법적 평가의 대상이 아니라 학문적 평가의 대상이라는 취지의 성명서를 발표했고, 정창렬, 강만길 등 중견 역사학자들도 법정에 출두하여 날카로운 변론을 펼쳤다. 하지만 이러한 '역사 재판'은 그해 6월 29일 6·29 선언이 발표되면서 용두사미로 끝이 났다. 재판부는 33개의 공소 내용 가운데 18개 항을 무죄로 15개 항을 유죄로 보아 징역 2년에 자격정지 2년을 선고했지만 나병식 대표는 곧바로 형집행정지로 출소하게 된다. 공안검찰의 '야심작'은 이렇게 실패로 끝나고 만 것이다. 불구속 입건되었던 나도 이 건으로는 더 이상 어떤 제재도 받지 않았다.

『노동의 새벽』, 『죽음을 넘어 시대의 어둠을 넘어』, 『한국민중사』는 '서울의 봄'의 좌절과 광주민중항쟁의 비극적인 기억에 침잠하지 않고 오히려 이를 꺼지지 않는 불씨로 삼아 다시 일어선, 1980년대 한국 시민들의 낭만적 집단무의식이 문자화된 최고 형태의 기념비적 출판물들이라고 할 수 있다. 『노동의 새벽』은 1960년대 이래 저임금·장시간 노동의 침묵 속에서 한국 자본주의의 성장을 견인해온 노동자계급의 당당한 문학적 자기선언이고, 『죽음을 넘어 시대의 어둠을 넘어』는 강요된 침묵을 뛰어넘어 광주에서의 학살과 항쟁을 한국 민주주의의 결정적 기원 서사로 전환시킨 광주 시민들의 정신적 승리의 기록이며, 『한국민중사』는 광주민중항쟁이라는 지렛대에 의지하여 무의식 속에 패배와 굴종, 억압과 예속의 역사로 남아 있던 한국사를 위대한 민중투쟁과 승리의 역사로 급변환시킨 도전적 역사의식의 총화였다. 이 세 권의 발간은 모두 내가 풀빛 편집부장으로 입사한 지 3년 내에 일어난 일이었다.

한 사람의 편집자로서 이러한 역사적 출판물들과 함께할 수 있었다는 것은 영예로운 일이었다. 그것은 세상과 홀로 맞장 뜬다고 해도 하나도 두려울 것 없었던 내 20대 후반의 도도한 자존심과 1980년대 초반 한국사회에서 들끓고 있었던 격렬한 혁명적 낭만주의가 통일된 장면이었다. 『한국민중사』 사건으로 형집행정지로 풀려나온 나병식 대표는 8월 12일 법원의 유죄 판결에 불복하여 항소를 제기하는데 여기 A4 용지 63장에 이르는 「항소이유서」의 마지막 6장 '역사의 교훈'의 일부를 소개한다. 이 '역사의 교훈' 부분은 나병식 대표를 도와서 내가 집필한 것으로 이 시기 내 내면에서 터질 듯 가득 부풀어 있던 혁명적 낭만주의의 열도를 짐작하게 해준다.

이『한국민중사』사건의 본질은 낡은 역사와 새로운 역사와의 싸움이다. 식민지 시대 이래 우리 역사는 폭력적으로 온존되어온 낡은 역사주체 및 그들이 퇴적시켜놓은 온갖 부패한 제도와 문화에 대한, 정상적인 주체로서 성장하지 못하고 늘 억압당하고 소외당해온, 그러나 궁극적으로 새로운 역사를 침묵 속에서 밀고온 우리 역사의 참주체의 도전과 그 좌절로 점철된 역사였다.

잔재로서의 역사를 움켜쥔 낡은 주체는 누구인가? 그것은 식민지 시대에는 일본제국주의에 의해, 분단 이후에는 분단을 지탱해오고 그 기득권을 향유해온 세력이라고 할 수 있다. 새로운 힘을 지닌 새로운 역사의 참 주체는 누구인가? 그것은 식민지 시대에는 제국주의에 반대해서 싸워온 식민지 민중이었고 이 분단시대에는 분단에 의해 고통받고 있으며 궁극적으로는 분단을 극복하고 통일된 자주민족국가를 건설하는 주체가 될 우리 시대의 민중이다. 『한국민중사』는 바로 이 민중의 입장에서 쓰여진 역사이다.

그렇기 때문에 낡은 역사의 가장 허약하고 따라서 가장 폭력적인 잔재가 응결되어 있는, 그리고 낡은 주체들이 가장 첨예한 위기상황에 처하기에 이른 이 제5공화국의 법정에 서게 된 것이다. 이 법정이 흥미진진한 역사의 전장이 되고 있는 것은 이런 맥락에서 아주 당연한 것이다. 낡은 역사가 새 역사를 옭아매고 낡고 곧 쓰러질 것 같은 그들의 법정에 새 역사와 그 주체를 끌어다 세우는 데까지는 성공했지만 그들은 끝내 그 새 역사의 힘을 이겨내지 못하고 있는 것이다.

모두는 잘 알고 있다. 그들이 얼마나 당황하고 혼돈에 빠지고 마침내 어떻게 자신을 잃어가는가를 우리는 너무나 잘 목도하고 있다. 그리고 이 역사의 법정에서 새로운 힘이 승리해나가는 동안, 법정의 바깥에서 보다 넓은 거리에서, 광장에서, 새로운 역사, 새로운 주체들이 마치 화답이라도 하듯 보다 큰 승리를 쟁취해나가고 있었던 것이다.

6월의 승리를 보라! 7월 8월의 가슴 벅찬 새로운 힘들의 놀라운 대두를 보라!

『한국민중사』의 승리는 일찌감치 예견된 것이다. 7년 전 5월, 광주의 위대함이 있었기 때문이다. 그리고 그 광주가 이『한국민중사』의 말미에, 닫힌 페이지로서가 아니라 새롭게 열리는 지평으로 실리게 되면서 그 승리는 굳혀진 것이다. 광주항쟁을 수행한 위대한 민중이 끝내 낡은 역사의 음습한 지하에 묻혀 있기를 거부하고 6월의 찬란한 햇살로 살아오듯이,『한국민중사』역시 이 6월에, 7월에, 8월에 민중 승리의 소식을 싣고 낡은 역사의 법정이 만든, 이제는 우스꽝스러운 억압의 철창에서 벗어나 위대한 민중의 품에 안길 것이기 때문이다.

민중의 역사는 법정에 섰지만, 그리고 혹시라도 낡은 법정의 마지막 단말마 목청에 의해 현상적인 패배를 감수해야 할지도 모르지만, 그 법정이 움켜쥔 것은 궁극적으로 한 줌의 바람, 한 줌의 물에 지나지 않는다.

민중의 역사는 법정에 서지 않는다.

오직 도도하게 흘러갈 뿐이다.
민중! 민중사관! 한국민중사!⁷

 이러한 기념비적 단행본들의 발간 외에도 나의 풀빛 시절 편집자로서의 경력에서 빼놓을 수 없는 것이 잡지 기획·편집 작업이었다. 풀빛에 있는 7년여의 시간 동안 나는 부정기 간행물인 『현실과 전망』(2호 발행), 『문학예술운동』(3호 발행)과 계간지인 『사상문예운동』(9호 발행) 발행의 전 과정을 주도했다. 1980년대 초중반은 무크(MOOK)라고 불리는 '부정기 간행물'의 전성시대였다. 부정기 간행물은 정식 잡지 등록을 하지 않고 정기성을 지키지 않으며 필요할 때마다 간행할 수 있는, 잡지(magazine)와 단행본(book)의 장점을 결합한 출판물이다. 1980년대 초중반은 좋은 의미에서건 나쁜 의미에서건 이러한 무크 형태의 간행물이 성행할 수 있는 최적의 조건을 갖춘 시기였다. 유신 시대와 그를 이은 5공화국 시대는 군사독재 체제에 저항적인 언론의 수난 시대였다. 1960년대에서 1970년대 초반까지는 박정희 군사독재 시기였음에도 불구하고 『동아일보』나 『조선일보』 같은 일간지도 어느 정도는 비판언론의 역할을 하고 있었으며 『사상계』 같은 월간 시사정론지나 『창작과비평』, 『문학과지성』 같은 비판적 문예 계간지도 비판적 기조를 유지하며 존속할 수 있었다.

하지만 1972년 10월 유신헌법 선포 이후 이에 대한 저항이 점점 거세지면서 결국 유신 정권은 『사상계』를 폐지하고 대규모 기자 해고를 종용하여 『동아일보』, 『조선일보』 등 비판언론을 어용언론으로 길들이기 시작했다. 뒤이은 전두환 정권은 언론 구조조정이라는 명분으로 주요 언론사에 당근과 채찍 전략을 구사하여 축재의 길을 터준 대신 비판성을 거세했으며, 그나마 건재했던 『창작과비평』과 『문학과지성』 같은 비판적 문예계간지에는 폐간이라는 철퇴를 내리쳤다.

그러나 광주민중항쟁 이후 반정권 운동이 반체제 운동의 수준으로까지 고조되면서 진보언론에 대한 대중적 수요가 급증함에 따라 『민주화의 길』(민주화운동청년연합), 『민주노동』(한국노동자복지협의회), 『민중문화』(민중문화운동협의회), 『민중의 소리』(민중민주운동협의회) 등 각종 민중운동 단체의 미등록 기관지가 속속 발간됨은 물론 『실천문학』(1980년, 자유실천문인협의회 기관지로 출발)을 필두로 『우리 세대의 문학』 등 종합문학 무크지와 동인지 형태의 무크지인 『지평』, 『삶의 문학』, 『문학의 시대』, 『분단시대』, 『문학과경제』 등이 속속 간행되었다. 이러한 흐름 속에서 풀빛은 문학 무크지가 아니라 민중운동의 현실과 전망을 본격적으로 다루는 종합 무크지

『현실과 전망』의 발간을 결정했다.

1984년 11월 말에 발간된 이 잡지의 1집은 특집으로 '80년대의 노동상황'을 다루었고, 시평으로 한미일 삼각 안보 체제, 일본 재등장 등을, 보고서로 청계노조 합법성 쟁취 대회, 함평 무안 농민 대회, 목동 철거민 시위 사건 등을 다루며 노동자, 농민, 도시빈민이라는 민중주체의 입장을 견지하고 있었다. 이런 민중 주체성의 유별난 강조야말로 1980년대 한국사회의 가장 주목할 만한 시대정신이었다. 하지만 이러한 야심적 기획으로서의 민중운동 종합 전문지『현실과 전망』은 단 두 권을 내고 종간을 맞는다. 이는 잡지를 만들어나가면서 이러한 민중운동 전문지를 속간하기에는 풀빛의 내부 역량이 아직 불충분하다는 결론에 도달했기 때문이다.

그 대신 나병식 대표와 채광석 주간, 그리고 나는 다루는 영역을 보다 좁혀서 문학예술 운동 전문지를 내기로 하고 몇 년의 준비 과정을 거쳐 1987년 『문학예술운동』이라는 부정기 간행물을 창간하기에 이른다. 하지만 창간호 준비가 한창이었던 1987년 7월 12일, 채광석 주간은 불의의 교통사고로 유명을 달리했고 이후 내가 이 문학예술 운동 전문지의 발간을 책임지게 되었다.

문학평론가 되기

감옥에서 상상했던 것처럼 나는 언젠가 '문학평론가'가 되리라고는 생각했지만 현실의 문학평론가가 되기 위해서(자격증을 갖기 위해서) 그에 합당한 구체적인 노력을 했던 것은 아니다. 신춘문예 평론 분야에 당선되기 위해서 연말에 신문사에 작가론이나 작품론을 써 보내지도 않았고 문예 잡지에 투고를 할 생각도 없었다. 그런 식의 '등단 절차'를 특별히 비판적으로 보거나 하찮게 보아서가 아니라 단지 생활상으로는 풀빛에 입사한 이후 밀려드는 책을 만드느라 바빴고 정신적으로는 그야말로 당대의 '현실과 전망'을 가늠하는 일이 우선이었기 때문이다. '평론가 되기'는 이러다 보면 어떤 기회가 생기겠지 하는 막연한 마음 아래 책상 서랍 속의 급할 것 없는 미결 서류처럼 때를 기다리고만 있었다.

1985년 봄 어느 날 창작과비평사(이하 창비)에서 내게 연락이 왔다. 그 무렵 계간 『창작과비평』은 1980년 7월에 신군부에 의해 폐간 조치를 당하고 나서 시, 소설, 비평 등 장르별 무크 형식으로 명맥을 유지하고 있었는데, 그중 비평 장르 무크지라고 할 수 있는 『한국문학의 현단계』 4집에 평론 원고를 하나 달라는 요청이었다. 앞에서 쓴 것처럼 1979년에 창비의 염무웅 선생이 나를 불러 김수영론을 하나 써보라고 한 적이 있었으니 무려 6년이 지나서 마치 묵은 빚을 받아내듯 다시 내게 청탁이 온 것이었다.

아마 이번에도 김수영론을 쓰라는 것일 텐데, 나는 그 무렵 여전히 김수영론을 쓸 준비가 안 되어 있었고, 새로운 평론을 쓸 시간적·정신적 여유도 없어서 정중히 사양을 했다. 하지만 창비에서는 꼭 김수영 아니라도 괜찮다고 했다. 생각 끝에 학부 시절 졸업논문이라도 괜찮다면 보내겠노라고 했다. 그것이 『한국문단의 현단계』 4집(1985)에 실린 「민족문학과 농민문학」이라는 글이었고, 그로 인해 어쨌든 나는 얼결에 창비를 통해 등단한 평론가가 되고 말았다.

「민족문학과 농민문학」은 비록 학부 졸업논문이기는 했으나, 학부 2학년 때 썼던 「미몽의 시대」에서 파생된 문제의식에 기초해 자료 조사부터 입론에 이르기까지 나름 꽤 정성을 들인 논문이었다. 식민지 시대 카프가 주도했던 프롤레타리아 문예운동 과정에서 노동자문학에 비해 과소평가될 수밖에 없었던 농민문학이 사실은 당대 민중문학의 핵심이었다는 것을 반증하는 논문이었는데 당시에도 굳이 논문을 쓴다는 생각보다는 팸플릿을 쓴다는 생각으로 이른바 '논문체'가 아니라 '비평체'로 쓴 글이고, 창비는 글만 좋다면 비평과 문학논문을 특별히 구별하지 않고 게재하는 전통이 있었던 터라 아마도 무리 없이 심사를 통과한 모양이었다.

그렇게 평론가가 되기는 했는데 그런 다음에도 이제부터 본격적으로 평론을 써야지 하는 생각도 없이 그저 하던 일에만 몰두했다. 그해인가 그다음 해인가 시 동인지인 『반시』에서 하종오 시인의 시집 『사월에서 오월로』에 대한 서평을 써달라는 청탁이 와서 200자 원고지 70매 정도 써 보낸 적이 있었는데, 이후 별다른 소식이 없어서[8] 나의 평론가로서의 본격적 이력은 1987년 『문학예술운동』 1집인 『전환기의 민족문학』이 나올 때를 기다려야 했다.

아무튼 '평론가'라는 직함을 달게 된 이후로는 먹고사는 일이자 동시에 운동의 일부이기도 했던 출판 편집 일 외에 문학판[9] 쪽에도 조금씩 관여하게끔 되었다. 당시 문학판도 역시 광주민중항쟁 이후에 고양된 투쟁적 분위기로 크게 달아오른 상태였고, 『창작과비평』, 『문학과지성』 등에 의해 구축되었던 1970년대 이래의 앙시앵레짐은 보다 전투적인 광주항쟁 세대, 혹은 80년대 세대의 대두로 인해 내적으로 크게 흔들리는 중이었다. 『시와 경제』, 『민중시』, 『오월시』, 『분단시대』, 『삶의 문학』, 『지평』 등 세대적으로 젊고 지역적으로 확산된 형태로 전개되고 있는 전투적 민중문학의 기세 속에서 한국문학은 무언가 좀더 급진적인 '새로운 문학'의 도래를 예감하고 있었다.

그리고 이러한 새로운 기세의 중심에는 '자유실천문인협의회'를 중심으로 활약하던 채광석·김정환 등이 있었고, 그 아래 세대인 신진 평론가 현준만·이재현, 그리고 소설가 김남일 등이 그들을 뒷받침하고 있었다. 이 중에서 채광석의 활동은 눈부신 것이었는데 그는 백낙청 등이 주도했던 '민족문학'을 소시민적 민족문학이라 규정하고 대신 '민중적 민족문학'이라는 새로운 문학을 수립해야 한다고 주장했으며 이를 기치 삼아서 젊은 문인들을 '규합'해나갔다. 이는 1987년 6월 항쟁 이후 '자유실천문인협의회'가 '민족문학작가회의'로 변신하는 내적 논리이자 추동력이 되었다. 나 역시 이런 맥락이라면 채광석과 기꺼이 함께할 수 있다고 생각했고 그를 중심으로 한 새로운 문학운동의 흐름에 적극 합류했다.

풀빛에서 1987년 여름에 발간된 『문학예술운동』 1집 『전환기의 민족문학』은 이러한 '민중적 민족문학'의 본격적 전개를 알리는 첫 신호탄이었고, 거기에 실린 나의 평론 「지식인문학의 위기와 새로운 민족문학의 구상」은 함께 실린 김진경의 「민중적 민족문학의 정립을 위하여」, 신승엽의 「노동문학의 현단계」 등과 더불어 채광석이 선언했던 '민중적 민족문학론'을 보다 심화시킨 이론적·실천적 결과물로서 당시 문학판에 적지 않은 파문을 일으켰다. 이로부터 나는 본의 아니게 불의의 사고로 세상을 뜬 채광석의 비평적 후계자가 되어 '민중적 민족문학의 독전관'[10] 자리를 물려받게 되었다.

「지식인문학의 위기와 새로운 민족문학의 구상」(이하 「위기와 구상」)은 200자 원고지로 250매가 넘는 장편 평론이었다. 이 글은 내가 쓴 것이기는 하지만 주요한 골자는 1985년경부터 채광석을 중심으로 나와 현준만, 이재현, 백원담 등이 참여하여 간헐적으로 지속되었던 문학운동 세미나에서 충분히 논의된 것이었다. 나는 이러한 논의를 정리하여, 박종철 고문치사 사건과 직선제 개헌 논의로 민주화 운동의 새로운 국면이 전개되고 있던 1987년 봄부터 여름까지, 낮에는 투쟁이 펼쳐지는 거리를 달리고 저녁에는 최루탄 냄새 채 가시지 않은 몸을 이끌고 들어와 글을 써나갔다. 「위기와 구상」을 관통하고 있는 어떤 대전환의 정동은 이 글이 바로 그 대전환의 국면을 관통하는 과정에서 완성되었기 때문이다. 이처럼 글의 호흡과 시대의 호흡이 일치하는 경험을 했다는 것만으로도 나는 평생 글 쓰는 자로서 받을 만한 축복은 다 받은 것이나 마찬가지라고 생각한다.

그해 8월 15일 『문학예술운동』 1집이 발간되고 거기 실린 「위기와 구상」이 널리 읽혀지게 되면서 나는 민중시대의 한국문학을 열어나가는 젊은 기수로서 단지 문단

판을 넘어서 문화계와 독서계 전반에서 큰 주목을 받게 되었다. 요즘과 달리 미디어라고는 일간신문과 일부 월간지가 전부였던 당시에 도하 각 신문 문화면에 「위기와 구상」과 이를 쓴 김명인이라는 신예 평론가에 대한 기사가 실리지 않은 곳이 없을 정도였다. 6월 항쟁이 6·29 선언으로 이어져 5공화국 체제가 종식된 것은 4·19 혁명 이래 우리 민중이 오랜만에 획득한 승리의 경험이었고, 명확히 합의된 비전이 있는 것은 아니었지만 한국사회가 분명히 커다란 대전환을 목전에 두고 있다는 것은 여지없는 사실이었다. 「위기와 구상」은 그런 승리감과 대전환의 기대로 세상이 뜨겁던 무렵의 문학적 총아였고, 과장을 조금 보탠다면 문학계의 '6·29 선언'과 같은 것이었다.

그러면 「위기와 구상」은 어떤 글이었기에 그 같은 뜨거운 반응을 얻어낼 수 있었던가. 이 글은 '민중적 민족문학'의 역사적 필연성을 주장했지만 그 주장 이전에 1970년대 문학과 1980년대 문학에 대한 상세한 평가에 많은 공을 들였고, 이러한 1970~1980년대 문학의 성취와 한계 위에 전혀 새로운 문학으로서 민중적 민족문학의 도래를 자연스러운 것으로 받아들일 수 있도록 구성되었다. 즉, 비판적 리얼리즘 문학으로서의 1970년대 문학의 뛰어난 성취가 곧 그 시기 남한사회의 중심 세력이었던 소시민계급이 이룬 최고 수준의 문학적 성취라는 것, 하지만 1980년대 들어 기층 민중의 대두와 민중적 세계관의 심화 확장으로 인해 소시민계급 문학과 민중의식 간의 괴리가 발생했고 그 결과 1980년대 초중반 문학의 답보로 나타나고 있다는 것, 그리하여 기층 민중의 주체화에 걸맞은 변혁이론이 대두되어야 하는 것과 마찬가지로 문학에서도 그에 걸맞은 새로운 이론과 실천이 대두되어야 한다는 것, 그것은 이제까지의 소시민적 문학 실천과는 전혀 다른 차원의 문학적 실천, 즉 집단창작과 같은 창작 방법의 혁신을 포함한 기층 민중의 문학 주체화를 통해서 이루어져야 한다는 것, 그리고 이것이야말로 '소시민적 민족문학'에서 '민중적 민족문학'으로의 전환이라는 문학사적 필연의 기본 내용이라는 것이다.

이러한 '민중적 민족문학론'의 기본 얼개는 여러모로 허점투성이였다. 하지만 그럼에도 불구하고 6월 시민항쟁과 7~9월의 노동자대투쟁이라는 거대한 변혁적 분위기가 휩쓸고 있던 1987년의 상황에서는 이처럼 담대한 새로운 문학적 선언에 누구도 나서서 이의를 제기하기 어려웠을 것이다. 이 시기에 「위기와 구상」을 반박하는 것은 자기가 소시민적 한계를 채 벗지 못한 낡은 인간이라는 사실을 자인하는 것과 마찬가지였기 때문이다. 그 무렵 나는 겉으로 내색은 하지 않았지만 내가 마치 점령군처럼, 혹은 완장을 찬 당 간부처럼 비평계를 지배하고 있다고 느꼈다. 그리고 개인적으로는 1980년 12월 11일 기층 민중이 변혁의 주체가 되기를 기대하며 학생운동이 기꺼이 그 밑거름이 되어야 한다고 주장했던 「반파쇼학우투쟁선언」에서 꿈꾼 새로운 세상이 비로소 목전에 다가온 느낌이었고, 나는 문학이라는 외피를 둘러쓴 혁명가로서 그 희망의 현전을 증언하게 되었다는 감회에 젖을 수 있었다. 나는 이처럼 처음부터 시대의 월계관을 쓰고 문학평론가의 길로 들어섰던 것이다.

2 / 길이 시작되자 여행은 끝났다

그 어느 허탈했던 겨울날 아침

1987년 12월 17일의 아침을 좀처럼 잊을 수 없다. 있을 수 없는, 아니 있어서는 안 되는 아침이었다. 전날은 대한민국 제13대 대통령 선거일이었다. 나는 밤늦게까지 마음이 맞는 고등학교 동창들과 함께 그중 누군가의 집에서 개표방송을 보았다. 36퍼센트의 지지로 노태우 후보가 당선되는 것을 확인하고 어디 가서 해장국이나 먹자며 길에 나섰다가 해장국은 먹어서 무엇하랴는 심정으로 각자 집으로 허청거리며 돌아갔던 것으로 기억한다. 그날의 허탈하고 암울했던 기분은 마치 오늘 아침의 일이었던 것처럼 이 순간에도 생생하게 살아온다. 집에 돌아오니 구로구청에서는 부정투표함을 사수하기 위해 모인 청년 학생들이 전투경찰의 살인적인 진압 작전에도 굴하지 않고 필사적인 농성 대오를 유지하고 있다는 소식이 들려왔으나, 나는 그곳으로 지원투쟁을 하러 나갈 힘도 의지도 다 잃은 것처럼 깊은 잠 속으로 빠져들었다.

비록 김대중과 김영삼이라는 야당의 두 거두가 단일화 협상에 실패하여 각각 다른 당의 이름 아래 출마를 강행하는 통에 전두환과 다를 것 없는 노태우가 '보통 사람'의 가면을 쓰고 어부지리를 얻은 결과였지만, 6월과 7~9월의 축제가 단 몇 개월 만에 파장으로 끝나고 말았다는 사실을 좀처럼 믿고 싶지 않았다. 전날에 있었던 대통령 선거는 분명 새로운 직선제 헌법에 의한 합법적인 선거였고 설사 얼마간의 부정선거가 있었다고 한들 대세에 지장을 줄 수는 없었겠지만, 그날 아침의 기분은 마치 신군부 세력에 의해 또 한 번의 쿠데타를 당한 기분이었다.

하지만 사실은 사실이었다. 그것은 있는 그대로 받아들이지 않으면 안 되는 엄연한 현실이었다. 나를 포함한 젊은 '혁명가들'은 이내 변한 것은 아무것도 없다고 생각하며 마음을 추슬렀다. 겨우 기만적인 '직선제 개헌'이나 끌어내고 낡은 자유주의 정치인들에게 대통령이라는 권좌를 주기 위해 싸움을 시작한 것이 아니라고, 이 선거 결과에 실망하면 할수록 자신이 수준 낮은 개량주의자에 지나지 않았음을 실토하는 것이나 다름없다고 자위하면서 새로운 양두구육의 유사 군사 정권과의 투쟁을, 원래 밀고 나갔던 민중민주주의의 변혁 프로그램을 의연히 추진해나가야 한다고 생각했다. 이러한 생각은 김지하가 죽음의 굿판을 걷어치우라고 일갈했던 1991년까지도, 어쩌면 그 이후 몇 년이 지나 이제는 정말 아닌 게 분명한데도 여전히 관성적으로 지속되었다.

지금 생각해보면 그것은 거대한 낭만적 착각이었고, 집단적 시대착오였다. 직선제 개헌과 그 헌법에 기초한 제13대 대통령 선거에서 신군부 내부 권력 교체는 당시로서는 끔찍한 일이었지만, 그것은 우연한 불행이나 사고가 아니라 당시 한국사회의 총체적 역동이 만들어낸 필연적 결과물이었고, 그 이후 1990년대 초반까지 이른바 '변혁운동 세력'이 계획하고 추진했던 '더 많은 민주주의' 프로그램은 이 필연성을 올바로 성찰하지 못한 몽상적인 것이었다. 그것은 마치 빙빙 돌리다가 놓쳐버린 팔매돌처럼 자기의 속도를 이기지 못한 채 맹목적으로 시대의 허공으로 날아가 가뭇없이 사라질 운명이었다. 물론 나도 역시 내면 한켠에서 솟아나는 알 수 없는 불안과 염려를 애써 부정하며 여전히 맹목의 가속도로 날아간 팔매돌들 중 하나였다.

1980년 '서울의 봄'에서부터 1987년 6월 항쟁까지 '민주화 투쟁'의 기세는 놀라운 것이었다. 훗날 사람들은 이 6월 항쟁의 승리를 더러는 혁명이라 불렀고 많은 사람들이 그 이후에 수립되어 전개된 한국사회 체제를 '1987년 체제'라 불렀다. 하지만 나는 그러한 평가를 '과잉'이라고 본다. 그것을 혁명이라 부르기에는 배후에 의연하게 작동하고 있던 본질적 반동성이 너무 컸기 때문이다. 1980~1987년간에 벌어졌던 '민주화 투쟁'의 총공세는 제5공화국 반동 정권을 붕괴시킬 정도로 강력한 것이었지만, 한국사회의 유구한 기득권 체제에는 근본적인 변화를 가져오기에는 허약했다. 대신 신자유주의 시스템의 정착과 이에 대한 기득권 세력의 발 빠른 적응과 지배체제 개편을 불러왔으며 조만간 본격적으로 전개될 '1998년 체제'를 위한 정지 작업을 충실히 수행했을 뿐이다.

하지만 이 7년간의 투쟁 내내 투쟁주체들이 경험하고 기대했던 강력한 낭만적 고양과 극도의 급진적 전망은 한국 근현대사를 통틀어 가장 격렬하고 황홀했던 것이었다. 그것은 8·15 해방 직후와 4·19 혁명 직후에 필적하는 수준이었을 텐데 주관적 낙관주의의 측면에서라면 가장 최고의 시기가 아니었을까 싶다. 어떻게 그런 낙관적 고양이 가능했을까. 거기엔 세 개의 강력한 정동적 벡터가 작용했기 때문이다. 하나는 박정희 피살과 더불어 도래했어야 할 민주주의가 신군부 쿠데타로 인해 도난당했다는 상실감이었고, 나머지 두 개는 1980년 봄의 광주에서 일어났던 잔혹한 학살과 비극적 저항이 불러온 죄책감과 분노감이었다.

상실감과 죄책감과 분노라는 이 뜨거운 정동 트라이앵글의 힘은 너무나 강력했다. 이로 인해 이전까지 극히 일부 본격좌파들 외에는 '민주 회복' 수준에 머물러 있었던 반군부독재 세력의 의식 수준은 극적인 수준으로 급진화되었다. 광주에서 마지막 새벽에 도청을 지키다 산화한 시민군들의 형상은 한 편의 영웅 서사로서 신화화되었고, 그들이 총을 들었다는 사실은 오래된 무장투쟁의 기억을 현재로 소환해 이제까지의 시위나 선언문 배포 등의 비폭력적이고 나이브한 모든 운동 형태를 초라한 것으로 만들어버렸다. 게다가 광주에서 목격한 노동자, 룸펜프롤레타리아 등의 투쟁주체화는 민중주체 혁명이라는 모든 좌파들의 이상이 한국사회에서 오래지 않아 실현될 수도 있다는 환상을 심어주기에 모자람이 없었다.

이에 따라 당시 한국의 반체제운동 세력은 단순한 민주 회복을 넘어서는 보다 원대하고 급진적인 혁명, 즉 민족민중민주 혁명이라는 슬로건을 당연하게 받아들였고, 좀더 급격한 전위적 투쟁을 통해서인가 아니면 장기간의 대중조직을 통해서인가, 또한 전형적인 프롤레타리아 당 파성에 입각한 사회주의 혁명인가 아니면 전선적 형태의 온건한 사회민주주의형 혁명인가의 차이만 있을 뿐, 모두가 암묵적으로 혹은 공공연하게 자신들이 곧 도래할 혁명의 길에 헌신하게 될 것을 당연하게 여겼다.

구로공단, 인천, 마산, 창원 등 공업단지에는 노동자들과 혁명의 길을 함께 하고자 현장으로 투신한 학생-노동자들이 공공연히 모여들었고, 노동자들 역시 이제야 자신들이 세상을 바꾸는 힘을 가졌다는 것을 알았다는 듯이 자연스럽게 투쟁 대열에 나서기 시작했다. 전국의 대학캠퍼스에서는 죽음 따위는 조금도 두렵지 않다는 듯 겁 없는 청년들이 투쟁과 학습으로 나날을 보냈고, 일반 사회에서는 각종 청년운동, 통일운동, 민중연대 운동, 민중문화 운동이 조직적으로 전개되었다. 1987년 6월 항쟁과 7~9월 노동자대투쟁의 폭발적 전개는 이러한 혁명적 정동의 필연적 귀결이었고, 광주학살의 원죄를 지고 있던 신군부의 5공화국 정권은 이러한 민중적 기세를 견디지 못하고 박종철·이한열의 죽음을 건너면서 결국 항복 선언을 하지 않을 수 없는 지경에 이르렀다.

그러나 1987년 12월 17일 아침 이후 서울의 공기는 어딘가 달라졌다. 기압 배치가 바뀐 것이다. 그 전날까지만 해도 49퍼센트의 불안과 비관의 정조를 가까스로 억누르고 있던 51퍼센트의 기대와 낙관의 정조는 겨울 기압골에 의해 가차 없이 밀려나버리고 어두운 구름처럼 실망과 비관이 무겁게 내려앉았다. 그리고 봄이 오면서 서울의 거리는 곧 열리게 될 88올림픽에 관한 장밋빛 기대가 1년 전 항쟁의 기억을 마법처럼 대체해갔다. 잠실에 거대한 올림픽 경기장이 건설되었고, 상계동과 목동에서는 대단지 아파트를 건설한다고 마치 고압세차기를 분사하듯 가난한 사람들의 눈물겨운 주거지를 남김없이 휩쓸어버렸다.

마침 그 무렵 한국경제는 5공 초기의 스태그플레이션 상황에서 벗어나 저금리·저유가·저물가의 이른바 '3저 호황'의 대반전을 맞고 있었고 성장률은 1986년 11.2%, 1987년 12.5%, 1988년 11.9%로 고공행진 중이었다. 이러한 초호황 상태는 자본 측으로 하여금 1987년 노동자대투쟁 과정에서 노동자들이 요구한 노조 설립의 자유와 임금 인상 등의 요구를 어느 정도 들어줄 수 있게 했으며, 비록 대기업 중심이기는 했지만 해방 이후 최고의 임금 인상이라는 기록을 낳게 되었다. 이때부터 한국에서는 '노동귀족'이라는 말이 등장하기 시작했다.

'더 많은 민주주의'를 통해 독점자본주의 구조 자체를 해체하고 더 평등한 사회를 원했던 변혁운동 세력의 희망과는 달리 1988년 봄 한국의 기층 민중 대부분은 직선제 개헌 쟁취와 높은 수준의 임금 인상이라는 두 개의 반가운 선물을 받아들고 이만하면 됐다는 만족한 상태에 안주하기로 마음먹은 것 같았다. 직선제 개헌도 되었고 경제는 호황이고 올림픽도 개최하고 대외 개방도 한다고 하며, 비록 군복 입다가 양복으로 바꿔 입기는 마찬가지지만 노태우가 자기는 위대한 보통 사람의 시대를 열어갈 '보통 사람'의 한 명일 뿐이라고 거듭 약속을 하니 믿어볼 만하지 않겠느냐고 생각했을 것이다.

꿈같던 얘기로 들렸던 서울올림픽이 심지어 소련과 '중공'까지 참여한 가운데서 성공리에 개최되었고 한국은 한국전쟁 정전 이래 30년 만에 다시금 세계의 이목이 집중되는 나라가 되었다. 전란과 빈곤의 나라에서 올림픽의 나라로의 극적인 반전이었다. 이때 '독일민주공화국'이라는 이름으로 참여했던 동독은 이듬해인 1989년 11월 9일 베를린 장벽의 붕괴와 더불어 역사 속으로 사라졌다. 그리고 바로 2년 후인 1991년 12월 26일 소련, 즉 소비에트사회주의공화국연방 역시 74년의 생애를 마치고 '러시아연방공화국'에게 그 운명을 이양했다. 폴란드, 체코슬로바키아, 헝가리, 불가리아, 루마니아, 알바니아 등 나머지 동구권 사회주의 국가들의 운명도 마찬가지였다. 심지어 유고슬라비아는 그 이름조차도 흔적 없이 사라져버렸다. 바야흐로 냉전 체제가 종식된 것이다. 이를 이어 미국의 권유, 혹은 승인이 있었겠지만 노태우 정권은 1990년 한러 수교, 1991년 남북한 UN 동시 가입, 1992년 한중 수교 등 연이은 외교적 대형 사고(?)를 터뜨린다.

소련을 비롯한 동구권 현실사회주의 국가들은 일제히

국가사회주의 체제를 포기하고 자본주의 경제체제를 이식하기 시작했다. 그러므로 엄밀히 말하면 붕괴가 아닌 체제 변환이었다. 물론 이러한 체제 변환을 이끈 것은 자본주의 블록발 신자유주의의 도도한 물결이었다. 이 놀라운 세계사적 사건이 나를 비롯한 한국의 변혁운동 세력에게 준 충격은 엄청난 것이었다. 우리가 추구하는 것은 러시아식 프롤레타리아 혁명이 아니라 제3세계형 민중혁명이라고 주장하기는 했지만 당시 변혁운동권 내부에서 유통되던 정세 분석 문건들의 기본 모델은 거의 전부 러시아혁명기의 레닌주의적 모델이었고, 조직이론이나 전술이론, 심지어는 개개인의 혁명가적 윤리의식 역시 대부분 혁명기의 소련산 유물이었다. 다들 더 투철한 볼셰비키가 되는 게 꿈이었다고 해도 과언이 아니었다. 베른슈타인류의 수정주의나 북구형 사회민주주의는 공공연히 이단 취급을 받았다.

사회주의권 붕괴라는 경천동지의 소식을 접한 이후에야 당시까지 현존했던 사회주의 체제가 사실은 프롤레타리아 계급의 소외와 배제 위에 건설된 국가사회주의 체제였고 세계경제 차원에서는 기실 그 국가사회주의 체제들이 각각 하나의 국가자본 단위로 존재했을 뿐이라는 것을 가까스로 받아들이기 시작했다. 서구에서는 이미 68혁명기에서부터 거론되었던 '인간의 얼굴을 한 사회주의'라는 말이 비로소 조금씩 회자되었고, 이미 내부로부터 붕괴되기 시작한 소련 마지막 서기장 고르바초프의 페레스트로이카(개혁)와 글라스노스트(개방)라는 구호가 마치 사회주의의 갱신을 알리는 새로운 희망인 것처럼 받아들여지기도 했다.

하지만 그것 역시 그야말로 '객관적 오류와 주관적 착각'에 불과한 것이었다. 자본주의 시장경제는 곧 그 완고했던 사회주의의 성채들을 탐욕스럽게 먹어치우기 시작했고, 오래지 않아 평등주의와 공동체주의, 염치와 절제 등 그들 사회에 가까스로 남아 있던 사회주의적 덕성은 관료주의, 전체주의, 비효율 등 오랜 고질적 병폐들과 함께 내팽개쳐졌다. 그리고 사회주의 혁명의 영원한 고향이었던 소련과 인민민주주의 혁명의 본토였던 중국이 우방 조선민주주의인민공화국에게 미안하다는 말도 없이 대한민국이라는 이 신식민지국가독점자본주의 '미제의 괴뢰국가'와 정식 수교를 한 것이다. 이런 경천동지의 사태 앞에서 선배들이 이루지 못했던 혁명을 다시 꿈꾸었던 1980년대의 전위투사들은 닭 쫓던 개처럼 망연자실하지 않을 수 없었다.

이로써 1980년대를 관통하며 낭만적 자가발전의 힘으로 민중민주 혁명의 대오를 유지해오던 '변혁운동 세력'은 여전히 철모르는 과격 '운동권'으로 남거나, 아니면 '객관적 충격과 주관적 자멸'의 과정을 통해 청산의 길로 들어서게 된다. 이전까지 나라를 구하는 민주투사들로 존중받던 '변혁운동 세력'은 이 무렵부터 대중의 감각과는 동떨어진 과도한 요구를 하는 특수 집단, 즉 '운동권'이라는 이름으로 고립되기 시작했다. 이처럼 직선제 개헌과 삼저 호황, 현실사회주의권 몰락과 북방외교의 성공 등 지배블록의 성공적인 자기개편과 헤게모니 장악이라는 현실 상황의 극적인 변화 앞에서 '더 많은 민주주의'를 위한 '운동권'의 오랜 꿈은 더 이상 전진할 동력을 잃게 된 것이다.

이처럼 나는 1987년 체제가 '민주화'의 성공으로부터 출발했다기보다는 신자유주의 세계체제와 국내 지배블록의 성공적 체제 개편으로부터 출발했다고 보는 입장이다. '민주화'는 단지 그 최소 성과일 뿐, 사실상 한국사회는 이 시기부터 10년 후 IMF 충격으로부터 비롯되었다고 하는 1998년 체제에 종속되기 시작했기 때문이다. 물론 절차적 민주주의 체제의 연착륙이 가지는 의미는 중요하다. 비록 신자유주의 헤게모니 지배라는 엄정한 한계가 있음에도 불구하고 한국사회는 이때부터 비로소 시민(부르주아)민주주의 체제가 하나의 유의미한 정치사회적 상부구조로 정착되기 시작했고, 그것은 제한된 형태로나마 한국이 시민주체에 의한 근대적 국민국가의 꼴을 갖추게 되었다는 것을 의미하기 때문이다.

그러므로 그 시기의 '운동권'은 급진혁명의 좌절을 한탄하고 전향이나 청산의 길로 갈 것이 아니라 이러한 신자유주의적 자본주의 헤게모니 아래서 비로소 싹튼 시민민주주의를 어떻게 보전하고 이로부터 어떻게 더 많은 민주주의를 향한 여정을 시작할 것인가에 대한 본격적 고민을 했어야 했다. 물론 이러한 평가는 어떠한 좌절과 환멸의 파도에도 아랑곳없이 전향이나 청산을 택하지도 않고 황폐한 침묵 속에 빠져들지도 않은 채, 여러 시민운동의 현장에서, 진보정치 운동의 현장에서, 아니면 여전히 가난하고 고통받는 민중의 곁에서 이 변화된 세계에서 무엇을 할 것인가 고민하고 싸워온 사람들에게는 해당되지 않는다. 세상이 어떻게 변하든 당장 하루라도 싸우지 않고는 자기 존재를 유지할 수 없었던 그들의 입장에서 본다면, 겨우 청산과 도피의 유혹을 이기고 가까스로 침묵의 수렁에서 빠져나온 창백한 지식인의 이런 뒤늦은 깨달음이라는 것은 얼마나 가소로운 것일까.

'민중적 민족문학'이라는 미망

「지식인문학의 위기와 새로운 민족문학의 구상」이 발표

되고 나서 이전까지 백낙청을 중심으로 형성되어 있었던 '민족문학론'의 지형도는 크게 출렁거리기 시작했다. 백낙청의 입론은 1970년대를 관통하며 '시민문학론'에서 '민족문학론'을 거쳐 '민중적 민족문학론'으로 진화해오고 있었지만, 고인이 된 채광석과 나를 비롯한『전환기의 민족문학』의 주요 필자들은 그의 민족문학론을 사실상 '소시민적 민족문학론'이라는 딱지를 붙여 격하시켜버렸다. 그가 말하는 '민중적'이라는 말은 '민중적 관점'에 불과하지만 우리(채광석과 나)가 말하는 '민중적'이라는 말은 '민중적 관점'은 물론이거니와 '민중주체성', 즉 민중의 직접 생산까지도 포함한다는 점에서 전혀 차원이 다르다는 것이 우리의 생각이었다.

소시민 지식인들이 '민중적 관점'을 가지고 민중 현실을 형상화하고 민중의 열망을 대리하는 시대는 끝났다는, 아니 끝나야 한다는 것이었다. 백낙청은 '민중의 눈으로 본다'는 점까지는 받아들였지만 민중의 직접적 문학 생산이 문학작품의 질적 성과를 보장할 수는 없다는 입장이었고, 우리는 그것을 '문학주의'적 입장이라고 공격했다. 그러자 이제는 조정환이 양자가 전제로 하고 있는 '민중적'이라는 한정사가 가지는 불투명성 혹은 민중주의적 경사를 지적하며 이를 민중연합 전선이라 규정하고, 그 안에서의 노동자계급 헤게모니를 확실히 하는 방향으

로 나아가야 한다고 논쟁을 확대했다.[11]

'민중'이라는 말은 친숙한 만큼 문제적이다. 1960년대 이후 한국 현대사상사에서 이 말은 여러 논란을 거쳐 오기는 했으나 대체로 인민이나 프롤레타리아로 선뜻 환원할 수 없는, 제3세계적 맥락에서 민족민주 변혁을 수행하는 '한국적 변혁주체'라는 의미로 정착되어 영문으로도 'minjung'이라는 고유 개념으로 통용되어왔다. 그것은 냉전적 분단질서 속에서 인민이나 프롤레타리아 대신 부득이 사용하게 된 개념이라는 소극적 의미도 있으나 보다 적극적으로는 한국적 상황에서 민족 모순, 계급 모순, 그리고 (백낙청이 주장해온) 분단 모순을 극복하는 보다 광의의 피지배주체라는 의미를 가진다.

백낙청의 '민중'은 분명히 그런 의미로 사용되고 있고 나를 포함한 민중적 민족문학론자들 역시 그런 의미로 사용했으나, 우리는 민족민주혁명 이후의 더 진전된 혁명을 배제하지 않고 있었으며 그런 맥락에서 그 안에서의 '노동자계급 주도성'이라는 문제를 고민하지 않을 수 없었다. 그리고 조정환은 처음부터 '민중'을 프롤레타리아 혁명으로 가는 과정의 과도적인 민주주의(민족) 전선체로 명토 박은 것이었고, 이후에는 노동해방문학 그룹에 가담하면서 이러한 민중 개념의 사용을 폐기하고 직접적으로 프롤레타리아 계급 당파성을 내세우게 된다.

다른 맥락에서 볼 때 백낙청과 나 사이의 쟁점은 '민중성' 혹은 '민중적 관점'에서는 차이가 없으나 '누가 주체인 문학인가'라는 문제에 집중되어 있었다면, 조정환의 경우는 문학적 주체는 '당연히' 프롤레타리아계급이 주도하면서도 여타 민중 부문을 포괄하는 사회주의 리얼리즘의 '계급성-당파성-민중(연대)성'의 3원칙으로 해결이 되는 문제였고 보다 더 중요한 것은 백낙청이든 김명인이든 둘 다 매우 나이브한 혁명관을 비판받아야 한다는 것이었다. 이처럼 이른바 민족문학(주체)논쟁이라 불리던 당시의 문학 논쟁은 문학론과 혁명론이 뒤섞여 있거나 아니면 혁명론이 문학론을 압도하는 형국으로 전개되었는데 그것은 당시의 문학운동이 한국사회 변혁운동의 향방을 둘러싼 노선 투쟁과 긴밀하게 연관된 상태로 진행된 데서 온 불가피한 현상이었다.

1980년대 후반에 들어서면 변혁운동 세력에게 '민주화 운동'은 단지 수사학적 위장이었을 뿐, 사실상 그들이 추구한 것은 민족 문제와 계급 문제를 함께 해결하는 한국사회의 총체적 변혁운동이었다. 그리고 신군부 세력에 맞서는 민주 회복 투쟁이거나 민중 생존권 투쟁이라는 형식으로 현상했던 1980년대 후반의 대규모 민중 투쟁의 이면에서는 이러한 투쟁을 어떤 전략과 전술을 바탕으로 해서 총체적 변혁운동으로 이끌어나갈 것인가에 대한 격렬한 사상 투쟁과 노선 투쟁이 내연했던 것이다. 이것이 바로 1980년대 중반 학생·노동 운동 내부에서 시작되어 진보적 사회과학계까지 확장되었던 사회구성체 논쟁(약칭 '사구체 논쟁')이었다.

당시 사회구성체 논쟁에는 두 개의 커다란 대립이 존재했다. 우선, 남한사회가 하나의 독자적 사회구성체로서 존재하는가 하는 문제를 둘러싸고 한국사회가 하나의 독자적 사회구성체라고 보는 쪽에서는 한국사회가 미국 등 제국주의 외세의 신식민지적 간섭과 지배를 받고 있기는 하지만 분명히 독자적인 자본주의 사회구성체이며 그렇기 때문에 자본-임노동 간의 모순이 기본 모순으로서 노동자계급이 변혁의 주도성을 가질 수밖에 없다는 입장으로, 이를 '신식민지국가독점자본주의론'(신식국독자론)이라고 하고 그에 입각한 변혁운동론은 '민족민중민주혁명론'이라 불렀다.

반면, 한국사회가 자본주의 사회이기는 하지만 자족적 순환 구조를 가지는 독자적 사회구성체라고 보기에는 미국으로 대표되는 중심부 제국주의에 종속된 체제라고 보는 쪽에서는 이 제국주의 외세의 축출과 배제가 가장 시급하므로, 즉 제국주의와 민족 간의 모순이 기본 모순이기 때문에 노동자계급 주도성보다는 민족해방 투쟁을 위한 민중연합의 주도성이 더 중요하다고 보는 입장으로,

이를 '식민지반봉건(혹은 반자본주의)사회론'(식반론)이라 하고 이에 입각한 혁명론을 '민족해방혁명(투쟁)론'이라 불렀다.[12]

이러한 사구체 논쟁의 맥락에서 본다면 백낙청의 입장은 노동자계급적 당파성과는 거리가 있는 전통적인 '시민민주주의혁명론'을 배경으로 가지고 있다고 할 수 있으며, '민중적 민족문학론'과 조정환이 주장한 '민주주의민족문학론(→노동해방문학론)'은 둘 다 신식국독자론에 기반한 '민족민중민주혁명론'을 배경으로 하고 있다고 할 수 있다. 둘 사이의 차이는 전자가 노동자계급 당파성을 배제하지는 않으나 여전히 민중연합 혹은 민족민주 전선을 당시 변혁운동의 주체로 설정하고 있었다는 점이고, 후자는 처음엔 전선적 주체를 내세웠으나 점차 급진화하여 나중엔 노동자계급 당파성과 주도성을 전면에 내세웠다는 점이다. 식민지반봉건사회론에 입각한 문학론은 처음엔 민중적 민족문학론 내의 한 경향으로 존재하고 있었으나 1988년 이후에는 친미·반공 문학을 공격하는 반제국주의 문학을 전면에 내세우면서 사실은 북한의 '주체문예이론'에 대부분 의존하는 '민족해방문학론'으로 독자화하게 된다.

당시의 '민족문학주체논쟁'이 새로운 민족문학의 주체가 누구인가를 중심으로 진행되었고 서로 다른 혁명

노선을 배경으로 하는 '문학적 혁명론'의 양상을 띠고 전개되었지만, 그것이 '문학론'인 이상 문예미학과 창작 방법론을 포함한 어떤 문학적 방법론을 가지는가 역시 정치 노선이나 주체의 문제 이상으로 중요한 쟁점으로 대두되었다. 그것은 리얼리즘 논쟁의 형태로 전개되었는데 여기서도 백낙청류의 '시민적 민족문학론'은 '노동자의 눈'을 중시한다고는 하지만 전통적인 '비판적 리얼리즘'에 가까웠다고 한다면, 민중적 민족문학론은 당대 기층 민중이 직면하고 있는 경험적 현실을 더 중시하는 '민중적 리얼리즘'을 내세웠고, 민주주의민족문학론(→노동해방론)은 '당파적 현실주의'를 내세웠다.

하지만 이러한 각기 다른 이름을 가진 '리얼리즘들'의 배경에는 노동자계급에 의한 사회주의 혁명의 필연성을 전제로 1930년대 소련에서 수립된 사회주의 리얼리즘이라는 불변의 교리, 즉 자본주의 사회는 필멸이며 리얼리즘은 이러한 자본주의의 모순과 그 필멸의 역사 과정을 예견하고 이 과정에서 노동자계급이 농민, 소시민 등 다른 피지배계급과 연대하여 혁명을 승리로 이끈다는 낭만적 확신을 전형적 인물과 전형적 상황 속에서 형상화하는 유일의 문예미학이자 창작 방법론이라는 교리가 공고하게 자리 잡고 있었다는 것을 부인할 수 없다.

나는 1987년부터 1991년까지 도서출판 풀빛에서 무크지 『문학예술운동』 세 권, 계간지 『사상문예운동』 아홉 권을 간행하면서 이러한 민중적 민족문학, 나아가 민중적 민족예술의 전면화를 위한 문화운동을 펼쳐나갔다. 1987년 8월부터 1989년 4월까지 류해정, 현준만, 신승엽 등과 함께 『문학예술운동』 1집('전환기의 민족문학' 특집), 『문학예술운동』 2집('보고문학' 특집), 『문학예술운동』 3집('현단계 문예운동의 비판적 조망' 특집)을 연속 간행했다. 그리고 1989년 가을, 6월 민주항쟁의 승리라는 호조건에 힘입어 문예 영역뿐만이 아니라 새로운 국면을 맞(았다고 생각하)는 한국사회에서 변혁의 사상적 동력을 모색한다는 취지로 박인배·오의택·도진순·문용식 등 문화운동가, 현장운동가, 역사학자, 변혁이론가 등과 더불어 계간지 『사상문예운동』을 창간하여 1991년 가을까지 9호를 간행했다.[13]

이 시기 동안 나는 「지식인문학의 위기와 새로운 민족문학의 구상」에서 내가 민중적 민족문학의 앙양을 위한 실천적 방략으로 제시했던 민중 직접 창작을 통한 민중주체문학의 확립이라는 과제를 지속적으로 추구해나갔다. 하지만 이 시기에 밀려닥친 세계사적인 변화와 한국 내부의 체제 전환이라는 대세는 가히 압도적인 것이었고, 변혁운동 진영은 1987년 6월 항쟁의 승리에 고무된 공세적 상황에서 6공화국 출범 이후의 곤혹스런 반동적 상황을 거쳐 1991년의 '분신정국'을 지나며 썰물 같은 일패도지의 상황에 맞닥뜨리게 된다. 공세에서 수세로 수세에서 패배로 이어진 이 4년이라는 격동의 시간은 곧 한국 현대사에서 근대적 의미의 혁명운동이 마치 일몰 직전처럼 마지막 빛을 발하고 소멸해간 시간이었다.

민중적 민족문학론 역시 소시민적 민족문학의 종언을 고하고 민족민중민주변혁의 위대한 전진과 대오를 함께 하는 민중주체의 혁명적 민족문학의 수립을 꿈꾸었지만 낭만적 시대착오라는 운명을 벗어날 수 없었다. 오늘의 시점에서 그토록 야심 찼던 「지식인문학의 위기와 새로운 민족문학의 구상」을 다시 읽으면 그것이 얼마나 허술한 견강부회의 현실 인식과 근거 없는 낙관과 문학이라는 예술 장르에 대한 의도된 몰이해로 가득한, 과학이라는 허울을 쓴 한갓 낭만적 에세이에 불과한 것인지 잘 알 수 있다.

이 글은 무엇보다 객관적 현실 인식에서부터 오류를 안고 출발한 글이었다. 나는 사회구성체론적 관점에서 당시 한국사회가 '신식민지국가독점자본주의 사회'라는 입장에 서 있었다. 이 입장에서 본다면 독점자본주의 사회는 원론적으로 소생산자(소시민)층의 양극분해로 자본가-노동자(민중연합) 간의 계급 갈등이 격화될 수밖에 없는 것인데, 나는 이 원론적 입장에 따라 1970년대를 소시민계급이 몰락해간 시기로 규정하고 1980년대는 몰락한 소시민계급을 포함한 민중 전체와 독점자본 세력 간의 대립이 격화될 수밖에 없는 혁명적 앙양의 시기라는 '주관적 희망'을 '객관적 조건'이라고 강변했다. 그런 전제를 설정해야만 몰락해가는 소시민계급을 포함한 기층 민중 대 외세와 독점자본 등 기득권 지배 세력 간의 전면전이라는 민족민중민주변혁의 시나리오, (소시민계급의 입장에 선) 소시민적 민족문학의 퇴조, (민중적 입장에 선) 민중적 민족문학의 발흥이라는 입론이 역사적 정당성을 가질 수 있게 되었기 때문이다.

  1980년대의 객관적 현실은 그와는 많이 달랐다. 만일 1970년대 중반 세계자본주의가 중동발 오일쇼크의 후유증을 극복하지 못하고 제2의 대공황 사태로 치달았다면 나의 혁명적 시나리오도 현실성을 얻었을지 모른다. 하지만 1980년대에 들어 세계자본주의는 레이거노믹스라든가 대처리즘으로 불리던 노동유연화와 자본 진출의 전면적 세계화라는 일련의 신자유주의 기획을 통해 제2공황의 위기를 극복하고 아연 새로운 활황 국면으로 돌아서게 되며, 그 파동이 한국경제에 도달한 것이 바로 1980년대 후반이었다. 이로써 한국사회는 소시민계급의 몰락은커녕 유례없는 호황과 고임금, 수출과 내수의 동반 확대 등을 통해 중산층의 급격한 증가를 경험하기 시작했다.

그리고 1998년 IMF 쇼크가 오기 전 10여 년 동안 한국사회는 유사 이래 최고의 풍요와 안정을 누리게 된다.

이런 상황에서 노동자계급이 주도하는 민중연합 세력의 민족민중민주변혁과 민중적 민족문학 혹은 문화를 꿈꾸는 일, 그리고 그것의 가능성 혹은 정당성에 대해 당시에도 이론이 없었던 것은 아니었다. 문학과지성 그룹 2세대 평론가[14] 중 한 명인 성민엽과 정과리의 비판[15]이 그것이었다. 성민엽은「전환기의 문학과 사회」에서 당시 한국사회가 경제적으로는 예속독점자본주의로부터 아류제국주의로, 정치적으로는 파쇼 군부 체제로부터 형식적 민주주의로 이행할 수 있는 것 아닌가 하는 진단과 함께, 그렇다면 "상품의 물신숭배와 의식의 사물화가 더욱 진전되어 공식화된 문화의 지배력이 강화되고 소시민계급은 물론이고 프롤레타리아트까지 혁명적 의식화의 가능성이 사물화된 의식으로 변질"될 수 있다고 보았다. 정과리는「민중문학론의 인식구조」에서 민중문학론이란 "(민중의) 의식, 무의식, 문화를 민중의 이름하에 독특한 방식으로 재구성한 하나의 이념적 담론"이라고 규정하면서 그것은 민중의 구체적 삶과는 처음부터 분리된 것이며 새로운 상징적 위계질서를 수립하려는 간교한 "소시민적 엘리티즘"에 불과하다고 보았다.

한국사회가 형식적 민주주의로 이행할 수 있고 혁명

적 의식화의 가능성이 현저하게 축소될 수 있다는 성민엽의 진단이 옳았다는 것은 1980년대 말 이후 한국사회의 변화가 증명해준 바 있으며, 당시의 민중적 민족문학론이 새로운 상징적 위계질서를 수립하려는 욕망에 의한 것이고 실제의 민중 현실과는 분리된 것이었다는 정과리의 진단 역시 지금에 와서 돌아보면 수긍하지 않을 수 없다. 그러나 당시의 나를 비롯한 민중문학론자들에게 이러한 비판은 그저 독점자본주의 헤게모니에 지배된 병든 프티부르주아 비평가들의 패배주의적이고 퇴행적인 헛소리에 불과했다. 나는 이들을 "자본주의에 패배한 문화주의적 패잔병 집단"인 프랑크푸르트학파와 그저 "지배적 담론구조를 해체하는 것이 혁명적 실천이라도 되는 것인 양 믿고 있는" 데리다·푸코류의 탈구조주의자들의 한국적 추종자라고 간단히 일축해버렸다.[16] 이미 시위를 떠난 화살처럼 우리는 어떤 것도 되돌릴 수 없었다. 그저 날아가 과녁에 박히는 것만이 모든 것이었다.

또 하나, 「지식인문학의 위기와 새로운 민족문학의 구상」이 가진 중대한 문제는 문학의 민중주체성의 문제를 민중의 직접적 집단창작이라는 창작 방법의 문제로 환원시켰다는 데에 있다. 이 글은 지식인 문학인들이 문학주의, 개인주의, 무정부주의 등 '시민적 미망'에서 벗어나 '노동하는 생산대중의 세계관'을 스스로에게 내화시켜야 한다는 전제 아래 새로운 민족문학의 창작 주체와 창작 방법을 사실상 민중주체성이라는 하나의 원칙으로 일원화하고, 모든 문학 창작을 자본주의적인 무정부주의적 생산-유통 체계에서 벗어난 혁명적 생산-유통 체계에 종속시키며, 그 안에서 전문 문인의 기존 장르에 입각한 사적 창작에서부터 비전문 대중의 새로운 장르에 입각한 집단 창작에 이르는 다양한 창작 주체·장르·창작 방식을 하나로 아우르고 있다. 이러한 구상은 당시에도 지나치게 기계적이지 않은가 하는 지적을 받았지만, 지금 생각해보면 정말로 '안드로메다에서 온' 구상으로 느껴진다.

이런 창작 방법론은 아마도 그 기원이라고 할 수 있는 어떤 사회주의 국가에서도 제대로 실현된 바가 없을 정도로 급진적인 것이고, 그만큼 문제적인 것이었다. 1970년대부터 노동자, 농민 등 기층 민중의 글쓰기의 성과들이 출현하기 시작했고 1980년대 노동운동을 비롯한 기층 민중운동의 발전에 따라 이러한 민중적 글쓰기가 심화·확산되었다. 그 결과로 박노해, 백무산 등 빼어난 노동자 시인들이 등장하는 데까지 이른 것도 사실이고, 지식인 작가들에 의한 민중 현실 형상화 역시 1980년대 들어서 상당하게 발전한 것도 사실이지만, 이러한 두 개의 경향을 하나로 묶어 이와 같은 창작운동이라는 형식으로 통괄한다는 것은 전혀 다른 문제이다. 이것을 누가 어떻게 통일하고 관리할 것인가. 이런 차원에 이르면 문학은 창작과 표현의 자유라는 문제와 필연적으로 부딪치게 되어 있다.

세계는 필연의 왕국이며 인간의 자유는 그 필연의 실현에 투신하는 자유일 뿐이라는 말은 철학적으로는 옳을지 모르지만 현실적으로는 궤변에 가깝다. 아직 이 세계는 그런 지경에 발을 들여놓지 못했으며 어쩌면 영원히 그럴 수 없을 것이다. 현실세계에서, 그것도 자유가 최초이자 최후의 조건인 문학과 예술의 영역에서 이러한 통일과 관리는 아무리 순조로워 보인다 할지라도 있어서는 안 된다. 어떤 필요와 조건에 따라 어떤 형식의 창작도 가능하지만 그것을 운동의 관점에서건 혁명의 관점에서건 하나의 제도로 만드는 순간 문학과 예술은 질식하기 시작한다는 사실을, 당시의 나는 외면했다. 당위가 현실을 압도했고, 도래해야 할 미래가 지둔한 현실을 겁박했던 것이다.

물론 '문학과 예술에서 자유가 최초이자 최후의 조건'이라는 것 역시 초역사적으로 옳은 말은 아니다. 그것은 근대적 관습일 뿐이다. 근대 이전의 문학예술 창작은 대체로 자유롭지도 않았고 온전히 개인의 몫도 아니었다. 현실사회주의 국가들에서 사회주의리얼리즘 이후의 문학예술 역시 마찬가지의 운명이었다. 오직 근대 문학예술만이 그 생산을 개인의 자의적 영역에 맡긴다는 점에서 오히려 특수한 처지라고 할 수 있다. 하지만 예술사가 웅변하듯 새로운 세계의 형상을 창조하는 순간의 예술은 언제나 특수한 예외적 개인의 산물이었고, 근대 예술의 이념은 바로 그 개인적 창조라는 특수한 예외를 예술의 본질로 제도화한 것이며, 그럼으로써 예술을 현실세계에 대한 영원한 질문이자 부정의 형식으로 고정시킨 것이다.

지금의 나는 예술의 이러한 본질을 절대로 양보할 생각이 없지만 1980년대 말의 나는 혁명의 제단에 예술의 개인성과 자의성이라는 창조적 동력을 기꺼이 희생물로 바치려고 했다. 이런 관점에서 '민중적 민족문학론'의 일반적 대의를 수긍하면서도 문학은 여전히 특정 개인의 뛰어난 작품으로 증명된다는 믿음을 공공연히 표방한 백낙청이나, 자율성을 가진 문학만이 유일한 체제 비판적·체제 부정적 영역으로 남는다고 말한 성민엽을 문학주의자라고 매도했던 것이다.

그러나 객관적 현실 인식의 오류와 섣부른 창작운동론의 표방이라는 두 개의 커다란 문제점에도 불구하고 「지식인문학의 위기와 새로운 민족문학의 구상」은 하나의 신드롬이라고 해도 좋을 만큼, 당시의 문단은 물론 문화계 전체에 큰 영향을 끼쳤다. 그것은 이 글이 수많은 논란의 여지에도 불구하고 광주민중항쟁에서 6월 항쟁에 이르는 1980년대의 대부분을 '분노하는 신체'로 내달렸던 동시대 사람들의 정동에 큰 울림을 주었기 때문이다. 이 글은 민중적 민족문학의 대두라는 역사적 필연을 주창한 것으로 유명해지기는 했지만, 사실 그 내용의 대부분은 1970~1980년대 한국문학에 대한 회고와 평가로 이루어져 있다.

1970년대까지는 "민중의 가위눌린 꿈을 해방의 꿈으로 대신 꾸어주는" 시, "대중의 철학교본의 역할"을 했던 소설, "변화를 위한 투쟁의 전략까지도 제시하는 의사 정치팜플렛 노릇까지도" 했던 비평들로 이루어졌던 한국문학의 '좋은 시절'이었지만, 광주에서의 학살과 항쟁이라는 돌아올 수 없는 건널목을 지나면서 이제 이 소시민문학의 좋은 시절은 종언을 고했으며 1980년대 작가들은 이러한 좋은 시절의 추억과 고별하고 민중적 존재 전이를 통해 새로운 혁명적 작가로 거듭나야 한다는 것이 이 글의 핵심이었다. 이 글은 광주학살-항쟁이 가져다준 존재론적 충격 속에서 방황하다가 마침내 6월 항쟁의 거리에서 땀과 최루탄 냄새와 승리의 도취감을 온몸으로 안고 돌아온 젊은 시인과 소설가들에게 하나의 치명적 유혹처럼 다가왔을 것이다. 비록 독배라 한들 뉘라서 이 잔을 거부할 수 있었을까.

이 글이 세상에 나온 것은 1987년 6·29 선언이 나온 그해 8월 15일, 무크지 『문학예술운동』 창간호 지면을 통해서였다. 나는 이 책이 나온 며칠 후 풀빛을 찾아왔다가 이 책을 받아든 황석영 선생의 반응을 잊지 못한다. 거기엔 그의 단편 「골짜기」도 실려 있었다. 그는 사무실 소파에 비스듬히 기대앉아 이 책을 훑어보다가 내 글을 읽는 눈치였다. 그런 지 얼마 되지 않아 소파에 비스듬히 기대 있던 몸을 벌떡 일으키더니 자세를 고쳐 앉았다. 그리고 그 글을 다 읽을 때까지 정독의 자세를 풀지 않았다.

아마도 이 글을 처음 읽은 대부분의 동시대 시인과 작가들도 마찬가지였을 것이다. 이 글은 허술한 논리와 터무니없는 주장이 뼈대를 이루었지만 동시대 작가들의 정동 속에 굽이치던 다시 못 올 것들에 대한 노스탤지어와 이제부터 와야 할 것들에 대한 비장한 결의를 못 견디게 자극하는 유혹적인 피와 살로 그 뼈를 감추고 있는 매우 치명적인 텍스트였다. 자화자찬 같지만 나는 이전에도 이후에도 그런 글을 쓸 수 없었다. 그것은 내가 쓴 글이기는 하지만, 그때 내가 한 일은 단지 우연하게 시대의 신탁을 받아쓰도록 선택되었다는 것, 그것뿐이었다.

1991년

그해, 1991년이 왔다. 지금도 그해를 생각하면 속절없는 죽음의 연쇄가 두서없이 먼저 떠오른다. 전투경찰의 쇠파이프에 맞아 죽은 명지대생 강경대가 떠오르고 충무로에서 전경들의 군홧발에 밟혀 죽은 성균관대생 김귀정이 떠오른다. 전남대생 박승희의 분신자살이 떠오르고, 박창수 한진중공업 노조위원장의 의문사와 김기설 전국민족민주운동연합(전민련) 사회부장의 분신자살이 떠오른다. 그리고 5월 어느 날인가 서울에서 대규모 가두투쟁이 있던 날, 연세대 정문 앞에서 가두시위 군중 속에 섞여 있던 내가 들었던 어떤 여성의 투신 소식이 떠오른다. 연세대에서 신촌으로 가는 길목 굴다리 위에서 몸을 던졌다는 것이다. 내가 속한 시위 행렬이 막 굴다리를 지나친 지 5분도 안 되었을 시점이었다.

대학생은 아니고 그냥 일반인 여성이라고 했다(그날은 광주항쟁 11주년인 5월 18일이었고, 후에 이 여성의 이름은 이정순으로 알려졌다). 하지만 그 순간 나도 모르게 몸서리가 쳐졌던 기억이 아직도 생생하다. 시인 김지하가 『조선일보』 지면에 「젊은 벗들! 역사에서 무엇을 배우는가」라는 칼럼을 쓴 것은 이 사건보다 2주 전인 5월 5일이었다. 나는 그때 겉으로는 김지하가 하필 『조선일보』에 민중의 목숨을 건 항거를 모독하는 글을 쓴 것은 이적행위라고 격하게 비판했지만, 시간이 갈수록 마음 깊은 곳에서 그에게 공감하게 되었다. 맞아, 이런 속절없는 죽음의 연쇄는 있어서는 안 돼, 라고 말하는 내 안의 또 다른 나의 목소리가 들렸다.

얼마 후 김기설의 분신자살을 전민련이 방조했고 그 유서조차 전민련 총무부장 강기훈에 의해 대필된 혐의가 있다며 검찰은 대대적인 수사에 착수했다. 곧이어 서강대 총장 박홍이 "죽음을 선동하고 이용하려는 반생명적인 죽음의 세력, 어둠의 세력이 존재한다"는 발언을 했다. 그즈음에 노재봉에 이어 총리가 된 정원식이 외국어대를 방문했을 때 외국어대생들이 그에게 밀가루를 뒤집어씌우는 행동을 했고 이로써 운동권의 패륜 논란과 더불어 기다렸다는 듯이 찬바람 부는 공안정국이 형성되었다.

그리고 전국 각지의 노동 현장에서 활동하던 학생 출신 활동가들이 거의 일제히 현장에서 빠져나오고 있으며 각종 현장조직들이 해체되거나 재편되고 있다는 소식도 속속 들려왔다. 『노동해방문학』이라는 문예지를 일종의 기관지로 삼았던 사회주의노동자동맹(사노맹) 주요 구성원들이 속속 검거되었고, 마지막으로 그 리더였던 노동자 시인 박노해가 논란 많은 도피 과정 끝에 검거·수감되었다. 그는 도피 중에 검거를 피하기 위해 불가피하다는 명분으로 넓고 쾌적한 빌라에서 기거했다고 했으며 도피자금을 모금의 형식으로 충당했다고 한다. 실제로 그는 박노해라는 이름을 내세워 적지 않은 시인과 소설가들에게서도 도피 자금을 모금했다. 나는 그것을 거부했지만 많은 문인들이 그 모금에 동참했다. 솔직히 그가 검거되었을 때 나는 조금도 안타깝지 않았다. 이 역시 1991년이라는 무대에서 연출된 퇴조와 환멸의 상징적인 풍경 중 하나였다.

그동안 나에게도 적지 않은 변화가 생겼다. 전해인 1990년 5월에 첫 평론집 『희망의 문학』을 상재했다. 민중적 민족문학론과 다양한 후속 논의가 담긴 이 책 역시 언론의 많은 주목을 받았고 나는 한동안 마치 요즘의 아이돌처럼 문화계 화제의 중심을 차지했다. 하지만 '희망의 문학'이라는 제목을 가진 그 평론집은 얼마 지나지 않아 역설적으로 강력한 회의와 의구의 시대 한복판으로 굴러떨어질 운명이었다. 그리고 1991년 8월 내가 편집주간을 맡아서 발간하던 계간지 『사상문예운동』이 9호를 끝으로, 우리는 곧 다시 돌아올 것이다, 라는 인사를 남기고 휴간을 하게 되었다. 물론 '우리'는 다시 돌아오지 못했다. 나 역시 그해를 끝으로 7년간 다니던 풀빛을 떠나게 된다.

그해 5월 서울대병원 약제부에서 근무하던 아내가 병원을 그만두고 미아리 인근 신축 영세민 임대아파트 단지 상가의 작은 점포 하나를 임대해서 약국을 개업했다. 이는 나에게 어쩌면 생계를 위한 노동을 더 이상 하지 않아도 괜찮다는 신호이기도 했다. 하지만 『사상문예운동』을 더 이상 만들지 않고 풀빛을 그만두는 것은 그저 다니던 직장에서 나오는 일과는 그 의미가 달랐다. 그것은 문화운동 혹은 문학운동을 통해 변혁운동에 기여하겠다던, 수형 생활 때부터 준비했던 내 생애의 행보를 일단 멈추는 것을 뜻했다.

이처럼 1991년은 너무나 많은 일들이 일어난 한 해였다. 그때 내가 겪고 들었던 일들은 다양했지만 그 모든 일들이 가리키는 것은 하나, 모든 것이 예전과 달라졌다는 것이다. 지금은 혼돈과 불투명한 기억 속으로 사라져 오직 날카롭게 저며오는 '단절과 퇴조의 감각'만으로 남아 있는 1991년, 그해의 기억을 이 날카롭지만 불투명한 감각의 착란 속에서 건져내 좀더 명확한 사실로서 되살려 내지 않으면 안 된다. 왜냐하면 1991년은 나의 성년 이후의 삶이자 이 책이 다루고 있는 지난 40여 년의 세월을 반으로 가르는 분수령이기도 하고, 동시에 이전까지 한국의 근대사회가 명백한 형태로든 모호한 형태로든 간직하고 있던 어떤 총체적 변혁의 도래라는 집단적 기대가 사실상 이루어질 수 없는 과거의 미망이자 낭만적 추억으로 전락하는 전환점이기도 하기 때문이다.

내가 이 기나긴 이야기를 쓰는 일을 잠시 중단하고 말 그대로 생사를 걸고 병마와 싸우고 있던 2022년 겨울, 비슷한 이유로 나처럼 1991년을 주목한 어떤 사회학자가 책 한 권을 내놓았다.[17] 이 책은 이른바 1987년 체제론이 박근혜 탄핵을 이끈 2017년 촛불혁명(?)까지 이어지면서 진보진영에서 일종의 '승리의 서사'로 재생산되고 있는 경향에 대한 강력한 반문의 형식으로 제출된 것이다. 이 책은 이 무렵 내가 주관하던 계간 『황해문화』에도 일부가 소개된 바 있고 그로 인해 적지 않은 논란을 낳았던 저자의 주장을 한 권으로 묶은 것이다. 나는 그의 입장에 모두 동의하는 것은 아니지만 이 책이 바로 잊히고 있던 1991년이라는 시점에서 일어났던 주요한 일들을, 오늘날 한국사회상의 원형이자 시발점이 된 결정적 사건들로 재소환해내고 있다는 점에서 상당한 설득력이 있다고 본다. 우선 이 책 덕분에 나는 과연 1991년을 전후한 한국사회의 연대기적 실체와, 나의 뇌리 속에 불완전한 기억과 불투명한 감각으로만 남아 있던 많은 서사들을 되살릴 수 있었다.

1991년 3월부터 5월까지 두 달 동안 분신, 투신, 타살 등 이른바 '시국 관련' 사망자가 13명에 이른다.[18] 각종 연보를 종합해보면 1970년~1990년간의 민주화 운동 과정에서 분신 등의 방법으로 체제에 항거한 '열사'의 숫자는 학생, 노동자 등을 모두 포함해서 대략 60여 명 정도에 이르는 것으로 파악되는데, 1991년의 3~5월 두 달 사이에만 13명의 사망자가 발생했다는 사실은 분명히 이례적인 것이다. 그리고 그것은 단지 숫자의 문제만은 아니다. 이전에도 민주화 투쟁의 '전선'에서 수많은 자발적·비자발적 희생자들이 있었지만 이전까지의 희생은 숭고한 비장함, 또는 비장한 숭고함의 아우라를 남겼고 그것은 투쟁의 열기를 북돋는 역할을 해왔다. 하지만 이 1991년 봄 두 달 동안의 죽음의 행렬에는 그런 아우라보다는 어떤 허무주의적 감각이 짙게 착색되어 있었다.

돌아가신 분들과 유족에게는 모욕이 될 것을 감수하더라도, 나는 그 행렬을 승리를 향한 투쟁 행렬이 아니라 퇴조하는 운동과 함께 생명을 바치는 일종의 순장 행렬로 느꼈다. 아니, 더 이상 희망 없는 세상에 대한 이별 의식이라고 해도 좋았다. 퇴조기의 절망감이 만든 타나토스! 그때 나는 독일의 바더 마인호프 그룹과 일본의 적군파를 떠올렸다. 같은 퇴조기에 독일인들은 적을 죽였고, 일본인들은 서로를 죽였으며, 한국인들은 자기를 죽이고 있다고 생각했다.

젊은 벗들!

나는 너스레를 좋아하지 않는다. 잘라 말하겠다. 지금 곧 죽음의 찬미를 중지하라. 그리고 그 굿판을 당장 걷어치워라. 당신들은 잘못 들어서고 있다. 그것도 크게!

　이제나저제나 하고 기다렸다. 젊은 당신들의 슬기로운 결단이 있기를 학수고대하고 있었다. 숱한 사람들의 간곡한 호소가 있었고, 여기저기서 자제요청이 빗발쳐 당연히 그쯤에서 조촐한 자세로 돌아올 줄로 믿었다. 그런데 지금 당신들 무슨 짓을 하고 있는가? (…) 지금 당신들 주변에는 검은 유령이 배회하고 있다. 그 유령의 이름을 분명히 말한다. 「네크로필리아」시체선호증이다. 싹쓸이 충동, 자살특공대, 테러리즘과 파시즘의 시작이다. 이미 당신들의 화염병은 방어용 몰로토프 칵테일 수준을 넘어서고 있었다. 파괴력에서가 아니라 상황과의 관계상실과 거기에 실린 당신들의 거의 장난기에 가까운 생명말살충동에서다. 당신들의 그 숱한 죽음을 찬미하는 국적불명의 괴기한 노래들, 당신들이 즐기는 군화와 군복, 집회와 시위 때마다 노출되는 군사적 편제선호 속에 그 유령이 이미 잠복해 있었던 것이다. 당신들은 맥도날드 햄버거를 즐기며 반미를 외치고 전사를 자처하면서 반파쇼를 역설했다. 당신들의 구호와 몸짓은 이미 순발적 정열을 이탈하여 의식화되었다.

　나는 그곳에서 이미 오래전에 일본 전학연의 몰

락의 냄새를 맡을 수 있었다. 이 모순을 어찌할 셈인가? 그런데 한술 더 떠 지금 당신들 무슨 짓을 하고 있는가? 자살은 전염한다. 당신들은 지금 전염을 부채질하고 있다. 열사 호칭과 대규모 장례식으로 연약한 영혼에 대해 끊임없이 죽음을 유혹하는 암시를 보내고 있다. 생명 말살에 환각적 명성을 들씌워 주고 있다. 컴컴하고 기괴한 심리적 원형이 난무한다. 삶의 행진이 아니라 죽음의 행진이 시작되고 있다.

(…) 젊은 벗들!

지금 곧 죽음의 찬미를 중지하라. 그리고 그 소름 끼치는 의사굿을 당장 걷어치워라. 영육이 합일된 당신들 자신의 신명, 곧 생명을 공경하며 그 생명의 자연스러운 요구에 따라 끈질기고 슬기로운 창조적인 저항 행동을 선택하라. 나는 군말을 좋아하지 않는다. 잘라 말하겠다. 내 말을 듣지 않겠다면 좋다. 할 대로 해보라. 당신들 운동은 이제 끝이다! 그래도 지성인이라면, 최소한 내 말을 접수라도 한다면 지금 이 글을 읽는 순간 자신의 신조가 무엇인지 스스로 묻고 대답해야 할 것이다. 종교인가? 유물주의인가? 대답이 다행히 창조적 통일로 끝났을 때, 그때 우리는 현정권에 대한 효력 있는 저항을 참색할 수 있을 것이다. 부디 자중자애하라.
부디 절망하지 말라. 절망은 폭력과 죽음, 그리고
종말의 서곡이다.[19]

지금 김지하[20]의 글을 천천히 다시 읽는다. 군말을 좋아하지 않는다면서 장황한 군말투성이이고 나로서는 여전히 낯선 '생명사상'류의 논조가 버성긴다. 더구나 당시의 죽음의 행렬에 어떤 배후가 있어서 그것을 부추기고 있다는 음모론적 사고도 터무니없다. 하지만 그 행렬에 어떤 비이성적인 충동이 작동하고 있으며 그것이 분명 건강하지 못한 것이라는 데에는 동의하지 않을 수 없다. 확실히 그 행렬은 이상 증세임에는 틀림이 없었다.

그때 하나뿐인 목숨을 내던진 분들의 행동 하나하나의 존엄성을 폄훼해서가 아니다. 퇴조기의 죽음으로 제대로 기림조차 받지 못하고 있다고 해서 그분들의 결단과 행동이 지니는 절대적 의미가 희석될 수는 없다. 게다가 그 죽음의 행렬에 어쩐지 서울대·연고대 등 이른바 당시 학생운동권의 '메이저 캠퍼스' 학생들은 하나도 없다는 사실은 지금까지도 씁쓸한 느낌을 지울 수 없게 한다. 마치 지진이 날 것을 미리 알아채고 도망치는 쥐들처럼 운동권의 중심부에 있던 자들이 일찌감치 변혁운동의 퇴조가 돌이킬 수 없다는 것을 알아채고 발을 빼고 있는 동안,

변혁운동의 가치를 머리가 아니라 몸에 새긴 이름 없는 투사들이 온몸으로 이 퇴조를 거부하고 나선 것이 아닌가 생각하면 지금도 얼굴이 뜨거워진다. 설사 이것이 근거 없는 억측이라 해도.

또 하나 새삼 알게 된 것은 1991년을 고비로 대학생 출신 노동운동가들이 대거 노동 현장에서 이탈하기 시작했다는 사실이다. 이것이야말로 1991년이 한국 변혁운동의 퇴조의 기점년도라는 백승욱의 주장에 고개를 끄덕이게 되는 결정적 사실로 보인다. 이미 1990년 11월 11일에 이우재·장기표·이재오 등 민중운동 명망가들이 민중당을 창당하여 민중운동의 제도권 진출을 시도하면서 탈현장의 서막을 열었고, 1991년 6월 11일 삼민동맹·노동계급·인민노련·안양PD그룹 등 PD 계열의 노동운동 계파들이 통합을 결정했다. 이 사건의 여파로 인민노련의 핵심 인물이었던 주대환[21]이 구속되었는데, 그의 석방을 전제로 PD제파가 구속자 18명의 전향서 제출에 동의하고 탄원서를 제출하는 등 노태우 정권의 공안 당국과 거래를 했고, 그 결과 그가 석방되면서 노동 현장에서 학생 출신들의 자발적·비자발적 이탈은 급물살을 타게 된 것이다.[22]

이 이탈은 바로 1991년 9월 주대환이 작성한 「회사의 노동자정당 건설 전략에 대하여 재고를 요청함」이라는 문건에서 제시된 "프롤레타리아 혁명 노선, 폭력혁명 노선, 전위정당 노선의 포기"라는, 즉 비합법적 마르크스레닌주의적 프롤레타리아 혁명 노선의 포기와 합법적 사회민주주의 노선으로의 전환을 전제로 하여 이루어진 것으로, 1990년 말과 1991년 초에 걸친 남한사회주의노동자동맹 그룹의 '일망타진'과 더불어 한국사회에서 반체제 변혁운동사의 사실상의 종언을 고한 사건이라고 보아야 한다.

1991년은 '죽음의 행렬'과 직업운동가들의 현장 이탈과 같은 변혁운동 주체 내부의 변화만이 아니라 1987년 대선을 통해 '성공적으로' 기득권을 지켜낸 지배체제 측에서도 주목할 만한 변화가 일어났던 해였다. 민주정의당은 제13대 대선을 통해 다시 집권당이 되었지만 1988년 제13대 총선에서 과반 의석 확보에 실패해서 여소야대라는 위기를 맞게 되었다. 그러자 1990년 1월 22일 야당이었던 김영삼의 통일민주당, 김종필의 신민주공화당과 3당 합당으로 민주자유당을 창당함으로써 거대 여당으로 변신했다. 처음엔 김대중의 평화민주당까지 포함한 완전 거대 집권여당 창당을 기획했으나 김대중의 반대로 무산되었다. 이는 여태까지 거대 여당의 탄생을 통한 기득권 세력 영구 지배의 획책이었다는 것이 일반적 해석이지만 백승욱의 해석은 그와 다르다.

그는 이 당시 4당 합당의 최종 목표는 기존 4당의 합당체로 자유주의적 보수 정당을 꾸리고 이에 반대하는 혁신계 정당을 만들어 보수-혁신, 혹은 보수-진보를 양축으로 하는 내각제 체제를 만드는 것이었다고 한다(노동운동가들의 현장 이탈과 제도정당 창당 움직임도 여기 포함된다). 하지만 이러한 시도는 김대중의 평화민주당이 이 합당에 반대하고, 합당 구도 내의 김영삼 역시 이를 통합이 아닌 연정의 형태로 이해하여 내각제로의 진행을 거부하면서 대통령제하에서의 집권을 강하게 욕망함으로써 결국 수포로 돌아갔다는 것이다(김대중도 마찬가지였을 것이다).

이러한 내각제로의 정계 개편은 당시 여전히 권위주의적 국가독점자본 체제를 벗어나지 못하고 있던 한국 자본주의 축적구조의 위기를 자유주의적 경제제도로 개편하는 것과 맞물려 있었지만, 이런 개편 전략은 낡은 재벌구조를 타파하지 못함으로써 역시 실패로 돌아갔다는 것이다.[23]

이렇게 본다면 1991년은 어떤 의미에서는 하나의 기회였다고 볼 수 있다. 나는 1987년 대선에서 민주 세력의 패배와 일반 민중의 이반, 변혁운동의 퇴조라는 큰 흐름을 오히려 한국사회가 본격적인 부르주아 민주주의 국가로 이행하는 과정에서 오는 불가피한 현상이라고 보았는데, 백승욱에 의한다면 이는 내각제와 자유주의 경제체제를 양축으로 하는 자유주의 통치성 수립 과정의 불가피한 흐름이라는 말로 대체될 수 있을 것이다. 하지만 당시의 현실에서 지배블록의 내각제 시도는 영구집권을 위한 음모로 이해되었고 재벌개혁의 시도는 처음부터 '짜고 치는 고스톱' 정도로 폄훼되었으며 저항 세력은 여전히 보다 더 급진적인 변혁 프로그램에 대한 미련을 놓지 못한 채 객관적 정세가 이에 못 미치는 것만을 한탄하고 있었기에, 이후로도 지금까지 구태의연한 민주/반민주 구도 속에서 헤어나오지 못하게 된 것이다. 이러한 상황은 백승욱의 이 문제적인 책 『1991년 잊힌 퇴조의 출발점』의 부제인 '자유주의적 전환의 실패와 촛불의 오해'라는 말이 잘 집약하고 있다고 할 수 있다.

물론 나는 부르주아 민주주의 체제의 정립을 뜻하는 '자유주의적 전환'이 1991년 당시의 절대적 발전 방향이었다고 생각하는 것은 아니다. 하지만 부르주아 민주주의 체제의 수립은 당시 한국사회의 사회경제적·정치적 조건 속에서 설정 가능한 가장 합리적인 사회적 목표였다고 생각한다. 그것은 이른바 '헌법적 가치'가 절대적 일반 상식으로 구성원들에게 받아들여지는 사회, 보수-진보의 균형 속에서 더 많은 민주주의와 더 많은 복지를 위해 점진적으로 전진할 수 있는 사회, 적절한 사회적 통제 속에서 성장과 분배의 균형을 유지하는 시장경제가 지배하는 사회를 말한다.

지금 우리는 이러한 목표들조차 여전히 과분하게 여겨진다는 점에서 여전히 1991년 이전이라고 할 수 있다. 그리고 우리 앞에는 냉전분단 체제의 흔적과 반자유주의적 전통에 여전히 사로잡힌 기형적 정치구도, 여전히 약탈적이고 독점적인 시장구조, 게다가 1998년 이후의 야만적 신자유주의 통치체제가 가로놓여 있어 이러한 교과서적 의미의 부르주아 민주주의 체제조차 도달할 수 없는 이상처럼 저 피안에 존재할 뿐이다.

3 / 1990년대, 내부 망명자의 삶

자기 분열의 시작

1986년 10월, 결혼 후 2년 동안 수유리와 구산동의 방 두 개짜리 전세방을 전전하던 나는 가능한 자금을 총동원해 성북구 월계동의 17평짜리 신축아파트를 마련해서 1985년에 태어난 첫 아이를 맡아 키워주시던 장인 장모님을 모시고 살기 시작했다. 아내와 내가 맞벌이를 해서 저축도 조금 했고, 한집에 합류하게 된 두 분이 얼마간 도와주셔서 가능한 일이었다. 그때 그 아파트 가격이 1천 5백만 원 정도였던 것으로 기억된다. 그런데 2년 후 1988년 서울올림픽이 끝나고 나자 갑자기 아파트 가격이 천정부지로 오르는 마법 같은 일이 일어나, 한갓 변두리 서민아파트였던 그 집의 가격도 8천만 원대로 급등하게 되었다. 2년 사이에 거의 다섯 배 가까이 뛰어오른 것이었다. 월세에서 전세로, 그리고 내 집으로 옮겨가는 것까지는 상식이었지만, 그 과정에서 이처럼 놀라운 재산 증식이 발생한다는 것은 꿈에도 생각하지 못한 일이었다.

그 예기치 않은 일을 계기로 나는 몇 년 사이에 갑자기 수백만 원대 세입자에서 1억대에 가까운 자산 소유자로 변신하였다. 그뿐만이 아니다. 신축아파트의 청결한 안정감, 편의시설에 대한 쉬운 접근성, 공동 거주자들 사이의 계층적 친연감 같은, 아파트라는 주거 공간을 둘러싼 새로운 일상성의 경험 또한 자못 매력적인 것이었다. 이 경험은 마치 복권에라도 당첨된 것 같은 일확천금의 기억을 남겨주었지만, 그 기억의 한 귀퉁이에는 내가 저지르지는 않은 범죄에 공범이 된 듯한 개운치 않은 느낌의 얼룩이 지워지지 않은 채 남아 있는 것도 사실이다.

그때 나는 감옥 독방을 제외하고 생전 처음으로 나 혼자만의 방을 가지게 되었다. 안방은 아내와 아이가, 거실 겸 방은 장인 장모님이 쓰고, 복도 쪽으로 난 작은 문간방이 서재라는 이름으로 내 몫이 된 것이다. 작은 책상 하나와 의자 하나, 서가 두 개 정도만으로 꽉 차버리는 두 평도 채 안 되는 공간이었지만 그 방에서 읽고 쓰면서 나는 비로소 지식인 흉내를 낼 수 있었다. 그뿐만이 아니었다. 그 좁은 방에는 읽고 쓰는 자의 기본 생산수단인 책상과 의자와 서가 이외에 역시 생애 최초로 홀로 음악을 들을 수 있는 기기도 갖춰지게 되었다. 이사를 마친 얼마 후, 30만 원을 가지고 청계천 세운상가 1층 중고 오디오 상가에 가서 일제 파이오니어 스피커 한 조와 역시 파이오니어 브랜드의 리시버(튜너 일체형 앰프), 그리고 독일제 듀얼 턴테이블을 사 들고 왔다. 그리고 다음 날에는 지금까지도 명맥을 잇고 있는 종로3가 신나라레코드를 찾아 딱 열 장의 성음판 라이선스 음반을 사 들고 돌아왔다.

기억이 희미해지기는 했지만 바흐《무반주 첼로 조곡》, 모차르트《교향곡 25번》, 베토벤《5번 교향곡》과《피아노 소나타 '월광'》,〈아델라이데〉가 수록된《베토벤 가곡 모음집》, 브람스《4번 교향곡》, 슈베르트 가곡집《겨울나그네》,《아르페지오네 소나타》, 드보르작《교향곡 9번 '신세계'》, 그리고〈기차는 여덟 시에 떠나네〉가 수록된, 아그네스 발차가 노래한《그리스 노래집》등이었을 것이다. 오디오 기기를 연결하고 전원을 켜고 턴테이블에 처음 올린 음반은 카잘스가 연주하던 바흐《무반주 첼로 조곡》으로 기억한다. 나는 그날 밤 내 최초의 서재 한구석에 놓인 리시버에서 빛나던 주황색 램프 불빛과 목제 스피커에서 작은 지직거림과 더불어 흘러나오던 오직 나만을 위한 음악의 감동을 잊지 못한다. 그 기억 때문에 나와 같이 처음 턴테이블을 마련하여 LP 음반을 듣던 20대 때의 기억을 이야기하고 있는 무라카미 하루키의『상실의 시대』(원제는 '노르웨이의 숲')를 섣불리 평가절하하지 못한다.

비록 부모 세대로부터 물려받은 재산 한 푼도 없었지만 문학평론가이자 출판사 편집장, 그리고 병원 약사라는 직업을 가지고, 소형이지만 자산 가치를 가진 아파트를 소유하게 되었다는 것, 그리고 음악이라는 취미를 즐기게 되었다는 것은 아직 20대 후반인 젊은 부부에게는 명백히 중산층으로의 계급 상승의 길에 들어섰다는 징표라고 할 수 있다. 지금은 결코 부끄러워할 일은 아니었다고 생각하지만, 관념적으로는 민중과 함께하는 삶을 살겠다고 하던 당시의 나에게는 사실 매우 위태로운 징표였다. 그럼에도 불구하고 당시의 나는 그 징표가 말해주는 것들에 대한 불편한 성찰을 회피하거나 뒤로 밀어두었다. 그리고 1988년에 둘째 아이가 태어나자 나는 이듬해 놀랍게도 가족들과 함께 다녀야 한다는 구실로 비록 200만 원짜리 중고 소형 프라이드 승용차를 하나 구입했다. 운전이 처음은 아니었다. 1983년 무역 대리점 시절, 회사에서 제공하는 K-303이라는 소형 승용차를 운전하기 위해 이미 면허를 따놓았었다.

5년 전이었으면 그 돈으로 전셋집 한 칸을 얻을 수 있었을 것이다. 나는 그해 여름, 그것을 타고 실제로 가족과 함께 멀리 동해 바닷가까지 여름휴가 여행을 다녀오기도 했고, 그해인가 이듬해 가을엔가는 몇몇 친구들과 함께 그 차를 타고 이박 삼일 동안 전주에서 경주를 거쳐 서울로 돌아오는 전국 일주(?) 여행을 하기도 했다. 심지어 당시에 꽤 독자층이 두터웠던 『샘이 깊은 물』이라는 월간지에 이 승용차 여행기가 실리기도 했다. 나는 이 여행기로 말미암아 민중적 민족문학의 기수인 소장 평론가가 자가용을 타고 전국 일주를 한다는 구설에 시달리기도 했다. 요즘 같으면 악성댓글 폭탄을 맞았을 것이다. 물론 그때 나를 비난하던 이들 중 대부분도 그 후 일이 년을 넘기지 못하고 이른바 '마이카' 대열에 앞서거니 뒤서거니 동참하기 시작했지만, 내가 대담한 '얼리 어댑터'에 속했다는 사실은 틀림이 없다.

공교롭게도 바로 문제의 1991년 봄, 아내는 9년 동안 다니던 서울대병원 약제부를 사직하고 개인 약국을 개업했다. 영세민 영구임대 아파트단지의 역시 영구임대 상가에 속한 작은 약국이었다. 12 대 1의 경쟁 끝에 당첨되는 행운과 얼마간의 사채로 가능해진 일이었지만 아무튼 아내는 어엿한 개업 약사가 되었다. 의약분업 이후에는 많이 달라졌지만 약국을 개업하면 몇 년 내로 작은 빌딩 하나는 마련할 수 있다는 이야기가 떠돌던 시절이었다. 병원 약사 시절 부평 등지에서 빈민의료 활동을 했던 아내가 영세민 임대아파트 주민들을 상대로 최소 마진만을 남기는 한계가격 정책을 고수한 덕에 그런 통설과 무관해지기는 했지만, 아무튼 그때 이후로 우리 가족은 생계나 의식주 걱정에서는 놓여난 삶을 살아왔다. 그해 가을, 『사상문예운동』 마지막 호 작업을 마친 나도 7년간 몸담았던 풀빛을 사직하고, 동시에 운동과 관련된 모든 관계들을 정리하면서 여섯 살과 세 살짜리 어린 두 아이를 돌보며 아내의 약국 일을 돕는 이른바 '셔터맨'의 삶을 시작했다.

이듬해인 1992년 여름, 나는 대학원 석사과정에 입학하게 된다. 그것은 분명히 내 삶의 계획표에는 없던 일이었다. 1980년 겨울, 학부 졸업논문 심사일에 붙잡혀 끌려가면서는 이제 대학과 관련된 내 경력 자체가 끝이라고 생각했으며, 1984년 가을 복학해서 대학에서 마지막 학기를 이수하고 졸업장을 받게 되었을 때에도 그저 도망치듯 대학을 떠나기에 급급했을 뿐, 대학원에 입학해서 아카데미즘의 세계에 발을 들여놓는 것은 상상도 하지 못했다. 그뿐만 아니라 나는 1980년대 초반이든 1984년의 대규모 복학조치 이후이든 학부 졸업장을 받은 많은 선후배·동료들이 대학원의 문을 두드리는 것을 굳이 반대하지는 않았지만 절대로 긍정적으로는 평가하지 않았다. 기존 체제를 뒤엎는다는 목적을 가진 사람이 기존 제도의 굴레 속으로 스스로 몸을 굽혀 들어간다는 것을 선뜻 받아들이기 힘들었기 때문이다.

나의 지식은 혁명적 지식이어야 했고, 그것은 오직 혁명적 실천의 과정을 통해서만 습득되고 증명되어야 하는 것이지, 대학이라는 죽은 지식의 저장소에서 얻는 것일 수는 없다고 생각했다. 더구나 문학평론가로서의 경력을 시작하고 민중적 민족문학론을 펼쳐나가면서 모든 과거의 문학적 입장과 관점들을 격렬하게 공격했고 여차하면 대학에서의 문학 연구나 강단비평 전체와 얼마든지 맞장을 뜰 용의가 있었을 정도로 무모할 대로 무모한 천둥벌거숭이였다. 그러던 내가 서른셋이나 먹은 나이로 대학원에 입학하는 것은 삶의 대전회에 가까운 일이었다. 처음엔 소정의 학위를 받아 대학교수가 되겠다는 세속적 경로 같은 것은 안중에 없었다. 일단 혼돈의 극한에 빠진 생각들을 정리할 시간과 이를 위한 최소한의 규율이 필요했던 것이다. 거기에 가장 적합한 것이 대학원 과정이었다. 마침 아내의 약국 개업으로 내가 생계를 위한 노동을 하지 않아도 좋았고 대학원 등록금 마련도 문제가 아니게 되었다.

좀더 솔직하게 말하면 무엇보다 당장 어떻게 살 것인가가 막막했다. 몰입할 무언가가 필요했다. 그 무렵 나의 내면은 유례없이 황폐했고 어떤 일도 손에 잘 잡히지 않았다. 30대 초반의 젊은 나이에 아이들을 돌보고 아내의 약국 일을 돕고 가사노동을 하고 남는 시간에 책을 읽는 생활을 얼마나 더 할 수 있겠는가. 그 무렵에 때로는 정기적으로, 때로는 기약 없이 만나서 정치 정세나 운동판, 문학판 이야기를 나누던 느슨한 모임이 있었다. 다들 운동을 입에 달고 살던 시절이니 그 분위기는 대체로 뜨겁고 진지했다. 하지만 시간이 흐르고 운동도 문학도 점점 퇴조와 하강의 기조가 뚜렷해지면서 모임은 애초의 목적을 벗어나 점점 하릴없이 술을 마시거나 아니면 당구를 치거나 밤을 새워서 고스톱이나 포커 같은 놀이에 빠져드는, 30대 초반 남자들의 전형적인 퇴영적 모임으로 변질되어갔다. 퇴영도 그냥 퇴영이 아니라 어떤 조갈증에라도 단단히 들린 듯한 퇴영이었다. 다들 약간씩 넋이 나갔다고나 할까.

아내가 약국을 개업한 이후에도 모임은 유지되었는데 어느 날인가 나는 그들과 밤새워 고스톱인지 포커인지를 하며 놀다가 가지고 있던 몇만 원쯤 되던 돈을 다 잃게 되었다. 그만하면 일어서서 집으로 돌아와야 했다. 하지만 거기서 멈추지 않고 고집을 부려, 전문적인 노름꾼처럼 눈에 핏발이라도 세운 듯이 덤벼들었다. 급기야 입고 있던 겉옷까지 얼마인가에 저당잡히고 그마저 다 잃고서 새벽에서야 셔츠 바람으로 차를 몰고 집으로 돌아온 적이 있다. 함께 있던 친구들은 겉옷을 그냥 돌려주지 않았다. 물론 나도 그 이유를 잘 알았다. 그것은 나에 대한, 그리고 거기 있던 서로에 대한 일종의 위악적 징벌이었다. 서로들 다 마찬가지로 이러면 안 된다는 것을 잘 알고 있었는데 하필이면 내가 그 분위기를 그렇게 막장까지 몰고 갔던 것이다. 그 새벽에 집으로 돌아오면서 나는 속으로 울었다. 그 처절하고 막막한 느낌을 무엇에 비할 수 있을까.

> 자빠지면 시궁창에 엎어지면 흙바닥에
> 얼굴이 처박히는 것이다
> 창피할 것 없다
> 일어나 털고 가면 그만이다
> 그래도 자꾸 걸어가다 보면
> 또 넘어지는 날 있을 것이다
> 넘어져 시궁창에 얼굴을 박고
> 아, 이렇게 사는 수도 있구나
> 뜻밖에 마음이 편해지는 날도 있을 것이다[24]

그 시절 내게 이런 말이 위안이 될 수 있었을까. 아마 시인도 이 시를 위안이라고 생각하지 않았을 것이다. 더 이상 나빠질 수 없는 순간에도 사람은 위안 없이 살 수는 없기에 겨우 이렇게 썼을 것이다. 나도 어떻게든 아무것이라도 붙잡고 일어서야 했다.

　1992년 봄 어느 날, 나는 다시는 찾지 않으리라 생각했던 서울대 국어국문학과를 방문해서 김윤식 선생의 연구실 문을 두드렸다. 대학원에 진학한다면 현대소설이나 비평을 전공할 생각이었고 그러자면 김윤식 선생 외에는 다른 선택지가 없었다. 그분이라면 광야를 떠돌다 돌아온 나를 제자로 거두어줄 수도 있으리라 생각했다. 하지만 결과는 완곡한 거절이었다. 그분이 나를 기피한 것이 아니라 당시 서울대 국문과 대학원의 상황 자체가 좀 특수했다. 선생은 내가 선생의 제자로 대학원에 진학한다는 것은 다른 후배 한 사람이 그 꿈을 접어야 한다는 것을 뜻하는 곤혹스러운 상황임을 내게 어렵게 설명했다. 사실 여부를 확인한 것은 아니지만 아마도 그 무렵 서울대 국문과 대학원에는 김윤식 선생에게 제자들이 편중되는 현상을 억제하기 위한 어떤 장치가 작동 중인 것 같았다.

　나는 잘 알았다고 말씀을 드리고 선생의 연구실을 나왔다. 그다음 선택지를 고민하던 나는 인하대에 있는 최원식 선생을 떠올리고 그에게 연락을 했다. 그때까지 우리는 개인적으로 서로 만난 적이 한 번도 없었다. 하지만 마포의 창작과비평사 부근 식당에서 처음 만나 내가 밥을 먹으며 대학원 입학 얘기를 꺼냈을 때 그는 매우 놀라는 눈치였지만, 이내 흔쾌히 나의 청을 들어주었다. 1992

년 9월에 인하대 대학원 국문과 석사과정에 입학했다. 나는 그때 서른네 살이고 두 아이의 아버지였다.

인천은 서울 동대문 밖에서 성장하고 잠시 안양으로 떠났다가 결혼 이후에는 서울 동북부 지역을 전전하며 살고 있던 내게는, 너무나 먼 곳이었다. 대학 1학년 때 강제징집으로 입대하게 되는 인천 출신의 교지 편집실 선배를 만나러 몇몇 동기들과 찾아가 연안부두 어시장에서 니취가 되도록 술을 마시고, 전철 막차를 타고 돌아가서, 인천에는 바다가 없다, 끝없이 막막한 절망이 있었을 뿐, 으로 시작되는 어줍잖은 시 한 편을 썼던 기억이 있다. 그 외에는 노동운동 하는 친구들을 만나는 일로 부평까지는 왔어도 더 이상 서쪽으로 간 기억은 없을 정도로 내게는 낯선 장소였다. 그런데 그 무렵의 나는 승용차로도 왕복 세 시간이 넘게 걸리는 멀고 낯선 곳의 대학원에 들어가게 된 것을 오히려 다행스럽게 생각했다. 이제까지의 삶과 생각을 리셋하고 새로 시작하기에는 대학과 문단의 선배이기는 하지만 개인적 면식은 없었던 최원식 선생만이 유일한 지인인 그 먼 곳이 안성맞춤으로 느껴졌다.

이 무렵 이러한 내 삶의 변화는 한국 변혁운동의 갑작스런 쇠퇴의 양상과 놀랍도록 일치하는 것이었다. 광주의 기억에 의해 추동된 의식상의 급진화와 사회적 물적 토대의 변화 사이의 괴리가 그것이다. 변혁운동에 참여했던 주체들이 광주학살을 낳은 1980년대 초반의 한국사회에 진저리를 내며 점진적 변화 대신 급진적이고 전면적인 혁명적 변화를 꿈꾸었지만, 민중이라 불리던 한국사회의 대다수 구성원들이 1987년 이후의 정치적 민주화와 경제 호황, 임금 인상이라는 삶의 조건의 상대적 호전에 만족한 채로 더 이상 이들의 투쟁에 호응하지 않게 되면서 그 혁명적 몽상에는 찬물이 끼얹어지게 되었다.

그렇게 문득 정신을 차린 이들 역시 군부독재 시절과는 질적으로 달라지기 시작한 신자유주의 초기의 호황의 물결에 자기도 모르게 혹은 모르는 척하면서 시나브로 몸을 싣게 된 것으로, 나의 삶이 곧 그것을 증명하고 있었다. 그러면서도 관념적으로는 이러한 변화를 현실로 인정하는 대신 황망히 사라져가는 혁명의 유령이 남긴 뒷모습을 하염없이 바라만 보고 있는 일종의 분열 상태에 빠져들게 된 것이다. 어떻게 보면 사치스러운 선택이었다고도 할 수 있었던 대학원 진학이 그 분열의 봉합으로 귀결될지, 아니면 분열의 오랜 유예와 지속이 될지 그때는 아무것도 예측할 수 없었다.

물론 나는 모든 것을 다 포기하고 세상 모르는 필부의 세계로 돌아가기로 한 것은 아니었다. 세상으로부터의 절연은 여전히 사세부득하여 선택한 일시 퇴각일지언정 청산이나 포기여서는 안 되었다. 지식인은 행동하기 전에 먼저 생각하는 사람이다, 더욱이 그 행동이 변신이라면 그 변신을 스스로 납득시킬 수 있는 논리가 있어야 한다고 생각했다. 기나긴 침잠의 시간으로 들어서기 전에 할 일은 그 침잠의 이유를, 명분을 찾아서 먼저 나 자신부터 설득하는 일이었다. 1992년 봄, 아직 대학원에 입학하기 전에 「불을 찾아서」라는 글을 발표했다.[25] 내가 사실은 마르크스레닌주의자였음을 뒤늦게 커밍아웃한 이 글에서 내가 오래도록 의존했던 이 낡아빠진(?) 이념체계를 하나하나 곱씹어보았고, 그 깃발 아래서 수많은 역전의 투사들이 그토록 오랫동안 맞서 싸워왔음에도 털끝 하나 다치지 않고 오히려 더욱 강성해지기만 하는 (한국)자본주의와 지배계급의 강고한 힘에 대해 생각해보았다. 그리고 이제는 전 세계적으로 자본의 공세에 밀려 퇴각을 거듭하다가 포스트마르크스주의라는 이름 아래 모여 겨우 가쁜 숨을 몰아쉬고 있는 20세기형 변혁사상들의 운명을 생각했다.

그 당시는 아니라고 강변하고 있는 것처럼 보이지만, 지금 생각하면 이 글은 나의 전향서였다. 이 글 이후에 한 번도 마르크스레닌주의를 내 삶의 중심에 놓고 생각한 적이 없다. 여전히 자본주의의 필멸을 믿고 있기는 하지만, 그것을 내 생애의 가까운 목표로 삼지 못하게 된 지는 오래라는 점에서 레닌이라는 급진적 장식을 떼어버린 원론적 마르크스주의자조차도 아니다. 그런 점에서 나는 그저 숱한 포스트마르크스주의자 중의 한 명에 지나지 않게 되었다. 실천운동과의 매개를 잃어버린 관념적 담론에 대해 경계하고 회의하는 표정은 여전히 남아 있지만 이제 그 표정은 하나의 화석이고 오랫동안 쓰다 보니 진짜 살갗과 분리되기 힘들게 되어버린 가면에 불과한 것이다. 그러니까 그때부터 생각과 삶의 분열이야말로 내 실존의 본질이 되었다고 할 수 있다.

대학원 시절

"철학자들은 세계를 단지 다양하게 해석해왔을 뿐이다. 그러나 중요한 것은 세계를 변화시키는 것이다." 『포이어바흐에 대한 테제』에 나오는 마르크스의 유명한 경구이다. 나는 대학에 입학하고 유신 말기의 학생운동에 발을 들여놓은 이래 십여 년 동안 내가 세상을 변화시키는 삶을 살아왔다는 사실을 조금도 의심하지 않았기 때문에 이 경구를 처음 알게 되었을 때 그저 멋지고 당연한 말이라고만 생각했을 뿐, 오래지 않아 이 경구가 그렇게 뼈에 사무치게 될 줄은 몰랐다.

민중적 민족문학론을 구심으로 하는 비평적 실천을

하는 동안 나의 이론과 해석이 난관에 부딪치더라도 그것은 오래지 않아 실천의 힘으로 얼마든지 극복될 수 있는 것이라 생각하고 수많은 비판과 문제 제기에 대하여 크게 개의치 않을 수 있었다. 하지만 (혁명적) 실천과의 연결이 더 이상 불가능하게 된 순간부터 나는 나의 관점과 해석이 갑자기 견고한 지반을 잃고 모래언덕에 꽂힌 깃발처럼 기우뚱해지기 시작한다는 느낌을 받았다. 나의 말은 더 이상 신탁이 아니라 한갓 방언이 된 것이다. 그러면 실천은커녕 해석조차도 그 참됨을 조회할 길이 없어지게 된다.

객관세계를 변화시키는 실천은 물론 그 세계에 대한 해석조차 미궁에 빠지게 될 때, 객관세계와의 실천적 교섭의 길이 막혀 고립된 주체만이 홀로 남게 된다. 어떤 진리에 의해서도 지탱되지 못하고 어떤 실천에 의해서도 검증받지 못하는 고립된 주체를 어떻게 할 것인가. 위기에 빠진 주체를 어떻게 구원할 것인가. 나에 앞서 수많은 선배들이 역사 속에서 이 문제 앞에서 길을 잃었고 90년대 초반은 다시 또 그런 대규모의 지적·사상적 실종 사태가 일어나고 있었던 시기였다. 물론 조금만치의 동요도 없이 처음 모습 그대로 현장을, 운동판을, 변혁운동의 대의와 전망을 지켜낸 사람들도 많았지만, 무기력과 낙백, 회의와 허무 속에서 모든 것을 놓아버린 사람들도 많았고, 호구지책을 찾아 일개 생활인으로 변신한 사람들도 많았으며, 아예 완전한 전향을 하고 '적들'의 논리를 내면화하는 극적인 변신을 한 사람들도 적지 않았다.

하지만 나는 '분열' 그 자체를 내 실존의 형식으로 삼는 길을 택했다. 그러기 위해서는 강한 주체가 되어야 했다. 그냥 강한 주체가 아니라 자기 삶의 모든 것을 상대화시켜도 끝까지 살아남을 수 있는 절대 주체성이 필요했다. 물론 그런 것은 존재하지 않는다. 객관세계로부터 단절된 주체라는 것은 없다. 하지만 객관세계가 더 이상 개입하고 변화시킬 수 없는 어떤 불가해한 전체로 존재할 때, 할 수 있는 것은 그 객관세계의 논리에 자기를 내맡기거나 아니면 그로부터 자기 자신을 지켜내는 방어적인 주체로서 자립하거나 둘 중 하나일 텐데, 내가 선택한 것은 후자, 마치 겨울잠을 자는 것과 같은 주체 보전의 길이었다. 그 주체는 이 겨울이 끝날 때까지 자신의 육체와 영혼만을 양식으로 삼아 살아남아야 하는 것이다.

내가 대학원에서 보낸 시간은 1992년 9월부터 1998년 2월까지 5년 반 동안이었다. 나는 이 시기에 학부 시절이었던 1970년대 말에 한동안 몰두했던 한국 근대문학에 대한 관심을 되살려낼 수 있었다. 현대문학 전공 대학원에서 하는 공부라는 것은 대부분 한국 근대문학의 다양한 텍스트, 주로 1차 자료들을 얼마나 많이 읽어내는

가에서 그 성패가 갈리는 것이다. 석사와 박사 과정을 통해 어떤 연구 주제를 잡아나갈 것인가 역시 그 이전에 얼마나 많은 텍스트를 읽는가에 달려 있다. 나는 수업 과정에서 요구되는 텍스트를 닥치는 대로 읽어나갔다. 대학원에 입학하면서 막연하게나마 설정한 연구 주제는 한국 근대비평문학사를 정리해보겠다는 것이었는데, 그것은 그야말로 막연한 주제로 고립되어 있었고, 정작 염상섭, 임화, 김남천, 이상, 박태원, 채만식, 이태준, 김사량, 허준 같은 작가들에 특히 마음을 많이 빼앗겼다. 민중적 민족문학과 리얼리즘이라는 관점과 방법은 여전히 버리지 못하고 있었지만 정작 내 관심을 끈 것은 이처럼 각각 다른 방식으로 식민지 시대라는 막막한 환경 속에서 어떻게 패배하지 않고 주체를 지켜나갈 수 있을 것인가 하는 문제를 천착한 작가들의 대체로 우울한 텍스트였던 것이다. 하지만 정작 내가 1994년 여름에 제출한 석사학위논문 주제는 이 식민지 시대의 가난한 군상들 중 하나가 아니라 김수영이었다. 왜 김수영이었을까.

이 논문 『김수영의 '현대성' 인식에 관한 연구』는 1979년 겨울 염무웅 선생으로부터 받은 '김수영론'이라는 지명 청탁에 대한 15년 만의 이행이기도 했다. 나는 이 논문을 통해 식민지 시대에 태어나 해방과 전쟁과 분단, 그리고 혁명과 군사쿠데타라는 현대사의 날카로운 요철들을 가장 치열하게 겪어나오며 한국 현대시사에서 누구도 따라올 수 없는 비교 불가능한 치열한 시세계를 개척해나갔던 김수영을 파편적이고 부분적인 해석을 넘어 하나의 전체로 보고자 하였다. 그가 모더니즘을 형식이나 방법이 아닌 윤리적 태도의 문제로 받아들여 한편으로는 근대성 실현의 급진적 이행을 도모하면서도 다른 한편으로는 자본주의적 근대에 대한 비판적 거부를 일상적으로 내면화한, 한국 현대정신사의 희귀한 성취라는 것을 입증하고자 했다. 다만 근대성의 사회적·정치적·사상적 실현과 극복이 불가능했던 1950~1960년대의 남한사회의 엄혹한 반공냉전적 상황 속에서 이를 객관적 변혁의 방식이 아니라 주관적 초월이라는 방식으로 추구할 수밖에 없었다는 점이 그의 한계라고 보았다.

하지만 이러한 추론과는 상관없이 논문을 위해 그가 남긴 텍스트를 하나하나 읽어나가는 과정에서, 한국전쟁 기간 동안 그가 겪었던 극한의 생체험, 4·19 혁명과 5·16 반동의 와중에서 직면했던 희망과 절망, 그리고 그 모든 굴곡에도 불구하고 시 한 편 한 편을 통해 자기 자신을 패배를 모르는 실존의 영웅으로 고양시켜나가고자 한 강렬한 주체 보전과 고양의 의지 앞에서 전율하지 않을 수 없었고, 이를 통해 속절없이 세계에 대한 자신감을 잃어가던 나 자신을 채찍질하고 일으켜 세울 수 있었다. 그러므로 나에게 김수영을 주제로 삼은 석사학위논문 쓰기는 그것이 어떤 외적인 학술적 성취로 드러나게 되는가 여부와는 상관없이, 마치 내용물을 다 쏟아내버려 곧 주저앉게 된 빈 자루 같았던 내 실존의 안쪽에 필사적으로 몸을 일으키기 위한 비계를 구축하는 작업이었다.

1995년에 박사과정에 진입한 이후에는 조금씩 강의를 나가기도 하고, 박사과정 이후부터 회원 자격이 주어지는 진보적 한국문학 연구단체인 '민족문학사연구소' 회원으로 가입하기도 하고, 간간히 각종 학회지에 논문도 발표하는 등 조금씩 대외 활동도 해나갔다. 그리고 한국 근대문학 텍스트를 읽어나가는 기본 작업을 넘어서 대학원 동료들과 함께 니체 전집을 같이 읽는다거나, 그 무렵 한계에 이른 '민족문학'이라는 일국적 패러다임을 넘어 새롭게 대두되고 있던 '근대성'이라는 주제에 대한 중장기 세미나를 함께 꾸려나가는 등 바깥세계의 변화에 조금씩 눈을 돌리기도 했다. 하지만 여전히 수동적이고 방어적인 태도로, 흘러가는 시간을 방임하는 은둔자의 시간에서 벗어나지 못하고 있었다. 그리고 1997년 2학기에는 다시 박사학위논문 집필에 매달렸다.

박사학위논문의 주제는 1950~1960년대를 풍미했던 우익 비평가 '조연현'에 대한 작가론적 연구였다. 나는 문학연구의 여러 형식 중에서 작가론을 가장 선호한다.

시든 소설이든 평론이든 아니면 다른 어떤 장르의 예술이든 모든 작품은 인간과 환경 사이의 투쟁과 갈등의 산물이라고 할 때 어쩌면 모든 예술비평이나 연구에서 작가라는 창작주체에 대한 연구는 피할 수 없는 전제라고 하겠지만, 나는 특정 작가의 모든 작품은 그 작가의 생애의 지평 속에서만 올바로 이해된다는 매우 보수적인 예술론을 가지고 있다.

아니, 보수적인 예술론을 가져서라기보다는 한 사람의 비평가로서 어떤 작품이 말하거나 말하지 않는 모든 것들을 작가가 짐짓 내보이거나 아니면 한사코 숨기고 있는 삶의 갈피 속을 파고들어가 밝혀낼 때의, 어떻게 보면 관음증적인 쾌감이야말로 나의 비평을 추동하는 숨은 동력이라고 할 수 있다. 그는 왜 이런 글을 쓰게 되었는가, 라는 궁금증이야말로 내 비평의 시작과 끝이다. 그리고 그것은 곧, 나라면 이런 경우에 어떻게 했을 것인가 하는 나의 자의식을 조회하는 질문과도 긴밀하게 맞닿아 있다. 그럼으로써 내 비평은 대상 작가와의 생애를 건 대화, 혹은 투쟁이 되는 것이다. 그런 점에서 조연현은 매우 훌륭한 선택이었다. 조연현 자신의 비평관이 지금 내가 피력한 나의 비평관과 거의 유사했기 때문이다.

조연현을 박사학위논문의 대상으로 삼게 된 것은 엄밀히 말하면 나의 선택은 아니었다. 내가 박사학위논문 주제를 두고 고민을 시작했던 1997년 초반 무렵, 지도교수는 아니지만 나의 대학원 은사(?) 중 한 명이었던 평론가 홍정선 선생(1980년 겨울 내가 연행될 때 내 가방을 챙겨 지니고 있다가 나중에 돌려준 바로 그 선배였다)이 박사논문 주제를 너무 고민하지 말라며 자기가 조연현 전집을 가지고 있으니 그걸 토대로 해서 조연현론을 써보라는 제의를 했다. 비평가로서 조연현이 지니는 문학사적 중요성에 비해서 아직 그에 대한 본격적인 연구가 제대로 되어 있지 않아 박사논문은 하나도 없으니 선행 연구를 검토하는 부담도 적고, 또 비평사를 염두에 두고 있다면 조연현은 어차피 한 번은 제대로 맞닥뜨려야 할 대상이기도 하니 어떻겠냐는 것이었다. 나는 일단 홍정선 선생이 가지고 있던 전집을 먼저 읽어보고 결정하겠다고 답을 하고, 그에게 전집을 빌려 읽고, 조연현에 대한 많지 않은 선행 연구와 단평들을 검토한 끝에 그를 박사학위 논문 주제로 삼기로 결정했다.

조연현은 해방 직후 중도 및 좌파 문인들이 문학가동맹을 중심으로 민주주의 민족문학론이라는 좌우합작론적인 문학운동론 아래 결집했을 때, 김동리 등과 함께 조선청년문학가협회를 중심으로 이 문학가동맹에 적극적으로 대항했던 평론가였다. 또한 1948년 남한에서 이승만계의 헤게모니 아래 대한민국 단독정부가 수립된 이후 박정희 군사독재 정권의 장기집권기까지 남한문학의 지배 이데올로기로 자리 잡은 '순수문학론'을 주창하고 대표했던, 냉전분단 시대 남한사회의 문학적 이데올로그라고 할 수 있는 인물이다. 그는 정치를 핵심에 두는 좌파문예이론에 대항하는 '구경적인 것으로서의 절대문학', 즉 순수문학론을 내세우면서도 반좌파 투쟁 과정에서 우익 정치세력과의 '불순한' 정치적 거래를 받아들인 인물로, 결과적으로는 이승만에 이어 박정희 독재 정권에 이르기까지 저항문화를 포함한 문화적 다양성을 말살하는 파시즘적 문화통치의 주구 노릇을 기꺼이 했던 인물이기도 하다.

하지만 그는 우파 자유주의건 마르크스주의이건 불문하고 한국문학사상사의 일반적인 근대주의적 합리주의 혹은 계몽주의적 전통과는 다른 매우 반근대주의적이고 비합리주의적 세계관과 문학관을 가진 인물이었다. 문학을 사회문화적 맥락에서 분리하여 '생명의 구경적 형식'이라는 어떤 영원한 것을 추구하는, '주체의 생명의 표현'이라고 주장하는 독특한 비합리주의적 문학론을 내세웠다는 점에서 매우 특이한 문학사적·비평사적 위치를 점하는 평론가였다. 물론 이는 사상사적으로 보면 결국 칸트적인 불가지론에 가까운 비합리주의적·형이상학적·불가지론적 세계 인식의 문학적 번역이며, 현실적으로 이해 불가의, 혹은 이해를 포기한 근대 객관세계에 대한 불안과 공포에서 비롯된 주체과잉의 결과라고 할 수 있다. 객관세계에 대한 체념적 투항이라는 점에서 파시즘으로 이어지기 쉬운 일종의 유아론이기는 하지만, 그럼에도 불구하고 어떠한 외재적 방법에 의존하지 않고 비평주체의 내재적이고 필연적인 욕구에 의해 전개되어야 한다고 하는 그의 주체적 비평관은 분명히 주목할 만한 문학사적 현상이었다.[26]

박사논문을 완성해가는 동안 나는 조연현의 이러한 비합리주의와 과도한 주관주의를 경계하면서도 동시에 일제 말과 해방기, 전쟁 등 압도적인 비극적 환경 속에서 외부의 어떠한 정신적 지주에도 의지하지 못한 채 오로지 자기 주체의 힘만으로 이 환경에 맞서나가고자 했던 그 나름의 내적인 절박성에 공감하지 않을 수 없었다. 1990년대 중반, 시간과 거리가 필요하다는 핑계로 내 것이라고 믿었던 한 세계로부터 튕겨져 나와서, 아니 도망쳐 나와서 오직 혼자만의 힘으로 세상의 무게를 견디겠다고 생각했던 나는 이처럼 5년 남짓한 기간을 유달리 주체라는 문제에 집중했던 김수영이라는 시인과 조연현이라는 문학평론가에 의지하여 내 상처 입은 자아를 겨우 보전해나갈 수 있었다. 물론 그 기간은 나아가야 할 방향을 잃고 그저 숨만 쉬고 있던 벡터 제로의 시간이었다.

1997년 겨울, 박사학위논문 심사가 끝나고 나니 IMF 구제금융이라는 커다란 빚더미를 진 노령의 김대중이 제15대 대통령이 되어 있었다.

강 건너편의 세계

대학원이라는 낯선 제도의 규율 속에 몸을 맡기고 일주일에 서너 번씩 인천이라는 낯선 공간을 오가는 동안 나는 서울이라는 익숙한 공간과 그 공간에서 나를 중심으로 일어났던 모든 사건들의 역사를 상대화하고 원경화했다. 서울에는 내가 인천에서 돌아와 잠자고 머무르는 아내와 두 아이로 구성된 마치 점과 같은 작고 폐쇄된 가족과 집이라는 공간이 있었을 뿐, 서울의 모든 것에 대해 마치 처음부터 인천에서 살아가던 인천 사람처럼 낯설게 굴었다. 여기서 '서울의 모든 것'은 공간과 사물뿐만이 아니라 사람과 사건, 사태들로 이루어지는 어떤 당대적 흐름을 다 포괄하는 것이었다. 그렇다고 새롭게 인천 사람으로서의 정체성에 눈을 뜬 것도 아니었다. 나는 서울에서는 인천 핑계를 댔고, 인천에서는 서울 핑계를 대며 그 두 공간 어느 곳도 아닌 곳, 어쩌면 두 공간을 오가는 길 위에 나를 놓아두었다. 그것이 차라리 편했던 것이다.

1992년 겨울에는 김영삼이 제14대 대통령에 당선되었고, 1994년에는 김일성이 죽고 성수대교가 무너졌다. 1995년에는 4월과 6월에 각각 대구지하철 가스폭발 참사와 삼풍백화점 붕괴 참사가 일어났고, 전두환·노태우가 동시에 구속되었다. 1996년에 연세대에서 있었던 한총련 6기 출범식에서 일어난 진압과 저항의 아비규환은 아무도 죽은 사람은 없었지만 마치 며칠 동안의 잔인한 도살극이 일어났던 것 같은 충격을 안겨주었고, 같은 해에 정리해고를 허용하는 노동법 개악이 이어졌다. 1997년에는 한보철강 부도와 더불어 금융위기가 발생해 IMF가 한국경제를 관리하기 시작했고, 김대중이 15대 대통령으로 당선되었으며, 1998년에는 정주영이 소 천 마리를 끌고 북한을 방문했다.

하지만 그 모든 것들이 내게는 귓가를 스쳐가는 풍문처럼 들렸다. 나는 세계가 나에게 개입하는 것도, 내가 세계에 개입하는 것도 원하지 않았다. 이런 말이 얼마나 헛된 수사학인지 모르는 것은 아니었다. 내가 원하지 않아도, 아니 원하지 않을수록 세상은 나의 정신과 신체에 깊숙이 개입해 들어온다. 세상을 바꾸겠다는 변혁운동으로부터의 이탈과 고립은 나의 선택이 아니라 나를 둘러싼 객관세계가 나를 패배시킨 결과이고, 그 대가는 세상을 굳이 바꾸지 않아도 사는 데 아무 지장이 없을 만큼의 물적 토대를 누리며 굴러가는 그대로의 세상을 용인하는 삶을 사는 것이다. 그것만큼 세상에 깊게 개입하는 실천이 따로 없다는 것을 알면서 나는 무기력하고 비겁하게 입을 닫고 살았다. 불을 찾는다고 떠벌렸지만 사실 그 첫걸음조차 내딛지 못했다.

그사이에 한국사회는 자본주의의 신자유주의적 전환에 따른 새로운 분업체계에 적응하기 시작했으며, 이로 인한 상대적 풍요 속에서 중산층의 확대에 기초한 대중소비사회로 거침없이 진입해 들어갔다. 동구 사회주의권의 몰락과 우리나라를 비롯한 제3세계의 폐쇄적 국민국가들의 개방화를 통해 세계자본은 새로운 투자처를 찾았고 노동유연화를 통해 대폭적인 원가 절감을 해나갈 수 있었다. 이러한 세계적 호황은 사회주의권의 몰락과 더불어 자본주의의 궁극적 승리를 낳았고 이로써 근대세계는 종언을 고하게 되었다는 환상을 낳았으며[27] 이는 사상·문화적으로 포스트모더니즘의 범람으로 이어졌다. 이제 자본주의의 모순과 사회주의 도래의 필연을 이야기하고, 계급투쟁과 민족 해방을 통해 민중적이고 민족적인 대안체제를 상상하는 것은 낡은 사고가 되었다. 나아가 근대세계의 정신적 동력이었던 계몽이성에게도 사형 선고가 내려지고, 이 세상에는 추구해야 할 절대 진리가 있다는 플라톤에서 마르크스에 이르는 오랜 형이상학적 믿음과 그에 따른 지식과 이념의 권위는 근본주의 혹은 전체주의라는 딱지가 붙여진 채 우선 폐기물 목록에 올랐다.

물론 이러한 에피스테메의 대전환이 곧 신자유주의 호황을 등에 업은 자본주의 송가와 직결되는 것만은 아니었다. 포스트모더니즘의 개척자라고 할 푸코나 들뢰즈, 데리다, 보드리야르 등 1960~1970년대 68혁명의 사상적 계승자들의 탈구조주의나 해체주의는 파시즘으로 귀결된 자본주의적 근대 기획과 스탈린주의로 귀결된 사회주의적 근대 기획의 파국에 대한 고통스러운 성찰의 산물이며, 근대성 일반에 대한 전면적 도전으로서 적극적 의미를 가지는 것은 틀림이 없다. 하지만 이러한 포스트모더니즘 사상이 신자유주의라는 자본주의의 새로운 기획과 결합하게 되면서 전혀 다른 맥락과 의미를 얻게 된다.

신자유주의 자본 운동은 자본과 노동의 자유로운 이동을 대전제로 하는데 거기에는 인간관의 변화라는 철학적(?) 기획이 포함되어 있다. 그간 프롤레타리아 계급의 일원, 혹은 최소한 노동조합의 일원으로 존재하며 소속 집단이나 공동체를 매개로 자신의 정체성과 존재를 구현하던 대다수의 인간들을 그 집단으로부터 분리하여 각각 한 사람의 자기경영주체이자 소비주체로 환원시키는 인간관의 개변을 도모한 것이다. 자본도 노동도 인간도 초기 자유시장주의 시대의 '자유로운 교환 주체'라는 이념형으로 초기화시키는 것이다.

　이런 신자유주의가 권장하는 인간형은 이념적으로는 어떤 집단이나 권위의 구속으로부터도 매우 자유로운 존재가 되는데, 이는 공교롭게도 낡은 근대적 도그마와 권위주의를 해체하는 과정에서 탄생하는 포스트모던적 주체와 매우 흡사한 형상을 가지게 된다. 근대적 규율체계와 이성의 지배로부터 탈출하여 앞으로는 더 이상 전체주의적이거나 집단주의적인 근대 기획의 한갓 부속품이 되지 않겠다고 선언한 인간이다. 하지만 그 이상 나아갈 길은 보이지 않는다. 대신 그의 앞에는 자본이 만들어내는 무한한 풍요와, 능력만 있으면 공동체 구성원들의 눈치를 보지 않고도 그 풍요를 얼마든지 누릴 수 있는 자유가 있다. 이것이야말로 21세기 인간이 직면한 최대의 딜레마로서 포스트모더니즘 철학이 과연 탈근대적인가 하는 근본적 의문이 발생하는 지점이다.

　1990년대는 한국사회가 식민지와 분단과 전쟁과 냉전적 군사독재 시대를 거치며 짊어지고 왔던 오래되고 낡은 근대적 과제들의 중압으로부터 상당한 자유를 얻고 비로소 동시대의 세계사적 흐름과 발을 맞추게 되는 격렬한 문화사적 변동을 경험한 시대로 기억될 것이다. 어떤 이는 그래서 1990년대를 "모든 현재의 시작"이라고 이름 붙였다.[28] 그에 의하면 한국사회는 1990년대 초반에 대의민주화 성취와 현실사회주의권 붕괴를 목격하고, 중반에 소비사회로 급격히 나아가고, 후반에 경제위기 이후 구조조정이라는 구조가 고착되어 현재에 이르고 있으며, 지금 시대는 그러한 상태가 변함없이 지속되는 '장기국면'이라는 것이다.[29]

'세계화'와 '개혁·개방' 담론의 횡행, 대중소비사회의 도래, 포스트모던적 사상 지형의 형성, 진보 개념의 우경화, 운동권의 고립 같은 굵직한 변화가 모두 1990년대를 거치며 이루어졌다. 또한 나에게는 세계에 대한 혁명적 개입의 구체적 매개였던 문학의 내용도, 문학판도 다 바뀌었다. 90년대의 문학은 이제 그렇게 들씌워졌던 오랜 계몽주의의 무게를 내려놓고 그저 타락한 세계에 홀로 맞서는 개인들의 고투의 기록이라는 근대문학 본연의 운명의 자리로 돌아간 것뿐이었다. 또한 이윽고 문학이 장사가 되는 시대가 됨으로써 잘 팔리는 작가들은 억대의 인세 수입을 올렸고 출판사들은 베스트셀러 한 권이면 사옥을 새로 짓는다는 말이 거짓말이 아니게 되었다. 1980년대까지의 소생산자적 동인의식 같은 것은 점차 희미해지고 장사가 되면 만들어 판다는 상업주의 출판이 주류가 되었으며 이로부터 비평정신의 쇠퇴라든가 문학권력의 지배 같은 현상이 부수적으로 뒤따랐다. 나는 이런 문학판의 변화를 전면적인 '환멸'로 받아들였다. 그것은 전통적인 문학 순수주의적 관점과 1980년대적 의미에서의 문학에 대한 도구론적 입장이 복합적으로 작용한 일종의 결벽주의 때문이었을 것이다.

1990년대는 이렇게 한국인들의 삶 전체가 새롭게 재구성되기 시작한 연대였다. 하지만 나는 서울 집과 인천 학교를 왕복하면서 이러한 모든 세기적 변화들을 강 건너 불을 바라보듯 그저 관조했을 뿐이었다. 아니, 사실은 그러한 변화들이 일어나고 있다는 것을 하나하나 마음속에 비판적으로 각인해나가면서도 그것을 어떻게 처리해야 할 줄 몰랐던 나 자신이 한심해서 그저 마치 무심한 듯 무표정을 가장할 수밖에 없었다. 스무 살 이래 오랫동안, 내가 온몸과 마음을 다하여 한 부분으로 참여하는 어떤 커다란 전체의 운동이라는 것이 있어서, 같은 믿음을 가지고 있는 '동지들'과 함께 그것이 나아가는 방향으로 나아가고 그것이 하라는 것을 하고 그것을 위해 싸우라면 싸우는 삶이야말로 '필연을 실천하는 자유'라고 믿고 있었던 나는 '전체'가 사라지고 '동지들'도 간데없는 이 세계에 혼자 어떻게 개입해 들어가야 할지 알 수가 없었던 것이다.

그리고 그 많은 매력적인 근대비판 담론들 중 어떤 것을 들여다보아도 '해석'만 있을 뿐, 그러면 이제 무엇을 어떻게 할 것인가에 대한, 어떻게 변화시킬 것인가에 대한, 도대체 누가 어떤 경로로 이 저주받을 자본주의 근대 세계를 바꿀 수 있을 것인가에 대한 대답은 찾아낼 수 없었다. 그것들은 모두 진정한 탈근대로서의 포스트모던이 아니라, 결국 자본주의 근대의 막강한 힘 앞에서 질려버린 후기근대의 이념적 표상에 지나지 않는다고 생각했다. 이런 막다른 곤경에서 내가 할 수 있었던 것은 그저 자기연민과 자기학대를 왕복하며 사실상 텅 비어버려 곧 주저앉을 지경에 처했던 나의 나약한 주체를 끊임없이 일으켜 세우는 시시포스의 노동을 반복하는 일뿐이었다. 돌이켜 생각해보면 나는 인생에서 보통 가장 중요한 시기라고 하는 30대의 거의 대부분의 시간을 이처럼 스스로 만든 감옥 속에 들어가 칩거하고 있었던 것이다. 그것은 사실상 내부 망명자의 삶이었다.

1995년 12월에서 1996년 1월 사이, 초등학교 1학년짜리 아들과 함께 23일 일정으로 독일 여행을 다녀왔다. 어느 출판사에서 문인들 몇을 선택해 세계 각국의 문화기행을 다녀오게 하고 그 기행문을 출판하는 기획을 만들었는데 나에게도 섭외가 와서 독일에 가게 된 것이다.[30] 그 추웠던 겨울, 마침 독일에 유학 중이던 처남이 빌려준 낡은 승용차 한 대를 몰고 무턱대고 슈투트가르트, 튀빙겐, 트리어, 본, 쾰른, 괴팅겐, 프랑크푸르트, 빌레펠트, 베를린, 드레스덴, 프라하, 뉘른베르크 등을 떠돌며 마르크스, 블로흐, 콜비츠, 룩셈부르크, 리프크네히트, 브레히트, 카프카 같은 사람들의 흔적을 만나면서 혁명이 가능했던 시대의 기억과 유산을 더듬고 다녔다. 분명히 오랜 시간 동안 비행기를 타고 가서 평생 한 번도 가본 적이 없는 낯선 도시들을 헤매고 다녔지만, 그 여행 내내 사실 나는 내 내면의 미로 속을 벗어날 출구를 찾아 헤매고 돌아다녔다.

1996년에는 김광석이 죽었다. 1988년인가 전교조 주최로 혜화동 동성고등학교에서 열렸던 민중가요 콘서트에 당시 내가 관여했던 민족문학작가회의가 후원자로 이름을 올려 나도 주최 측 일원으로 참여했는데 그때 그가 부르던 〈민주주의여 만세〉를 인상 깊게 들었던 기억이 있다. 그래도 그 당시에는 그때 함께 참가했던 안치환 쪽을 더 선호했지만 그가 죽을 즈음에는 안치환의 건강한 노랫말보다 그의 어딘가 상처 입은 노랫말들이 더 가슴에 와닿기 시작했다.

김광석이 죽은 뒤로 나는 점점 더 그의 노래에 빠져들었다. 〈그날들〉 같은, 잊어야 한다면 잊혀지면 좋겠어, 라고 울면서 부르는 그의 노래들에. 그리고 〈아비정전〉이나 〈중경삼림〉, 〈화양연화〉 같은 세기말 정서 가득한 왕가위의 영화, 사회주의 몰락 이후 갈 곳을 잃은 서구 정신의 방황이 화면에 쓸쓸하게 흘러가던 〈안개 속의 풍경〉, 〈율

리시즈의 시선〉, 〈영원과 하루〉 같은 테오 앙겔로풀로스의 영화들을 보며 혼자 많이 흐느꼈다. 우울증이었을 것이다. 1997년에 쓴 시 한 편을 덧붙여본다.

>3년 만에 이사를 와서
>5년 전에 사들여
>10년 전쯤부터의 내 삶의 흔적들을
>계통 없이 처박아둔 두 단짜리
>파일박스를 정리했다.
>
>광고지라든가,
>아이들 연습장이라도 될까 남겨둔
>프린트하고 남은 이면지,
>버릴 게 별로 없었다.
>그래, 오래된 원고
>마오의 모순론과 실천론,
>누가 번역해 가져왔는지도 잊은
>그 낡은 원고뭉치도
>10년을 끌고 다녔지만 이젠
>버리기로 했다.
>
>먼저 집히는 물건에서 출발하여

나는 과거로 내려간다.
깊이라고는 한 자도 채 안 되는
파일박스,
그것은 5년, 더 멀리는 한 10년의
내 지친 심연으로 내려가는 길이다.

우선 편지가 손에 잡힌다.
안양교도소 직인이 찍힌 봉함엽서, 꼭 7년 전
이맘때의 것이다, 그때도 이미
만난 지 오래인 친구
지금 또 다시 만난 지 오래된 친구
노동운동 하다가 잡혀 들어가
독방에 좌정하고 앉아 문득
내 생각을 한 것이다.
그가 읽고 열심히 서평해 준
잡지 『사상문예운동』
그래 내가 만들었지, 사상도,
문예도, 그리고 운동도 모두 만들 수 있다고
생각했던 바로 그 정점에서
나는 곤두박질쳤다, 친구
그때 나는 마악 벼랑에서 떨어지고 있었다.
오랜 추락의 그 혼곤함 속에서는

답장 한 줄 쓸 수 없었다.

역철동우회,
들을 때마다 歷哲 아닌 驛鐵로만 들려
기적소리와 어지러운 철로의 궤도
떠오르는, 퇴역 철도노동자모임 같은
그 이름
월식처럼 내 젊은 날들 서늘하게 먹어들어온
역사철학회
그 퇴역전사들 모임의 주소록도 나왔다.
일 년에 한 번씩 술 마시러 나가기도
쉬운 일은 아니다.
취한 가슴에 또 술을 부으면
술은 언제 깨나, 그 기나긴 마취에서
언제 깨어나나

100자, 200자, 8절, 16절, 국산, 일제
중앙일보사, 풀빛출판사, 아니면 그냥 문방구제(製)
여러 종류의 빈 원고지들도
뭉치뭉치 나온다.
버릴 수도 그냥 둘 수도 없는
수공업시대의 유물, 그러나 돌이켜보면

원고지를 쓰지 않게 되면서부터,
내가 쓴 글씨의 마지막 한 획에
힘을 모으지 않아도 되면서부터
세상도 나도 바뀌어버렸다.
버릴 수도 그냥 둘 수도 없는 내 지나간 삶
원고지 한 칸을 메우듯
함부로 건너뛰지 않고 쉼표, 물음표?
느낌표! 마침내 마침표.
꼭꼭 눌러 찍던 삶,
그 삶이 미처 채우지 못한
이 허전한 빈칸들의 기다림 앞에서
나는 이미 오래전부터
늘 허기진 내 삶을 생각한다.

밑바닥에서 1990년도
소련제 달력이 나온다
89년 겨울, 일본에서 눈치 보며 사온
레닌 달력, 1월부터 12월까지
레닌, 그 사람의 얼굴과 전기가
촘촘히 들어박힌 1990년도 소련제 달력
그의 시간은 그 1990년도에서 멈추어버렸다.
아무리 그림이 좋아도 더 이상은

걸어둘 수 없는 지나간 달력처럼
그의 삶도, 그의 영광도
그해 12월이 지나면서 찢겨져 사라져버렸다.
내 심장의 가장 높은 고동과 함께
번득이며 넘어가던 혁명력도
그즈음에서 제 무게를 못 이겨
주저앉아 버렸다.

버리지도 남기지도 못할 것들
엉거주춤 다시 서랍 속에 유기한 채
나는 스르르 그 과거의 문을 닫는다.

지나간 10년이
잠깐 현재로 돌아왔다가
시간의 유형지로 되돌아가고 있다.
대신 잠깐 과거로 돌아갔던 나도
가까스로 이 텅 빈 현재로 돌아오고 있다.

나의 시간의 유형지로.[31]

4 환멸과 희망 사이

공론장으로의 복귀?

1998년 2월, 박사학위를 취득했다. 그것은 하나의 전문가로서 자격을 가지게 된 것인 동시에 다시 일정한 소속이 없는 상태로 돌아간다는 것을 뜻했다. 물론 학위를 받았으니 인하대 국어국문학과에서 시간강사 일을 할 수 있게 되기는 했다. 나는 학위를 받은 직후까지도 어떻게든 전임교수가 되리라는 결심을 못 하고 있었다. 전임교수가 된다는 보장도 없으려니와 더 나은 다른 대안도 모색하지 않으면 안 되었다. 더 나은 대안이란 내가 한 번도 선택해보지 못한 길, 즉 민중이라 불리는 보통 사람들의 삶 속으로 들어가는 것이었다. 나는 지금도 박사학위나 전문직 자격증을 가지고 민중 속으로, 요즘 말로 하면 다양한 소수자와 피억압자들 속으로 들어가 자신의 지식을 활용하여 묵묵히 제 역할을 하는 사람들을 보면 밑 모를 부끄러움을 느낀다. 그 무렵에도 내가 그렇게 기여할 수 있는 부분이 있을까 탐색을 해보기도 했다. 아내가 약사여서 의식주 걱정이나 아이들 교육비 걱정은 하지 않아도 되었기 때문에 선택의 여지는 많았다.

하지만 결정적으로, 나는 사람들과 섞여 부대끼며 사는 일에 잘 맞지 않는 사람이었다. 원래부터 그랬는지는 잘 모르겠지만 언제부턴가 사람들과 쉽게 사귀지 못하고 혼자 있는 것을 좋아하는 성격이 되어버렸다는 것을 알게 되었다. 설사 어떻게 해서 특정 집단에 속하게 되더라도 남들의 말을 경청하고 배려하는 편이 아니라 혼자 결정을 내리고 다른 사람들이 따르기를 바라는 편으로서 특정한 목표를 가지고 함께 무언가 해나가기에는 적당한 사람이 못 되었다. 게다가 관심사는 넘쳐나도 이것이 내 천직이다 싶은 특정 분야가 없었다. 설사 민중 속으로 들어간다고 하더라도 최소한 내가 흥미를 가지고 몰두할 수 있는 분야를 선택해야 하는데 그게 없는 것도 큰 결격 사유가 되었다. 차라리 변호사나 의사가 되었다면 좋았을 것이다.

아니, 어쩌면 그것은 전부 핑계일지도 모른다. 음악이 흐르는 따뜻한 서재에서 책을 읽고 생각을 하고 글을 쓰는 것으로 이루어져온 나의 일상의 관습을 포기하고 싶지 않았을 것이다. 결국 이러한 나의 아비투스를 포함해서 내가 가장 잘할 수 있는 일, 잘되든 못 되든 글을 써서 세상에 기여하는 일을 천직으로 삼기로 했다. 그것은 여전히 비평가의 길이었다. 그러기 위해서는 대학에서 자리를 잡거나 아니면 자유지식인의 길을 걷거나 둘 중 하나였다. 어느 편이든 좋았다. 읽을 책이 있고, 글을 쓸 수 있는 펜과 종이와 책상, 그리고 그런 생활을 유지할 수 있을 만큼의 수입만 있으면 되었다. 그때부터 전임교수가 될 수 있으면 좋고 아니면 말고 하는 마음으로 장강에 곧은 낚시를 던져놓고 일단 시간강사 노릇에 몸을 맡긴 채 이제 어떤 글을 써서 세상으로 돌아가야 하는가만을 생각했다. 어쨌든 은둔의 시간은 끝내야 했던 것이다.

1992년에 「불을 찾아서」라는 일종의 귀거래사를 던져놓고 갑자기 심연 같은 가파른 단층이 생겨버린 것처럼 오도 가도 못하게 된 세상으로부터 도망쳤던 나는 박사학위를 받고 난 이후 1998년부터 다시 평론을 쓰기 시작했다.[32] 그리고 「불을 찾아서」 이후에 쓴 글들을 모아서 2000년 4월에 같은 제목의 평론집을 발간했다. 내 두 번째 평론집이었다. 그 평론집의 첫 순서에 실린 글은 「다시 비평을 시작하며」였는데 이 글에서 나는 다시 정치에서 문화까지, 전체에서 개인까지, 역사에서 일상까지 전체를 복원해야 한다고 외치며 문학 언어는 더 이상 사회적 실천의 모범이 되어서는 안 되는가, 비평은 진지성과 권위를 가져서는 안 되는가를 반문했고 감히 '계몽비평의 복권'을 선언했다.[33] 하지만 그것은 어떤 호응도 받지 못하는 메아리 없는 외침이며 선언이었다. 세상은 더 이상 그런 계몽의 언어를 들으려고 하지 않았다. 그런 세상에서 어느 날, 나 여기 돌아왔노라고 선언하며 계몽비평의 복권을 선언하는 내 모습은 산초도 떠나가고 늙은 로시난테 위에 겨우 올라타 허공에 마지막 창끝을 겨누는 돈키호테의 모습과 무엇이 달랐을까.

하지만 그 가련하고 어쩌면 비참한 돈키호테의 모습을 그저 나 개인의 시대착오의 결과였다고 치부하고 싶지는 않다. 그것은 1990년대라는 변화된 현실 앞에 맞닥뜨린 1980년대 정치비평 전체의 곤경이었을 뿐이다. 그로부터 다시 20여 년의 시간이 흐른 지금, 나는 여전히 계몽적 정치비평을 포기하지 않고 있다. 물론 그것은 지적 게으름으로 화석화된 낡은 신념은 아니다. 1990년대 이래 세계를 바꾸어야 한다는 의지와 희망이 거세된 채로 세상에 만연했던 수많은 포스트 담론들을 향한 나의 의심과 질문, 부정과 수긍의 상호 침투를 거친 일종의 변증법적 단련을 통해 지양된 결과다. 그 무렵 나는 한 사람의 비평가로서 미적 근대성과 역사철학적 근대성의 창조적 긴장 관계를 통해 자본주의적인 사회적 근대성의 악

마적 무한 연쇄를 끊어내어야 하고 끊어낼 수 있다는 원론적 입장에 도달하게 되었다.[34]

나는 지금도 이때의 생각을 견지하고 있다. 다만 한국사회는 물론 세계사적으로 도대체 역사철학적 근대성이란 어떤 방식으로 실현될 수 있는지, 한국문학에서 미적 근대성의 구체적 실현이 어떤 양상을 보이고 있는지에 대한 천착이라는 지난한 과제 앞에서 여전히 서성거리고 있을 뿐이다. 이 무렵 조연현을 연구하는 과정에서 깊이 들여다본 적이 있는 '비극적 세계 인식'이라는 개념틀, 즉 이 타락한 세계를 거부하면서 수락할 수밖에 없는, 또는 거부할 수도 수락할 수도 없는 근대 예술 일반을 가로지르는 딜레마에 깊이 침윤되어 있었고, 한국사회와 한국문학이 다시 새로운 전망을 얻어낼 수 있을 때까지는 한국문학이 이 딜레마 앞에서 어떤 포즈를 가지는가에 관심을 집중했다. 그것은 그 무렵 한국문학의 현장에서 이 두 개의 근대성이 교차하는 지점이기도 했다.[35]

하지만 그사이에 세상이 바뀌어도 너무 많이 바뀌었다. 이처럼 다시 돌아와 역사철학적 근대성과 미적 근대성의 창조적 긴장 관계라는 프레임을 통해 계몽적 정치비평을 펼쳐나가겠노라고 한 나의 '복귀 선언'은 다시 말하지만 허탈하게도 어떤 공명도 일으키지 못했다. 비판이 되었든 공감이 되었든 이 선언을 접수했다는 신호는 어디에서도 전해져오지 않았다. 오랜만에 복귀했다고 써내는 글이라는 것이 이미 당대적 비평감각을 잃어버린 헛소리가 되어버렸기 때문일지도 모르지만, 그렇다면 그렇게 욕이라도 먹고 싶었다. 하지만 공론장이라고 할 만한 것이 사실상 해체되어버린 1990년대 말의 한국 지식인 사회에서 이미 한물가버린 80년대 비평가의 복귀 선언 같은 것은 조그마한 관심거리도 되지 못했다. 사람들도 세상이 어떻게 되든 관심이 없었고, 세상도 사람들이 어떻게 되든 관심이 없는 그런 막막한 시절이 도래한 것이다. 나는 이후 본격적인 문학평론을 쓰는 대신 어떻게든 대중에게 쉽게 전달되기를 바라는 마음으로 신문 칼럼과 같은 '잡감문'을 쓰는 일에 더 공을 들이게 되었고, 그로부터 '전직 비평가'라는 말을 입에 달고 살았다. 그리고 그 결과물들로 2006년에 또 한 권의 책을 묶어냈다.[36] 이 책에도 역시 어떤 반응도 평가도 없었다. 다들 그냥, 아저 사람은 저런 생각을 하고 사는군, 하고 말 뿐이었을 것이다.

아무도 읽지 않는, 읽어도 어떤 메아리도 없는, 그저 서로 상처주지 않으려 애쓰며 예의를 갖춰 칭찬이나 교환하는 것으로 끝나는 그런 문학평론보다는 신문이나 잡지에 실리는 칼럼이라 불리는 짧은 잡감문이나, 개인 홈페이지, 혹은 블로그, 그리고 그 이후 사회관계망 서비스라 불리는 여러 신종 매체에 짤막하게 올리는 글이 그나마 반응을 얻고 얼마간이나마 영향력을 행사하는 시대가 도래한 것이다. 그런 신종 매체에서는 서로에 대한 관심이나 애정이 표현되었고 논쟁도 있었으며 악다구니나 저주에 가까운 댓글도 있었다. 무지한 오독과 노골적인 모욕과 빈정거림과 무시와 혐오도 있지만 어쨌든 사람이 살고 있는 냄새가 났다. 그로 인해 피해를 입는 사람들에게는 할 말이 아니지만 나는 그 편이 차라리 더 나았다.

생각해보면 서울에서 인천을 오가며 대학원을 다닌다고 하면서 실은 내적 망명 상태에 빠져 있었던 것도, 학위를 받고 공론장으로 돌아오겠다고 했지만 실은 어떤 메아리도 없는 계몽비평 선언에 그치고 결국 환멸의 정조 가득한 잡문 쓰기로 내려앉은 것도 어쩌면 그 시기 동안 바깥세상에 어떤 날카로운 정치사회적 긴장이 없었기 때문인지 모른다. 아니, 없다고 믿었기 때문일 것이다. 1993년에서 2007년까지 김영삼의 문민정부에서 김대중의 국민의 정부, 그리고 노무현의 참여정부로 정권이 바뀌었지만 이 정권들은 1987년 체제를 지탱해온 넓은 의미의 민주 정권이라 할 수 있었다. 자유주의 헤게모니가 절대 우세했던 이 15년 동안의 한국사회는 시민민주주의적 정치질서와 신자유주의적 사회경제질서가 동시에 뿌리내리던 이른바 1998년 체제 착근기였다. 지금은 신자유주의 체제의 야만성을 누구나 말할 수 있지만 당시에는 매우 소수의 지식인들을 제외하고는 개혁, 개방, 구조조정 같은 신자유주의 프로그램의 작동이 가져올 재앙적 위험을 제대로 알아차리지 못했다. IMF 사태가 발발해서 큰 홍역을 치렀지만 구제금융 상환을 통해 신속하게 빠져나옴으로써 그 위기도 다 지나가고 다시 이전과 같은 호황이 지속될 줄만 알았다.

특히, 김대중에 이어 노무현으로 민주 정권의 성공적 계승이 이루어지면서 민주적 헤게모니의 장기 안착 가능성이 점쳐지기도 했다. 노무현 정권 시기 내내 수구기득권 세력 쪽에서 반란에 가까운 집요한 저항과 흔들기를 멈추지 않았지만 나 역시 당시에는 1987년 이후에 공고해진 민주적 기본 질서가 불가역적인 단계에 도달한 것으로 낙관하고 있었다. 하지만 이명박과 박근혜 두 수구기득권 세력 집권기에 들어 이러한 낙관이 불안으로, 불안에서 위기의식으로 바뀌게 된 것은 익히 겪어온 바와 같다. 나처럼 완전히 망명자적 자세로 세상을 관망하던 축들이나 연이은 민주 정권하에서 바뀐 세상을 누리느라 여념이 없던 축들이나 한국사회 기득권 세력의 질긴 생명력을 너무나 과소평가한 것이다. 김대중의 어설픈 화해통합 행보를 이은 노무현의 '신사적' 관용주의는 수구기득권 세력의 권토중래를 위한 디딤돌 역할을 했을 뿐이다. 그 기간 동안 이른바 민주화 세력은 전투력을 상실했고, 나아가 스스로 신기득권 세력이 되었다. 노무현은 윤리적으로는 올바른 사람이었지만 정치적으로는 신출내기이자 형편없는 아마추어였다. 그는 정동적으로는 민주주의의 챔피언이고 우상이었지만 현실정치 속에서 반동 세력을 실질적으로 무력화시킬 수 있는 능력을 갖추지는 못했다. 그의 실패와 죽음은 그 불균형이 낳은 필연적 귀결이었고 언필칭 민주화 세력 전체가 가진 추상적 이상주의의 한계였다. 나 역시 마찬가지였다.

『황해문화』와의 동행

대학원을 졸업하고 '보따리 장사'라는 자조적 멸칭으로 불리는 시간강사 생활을 시작한 지 얼마 되지 않았던 1999년 여름 어느 날, 최원식 선생으로부터 인천에서 나오는 『황해문화』라는 계간지가 있는데 거기서 편집주간 일을 맡으면 어떻겠느냐는 권유를 받았다. 『황해문화』는 인천의 시민문화재단인 새얼문화재단에서 1993년부터 간행해오고 있던 지역 계간 문화지였다.[37] 창립 이후 아침 대화, 백일장, 역사 기행, 가곡 및 국악 공연 등의 행사를 열면서, 오랫동안 공업지대로서의 강한 이미지 때문에 문화적으로는 불모지처럼 여겨졌던 인천에 거주하는 시민들의 문화 접근성을 높이는 데 주력해오던 새얼문화재단이 지역을 대표하는 잡지 창간을 도모해오던 끝에 1993년에 창간한 잡지였다. 창간 초기에는 최원식 선생이 대표편집위원으로서 편집과 기획을 주도해오다가 1996년에는 인하대 서규환 교수가 편집주간을 맡았고 그가 1999년에 사임하면서 새로운 편집주간을 물색하던 중에 마침 박사논문을 마친 내게 제안이 온 것이다.

나는 오래 고민하지 않았고 최원식 선생의 소개로 새얼문화재단의 지용택 이사장을 면담한 자리에서 편집주간직을 수락했다. 그즈음 공론장으로 복귀하고자 하는 열망이 컸지만 공론장의 해체가 급가속 중이었던 현실의 벽 앞에서 활로를 얻지 못하고 있던 나로서는 1991년 『사상문예운동』 발행 중단 이후 단절되었던 계간 저널리즘에 다시 관여할 수 있다는 것은 다행스러운 일이었다. 편집 내용과 편집진 구성 등에 절대 개입하지 않겠다는 지용택 발행인의 신뢰할 만한 약속도 주간직 수락에 긍정적 요인으로 작용했다.

『황해문화』는 초기에는 인천 지역 문제를 심층적으로 다루는 잡지였다. 지금까지도 이 잡지의 대표적인 슬로건으로 되어 있는 "진지구적으로 사고하고 지역적으로 행동하라"를 내걸고 시작하기는 했으나 창간호인 1993년 겨울호부터 12호인 1996년 가을호까지는 대체로 인천의 지역 의제와 담론을 정립하는 작업에 집중했고, 비판이론을 전공한 정치철학자 서규환 교수가 주간을 맡던 1996년 겨울호부터 1999년 여름호까지 약 3년 동안은 특집에 한해서 지역 문제가 아닌 정치·사회·문화적 이슈들을 전면에 내세우기 시작했지만 기본적으로 지역 종합지로서의 골격은 유지하고 있었다.

내가 『황해문화』 주간이 되던 1999년경에는 대략 1993년경부터 80년대적인 변혁운동 패러다임 속에서 발간되던 『노동해방문학』, 『사상문예운동』 같은 계간지들이 쇠퇴하고 90년대적 지식 사상 풍토에서 새로 출범한 잡지들이 계간지 영역을 지탱하고 있었다. 기존의 『창작과비평』, 『문학과사회』, 『문학동네』, 『실천문학』 같은 문학지와 더불어 『현대사상』, 『사회비평』, 『인물과사상』, 『아웃사이더』, 『당대비평』, 『문화/과학』, 『진보평론』, 『여/성이론』 등과 특이하게 격월간을 유지했던 『녹색평론』이 그런 잡지들이었다. 이러한 1990년대 잡지들은 『현대사상』이나 『사회평론』을 제외하면 대부분 추구하는 이념과 경향이 뚜렷했고 편집위원들은 일종의 동인적 연대로 묶여 있었다고 볼 수 있다.

『황해문화』는 세계/지역성이라는 범주는 가지고 있었으나 특정한 이념적 지향이나 동인적 연대를 추구한 것은 아니었다. 그것은 내가 주간이 되기 전부터 가지고 있던 특성이었는데 나 역시 그 특성을 벗어날 생각은 없었다. 『황해문화』는 시민문화재단에서 발간하다 보니, 주된 독자층인 시민후원자들의 성향이 진보에서 보수까지 매우 넓은 스펙트럼을 가지고 있었기 때문에 어떤 이념이나 경향으로 예각화시키기에는 어려웠다. 정치적으로 본다면 넓은 의미의 중도좌파적 입지를 커버하는 정도에서 일부 보수우파 독자들의 볼멘소리를 다독여야 했다. 나 자신도 그 무렵에는 특정한 정치사회적 경향성으로 예각화되어 있지 않았다. 오히려 당대의 이런저런 담론과 경향들을 보다 폭넓게 섭렵하고 관찰하는 것이 1990년대의 각종 담론으로부터 거리를 두었던 나로서는 더 취하기 쉬운 입각지였다. 나는 이러한 『황해문화』의 계간 저널리즘 내에서의 특이한 성격을 두고 이런저런 진보적 담론에게 자리를 만들어주는 '커다란 그릇'이라는 식으로 비유해서 말하곤 했다.

주간직을 맡은 이후로 나는 지역 잡지의 영역을 넘어서 동시대 계간 저널리즘 안에서 당당한 자리를 확보할 수 있는 이슈들을 포괄해나가는 것과 더불어 제호와 표지, 편집체제 등에 적절한 변화를 주었으며 대략 5년여에 걸쳐 이러한 잡지 성격에 걸맞고 나와 호흡도 잘 맞을 편집위원진을 구성하는 작업을 해나갔다. 그리하여 백원담

(성공회대 중문학), 김진방(인하대 경제학), 김진석(인하대 철학), 권혁태(성공회대 일본학) 등을 편집위원으로 불러들였고, 그 후 몇 년에 걸쳐 이희환(인천 시민운동가), 이광일(정치학) 등을 보강하였으며, 근년에는 진태원(철학), 강성현(성공회대 사회학) 등 보다 '젊은 피'를 수혈하여 동시대 담론지형에서 어디에도 뒤지지 않을 편집진용을 갖추게 되었다.

여기에 여러 사정으로 편집위원직을 함께하기는 어려웠던 홍윤기(동국대 철학), 김동춘(성공회대 사회학), 한홍구(성공회대 한국사학) 등은 편집자문위원으로 초치하여 느슨하게나마 다양한 자문을 얻는 통로로 삼았다. 사실, 이 편집위원과 편집자문위원 대부분은 대학 시절의 동기와 선후배거나 아니면 80년대 운동판에서 만난 비슷한 또래의 오랜 벗들이었다. 그렇기 때문에 넓은 의미의 진보적 스펙트럼을 유지하면서도 서로 장단점이나 성향을 잘 이해할 수 있었기 때문에 상당히 오랜 시간 동안 좋은 호흡으로 함께 일할 수 있었다.

나는 『황해문화』 일을 하면서 비로소 21세기의 한국 사회와 다시 대면할 수 있게 되었다. 그것은 80년대적인 '변혁적 개입'도 아니고 90년대적인 '환멸적 관망'도 아닌 '성찰적 개입'이었다. 물론 처음엔 마치 새롭게 세상을 배워가는 어린아이처럼 세상의 이모저모를 둘러보았고 그다음에는 점차 왜 이런 세상이 오게 되었을까를 궁구해 들어갔다. 그 결과 '신자유주의 지배체제'로 수렴되어가는 한국사회의 제문제를 들여다보고 대안을 모색한다는 큰 전제 아래 생각을 정리해가기 시작했다. 2000년대 이후의 『황해문화』는 신자유주의 통치체제 아래서 사회적 양극화와 정치적 무력화로 일그러져가는 한국사회의 여러 양상들에 주목하는 한편, 신자유주의 체제의 극복을 향한 대안이념과 대안주체에 대한 천착을 시도해왔다. 이는 곧 나의 주된 관심사이기도 했다는 점에서 나는 『황해문화』에 큰 빚을 진 셈이다.

2023년 가을호(통권 120호) 발간으로 『황해문화』는 30주년을 맞았고, 나는 이 120호를 끝으로 24년에 걸친 주간직에서 물러나게 되었다. 이제는 정치철학자 진태원 선생이 뒤를 이어 주간직을 맡으면서 『황해문화』가 보다 젊고 참신한 문제의식으로 동시대의 이슈들을 진단하고 과제화하는 21세기 한국의 대표적인 계간 저널리즘으로 발전해나가게 될 것을 믿어 의심치 않는다. 사실 몇몇 문예지를 제외하면 거의 고사 직전의 단계에 놓인 한국의 계간 저널리즘계에서 『황해문화』는 이제 독보적인 시사 문화 계간지로 자리 잡았으니 그것은 기대가 아니라 당연한 실제일 것이다. 2000년에는 『현대사상』이, 2003년에는 『사회비평』이, 2004년에는 『아웃사이더』가, 2005

년에는 『당대비평』과 『인물과사상』이 종간을 맞았고 『문화/과학』과 『진보평론』 정도가 명맥을 겨우 유지하고 있으며 『녹색평론』이 김종철 주간이 타계한 이후 진통 끝에 계간체제로 변환하여 속간되고 있을 뿐인 계간 저널리즘계의 현실에서 종합 계간지의 틀을 유지하고 있는 것은 『황해문화』밖에 없다.

탈진실적 경향이 증대하는 여론지형에서 정론성을 생명으로 하는 계간지들이 점점 독자층을 잃어가고 학술진흥재단(현 한국연구재단) 등재지 시스템이 대학사회를 장악해나가기 시작한 2000년대 초반 이래, 정론들이 각축하는 공론장이 붕괴하고 연구 업적을 계량해주는 각종 학문분과별 학술지가 거의 모든 인문사회 분야의 담론을 싹쓸이해가는 현실에서 계간 저널리즘은 존립 자체가 어려워졌다. 필자난과 재정난을 견딜 방법이 없었기 때문이다. 이런 현실에서 새얼문화재단이 별도의 재정 계획을 편성하여 발간하는 『황해문화』는 시간이 갈수록 희소성은 물론 시사정론지로서의 권위 면에서 독보적일 수밖에 없는 것이다.

과연 『황해문화』가 언제까지 발간이 지속될지는 알 수 없으나, 지난 24년 동안 『황해문화』와 동행한 것은 1990년대 말 자칫 우울한 은둔과 자폐의 시간 속에서 '공공의 세계'로부터 영원히 분리되었을 수도 있었던 나에게는 생애의 행운이었다고 할 수 있다. 그리고 그 24년의 시간 동안, 젊은 날부터 마음속에 도대체 존경할 만한 '어른'이 없었던 내게 어른다운 어른의 모습으로 자리 잡게 된 새얼문화재단 이사장이자 『황해문화』 발행인 지용택 선생, 12살 터울의 띠동갑 후배이지만 타고난 편집쟁이이자 진정한 박람강기형 독서인의 표본이라고 할 수 있는 『황해문화』 편집장 전성원과 잡지 일을 넘어 깊은 인간적 교분을 맺을 수 있었던 것은, 『황해문화』가 내게 준 또 다른 특별한 선물이었다.

대학교수라는 직업

2005년 1학기부터 나는 인하대학교 사범대학 국어교육과의 현대소설 및 비평 전공 교수가 되었다. 1998년 2월에 박사학위를 받고 난 후 7년 만의 일이었다. 앞에서도 말했듯이 나는 학위를 받기는 했으나 전임교수는 되면 좋겠지만 아니어도 그만이라는 생각이었기 때문에 대학교수 임용 시장의 동향에 둔감한 편이었다. 그저 수도권의 적당한 대학에서 일정한 교감을 가지고 불러준다면 응하겠지만 그러다 안 되어도 (아내 덕분에) 먹고살 걱정은 없으니 자유지식인으로 살겠다는 배부른 생각이었다.

그래도 교수 임용 지원에 필요한 기본 요건, 즉 연구 업적 점수는 그럭저럭 만들어두기는 했었다. 그리하여 지방대로는 딱 한 번 충북대 사대 국어교육과를 지원했다가 좌파 성향이라 곤란하다는 노골적인 배척을 당한 적이 있고, 국민대 국문과, 성공회대 교양학부 등에서는 최종심까지 올라갔다가 다른 지원자에게 밀려 떨어졌다. 그런데 마침 2004년에 인하대 국어교육과에서 현대소설과 비평을 가르쳤던 윤명구 선생이 정년퇴임을 하면서 자리가 났는데, 국어교육과에 재직 중이던 고전산문 전공 김영 선생과 현대시 전공 윤영천 선생이 지원을 권했고, 그 결과 운 좋게 임용이 된 것이다.

대학교수가 되면 무엇이 달라질까 싶었다. 학위를 받고 아직 임용이 되기 전, 시간강사 시절에는 정작 나보다도 주위 사람들이 내가 빨리 전임교수가 되어야 한다고들 말이 많았다. 지금도 기억나는 말이 '교수가 되면 날개를 단다'는 말이었다. 날개를 단다고? 아무래도 중간 이상의 소득이 보장되고 사회적 지위도 높아지고 상징자본도 가지게 되니 말을 한마디 해도 권위가 실리고 사회적 활동 범위도 넓어지기는 할 것이지만, 그것이 '날개를 다는' 정도일까 싶기도 했다. 지금도 그 말은 생각하기에 따라서 적절한 비유일 수도 있고 어느 정도는 과장이기도 하겠지만, 내가 교수입네 하고 폼을 잡고 다니는 끔찍한 짓을 할 위인도 못 되고 세속적 평판 같은 것에 무신경한 나에게는 그다지 해당이 안 되는 과장된 수사라는 생각이 든다.

무엇보다 과연 나는 날개를 달았던가, 달았다면 그 날개로 날아올랐던가, 날아올랐다면 어디로? 이렇게 자문해본다면 도무지 답변할 말이 없다. 정직하게 말한다면 나는 그저 직업이 뭐냐고 남들이 물으면 뭐라고 대답해야 하나 우물거리지 않아도 될, 공인된 직장을 얻은 것뿐이었다. 아직 새 학기가 시작하기 전 배정받은 교수연구실 서가에 그동안 과적 상태로 집안에 쌓여 있던 수천 권의 책들을 다 꽂아 넣고 난 2005년 2월의 어느 날 밤, 나는 이렇게 한껏 진지하게 자문했다. 이 여덟 평 정도 되는 공간이 앞으로 참호가 될 것인가, 아니면 무덤이 될 것인가. 물론 나중에는 그게 뭐라고 참호니 무덤이니 하는 비장한 호명을 했던가 싶었지만.

교수의 사회적 소명 같은 거창한 이야기는 이제 낯간지러운 것이 되어버렸으니 그렇고, 직업으로서의 교수라는 점을 중심으로 나의 '교수 시절'을 돌아보고자 한다. 교수라는 직업에는 세 가지 업무(?) 영역이 있다. 교육과 연구와 봉사가 그것이다. 먼저 교육, 나의 세부전공은 '현대소설과 비평'이었지만 같은 전공으로 문과대 혹은 인문대의 국어국문학과 소속인가, 나처럼 사범대 국어교육과 소속인가는 적지 않은 차이가 있다. 전자였다면 말 그대로 한국 근현대 소설과 비평 분야에 대한 좀더 유연한 (더 넓거나 더 깊거나, 더 새롭고 실험적인) 접근이 허용되었을 것이다. 게다가 문학적 재능이 있는 학생들에게는 등단 준비를 권할 수도 있고, 학문적 소양이 기대되는 학생들에게는 대학원 진학을 권할 수도 있었을 것이다. 하지만 예비 중등 국어교사 육성이 기본 목표인 사범대 국어교육과에서는 강의 내용이 매우 보수적(정치적인 의미에서가 아니라 지식 내용에서)일 수밖에 없고 깊이를 고려하는 것보다는 개괄적·입문적 이해를 더 중시할 수밖에 없다는 한계가 있다.

나는 어느 편인가 하면 사범대라는 특성에 아랑곳없이 본격적인 소설론과 비평론을 고집하는 편도 아니었고, 그저 예비 국어교사 교육이라는 실용성에만 주목하는 편도 아니었으며, 오히려 예비 국어교사로서의 교양적 자질을 더 중시하는 편이었다. 문학원론, 현대문학사, 현대소설론, 현대소설선독 같은 내가 주로 가르쳤던 과목을 통해서 나는 학생들에게 근대문학과 소설이 근대세계에서 가지는 철학적·역사적 의미와 그것을 통한 사회문화적 교양의 함양이라는 점에 방점을 두고, 이들이 장차 어린 중고교 학생들에게 국어시험 잘 보는 실력을 전하는 것이 아니라 문학을 통해 인생을 공부하고 준비할 수 있는 기본 교양을 전수하는 국어교사가 되도록 하는 것을 우선으로 삼았다.

나이가 점점 들어서 젊은 학생들과 함께 하는 것이 부담스럽게 느껴지기 전까지는, 또 건강이 점점 나빠져서 더 이상 술을 마시지 못하게 되기 전까지는 강의 시간 외의 과외 시간을 통해 학생들과 적극적으로 어울렸다. 각종 엠티, 학술답사, 학술제, 대동제 같은 곳에 거의 빠짐없이 쫓아다녔고, 학기 중에도 저녁이면 빈번하게 술자리를 가졌다. 나의 그런 모습을 통해 학생들이 좋은 선생이란 무엇인가에 대한 하나의 이미지를 가질 수 있기를 기대했다. 심지어 강의실에 들어갈 때의 옷차림 하나에도 세심한 주의를 기울여서 내가 그들을 피교육자로서가 아니라 대화 상대로서 얼마나 존중하는지를 알려주려고 노력했고, 그들 또한 장래의 제자들에게 그렇게 하기를 기대했다. 무엇보다 나는 내가 혹시 원래부터 교사형 인간이 아니었나 싶을 정도로 강의실 안팎에서 젊은 세대와 함께하는 것을 진심으로 좋아했다.

물론 이는 나의 주관적 회고에 불과하다. 정작 나에게 배운 학생들이 나를 어떤 선생으로 기억하는지 나는 다 알지 못한다. 나의 주관적 의도와 달리 학생들은 나에게서 어떤 과잉을 읽었을지도 모른다. 게다가 내가 2005년부터 2024년까지 19년 동안 가르쳤던 학생들은, 초임이던 2005년에 이미 군복무를 마치고 돌아와 복학한 3학년부터 마지막 강의를 한 2024년 가을 학기의 1학년까지라고 할 때 대략 00학번에서 24학번까지, 즉 1981년생부터 2015년생까지로서, 한국사회가 1998년 체제, 즉 전적으로 신자유주의 체제가 지배하던 시기에 청년기를 살아냈던 세대에 속한다. 그들은 청년기의 입구에서부터 풍요로운 90년대의 신화가 어떻게 거짓말처럼 붕괴하는지, 부모 세대의 웃음이 어떻게 신음으로 돌변했는지, 활짝 열려 있다고 믿었던 미래의 문이 갑자기 벽으로 앞을 가로막았는지를 경험했거나 그 이후 본격적으로 도래한 양극화와 각자도생과 무한경쟁으로 이루어진 불안한 세계에 젊음 전체를 저당잡힌 세대였다.

국어교육과에 들어온 그들의 목표는 오직 하나, 그들은 어서 빨리 임용시험에 합격해 안정된 직업 최고 순위인 중등교사가 되어서 불안정한 가계를 일으켜 세워야 했을 것이다. 그들은 대체로 말이 없었다. 질문도 반응도 없었고 나의 질문에도 도통 대답할 줄을 몰랐다. 쥐 죽은 듯 조용한 강의실에서는 나의 목소리와 빠른 속도로 내 말을 따라 적는 샤프심이나 볼펜심의 사각이는 소음만이 흘러갈 뿐이었다. 나는 대학생 수가 폭증하던 1980년대와 1990년대에 대학에 자리 잡은 선배나 내 또래의 진보적인 교수들이 대학에서 '투쟁 후속 세대'까지는 아니더라도 진보적인 학문 후속 세대를 키워내는 일이 지지부진한 것을 매우 못마땅하게 여기고 있었다. 하지만 1980년대까지는 그것이 가능했을지 모르나 1990년대에 들어서는 담론과 지식장의 포스트화에 의해서, 2000년대 이후에는 신자유주의 체제의 지배력과 대학 자체의 급속한 체제 예속화 경향 때문에 대학에서 변혁운동과 사상의 재생산은 점점 난망이 되어갔는데, 2005년 내가 대학 선생이 되고 나서야 이 사실을 현실로 받아들이게 되었다.

이러한 암울한 분위기에 변화가 생기기 시작한 것은 대체로 2010년 이후, 특히 세월호 참사 이후부터였다. 세월호 참사 이후에 대학에 들어온 친구들은 선배들과 달리 현체제에 대해 침묵하지 않았다. 더 이상 각자도생의 이데올로기를 믿지도 않았다. 소설을 가지고 토론 수업을 하면 이들은 일단 현실에 대해 매우 냉소적이고 비판적이었으며 이것은 정의롭지 못하다는 것을 알고 또 표현하였다. 다만 그러한 냉소와 비판의 방향성을 어떻게 잡아갈지에 대해서는 제각각이었다. 세월호 참사가 있었고 몇 년 후에는 미투운동을 필두로 이른바 '페미니즘 리부트'가 일어났으며 그 이후에는 학생들 사이에서도 젠더 충돌이 일어나는 등 강의실에는 종종 긴장이 흐르기도 했다.

2020년 즈음에 일부 학생들이 자기들끼리 사용하는

게시판에서 김명인 교수는 공산주의와 페미니즘만 가르친다고 한다는 말을 전해 들었다. 어쨌든 내심 매우 기뻤다. 그들에게 어떤 완곡한 이해를 바라겠는가. 익명으로라도 나라는 존재와 언행에 반응을 보여주니 다행이었다. 다만 내 교수 경력의 말년에 접어든 2019년부터 2021년 사이에 벌어진 '코로나19 사태'는 전혀 다른 맥락에서 대학사회를 다시 침체 상태로 몰아넣었고 그 무렵 암 수술을 받고 치료에 몰두할 수밖에 없었던 나 역시 더 이상 학생들에게 가까이 다가서지 못하고 말았다.

그나마 대학원 수업이 있어서 그래도 학문 후속 세대를 키운다는 흉내를 낼 수 있었던 것이 위안이 되었다. 국어교육과가 먼저 생기고 나중에 국어국문학과(지금은 한국어문학과)가 파생되어나갔던 인하대의 경우, 다른 대학과 달리 국어국문학과와 국어교육과 사이의 소통이 원활했고 국어국문학과(2007년부터는 한국학과) 대학원 과정에는 국어교육과 교수들도 교수진으로 참여하는 게 전통이었다. 나는 대학원 수업을 통해서 비로소 원하는 수준의 작가·작품 연구에 접근할 수 있었고 각종 담론에 대해 학생들과 토론을 나누는 등 아카데미즘에 대한 갈증을 어느 정도 해소할 수가 있었다. 하지만 인문한국 사업과 관련된 규정의 한계 때문에 후반부 몇 년은 대학원 수업을 맡을 수 없게 되어 그조차 충분하게 누리지 못하고 말았다. 다만 나의 대학원 제자들 서너 명이 문학평론가로 등단하게 된 것은, 기본적으로 그들 자신의 몫이긴 하지만 그나마 작은 보람으로 남는다.

그다음 연구 영역이다. 대학교수가 된다는 것은 아카데믹 서클에 본격적으로 발을 들여놓는다는 것을 뜻한다. 물론 박사학위를 취득하는 것부터 학계의 일원으로 인정받는 것이기는 하지만, 안정된 연구 환경에서 본격적으로 학문적 천착을 하라고 교수 자격을 부여하고 연구실도 주는 것이다. 하지만 나는 이 부분에서는 직무유기를 했다. 대학원에 들어선 것부터 본격적인 학문의 길에 들어서겠다는 생각보다 일종의 도피행각에 가까웠고 잘 보아줘야 '불을 찾겠다'는 매우 모호한 수사학을 내세운 막연한 지적 탐색을 위한 것이었다. 석사논문과 박사논문을 써냈지만 앞에서 길게 변명했다시피 그것은 흔들리는 주체를 지탱하기 위한 안간힘에 가까운 것이었다.

아카데믹 서클에 본격적으로 입장한다는 것이 세상과 담을 쌓고 고답적인 문헌 연구나 실증 연구 같은 곳으로 매몰되라는 것이 아니라면 나는 대학원 시절부터 금강심을 품고 1990년대의 현실에 대한 이론적 응전에 본격적으로 매달려서 포스트 담론의 만화경을 넘어서서 새로운 역사적 전망에 접속할 수 있는 나름의 유의미한 담론을 생산할 수 있어야 했다. 하지만 나는 교수직에 있었던 19

년 동안 남의 글과 말을 따라 읽는 것만으로도 허덕였고 이런저런 담론에 대해 관심을 가졌다가도 곧 싫증을 내곤 하는 불성실한 에피고넨이었으며, 그 싫증을 그저 짧은 논평으로 표현하는 것으로 할 일을 다했다고 자처한 일개 논평가에 불과했다.

굳이 변명을 하자면 대학에 들어가 담론부터 실천까지 완벽한 종합선물세트 같았던 마르크스레닌주의에 포획된 이래 나는 그러한 수준의 총체성(?!)을 갖추지 못한 모든 담론에 근원적으로 만족하지 못했으며, 어떠한 그럴싸한 담론도 그 기원과 위상을 먼저 검색해보고 나면 시큰둥해지는 마음을 어쩔 수 없었다. 이 무렵 아카데믹 서클을 지배했던 각종 포스트 담론이 보여주는 참신한 전복과 도전에 매료되다가도 이것은 결국 자본주의의 막강한 위력 앞에서 질려버린 무기력한 지식인들이 도달한 정신적 궁지의 산물에 불과하다는 생각이 고개를 들어 그 잠시의 매료에 찬물을 끼얹는 것이다.

게다가 굳이 모든 것을 의심하라는 마르크스의 말을 신봉해서가 아니라 나는 열광이나 몰입과는 거리가 먼, 누구의 어떤 달콤한 말이든 절대로 백 퍼센트 다 동의하지 않으며 설사 매력을 느꼈다가도 곧 빠져나올 구멍을 만들어 그로부터 도망치는 날쌘돌이형 인간이라는 점도 이런 시큰둥함에 한몫을 했을 것이다. 또한 나는 텍스트의 세계를 파고드는 쾌감에도 오래 머무르지 못했다. 그것은 엉덩이가 질긴 사람들의 일이었지, 나 같은 엉덩이가 가벼운 인간의 일은 애초부터 아니었기 때문이다. 한 가지 더 덧붙이자면 이미 교수가 되기 전인 2003년부터 지금까지 20여 년 넘게 아토피를 비롯한 정체불명의 자가면역질환을 앓아오고 2019년부터는 대장암과 그 전이로 인해 수술과 항암 치료를 반복해서 거의 평화로웠던 때가 없었던 고약한 몸 상태도 이러한 불모성에 대한 또 다른 핑계가 되겠다.

이런 구차한 변명을 방패막이로 먼저 깔아두고 학위논문 외에 내가 남긴 한국문학 연구자로서 그나마 체면치레라도 한 결과물들을 모아놓고 보니 과연 지리멸렬이다.[38] 대학원에 입학할 무렵엔 1990년대 초반의 충격에서 벗어나 조금 정신을 차리고 나면 한국 근대비평사를 정신사적 측면에서 정리해볼까 생각했고, 조연현에 대한 박사논문과 임화에 대한 두 편의 논문은 그를 위한 예비 작업의 성격도 없지 않았다. 임화-김남천-이원조-최재서-백철-조연현-김현-김윤식-백낙청-염무웅-최원식으로 이어지는 한국 근대비평사의 큰 줄기를 정리한다는 야심찬 기획이었다. 하지만 그것은 그저 막연한 내일의 작업이었을 뿐이었다.

실제 쓰인 논문은 이를테면 학술진흥재단의 기초인문

학 연구 프로젝트에서 할당된 한국 근대문학 개념과 관련된 것이라거나, 아니면 민족문학 혹은 민족문학사의 불/가능성과 관련된 2000년대 초반의 논쟁과 관련된 것, 친일문학 논쟁과 관련된 것, 대학원 강의를 위해 읽었던 염상섭이나 이상에 대한 관심이 발전된 것, 그리고 식민지근대성론과 동아시아론 같은 2010년대 주요한 쟁점에서 촉발된 것 등 그야말로 '하루 벌어 하루 먹는' 식의 지리멸렬하고 파편적인 수행물들이었다. 그리고 이 논문의 대부분은 또한 학교 당국에서 요구하는 승진이나 호봉 승급을 위한 업적량 채우기라는 실용적(?) 목적에 의해 추동된 것이기도 하다. 이런 파편적 논문 조각들을 축적한 연구자를 연구자나 전공자라 부르는 것은 진짜 연구자들에 대한 모독일 것이다.

    그다음엔 봉사 영역이다. 대학도 하나의 거대한 행정기구이다 보니 행정사무는 직원들이 감당한다고 하더라도 교수들이 그 행정사무의 책임자급 업무를 감당해야 한다. 나는 2012년부터 1년여 동안은 소속 단과대학의 교수회 의장 일을 맡았고, 2014년부터 2016년까지는 소속 사범대학 학장과 교육대학원장을 겸직했으며, 2018년부터 2019년까지는 인하대학교 전체 교수회 의장직을 맡았다. 무슨 일이든 직책에 대한 관심이라고는 조금도 없지만 이사장이나 총장 등의 이런저런 전횡으로 학교가 소란스러울 때마다 가만히 있지 못하고 전체 메일 등으로 바른 소리를 몇 번 하다 보니 떠밀려서 그렇게 되었다. 자초한 일이니 할 말이 없다. 그런 직책을 맡았을 때 겪은 일들은 지나간 에피소드이니 이제 굳이 돌이킬 필요도 없다. 그 외에 4대강 의혹, 세월호 참사, 박근혜 탄핵 국면 등에서 우리 대학교수들의 집단적 의사 표명을 조직해내고 성명서 초안을 작성하기도 했는데, 그것도 직장의 대외적 위상을 높이기 위한 일종의 봉사 활동 범위에 드는 일이었다고 할 것이다.

디스토피아 스펙터클 앞에서

이처럼 내가 내면적으로 황폐했든 우울했든 관계없이 외면적으로는 박사학위를 취득하고 계간지의 주간이 되고 얼마 지나지 않아 유수한 4년제 종합대학의 전임교수가 되어 '지식권력을 가진 프티부르주아 남성'이라는 버젓한 상징자본을 바탕으로 40대에서 60대까지의 '제2의 전성기'를 구가하는 동안, 한국사회는 점점 더 밑 모를 깊은 수렁으로 빠져들어가고 있었다. 1997년의 외환위기와 1998년의 IMF 지배체제를 계기로 한국사회는 그야말로 상전벽해의 변화를 맞았다. 눈물겨운 금 모으기로 IMF

체제를 극복했다는 것은 그저 악성 긴급 채무를 변제했다는 뜻일 뿐, 애국주의적 과장으로 치장된 주관적 위안의 서사에 불과했고 그것으로 극복할 수 있는 것은 아무것도 없었다. 이 과정에서 한국사회는 산업 발전을 통한 이윤 축적을 중심으로 하던 체제에서 금융적 축적 논리가 지배하는 신자유주의 체제로 구조적 변환이 이루어졌으며, 사회경제적 불균형과 양극화는 치유 불가능한 형태로 구조화되었다. 이른바 1998년 체제의 출발이라고 할 이러한 구조 변환은 그 이후 한국사회의 모든 것을 다 바꿔버리는 파천황의 전환축이 되었다.

그리하여 한국 자본주의는 초국적 금융자본과 재벌의 과두권력이 신자유주의 관료와 법률 엘리트를 매개로 관철되는 신자유주의적 축적 공간으로 거듭났지만, 신자유주의로의 성공적 전환은 고용 안정, 산업의 균형 발전, 사회적 안녕과 복지를 희생해서 얻은 결과였다.[39] 한국의 노동계급은 이제 정리해고와 실업, 비정규직화는 물론 산업구조 조정에 의한 일자리 자체의 감소라는 상시적 고용 위협에 시달리게 되었으며, 장기 전망이 사라진 신자유주의 시장에서는 자본가들조차 기업 합병이나 도산의 위기 때문에 전전긍긍하게 된다.

한마디로 위기와 불안이 지배하는 '위험사회'(울리히 벡) 혹은 '불안사회'(한병철)의 시대가 시작된 것이다.

'불안은 영혼을 잠식한다'는 말이 있다. 백번 옳은 말이다. 신자유주의 시대의 모든 사람들은 마치 지진 빈발 지역에 사는 주민처럼 언제 자기 발밑이 꺼지고 언제 지붕이 무너질지 모르는 삶을 살게 된다. 양극화의 아래쪽에 속한 사람들일수록 그 불안의 무게는 가중되고 불안의 빈도는 가속화된다.

이처럼 불안을 구조화하고 위험을 일상화하는 신자유주의 체제에 불안 극복을 위한 이데올로기적 대책이 없는 것이 아니다. 그것은 바로 경쟁의 이데올로기, 각자도생의 이데올로기이다. 신자유주의 체제에서 노동자 개인은 누구의 도움도 간섭도 받지 않고 자기 노동력을 투자해서 임금이라는 이윤을 획득하는 자기경영주체로 규정된다. 투자도 자기 책임이고 투자 실패(해고)도 자기 책임인 것이다. 그다음은 경쟁이다. 신자유주의 체제에서의 경쟁은 하나의 제도로 주어진다. 노동시장에서 평생 고용의 폐지와 정리해고 및 비정규직제의 제도화가 대표적인 예이다. 그리고 배제가 있다. 이 경쟁에서 자기경영주체로 참여할 자격을 가지지 못했거나 경쟁에서 패배한 쪽은 체제 바깥으로 배제된다. 그런 사람들을 루저라 부르고 그들은 이 체제에서 성원권을 부여받지 못한 채 유기된다. 이러한 자기경영, 경쟁, 배제라는 피도 눈물도 없는 신자유주의 이데올로기는 지난 20여 년의 적응과 숙성

과정을 거쳐 이제는 한국사회의 기본 심상구조, 망탈리테로 자리 잡은 듯하다.

또한 신자유주의적 통치의 가장 치명적 문제점 중 하나인 공동체 구성원 일부의 상시적 배제라는 메커니즘은 한국 현대사에 면면히 흐르고 있는 하나의 나쁜 전통과 결합되어 한국형 신자유주의 체제를 더욱 악질적인 것으로 고착시켰다. 그 나쁜 전통이란 다름 아니라 4·3에서 시작해서 한국전쟁기, 4·19 혁명, 광주민중항쟁에 이르는 대한민국 우파 기득권 세력의 국민 분할 배제의 전통을 말한다. 4·3과 한국전쟁기의 '폭력적 배제'는 이른바 '나라 만들기' 과정의 학살이었기는 하지만, 그 학살범죄의 '죄질'이 워낙 나쁜 데다가 친일·친미 반공냉전 세력으로서의 취약한 정통성 때문에 우파 기득권 세력은 유사시 구성원 일부에 대한 '폭력적 배제'라는 나쁜 습성을 버리지 못하고 있는 것이다.

이러한 한국적 특수성과 신자유주의로부터 새롭게 부여받은 '사회적 배제'에 대한 면책권은 상승적으로 작용하여 한국사회의 배제 메커니즘은 이제 얼마간의 윤리적 부담에서도 해방된 채 거침없이 작동하게 되었다. 다만 1980년대의 민주항쟁과 1987년 체제의 수립에 의해 만들어진 얼마간의 민주적 합의가 그동안 아슬아슬하게 이 폭력적 배제의 습성을 억제해온 덕에 그나마 최소한의 사회적 염치가 유지되었던 측면도 있었음은 물론이다.

이 시기에 신자유주의 체제의 비정한 배제의 메커니즘을 상징적으로 보여주는 잊을 수 없는 세 가지 사건이 일어난다. 하나는 2009년 1월의 용산 철거민 참사, 또 하나는 그해 8월의 쌍용자동차 사태, 그리고 세 번째는 2014년 4월의 세월호 참사다. 최소한 상위 20%의 삶을 살아온 나로서는 관념적으로 양극화와 불평등의 심화를 걱정하고 하위그룹에 속한 사람들의 지옥 같은 삶에 공명하거나 공명하는 척했지만, 그것은 일상 속에서 늘 체험되는 것은 아니었다. 거리마다 비정규직 노동자나 임시직, 계약직, 아르바이트를 포함한 프레카리아트들이 넘쳐났지만 그들의 삶은 나나 내 식구들의 삶과는 달랐고 일상적 접촉면이 없는 상태에서 살아가다 보면 각별히 관심을 기울이지 않는 한 대체로 의식하지 못한 채 살아가게 마련이다.

하지만 이 세 가지 사건은 어느 날 갑자기 미디어를 통해 충격적인 스펙터클의 형상으로 내 일상의 무관심과 무의식의 틈을 열어젖히고 나에게 불쑥 다가섰다. 그리고 '내 삶의 사건'의 영역에 등재되었다. 부끄러운 일이지만 그게 사실이었다. 이 사건들의 공통점은 우리 사회공동체의 구성원들 일부가 국가권력을 비롯한 나머지 전부에 의해서 모든 사람들이 지켜보는 가운데 처절하게 버림받는 장면으로 생중계되었다는 것이다. 광주민중항쟁이라는 필생의 사건을 나는 지워지지 않는 문신처럼 새기며 살고 있다. 팔뚝에 새긴 것도 아니고 가슴에 새긴 것도 아니다. 어느 누군가가, 누군가들이 누구에게도 도움받지 못하고 외롭게 죽어가는 사건을 접할 때마다 그 문신은 나의 뇌수 한구석에 새겨져 있다가 마치 족자나 플래카드가 위에서 아래로 주욱 떨어지는 것처럼 굵고 뚜렷한 핏빛으로 내 눈앞에 벽력같이 펼쳐진다. 광주항쟁 24주년을 맞는 날 나는 어느 신문의 칼럼에서 이렇게 썼다. 더 이상 그들을 그렇게 외롭게 숨겨가게 만들어서는 안 된다고, 내가 나서지 않으면 누군가 죽고 상처받는다고, 이렇게 무엇인가 유린되도록 그대로 둘 수는 없다고, 여기서 한 걸음 더 나아가지 않으면, 내가 움직이지 않으면, 어쩌면 나는 다시 한 번 죄를 짓게 된다고.[40]

그런데 그 후 만 5년이 채 되지 않아 용산에서 제대로 된 보상도 없이 쫓겨나게 된 철거민들과 경찰의 충돌이 일어나 끔찍한 화재로 인해 철거민 포함 민간인 4명과 경찰 특공대원 1명이 숨지고, 23명이 부상을 입는 사태가 발생했다. 이 사건을 보도하던 티브이 화면은 어둠 속의 화염으로 온통 붉게 물들었고, 뉴스 진행자들의 빠른 톤의 목소리와 사건 현장에서 들리는 절박한 비명 등으로 아수라장이었다. 그 화면을 지켜보던 나의 목구멍 깊은 곳에서는 "이것은 또 하나의 학살이다"라는 소리가 울려 나왔다. 저 칼럼에서 내가 다짐한, 더 이상 그들을 그렇게 외롭게 숨겨가게 만들어서는 안 된다는 약속을 지키려면 그 순간 집을 박차고 나가서 도움이 되든 안 되든 그들이 속절없이 죽어가는 그 자리에 가 있어야 했다. 하지만 나는 전철을 타면 20분도 걸리지 않는 그곳으로 가지 못했다. 그곳에 나가면 아마도 미쳐 날뛸 것 같았고, 그 무렵 몸이 많이 좋지 않았던 나는 그것이 두려웠다. 그 대신 분노와 부끄러움으로 범벅이 된 채 화장실로 들어가 한참을 흐느껴 울었다.

쌍용자동차 사태 역시 마찬가지로 티브이 화면 속의 스펙터클로 만났다. 화면 속에서는 8월의 폭염으로 지글지글 타오르는 듯 보이는 쌍용자동차 평택공장 옥상 위에서 경찰 특공대가 농성 중인 노동자들을 토끼몰이하듯 쫓아다니며 구타하고 끌어내리고 상공에서는 경찰 헬기가 날아다니며 노동자들에게 최루액을 쏟아붓는 장면이 펼쳐지고 있었다. 외환위기 이후 만성적자를 벗어나지 못했던 쌍용자동차가 법정관리로 들어가면서 전체 노동자의 36퍼센트에 달하는 2천 6백여 명을 감축한다고 발표한 그해 5월 이후 계속되던 77일간의 파업 투쟁이 결국 공권력에 의해 분쇄되는 순간이었다.

이 사태로 경찰을 포함한 백여 명의 부상자가 발생했

다. 이러한 공권력에 의한 파업 파괴 당일의 강제 진압도 충격적이었지만 그 이후에 오래도록 지속된 후유증이 더욱 문제적인 사건이었다. 10년 이상 해고와 무직 휴급과 막대한 액수의 손배 가압류라는 이중 삼중의 지속적인 저강도 폭력의 세월을 보내던 노동자와 그 가족들 중 33명이 스스로 목숨을 끊거나 병을 얻어 세상을 떠났다. 그들이 죽음에 이르기까지의 지옥 같았을 세월을 나는 상상하는 것만으로도 숨이 막힌다. 용산에서 쌍용자동차 공장에서 버려지고 쫓겨난 사람들은 대한민국 신자유주의 체제가 단 10여 년 만에 만들어낸, 자기의 땅에서 저주받은 자들, 곧 '호모 사케르'였다.

그러나 이 두 개의 충격적 스펙터클도 5년 뒤인 2014년 4월 16일에 일어난 세월호 침몰 참사 사건이 보여준 압도적인 비극적 스펙터클 곁에는 차마 견주어 설 수가 없다. 그 전날 저녁 인천 연안부두에서 설레는 마음으로 수학여행을 떠난 안산 단원고 2학년 325명과 인솔 교사 14명, 그리고 일반인 137명 등 모두 476명이 탑승한 청해진 해운 소속 페리선 세월호가 이날 오전 8시 49분경 바람 한 점 없이 잔잔한 진도 부근 맹골수도 해상에서 갑자기 침몰했다. 그중 학생 250명, 교사 11명, 일반인 43명 등 총 304명이 구조받지 못하고 수장되었으며, 그중 5명은 지금도 영원한 실종 상태로 남아 있게 되었다. 이 사건은, 이미 10년이 지났지만 지금 다시 돌이켜보는 것만으로도 가슴에 동계(動悸)가 일어나는, 광주민중항쟁과 함께 내 생애에 영원히 치유될 수 없는 트라우마의 두 기둥으로 남아 있다.

나는 배가 비스듬히 기울었다가 천천히 침몰하여 마침내 바다 속으로 완전히 가라앉아 보이지 않게 되는 101분에 걸친 전 과정을 티브이 화면을 통해 지켜보아야 했다. 나뿐만이 아니라 동시대인 모두의 기억 속에 잔인하게 남아 있는 이 고통스러운 사건에 대한 구구한 이야기를 이 자리에서 더 이상 하고 싶지는 않다. 다만 나는 용산 참사에 이어, 쌍용차 사태에 이어, 이번에도 있을 수 없는 참극을 결국은 티브이 화면을 통해 스펙터클의 형식으로 '관람'하고 있었을 뿐인 나 자신을 지금도 똑똑히 기억하고 있다.

이 사건 이후 너무나 많은 날들을 울며 살았다. 나는 일부에서 제기되었던 모종의 음모론이 맞기를 간절히 바랐으면서 동시에 절대로 그 어떤 음모론도 맞지 않기를 바랐다. 음모론이 맞기를 바란 것은 그 음모를 획책했던 자들을 색출해서 처벌하여 영원한 지옥불 속에 처넣으면 나의 트라우마가 치유될 테니까 그런 것이고, 음모론이 틀리기를 바란 것은 그렇게 범인이 밝혀지면 나를 포함한, 평온한 아침 바다에서 304명의 생명이 속절없이 스러지도록 만든 한국사회의 모든 공범들이 사면받게 되기 때문에 그런 것이다.

우리는 모두 절대로 사면받아서는 안 되는 죄인들이다. 세월호 사건은 한국형 신자유주의 체제가 만든 디스토피아의 궁극적 풍경이다. 더 나아가 이 사건은 한국형 신자유주의 체제와 그 체제에 모르는 사이에 훈육되어 한몸이 되어버린 진보·보수를 망라한 한국사회 구성원들 모두가 합작해서 만들어낸 것이다. 그리고 그것은 신자유주의 체제만이 아니라 한국사회의 모더니티(근대성) 전체를 다시 성찰하고 이를 근본적으로 지양해내지 않으면 우리 모두에게 끝나지 않는 형벌로 남게 될 것이다.[41]

말년의 양식

공교롭게도 용산 참사, 쌍용차 사태, 세월호 참사라는 세 사건은 전부 '이명박근혜 정권'이라 불리는 2008년에서 2016년 사이의 보수우파 집권기에 일어났다(2022년 이태원 참사 역시 마찬가지다). 그것은 우연한 일이 아니다. 자기 사회 구성원들의 생명과 안전을 지키는 것은 원래 보수주의자의 제1의 소명이라고 할 수 있는데 한국의 보수주의 정권은 역사적으로 언제든 구성원의 일부를 배제하고 탈락시키기를 주저하지 않는 모습을 보여왔다. 그것은 이승만 이래의 유구한 전통이었다. 그들은 그런 점에서 보수주의자가 아니라 극우주의자였다. 이명박·박근혜 두 정권에서는 그나마 1987년 체제의 민주적 통제 아래서 그 전통이 노골적 국가폭력으로까지는 드러나지 못하고 이렇게 사회적 참사라는 저강도 형태로 드러났을 뿐이다. 두 정권을 나는 전형적인 도둑정권(kleptocracy)이라고 본다. 국가와 사회의 운명은 시장권력과 관료들에게 다 맡기고 자신들은 그 위에서 국부를 도둑질하거나 그 권력의 향유에만 골몰하는 그런 정권들이었다(윤석열 정권은 굳이 말할 것도 없다).

신자유주의 시장지배가 무르익어가고 이런 도둑정권들의 난장이 일어나는 동안 결국 세월호 참사 같은 사회적 재앙이 일어나게 되었는데, 이에 대해 어떤 유효한 저항의 길도 찾을 수 없어 속수무책이었던 나는 대신 병이 깊이 들어 신체 전체의 조화가 다 뒤틀려버렸고 정신적으로도 그만큼 쇠약해질 수밖에 없었다. 나는 원래 매우 강골이었다. 키와 몸피는 작지만 골격이 굵은 통뼈 체질이었고 어릴 적에도 잔병치레와는 거리가 멀었으며 초등학교 상급반 시절부터 오래도록 축구로 단련된지라 허벅지도 굵었고 체력 측정에서는 늘 상위권을 유지했다.

대학교 시절까지도 축구를 계속했으며 심지어 체육교

육과 전공과목인 '축구' 과목을 두 학기 연속 수강해서 국가대표 선수까지 했던 강신우나 축구해설가 이용수 같은 친구들과 연습경기도 여러 차례 함께했다. 감옥에 있는 동안에도 요가 등을 통해 체력 단련을 게을리하지 않았고 결혼 이후에도 30대 내내 동네 조기축구회에서 주전선수로 뛰었다. 40대에 들어서는 등산을 즐기다 못해 암벽등반까지 했고, 한때는 자전거에 빠져 한강, 중랑천 고수부지를 누비고 다닐 정도로 건강에는 자신이 있었다.

하지만 40대 중반을 지나면서 그토록 자신 있던 건강에 이상이 오기 시작했다. 2003년, 아직 전임교수가 되기 전, 진보적 한국문학 연구자단체인 민족문학사연구소를 통해 인문학에 대한 국가의 신자유주의적 포섭과 통제의 첫 시작이었다고 할 수 있는 기초인문학 사업이라는 프로젝트에 응모한 적이 있다. 단지 한국문학 연구자만이 아니라 음악, 미술, 연극 등 예술 분야 연구자까지 약 백 명에 이르는 연구자들을 규합하여 '한국 근현대 예술사 자료 수집 및 연구 사업'이라는 주제로 응모했다가 탈락하는 일이 있었는데 후문에 의하면 탈락 이유가 관련 소요 예산 총액의 상당 부분을 차지하는 지나친 규모 때문이었다고 하니 어처구니가 없었다.

그 사업의 총 실무책임자였던 나는 탈락 소식을 들은 후 아내와 둘이서 소백산 종주를 다녀오면서 갑자기 아토피 증세를 갖게 되었고 치료 과정에서 예기치 못했던 병원내 감염까지 얻으면서 건강했던 몸이 급격하게 나빠졌다. 나는 그 이후로 지금까지도 단순히 아토피 증세라는 말로는 설명할 수 없는 복잡한 증세의 자가면역증후군을 겪으면서 살아오고 있다. 그것은 주로 피부염으로 나타나지만 어떤 때는 얼굴의 심한 홍조와 건조증, 다리의 부종, 조증과 울증의 교차 등의 신경증까지 다양한 형태로 나타나서 악화와 완화를 거듭하는 식으로 지난 20여 년 동안의 내 일상의 평화를 위협해오고 있다.

이 때문에 나는 오랫동안 아침마다, 오늘은 과연 하루를 잘 보낼 수 있을까를 걱정하는 삶을 살아왔다. 약속이나 일정이 있더라도 증세가 좋지 않거나 흥분 상태가 지속되면 그날 약속이나 일정을 포기하는 경우도 적지 않았다. 스테로이드나 면역억제제를 중심으로 하는 양방적 접근법으로 인해 원래의 질환보다 더 힘든 크고 작은 부작용을 겪은 이후로는 약사인 아내가 매달리다시피 공부한 한방적 접근법에 의해 적절한 대처를 해나가면서 병을 다스려나가고 있는 중이다. 그런 중에도 강의에 소홀하지 않았고 꾸준히 연구논문 쓰기도 멈추지는 않았던 것은 지금 생각하면 웬만한 의지로는 쉽지 않은 일이었다. 거꾸로 말하자면 그 기간 동안 나는 학교 강의와 강의 준비, 논문 쓰기, 『황해문화』 편집 기획, 칼럼이나 사회관계망 서비스에 올리는 잡문 쓰기, 책 읽기 외의 다른 사회 활동이나 장기간의 집중이 필요한 연구 과제, 전작 저술 같은 일에는 엄두를 내지 못할 형편이었다.

2019년 봄에는 대장암이 발견되어 입원 수술을 했는데, 그 와중에 양쪽 사타구니 쪽에 동맥류가 발견되어 그곳에 마치 나뭇가지처럼 복잡한 형태의 스텐트를 삽입하는 고난도의 시술까지 받아야 했다. 이후 6개월 동안의 항암치료를 마치고 3년간의 추적 관찰을 통해 대장암도 순조롭게 마무리되어가던 2022년에 다시 한 번 위기가 찾아왔다. 그해 3월경 강화도에 있던 작은 오두막 마당에서 무리한 작업을 하다가 무릎 관절에 염증이 생겼다. 이를 치료하던 중에 급성감염증을 얻어서 고생 끝에 재활치료까지 포함해 거의 완치가 되던 가을 무렵, 이번에는 예기치 않게 급성 패혈증을 얻게 되었다. 다시 입원하여 패혈증 치료를 하던 중에 엎친 데 덮친 격으로 잠잠하던 암세포가 간으로 전이되는 사태가 발생해서 결국 그해 11월에는 간 절제 수술까지 받았다. 뭐라 말할 수 없는 불운의 연속이었다.

첫 대장암 수술 때는 완치율이 70퍼센트였으나 이번 전이암의 경우에는 완치율이 15~20퍼센트로 급격히 떨어졌다. 아무튼 수술이 끝나고 12개월에 걸친 2차 항암치료를 다 마친 것이 2024년 1월이었다. 지난 5년여의 기간 동안 죽을 고비를 몇 번을 넘긴 셈이다. 첫 번째 암 수술 이후 고등학교 동창 몇 명과 만나 어디론가 이동하는 택시 속에서 한 친구가, 여기 있는 네 명 다 옛날 같으면 이미 죽은 목숨들인데 병원이 강제로 살려놓아서 이렇게 살아서 좋다고 떠들고 있는 거지, 라고 말해서 실소한 적이 있다. 그 말대로 나는 지금 그저 살아 있다기보다는 겨우 살아남은 상태일 것이다.

이처럼 21세기가 시작된 이후 20여 년 동안의 내 삶은 1990년대의 자발적 내부 망명 상태에서 벗어난 후 그나마 다시 눈을 뜨고 살아낸, 외면적으로는 대학교수에 저명한 계간지의 편집주간으로서 그럭저럭 성공적인 삶이었는지 모르나 내면적으로는 정작 어떤 성취도 헌신도 없이, 아니 성취할 목표도 헌신할 대상도 잃은 상태에서 분노와 부끄러움 사이를 왕복할 뿐인, 게다가 육신의 건강을 지속적으로 갉아먹는 자가면역질환과 유사 조울증을 달고 살아온, 매우 피폐한 삶이었다. 한편으로 죽은 듯 침묵할 수만은 없어 써내는 비평문과 칼럼들을 통해 세상을 향해 말을 걸었지만, 그것은 타인들에게 가닿는 광장의 외침이라기보다는 결국은 부메랑처럼 나 자신에게 돌아와 상처를 입히는 밀실의 독백에 가까웠다. 이 20년 사이에 내가 묶어낸 몇 권의 책 속에 들어 있는 모든 말들은 마치 녹음실에서 이어폰을 끼고 부르는 처절한 록발

라드처럼 오직 내 귓가에서만 절규할 뿐이었다.

그렇듯 내가 2000년대에 들어서서도 여전히 벗어나지 못하고 있던 침잠 상태에서 어느 정도 몸을 일으킬 수 있게 된 것은 2016년 겨울에서 2017년 봄 사이의 박근혜 탄핵 사태 때문이었다. 그 겨울 내내 광화문 일대에서는 사상 초유의 국정농단 사태에 분노한 최대 백만 명에 이르는 시민들이 모여 신자유주의 헤게모니 아래서 밑모를 지경으로 타락한 정치권력의 발본적 재구성을 요구하고 나섰다. 이른바 '촛불혁명'이었다. 촛불집회는 이미 2002년 '효순이·미선이 사건'에서부터 시작되어 2008년의 '광우병 사태'에 이르러 시민적 저항의 21세기형 모델로 등장했는데 이 박근혜 탄핵 사태 때 그 정점을 찍었다고 할 수 있다.

이를 '촛불혁명'이라 부르는 것은, 2002년과 2008년의 촛불집회가 특정 사건에 대한 저항의 행동에 그쳤다는 점에서 기본적으로 수동적인 성격을 가졌다면, 이 2016년 겨울의 장기간에 걸쳐 연속된 군중집회는 단순한 저항을 넘어서서 하나의 정권을 붕괴시키고 새로운 정권을 창출하는 계기가 되었을 뿐만 아니라 이미 20년 가까이 지속되며 점차 하나의 재앙이라는 것이 확실해진 1998년 체제에 대한 근원적 문제 제기를 동반하고 있다는 점에서 매우 능동적인 성격을 가졌기 때문이다.

그것은 저항운동을 넘는 일종의 체제변혁 운동이었고 약간의 수사학적 과장을 보태면 '혁명'에 가까운 것이었다. 이 행동에 참여한 주체들은 전통적인 '민주화 세력'에 그치지 않고 여성, 비정규직, 프레카리아트, 성소수자, 이주노동자, 장애인 등 보다 다양한 정체성을 가졌으며 그 요구들도 '적폐 청산' 같은 낡은 요구를 뛰어넘어 모든 종류의 차별과 혐오 그리고 미시권력의 횡포에 대한 거부를 담고 있었다. 그리고 이것은 어쩌면 이 무렵 청년기에 접어든 세월호 세대가 한국사회에 요구하는 강력한 변혁의 메시지라고도 할 수 있었다. 이 새로운 주체들은 자신들의 저항이 특정한 정치세력이나 특정 이념으로 수렴되거나 동원되는 것을 거부했으며, 어떤 수직적 체계를 가지는 조직운동으로 발전하는 것도 거부함으로써 한국사회의 저항운동이 이제 다양한 주체들의 네트워크형 연대 투쟁의 형태로 변모되고 있다는 것을 보여주었다.

나는 이 겨울의 일련의 시민행동들을 보며 서구에서 시작된 68혁명의 파도가 60년 만에 한반도에 도착한 것이라고 생각했다. 자본가계급이나 노동자계급처럼 전통적으로 자기 계급의 정치적 재현이 가능했던 세력이 아니라 현실정치 속에서는 자신들을 대변할 어떤 정치세력도 가지지 못한 탈근대적인 주체들이 전통적인 기득권 정치체제에 반기를 들고 자기들의 사회적 몫을 주장했기 때문이다.

이 혁명적 사태를 계기로 한국사회는 바야흐로 '적폐청산'이라고 불리는 한국적 수구기득권 세력의 정치적 무력화와 신자유주의 헤게모니로부터의 상대적 자유 획득, 나아가 이러한 새로운 주체들이 요구하는 더 많은 민주주의의 이행을 위한 토대 구축이라는 세 겹의 과제를 인식하게 된 것이다.[42] 나는 이 사태를 계기로 한국사회의 역동성이 다시 살아나게 되었다고 생각했고, 오래도록 내 안에 잠들어 있던 희망이라는 이름의 생명세포들도 깨어나고 있음을 느꼈다.

물론 나는 상대방의 자살골로 다시 재집권에 성공하게 된 민주당 정권이 이러한 세 겹의 과제에 올바른 대응을 하리라고 생각할 정도로 순진하지는 않았다. 하지만 이 정도의 결정적 호기를 만나고도 민주당 문재인 정권이 그토록 거의 아무것도 이루지 못할 정도로 무능하리라고까지는 차마 생각하지 못했다. 물론 문재인 정권이 스스로 '혁명정부'라는 각오를 가지고 이러한 과제를 강력하게 수행했다고 하더라도 성패를 장담하기 어려운 일이기는 했다. 하지만 사실상 그들은 아무것도 하지 못했다. 아니, 하지 않았다.[43] 처음엔 여소야대의 정치지형을 핑계로 내세웠지만 2020년 총선에서 과반 의석 확보에 성공한 다음에도 상황에는 변함이 없었다. 문재인 정권은 이러한 내치에서의 무능과 무기력을 남북 문제의 획기적 진전을 통해 만회하려고 2018년 북한 김정은 측과 수차례에 걸친 회담을 거쳐 하노이 북미회담 개최라는 지점까지 나아갔지만 그 허망한 결렬 이후로 남북관계는 이전보다도 훨씬 악화되는 결과를 낳고 말았다.

결국 남은 것은 퇴임 전까지 지지도 40퍼센트를 가능하게 했던 대통령 문재인의 '민주신사'라는 이미지뿐이었다. 나는 문재인 대통령 시절이야말로 대한민국은 일종의 '극장국가'였다고 생각한다. 그 시절을 돌아보면 문재인 대통령의 각종 연설 장면만이 주마등처럼 떠오르는 것이다. 취임 연설, 광주민주화운동 기념 연설, 제주 4·3 사건 기념 연설, 그리고 가장 극적이었던 평양 능라도 경기장에서의 연설이 그것이다. 이 연설들이 감동적이었던 바로 그만큼, 아무것도 남은 게 없는 문재인 정권의 대차대조표는 실망스러운 것이었다. 이러한 촛불혁명의 후광을 업은 문재인 정권의 버라이어티 이미지 쇼가 대한민국이라는 대형 극장을 화려하게 사로잡는 동안 한국사회는 정치 영역 바깥에서 제 갈 길을 계속해나가고 있었다. 미투운동, 그다음은 조국 사태, 그리고 마지막으로 윤석열이라는 괴물의 등장이 이어졌다.

2018년 한국사회를 격렬하게 뒤흔들어놓은 미투운동은 언젠가는 일어날 수밖에 없는 일이 일어난 것이다. 사회학적 비교분석이나 통계지표상으로도 한국사회는 성평등지수가 매우 낮은 사회이기는 하지만, 그런 것을 떠나 어느 정도의 젠더 감수성도 갖추고 살고 있다고 생각하는 60대 가부장 남성인 나 자신의 생애 체험을 돌아보더라도 한국사회는 여성들이 살아가기에 숨이 막히는 사회임에 틀림이 없기 때문이다. 미투운동이 주로 타깃으로 삼았던 권력형 성폭력 문제는 가장 두드러지게 드러난 빙산의 일각에 불과한 것이다.

2016년에 일어난 강남역 여성 표적 살인 사건을 통해 분기한 여성들이 '페미니즘 리부트' 운동을 펼쳐나가던 중에 중첩되어 일어난 이 미투운동은 마치 기름에 물을 부은 것처럼 현상과 담론 양면에서 젠더 불평등을 한국사회가 해결해야 할 가장 중요한 문제로 떠올라 작렬하게 하였다. 비록 여전히 반성하지 않는 가부장적 지배체제는 일부 남성의 일탈이라는 문제로 축소하려 했지만 이를 통해 성폭행이건 성추행이건 성희롱이건 어떤 형태의 성폭력도 용인될 수 없다는 일정한 사회적 합의가 이루어졌으며 더 나아가 가부장제도가 산출해온 항상적인 억압과 차별과 폭력에 대한 예민한 사회적 인식이 확산되기 시작한 것은 하나의 진전이라고 할 수 있다.

나는 고은 시인과 관련해서 미투 사건에 직접적으로 연루된 바가 있었다. 2017년 가을경 내가 주간으로 있던 계간 『황해문화』에 최영미 시인이 시 몇 편을 투고하면서 게재 가능한가를 물어왔다. 그중 한 편이 바로 고은 시인의 성추문 내용이 담긴 문제의 「괴물」이라는 시였다. 나는 이 시를 받아들고 잠시 고민에 빠졌다. 고은 시인은 문단의 원로였고 자칭 타칭 노벨문학상 후보로 거론되는 한국문학을 대표하는 시인이었을 뿐만 아니라 나에게는 결혼식 주례를 서준 분이며 『황해문화』를 간행하는 새얼문화재단의 지용택 이사장과도 친분이 깊어 백일장 같은 행사에 거의 고정 초청 인사나 다름 없었다. 성추문을 폭로하는 시였으니 시적 완성도를 따질 계제도 못 되었다. 게다가 나 역시 고은 시인의 크고 작은 성희롱 현장에 여러 번 있었기 때문에 사실 팩트 체크도 필요 없었다. 이것은 단순한 시 작품 투고이기 이전에 하나의 사회적 고발 행동이었고, 『황해문화』는 다른 문학지에서는 절대로 실어줄 수 없을 것이 분명한 이 고발시를 게재할 것인가 말 것인가를 결정해야 했다.

나는 혼자서 결정하는 대신 편집위원 전원의 의견을 물었다. 편집위원들은 단호했다. 와이 낫? 게재하지 않을 이유가 없다는 것이다. 그렇게 해서 이 시는 『황해문화』 2017년 겨울호에 게재되었고, 이듬해 2월 종편 채널 JTBC가 이를 전격 보도함으로써 고은 시인의 성추문은 만천하가 아는 사실이 되고 말았다. 2018년 1월경에 있었던 서지현 검사의 폭로와 최영미 시인의 폭로는 이후 미투운동을 본격적으로 촉발시킨 방아쇠가 되었다. 개인적으로 유감이 없을 리 없다. 하지만 개인적 인연 때문에 이런 일을 적당히 얼버무릴 수는 없는 일이다. 『황해문화』는 비록 계간지이지만 그 역시 하나의 언론매체이고, 언론매체로서 피해자의 정당한 '제보'를 묵살할 수는 없는 것이기 때문이다. 그리고 얼마 후 『황해문화』는 두 번에 걸쳐 '젠더전쟁'이라는 이름의 특집을 기획했다. 그것이 전쟁이라면 중간이 설 자리는 없는 것이다.

이 미투운동으로 당시 집권당이던 더불어민주당은 안희정과 박원순이라는 주요한 차기 대권 후보 두 명을 한꺼번에 잃게 되었다. 특히 박원순 전 서울시장의 경우 90년대부터 참여연대를 비롯한 시민운동의 대부격인 인물로 매우 큰 사회적 신망을 얻고 있던 거물급 인사였기 때문에 그 충격은 적지 않은 것이었다. 결과적으로 미투운동은 한국 민주화 운동이 수십 년에 걸쳐 쌓아온 하나의 신화를 하늘에서 끌어내려 땅바닥에 내동댕이친 셈이 되었다. 세상이 바뀐 것이다. 이제 민주화 운동이라고 하는 한국 현대사를 대표하는 거대한 캠페인도 역사 속에서 시효를 다한 것이다. 그 신화 속에 가려져 있던 민족주의, 가부장주의, 권위주의, 젠더 불평등 같은 어두운 억압적 요소들을 그대로 유지한 채로는 한 발짝도 더 이상 나아가는 게 불가능해졌다.

미투운동이 조금 잠잠해질 무렵 민주화 운동 세력의 정당성에 또 한 번의 커다란 상처를 입힌 사건이 터져 나왔다. 그것은 2019년 8월에 일어난 '조국 사태'였다. 조국 사태의 본질은 그를 법무장관에 임명하여 검찰 개혁을 추진하려는 문재인 정권과 당시 검찰총장인 윤석열을 정점으로 하는 검찰 기득권 세력 사이의 권력투쟁이었지만, 조국을 법무장관직에서 낙마시키기 위해 조국 개인은 물론 그의 부인과 자녀들에 관한 전방위의 살인적 조사 과정에서 검찰에 의해 속속 공표된 혐의사실, 특히 그중에서도 자녀들의 입시와 관련된 혐의사실이 더 큰 사회적 파장을 일으켰다.

서울대 교수이자 문재인 정권의 검찰 개혁의 기수로 각광받던 조국이라는 인물의 진보적 이미지와 기득권층으로서의 일상적 아비투스 사이의 이중성은 그의 현실적·잠재적 지지자들은 물론 가파른 양극화 시대를 살아가는 하위 80퍼센트의 대중에게 상당한 허탈감과 배신감을 일으킨 것이다. 이러한 배신감은 이렇게 한 번 알려지고 논란이 되면서 팩트와 상관없이 하나의 고정된 이미지로 굳어져버려 조국 개인은 물론 이른바 1987년 민주항쟁의 주역이었던 586세대 운동권 출신들과 나아가 민주당을 포함한 민주화 운동 세력 전체의 기득권 세력화를 입증하는 움직일 수 없는 증빙이 되어버렸다.

그것은 분명히 과장된 측면이 있었지만 전혀 사실과 부합하지 않는 대중적 편견이라고 치부해버릴 수만은 없는 일이었다. 실제로 한국사회가 신자유주의 헤게모니의 지배 아래 놓이게 된 지난 20여 년 동안 민주화 세력은 신자유주의 체제에서 고통받거나 배제되는 80퍼센트의 신자유주의 난민들에게 어떤 희망도 주지 못한 채 양당제라는 수구보수 세력과의 적대적 공존 체제에 편승하여 점차 기득권 세력화한 것이 사실이기 때문이다. 촛불혁명으로 성립된 문재인 정권 4년이라는 기간은 어쩌면 이른바 '민주화 레거시 집단'에게 민중이 부여한 마지막 기회였을지도 모른다. 하지만 그들은 그 기회를 놓쳐버렸다. 아니, 처음부터 그 기회를 정권을 잡아서 기득권을 더 공고히 하는 기회로 악용했다고 하는 것이 더 정확한 표현일지도 모른다. 이러한 무능과 무책임이라는 온상 위에서 독버섯처럼 피어난 것이 바로 윤석열 정권이라는 희대의 문제적 정치집단이 아니겠는가.

2017년 봄의 박근혜 탄핵 사태에서 싹텄던 한국사회의 총체적 개변에 대한 희망은 결국 수구 세력의 저항과 민주당 문재인 정권의 무능과 무기력과 무의지라는 익숙한 늪 속에 다시 빠져들었고, 현실 정치 과정을 통해 어떤 대표성도 행사할 수 없음을 다시 한 번 뼈저리게 확인한 사회적 주체들은 각자도생의 길을 걸어가는 수밖에 없었다. 차별금지법의 입법은 이번에도 무산되었고, 미투운동과 페미니즘 리부트를 통해 앙양되었던 여성들은 곧 백래시의 반격에 시달리게 되었다. 조국을 비난하는 국면에서 유난스럽게 등장한 '공정성'이라는 이데올로기는 기회의 평등을 요구하는 투쟁을 일으키는 동력으로 작용하는 대신 모든 가용 자원을 동원해서 각자도생해야 한다는 기존 체제의 피도 눈물도 없는 철의 규칙으로 전용되고 말았다. 이 무렵 정부가 실행하고자 했던 비정규직의 정규직 전환 정책도 이처럼 철의 규칙으로 변한 '공정성' 이데올로기의 반격에 막혀 시나브로 없던 일처럼 되어버렸다.

그리고 2020년과 2021년의 2년간 전 세계를 공포로 몰아넣었던 코로나19 바이러스 감염병 사태는 이러한 모든 사회적 의제들을 전부 집어삼켜서 그저 먼 곳에서 들려오는 풍문으로 만들어버렸다. 당장 바이러스에 감염되지 않고 살아나는 것, 버티는 것 외엔 어떤 다른 일도 중요하지 않게 되어버린 것이다. 그 원인에 대해서는 아직도 논란이 분분하지만 나는 이 사건이 보여준 예측 불가능성과 무차별성(물론 여기서도 지역차와 계급차는 불가피하지만)은 앞으로 인류에게 닥칠 여러 형태의 자연재해에 대한 값비싸지만 교훈적인 예고편이라고 생각한다.

이 와중에 나는 마침내 '무림사건'의 오랜 굴레에서 벗어나게 되었다. 프롤로그에서 밝힌 바와 같이 2020년 9월 25일 서울중앙지방법원 형사 법정에서, 1981년 11월 서울고등법원 형사부에서 내게 들씌운 국가보안법(구 반공법) 위반 판결에 대한 재심을 통해 최종적으로 무죄 선고를 받아낼 수 있었다. 나는 비로소 국가변란을 시도한 반국가사범이라는 오랜 껍질을 벗어던지고 시민적 권리와 책임을 이행했을 뿐인 일개 민주시민이라는 본모습으로 돌아오게 된 것이다. 그때 나는 과연 오래된 억울한 누명을 벗어서 좋았던가. 나에게 무죄를 선고한 재판관은 이렇게 말했다. 이 재판관이 국가를 대신할 수 있는 처지에 있는지는 모르나 어쨌든 국가를 대신해서 원고들이 그동안 겪어왔던 말할 수 없는 고통에 대해 심심한 사과의 말씀을 드리고 싶다, 라고.

그랬다. 나는 누명을 벗고 싶었던 것이 아니라 국가가 충실한 한 명의 젊은 시민에게 가한 폭력에 대한 사과와 원상회복을 원했던 것이다. 그리고 이날의 무죄 판결과 판사의 특별한 사죄의 말을 통해 그 사과를 받아냈다고 생각한다. 동시에 회현동의 서울시경 대공분실과 남영동의 치안본부 대공분실에서 내게 고문과 구타와 온갖 비인간적 모욕을 가했던 이근안을 비롯한 말단 가해자들도 용서할 수 있게 되었다. 그들은 잘못된 시대에 태어나 잘못된 생애를 살아갔을 뿐이다. 인생의 대차대조표가 결국 최종 단계에서는 영의 균형으로 수렴한다면 그들은 아마도 그들 각자의 방식으로 처벌을 받았을 것이다. 마치 이근안이 폐지 수집을 하며 80대 중반의 노년을 비참하게 살아가고 있는 것처럼.

2021년에는 코로나 팬데믹이 종료되었지만 한국사회는 곧 그보다 더 끔찍한 재앙이라고도 할 수 있는 윤석열 정권 치하에 놓이게 된다. 이명박 정권 때나 박근혜 정권 때도 그랬듯이 나는 윤석열 정권이 시작되었을 때도 제발 이들이 사고만 치지 않고 무탈하게 5년을 보내주기를 진심으로 바랐다. 하지만 그러한 기대는 단 몇 개월을 넘기지 못했다. 이명박 정권 시절의 내 주된 감정은 분노였고, 박근혜 정권 시절에는 우울이었다면, 이 윤석열 정권 시절에는 채 감정의 형태를 가지기도 전의 반사적 감각인 경악의 연속이었다. 하지만 나는 그 이상의 반응을 보일 여유가 없었다. 몸이 너무 나빠졌기 때문이다.

앞에서도 자세히 밝혔듯이 지난 5년 사이에 대장암 수술과 패혈증, 암의 전이, 지루하고 힘든 항암치료로 그저 살아남기 위해 급급한 최저한계의 삶을 살아야 했다. 그리고 항암치료를 마치던 2024년 봄, 대학교수로서의 경력도 동시에 끝났으며 이제 은퇴자의 대열에 합류하게 되었다. 2023년 한 해 동안은 은퇴 후를 대비하여 강화도에 마련해둔 얼마간의 부지에 퇴직과 더불어 집을 짓고 전원생활을 하기 위해 항암치료 중임에도 불구하고 주택을 설계하고 인허가를 받는 작업을 계속했었다. 하지만 코로나 팬데믹과 곧 이은 우크라이나 전쟁의 여파로 자재비와 인건비 등 건축비가 두 배 이상 상승함으로써 은퇴 후 전원생활이라는 나의 여생의 기획은 물거품이 되었다. 단지 노후를 전원에서 보낸다는 것만이 아니라, 병약한 몸도 치유하고 점점 더 심화되는 기후위기의 시대에 기본 식량과 에너지의 자급자족이 가능한 삶을 살아보겠다는 생각이었는데 시작 단계에서부터 난관에 부딪친 것이었다. 지금은 아무것도 정해진 것이 없다. 아직 남은 삶을 어떻게 살아가야 할지 일종의 판단정지 상태라고 할 수 있다.

20대의 미래가 창창했던 대학생은 이제 사회적 생산관계에서 사실상 이탈한 60대 후반의 늙은 은퇴자가 되었다. 좌익사범이라는 꼬리를 달고 살아온 세월 동안, 나는 무엇에라도 끌린 듯 끝없이 세상을, 나라를, 그 속에서 살아가는 사람들의 삶을 걱정하며 살아왔다. 이 나이가 되어도 마찬가지다. 대학에 입학한 1977년 봄 한 선배의 손에 이끌려 '이념서클'에 가입하면서 정신과 육체에 각인된 거의 자동화된 관성 때문일까. 아니면 무언가 큰일을 하고 싶었지만 무엇 하나 제대로 이룬 것 없이 서서히 풍화되어가는 인생에 대한 미련 때문일까. 아니, 어쩌면 나라를 훔치려던 범인이었으니 범인이 자꾸만 범죄 현장 근처를 떠나지 못하고 배회하는 것과 같은 심리 현상일까.

이제 진정한 자유의 몸이 되었으니 나는 그저 한 사람의 보통 시민으로 돌아가 작은 사적 영역 속에서 꼬물거리며 여생을 살아가도 좋지 않을까. 다시 한 번 솔직히 말하거니와 나는 이제 사회나 국가를 단번에 바꿔버리겠다는 의지나 그럴 수 있다는 생각은 털끝만큼도 가지고 있지 않다. 세상도 이젠 그런 의지나 행동으로 단번에 바뀔 만큼 호락호락하지 않게 되었다. 내가 그렇게도 바꾸고 싶어했던 한국사회지만 시간이 가면서 이제는 혁명적 단절이 필요한, 어떤 근대 미달의 혼돈 상태에서 벗어나 분명히 보편적 민주주의의 원리가 작동하는 부르주아 민주주의 사회로 이행해왔으며, 그에 걸맞은 경제적 토대도 상당 수준 갖춘 사회가 되었다. 신자유주의 통치에 의해 왜곡되고 기후위기 앞에서 불안하고 여전히 잔존해 있는 냉전분단 체제의 유제로 삐걱거리는 것이 사실이고 그런 이유로 때로는 끔찍하고 징글맞은 지옥도처럼 보이기도 하지만, 그래도 조금씩 힘을 모으면 좋아질 수 있다는 어떤 사회적 합의가 마련되어 있는 세상인 것이다.

그러니 이제 모든 걱정과 근심들을 내려놓고 남은 생애를 오직 병들고 지친 몸을 다스리며 사는 일에 집중해도 되지 않을까 싶기도 하다. 하지만 다른 한편으로는 이러한 민주적 합의가 일정하게 형성되어 있는 사회일수록 오히려 그 구성원인 개개의 시민들이 대단한 각오나 헌신 없이도 일상 속에서 세상을 조금씩 바꿔나가는 일을 해나가야 하는 게 아닌가. 대단한 영웅이나 지사나 리더가 아닌 보통 시민들의 역할이 더 중요해졌다고 할 수 있지 않을까. 그런 점에서 한 사람의 보통 시민으로 돌아왔다는 것은 내게 오히려 할 일이 더 많아졌다는 것을 뜻한다고도 볼 수 있다.

보통 시민이 된다는 것, 그것은 어떻게 보면 충만한 개별자로서 산다는 것을 뜻한다고 할 수 있다. 혁명가로 산다는 것은 낭만적 이미지를 제거하고 나면 사실은 어떤 급박한 정세 속에서 매우 경직된 교조적 구속을 받아들이고 그 논리 속에 자기 자신을 분해해서 조립해 넣는 탈주체화된 삶이라고 할 수 있다. 하지만 보통 시민으로 산다는 것은 그러한 교조적 조건과 집단의 속박 속에서 지도자건 기수건 나팔수건 혹은 전위건 하나의 나사, 혹은 톱니로서의 삶을 사는 게 아니라 독립된 주체로서 다른 주체들과 자유롭게 연대하는 삶을 사는 것이다.

그것은 비유컨대 외부에서 연료를 얻는 불쏘시개나 장작으로 사는 것이 아니라 한용운의 「님의 침묵」에 나오듯 타고 남은 재가 다시 기름이 되는, 홀로 있어도 끝없이 타올라 빛나는 무한 에너지원으로 사는 것이다. 그런 충만한 개별자로 살 수 있을 때, 그는 누군가에 의해서 동원되는 소외된 존재로서 어떤 위계질서 속에 소속되는 것이 아니라 위대한 단독자들의 수평적 연대의 주체로서 당당히 서게 되는 것이다. 생각해보면 나는 어쩌면 평생 이런 존재들이 함께 이루는 세상을 꿈꾸어왔던 것일지도 모른다.

보통 나이가 들면 특히 남자들은 노염이나 불만이 많아지고 남의 말에 귀를 기울이지 않는 고집불통이 된다고 하는데 나는 나이가 들수록 어쩐지 공감이라거나 공명이라거나 배려라거나 돌봄이라거나 도움이라거나 나눔이라거나 다정함 같은 말들이 귀에 더 잘 들어온다. 물론 이것이 아무거나 다 괜찮다는 식의 무분별하고 무비판적인 긍정성의 세계에 발을 들여놓게 되었다는 뜻은 아니다. 분노할 것에 분노하고 따질 것은 매섭게 따지겠다는 초발심은 조금도 흐트러지지 않았다.

다만 세상에는 논리와 이성의 세계, 육하원칙과 서론-본론-결론의 빈틈없는 수학적 세계만이 아니라, 기브 앤 테이크와 대차대조 제로의 세계만이 아니라, 그런 논리와 이성의 세계에서 발을 붙이지 못하고 존재하는 너무나 많은 감정들의 세계가 있다는 것을 조금씩 깨닫게 된다. 그 세계는 '슬픔', '답답함', '어두움', '억울함', '모호함', '애매함', '말할 수 없음', '사무침', '기막힘', '기쁨', '즐거움', '다정함', '믿음직함', '편안함' 같은 형용사형의 말들로 이루어져 있다. 그리고 그 세계에서는 '듣다', '이해하다', '돕다', '돌보다', '나누다', '배려하다', '공감하다', '함께한다' 같은 동사형의 말들이 그 감정들을 북돋워주고 이어주며 그 감정들에게 이름을 붙여주고 의미를 만들어주는 것이 아닌가 싶다. 나는 이와 같은 형용사와 이런 동사들이 더 풍부하게 살아나는 세상이 '비장함', '용감함', '선명함', '확실함', '맞음', '틀림'과 같은 형용사와 '싸우다', '이기다', '지다', '이루다', '가지다', '빼앗다' 같은 동사들이 지배하는 세상보다 더 좋은 세상이라는 생각이 점점 더 깊어지는 것이다.

이런 생각은 그저 곁눈질이자 귀동냥에 불과한 것이지만 2000년대 이후, 우리 여성들이 열어가고 있는 새로운 세계에 대해 관심을 가지고 살면서 조금씩 얻어온 것이다. 물론 그것은 굳이 여성들만이 아니라, 이 세계에 존재하는 모든 약한 것들, 겨우 존재하는 것들, 차별받고 핍박받는 것들, 내몰리고 추방되는 것들, 말 못 하는 것들이 공유하는 감정이고 언어다. 이런 감정과 언어는 때론 나 자신을 괴물로 느끼게 하고 슬프게 하지만 동시에 나를 정화시키고 새롭게 만들고 기쁘게 만드는 힘을 가지고 있다.

이런 생각으로 세상을 바라본다는 것은 어떤 것일까. 그리고 그런 생각으로 세상을 바꾼다는 것은 어떤 의미일까. 나는 아직도 잘 모르겠다. 하지만 그 이전으로 돌아가기는 어렵다는 것을 느낀다. 이런 생각을 하는 존재들이 세상에는 의외로 많다는 것도 잘 알고 있으며 그들과 함께할 때 나는 행복하게 살다 죽을 수 있으리라 믿는다. 나는 이런 생각을 내 생애 말년의 양식으로 삼고자 한다.

에필로그

희극으로 반복되는 역사
: 2024년 겨울의 계엄령

이 책의 집필 작업이 마무리를 향해 달려가던 작년 초겨울, 하필 내 생일인 11월 29일부터 나는 몸살이 나서 누워버렸고 며칠 동안 아무 일도 못 한 채 집 안에서 늘어져 있었다. 12월 3일도 마찬가지, 밤늦게 내 침대 맡에서 이마도 짚어주고 머리도 쓰다듬어주며 이야기를 나누던 아내가 잘 자라고 이불을 덮어주고 방을 나간 뒤 가물가물 막 잠이 들려던 순간, 아내가 갑자기 다시 방으로 들어오면서 윤석열이 비상계엄을 발표했다고 외쳤다. 나는 처음엔 이게 무슨 소리인가 싶어 멀뚱히 있다가 이내 몸을 일으켜 거실로 나가 티브이를 켰다. 티브이 화면은 속보 타이틀을 띄운 채 내 생애에 다시는 볼 수 없을 것으로 알았던 비현실적인 장면들을 비춰주고 있었다.

대통령이 비상계엄을 선포하고 있는 장면, 야당 대표

가 시민들에게 국회 앞으로 달려 나와달라고 호소하는 소리, 국회 잔디마당에 헬기들이 착륙하는 장면, 시민들이 국회 앞으로 모여드는 장면…. 이런 것들이 마치 만화경처럼 어지럽게 펼쳐지는 것이었다. 시간이 자정으로 향해 가고 있는 겨울 한밤중, 몸살로 이불을 뒤집어쓰고 있던 나는 속수무책인 채로 이 황당한 장면들을 바라보고만 있었지만, 그래도 이 터무니없는 도전이 결코 성공하지 못할 것이라는 확고한 믿음은 있었다. 나는 그날 페이스북에 이렇게 썼다. "어디 21세기 대한민국에서 계엄령이 도대체 어떻게 끝나나 좀 보자. 인생 서서히 정리해가는 늙마에 그렇지 않아도 따분하던 차에 좋은 구경거리가 생겼네."

물론 설마 이 계엄령이라는 이름의 난데없는 사태가 이날 밤을 채 넘기지 못하고 끝나게 되리라고까지 예상한 것은 아니었다. 하지만 설사 이 비상계엄이 일정 기간 지속되어 그에 따른 얼마간의 혼란과 어려움이 따른다 하더라도 오늘날의 한국사회가 군부를 동원한 친위 쿠데타가 성공할 수 있는 사회는 아닐 것이라고 믿었다. 당장 다음 날 아침 탱크들이 거리를 횡행하고 각종 정부기관이나 언론기관 등에 계엄군이 들이닥친다 해도 그것은 이내 사회 전 부문에서의 치열하고 지속적인 저항에 의해 무력화될 것이며, 군부 내의 다른 반대파에 의해서라도 이 윤석열표 친위 쿠데타는 종결될 것이라는 낙관이 확실했다.

비관론자들은 근거 없는 낙관이 아닌가 생각할지도 모르나 나는 비록 1998년 체제의 초라한 하위체제였음이 판명되었다고 해도 1987년 체제가 지난 40년 가까운 기간 동안 지속되면서 한국사회에서 형성된 민주적 공감대가 최소한 비상계엄 같은 후진적인 정치도박에 의해 간단히 붕괴될 정도는 아니라고 생각했다. 당장 나부터도 몸살기가 어느 정도 가시면 작은 배낭에 간단한 세면도구와 늘 먹던 각종 약들을 좀 챙겨서 용산 대통령실 앞에 나가 비상계엄 해제를 요구하는 일인시위라도 벌이다 잡혀가야 하겠다고 마음먹었다.

나의 이러한 주관적 낙관조차도 무색할 정도로, 그날 밤의 계엄령은 겨우 다섯 시간 만에 해제되었다. 처음엔 이렇게 허술하게 선포되고 무산되는 계엄령이 있나 싶었지만 시간이 갈수록 윤석열 일당이 생각보다 치밀하게 계획을 세우고 시작한 일이라는 것이 드러나면서, 만일 그날 밤 신속하게 여의도 국회의사당에 몰려가서 계엄군의 진입을 막았던 민주시민들이 없었다면, 150명이 넘는 국회의원들이 국회 담장을 넘으면서까지 본회의장에 일찍 진입하여 계엄령 해제 요구안을 가결시키지 않았더라면, 무엇보다 국회의사당에 진입한 계엄군 장령과 병사들이 윤석열의 미친 명령을 기계적으로 수행하여 국회를 장악하고 계엄 해제 요구안 투표를 무산시켰다면, 생각보다 그 후유증은 오래 지속되었을 것이라는 생각에 뒤늦게 가슴을 쓸어내렸다. 중요한 것은 비상계엄 같은 후진적 폭력 따위에 우리의 민주공화정이 무너질 수는 없다는 민주적 공감대가 이 모든 기우와 가정을 처음부터 무산시켰다는 것이다.

그날 밤의 비상계엄 실패가 기막힌 우연의 산물이었다고 하는 말들이 많지만, 사실 우연처럼 보인 일들의 연쇄는 이러한 민주적 공감대가 작동시킨 필연의 연쇄였다. 수도방위사령부의 항공관제요원들은 특전사의 사전 신고되지 않은 헬기 운항을 지연시켰고, 경찰들은 국회의원들의 의사당 진입을 완전히 봉쇄하지 않았고, 국회의사당 경내에 진입한 병사와 지휘관들은 시민이나 국회의원들을 향한 폭력 행사를 자제했으며, 대통령의 거듭된 부당한 명령의 이행을 지연시켰다. 그사이에 야당 지도자는 시민들에게 국회의사당을 지켜줄 것을 호소했으며 시민들은 한밤중에 의사당 앞에 집결해서 계엄군의 진출을 막아섰다. 그리고 거의 전원의 야당 의원과 일부 여당 의원들은 국회 본회의장에 집결하여 신속하게 계엄령 해제 요구안을 가결시켰다. 이것을 우연이고 천우신조라 할 것인가. 아니다. 나는 이 모든 일들의 연쇄에서 민주사회에서 이런 일은 일어나서는 안 된다는, 우리 사회 구성원들이 공유하고 있는 강고한 불문율의 힘을 떠올렸다.

45년 전인 1979년에도 나는 비상계엄과 뒤이은 내란을 경험했다. 박정희의 죽음으로 공백 상태에 놓여 있던 권력을 차지하기 위한 전두환 일당의 소행이었다. 그 역시 있어서는 안 되는 반헌법적 권력탈취극이었지만, 그때는 이런 일은 절대로 일어나서는 안 된다는 공감대가 지금보다 훨씬 미약했다. 일어나서는 안 되지만 얼마든지 일어날 수 있는 일이고, 그렇다면 어쩔 수 없는 일이라는 정도였을 뿐이다. 2024년 겨울에 일어난 내란 사태를 대하는 시민적 정동은 분노였고 그 분노는 저항을 넘는 응징의 기세로 이어졌지만, 1979년 겨울에 일어난 내란 사태를 대하는 시민적 정동은 공포였고 극히 일부를 제외하고 그 공포는 체념으로 이어졌다. 나는 그때 갓 스물한 살 생일을 넘긴 대학교 3학년짜리 청년이어서 당연히 분노의 정동이 앞섰고 그 분노는 저항의 결의로 이어졌지만, 저변에는 어쩔 수 없이 공포의 그림자가 드리워져 있었다. 45년 전 내란의 주모자들은 언제든 마음대로 행사할 수 있는 폭력기구였던 군대를 앞세워 그 공포를 극대화시킬 줄 알았고, 그것은 바로 광주에서 대규모 학살을 통해 완성되었다. 그리고 그로부터 10년을 넘게 권좌를 유지할 수 있었다.

공교롭게도 성년 이후의 나의 생애는 1979년과 2024년의 두 차례의 비상계엄, 두 번의 내란 사이에 걸쳐 있게 되었다. 스물한 살에 한 번, 예순여섯 살에 다시 한 번, 그렇게 내 성년의 생애는 비상계엄과 내란으로 수미쌍관을 이룬다. 하지만 스물한 살의 내란 때에 나는 울었고, 예순여섯 살의 내란 때에 나는 웃었다. 마르크스는 그의 저서 『루이 보나파르트의 브뤼메르 18일』에서 이렇게 말했다. "헤겔은 어디선가 세계사에서 막대한 중요성을 지닌 모든 사건과 인물들은 반복된다고 언급한 적이 있다. 그러나 그는 다음과 같은 말을 덧붙이는 것을 잊었다. 한 번은 비극으로 한 번은 희극으로 끝난다는 사실 말이다." 매우 낯익고 이미 많은 이들에 의해서 반복적으로 인용되어 이제는 낡은 클리셰처럼 되어버렸지만 한국사회가 45년을 사이에 두고 겪은 두 번의 내란에 대해서 말할 때, 이 오랜 경구는 다시 한 번 빛을 발한다. 1979년의 12·12 내란은 확실히 비극적인 것이었고, 2024년 12월 3일의 내란은 또한 너무나 희극적인 것이 분명하기 때문이다.

2022년 봄의 대통령 선거에서 윤석열이 이재명을 0.73퍼센트 차이로 이기고 그해 5월 대한민국의 대통령이 된 이후 이번 내란 사태에 이르기까지 그가 벌여온 대통령으로서의 행동은 독재적이라거나 무능하다거나 무기력하다는 말로는 설명하기 힘든, 매우 낯설고 기이한 것들이었다. 정권의 슬로건으로 '공정과 상식'을 내세우고 교육, 노동, 연금, 의료 등 4대 개혁 과제를 설정했으나 교육 부문에서는 초등학교 만 5세 입학안을 제기했다가 철회한 것이 전부고, 노동 부문에서는 이권 카르텔 논리를 내세워 건설노조에 대한 집요한 탄압을 벌이더니 다시 갑자기 노동 약자를 보호한다느니 노동법원을 설치한다는 등 양극단을 왕복하고, 의료 부문에서는 근거 박약한 의대 정원 2천 명 증원안을 내놓고 의사들의 반발로 인한 의료대란을 초래했다. 연금 부문에서 야당과의 낭비적인 힘겨루기 끝에 국민적 눈높이에 한참 못 미치는 개혁안을 가까스로 통과시킨 것이 그나마 유일한 성과였다고 할 것이다.

역설적이지만 가장 일관성을 보였던 것은 외교 정책이었다. 2020년 8월의 한미일 정상회담을 통해 한미일 삼각동맹 체제에 하위파트너로 참여하는 방향을 채택한 후 친미·반중 기조를 명확히 했을 뿐 아니라, 일본에 대해서는 후쿠시마 원전 오염수 방류를 사실상 승인하고 강제징용 피해자 배상 문제에서도 일본 기업의 편을 들어주는 제3자 배상이라는 결정을 내렸으며 과거사 문제 거론을 사실상 포기하는 방향을 선택했다. 그 일관성이란 결국 '자유민주적 가치'를 내세운 친미·친일·반중·반북 기조의 고착화였다. 그 결과 남북관계는 완전 적대 상태로 돌아섰고 한중관계 악화는 무역수지의 결정적 악화라는 수렁으로 이어졌다.

하지만 윤석열 정권의 문제는 이러한 공약 이행이나 정책 수행에서의 난맥에 있는 것이 아니다. 출범 이후 2년 반 이상이 지나는 동안 이 정권의 행태는 이해할 수 없는 것들의 연속이었다. 대통령 집무실을 청와대에서 용산 국방부 건물로 이전하고 관저를 한남동 외무부 공관으로 이전한 것, 159명의 사망자가 발생한 이태원 참사에 대해 진상 규명도 책임자 처벌이나 사퇴도 없이 침묵과 방관으로 일관한 것, 해병대 채상병 사망 사건에 대한 납득할 수 없는 처리 과정, 의대 정원 2천 명 증원에 대한 병적 집착, 그리고 마지막으로는 아마도 비상계엄 발동의 최후의 방아쇠가 되었다고 할 수 있는 명태균 국정 농단 스캔들 등이 그것이다. 이 사건들은 통상적인 상식으로는 도저히 잘 이해가 안 된다. 따라서 수많은 루머와 가십들이 무성하게 뒤따를 수밖에 없다. 그리고 이 루머와 가십들은 거의 모두 한 방향을 가리키고 있는데 그 소실점에 놀랍게도 대통령 부인 김건희라는 존재가 있는 것이다.

나는 정치적 이슈를 루머나 가십을 통해 해석하는 것을 극도로 싫어한다. 그것은 정치적 사안을 개인들의 성격이라든가 욕망의 충돌과 같은 우연한 원인들의 문제로 치환함으로써 구조적 원인과 대안에 대한 성찰을 방해한다고 보기 때문이다. 하지만 윤석열 정권하에서 거듭 일어났던 상식적으로 이해하기 힘든 일들은 루머나 가십의 힘을 빌어야만 전후 맥락이 이해될 수 있다는 것을 인정하지 않을 수 없다. 정치가 가십거리가 된 것이 아니라 가십거리가 정치가 된 매우 특이한 사례가 아닐 수 없다. 이런 전제로 윤석열 정권의 지난 2년 반 동안의 행태를 설명해보면 다음과 같은 수미일관한 서사가 만들어진다.

김건희라는 여성이 자신의 부와 권력에 대한 욕망으로 윤석열이라는 검사를 선택해 일종의 정략결혼을 한 후 둘 사이의 주종관계를 형성한다. 그리고 윤석열은 한때는 불우했으나 부인인 김건희의 조력에 힘입어 문재인 정권 아래서 중앙지검장을 거쳐 검찰총장의 자리에까지 오르고 김건희는 자신에게 향한 도이치모터스 주가 조작 혐의에서 성공적으로 벗어난다. 그러다가 윤석열이 급기야 대통령에 당선되기에 이른다. 대통령이 된 이후에도 이러한 심리적 주종관계는 지속이 되고 김건희는 이를 바탕으로 단지 대통령 남편의 보호막 아래서 욕망을 실현하는 수준을 넘어 검찰권력을 공고하게 장악하고 인사를 비롯한 각종 국가 정책에 깊이 개입하면서 단순히 5년짜리 권력이 아니라 보다 더 공고한 장기집권의 기틀을 마련하고자 한다. 하지만 총선에서 야당에게 과반의석을 내주면서 정국의 주도권을 빼앗기게 되고 채상병 사건,

디올백 사건, 명태균 국정농단 사건 등이 연쇄적으로 터져나오면서 이들 부부의 장기집권 플랜에 결정적인 위기가 발생한다. 급기야 그들은 총선 패배 이후 구체화시킨 비상대권 발동이라는 카드, 즉 비상계엄을 선포하고 반대세력을 무력화시킨 후 장기집권을 도모한다는 최후 수단에 호소하기로 한다. 그리고 이런 전 과정에는 김건희의 욕망과 그 욕망의 실현을 돕는 매우 강력한 주술적 세계관이 깊이 개입되어 있었다.

이러한 서사가 얼마나 천박하고 저열한 가십적 추론의 결과인가는 이걸 쓰고 있는 나 자신이 낯이 뜨거워질 정도로 더 잘 알고 있다. 하지만 나는 어처구니없게도 이런 추론 외에는 이 윤석열 정권의 '기이한 정열'과 그 희극적 전말을 설명할 다른 논리를 알지 못한다. 불행한 일이 아닐 수 없다. 윤석열 정권의 탄생은 신자유주의 헤게모니 아래서 정치권력의 위상이 얼마나 처참하게 소외되거나 타락할 수 있는가에 대한 최악의 실증이라고 할 수 있다. 시쳇말로 '윤건희'라고도 불린 윤석열-김건희 정권은 애초부터 대한민국이라는 나라를 어떻게 이끌고 갈 것인가에 대한 조금만치의 고민도 하지 않은 정권이다. 윤석열은 우물쭈물하다 대통령이 된 인물이고, 김건희는 허수아비 윤석열을 이용해서 자신의 욕망 실현을 보호받거나 가속시키고자 한 인물이다.

그들의 목표는 오로지 최고 권력의 사유화와 그렇게 사유화된 권력의 영속화일 뿐이었다. 4대 개혁 추진은 그저 권력 유지를 위한 최소한의 장식물로 급조된 것에 불과했으며, 집권 이래 가속화된 점층적 극우화도 각종 사회적 갈등을 섬세하게 조정하여 합리적 대책을 내놓을 능력도 의지도 없는 이들이 가장 손쉽게 의존할 수 있는 반공냉전 프레임으로 도망쳐 스스로를 가둔 결과였다. 그러므로 12·3 비상계엄은 희극으로 끝날 수밖에 없었다. 그리고 얼마간의 진통이 더 남았을지는 모르지만 이번 내란 사태의 종결은 시간문제라고 생각한다. 이미 헌법재판소에서 탄핵 소추에 대한 인용 판결이 나와 윤석열은 파면되었지만, 내란 사건 역시 재판을 통해 윤석열을 수괴로 하는 주도 세력에 대한 적절한 징벌과 함께 종결될 것이며, 새로운 정권의 탄생과 더불어 민주공화정의 온전한 복원이 이루어지면서 김건희-윤석열 정권의 장기집권 플랜 또한 한바탕의 황당한 미몽으로 끝나게 될 것이다.

하지만 그 성격이 희극적이라고 해서, 이 사태가 남긴 문제들까지 하찮은 것은 아니다. 신자유주의 헤게모니, 혹은 통치성 아래서 정치권력이 장식적인 지위에 놓일 수밖에 없다는 것은 거꾸로 이번 윤석열 정권의 사례와 같이 정치권력의 예측 불가능성 혹은 심각한 자의성이 언제든 발생할 수 있다는 것이기도 하다. 그리고 이러한 예측 불가능성과 자의성은 윤석열 정권의 실례처럼 오래도록 비교적 안정적으로 유지되었던 대외 정책 기조를 갑자기 혼란에 빠뜨린다거나 내란 사태 같은 것을 일으켜 한 사회의 민주적 기본 질서를 뒤흔들어놓을 가능성을 내장하고 있다. 이러한 예측 불가능성을 어떻게 방지할 수 있는가가 이번 윤석열 내란 사태 이후 우리 사회가 직면한 중요한 과제라고 생각한다.

나는 이제 이루어질 수 없는 꿈은 더 이상 꾸지 않는다. 나 자신이 생물학적으로나 사회적으로 한계에 이르렀기 때문이다. 이제 다음 세대가 그 꿈을 포기하지 않고 추구하고 이루어주기를 바랄 뿐이다. 그 대신 지금 한국사회가 당장 해결해야 할 과제들에 대해선 남은 생이 끝날 때까지 관심을 가지고 지켜보며 개입할 수 있다면 내 처지가 허락하는 범위 내에서 개입할 것이다. 내가 생각하는 현 한국사회의 과제는 민주공화적 통치성의 확립, 신자유주의 헤게모니로부터의 해방, 반공냉전 체제 잔재의 극복, 그리고 기후위기에 대한 근본적 대응이라는 네 가지이다.

민주공화적 통치성의 확립을 첫 번째로 놓은 것은 한편으로는 나의 개인적 체험에서 오는 것이기도 하고 최근 내란 사태의 경험에서 오는 것이기도 하다. 나는 20~30대의 젊은 시절뿐만이 아니라 그 이후로도 오랫동안 사회주의 체제만이 사람이 사람답게 살 수 있는 체제라고 믿어왔고, 할 수만 있다면 이 땅에 그런 체제를 수립해야 한다고 생각했다. 더구나 최근까지도 이처럼 극단적으로 증대한 인류의 생산력이라면 이제 지구상의 인류 모두가 노동과 여가와 휴식의 균형을 이루며 인간적 삶을 유지할 수 있는 단계가 되지 않았는가, 사적 소유만 철폐하면 그러한 세상도 당장 가능하지 않겠는가 하는 생각을 버릴 수 없었다. 하지만 거기까지 가는 경로는 혁명적 경로가 아니면 불가능하다는 점에서 그곳은 '갈 수 없는 나라'이다.

그 대신 내가 현실적 대안으로 생각한 것이 '민주공화적 통치성'이 확립된 사회이다. 어려운 것이 아니다. 우리 헌법 제1조가 바로 "대한민국은 민주공화국이다"이기 때문이다. 달리 말하면 시민민주주의 체제를 새롭게 공고화하면 되는 것이다. 이는 삼권분립과 대의민주주의를 기본으로 하되 국민의 직접적 정치 참여라는 공화주의적 원칙을 적절히 가미한 정치체제, 국민의 기본권이 철저히 보장되는 사회라는 헌법적 가치의 근본적이고 급진적인 재해석을 통해 가능할 것이며 이는 사장되어가는 1987년 체제의 정신을 재급진화하여 되살리는 것이기도 하다.

여기에는 예컨대 여전히 의회 안에서 공전되거나 사장되고 있는 차별금지법을 제정한다거나 국가보안법 같은 악법을 폐지하는 일, 그리고 지금과 같은 나쁜 양당 지배체제를 넘어서 보다 더 많은 주체의 정치적 요구가 반영될 수 있는 정치체제를 구축하는 일 등이 포함될 것이다. 그렇게 해야만 이번 내란 사태처럼 권력을 가진 어떤 미친 무뢰배가 이처럼 손쉽게 헌법질서의 붕괴를 도모한다거나 비이성적 극우파시즘이 위협적인 사회불안 세력으로 자리 잡는 일 같은 사태가 우리 미래사에 더 이상 발을 못 붙이게 될 것이다.

신자유주의 헤게모니로부터의 해방은 더 어려운 일이다. 이제 금융자본에 의한 시장 지배체제는 하나의 공고한 레짐이 되어버렸고 지구상의 거의 모든 국가가 이 레짐 아래서 극단적 양극화와 사회적 안전장치의 해체라는 추세를 겪고 있기 때문이다. 그럼에도 불구하고 모든 나라에서 이런 경향성이 지옥도처럼 펼쳐지고 있는 것은 아니며 각국의 조건과 처지에 따라 이를 완화할 수 있는 충분한 대안적 선택지가 존재한다고 생각한다.

특히 우리나라는 비록 최근에 급격한 하강의 조짐이 보인다고는 하지만, 여전히 세계 10대 경제대국이라는 타이틀을 가지고 있으며, 이 정도의 축적된 생산력과 부의 수준이라면 국민국가 내부의 민주적 통치성의 성숙도와 의사소통의 원활도에 따라 일정한 사회적 대타협을 통한 적절한 재분배체계의 합리화를 통해 현재와 같은 10

대 90의 불평등 상태를 30 대 70 정도까지는 완화할 수 있다고 생각한다. 그것은 한편으로 우리 사회 내부에서 싹트고 있는 극우파시즘의 물적 토대를 제거하는 일이기도 하다. 나는 원칙적으로 제로성장사회라는 이념에 동의하지만 현실적으로 새로운 성장 동력을 통한 사회적 재분배 여력의 확보라는 논리까지도 받아들일 용의가 있다.

반공냉전 체제 잔재의 극복이라는 해묵은 과제는 친일 청산 등 식민 잔재와 이승만, 박정희 등 냉전적 독재체제 잔재의 극복, 즉 과거사 해결과 적폐 청산으로 요약될 수 있다. 이는 한편으로 여전히 그 잔재 세력, 적폐 세력이 한국 정치의 양대 세력 중의 하나로 과잉대표되어 있으며 조중동으로 대표되는 레거시 언론과 뉴라이트 등의 극우 담론 세력, 그리고 최근에는 극우 유튜버들에 의해 지속적으로 재생산되고 있다는 점에서 분명히 현존하는 문제이다. 다른 한편에서는 1987년 체제의 화신이라고 할 수 있는 민주당 세력에게도 정당성과 정통성을 부여해주어 결국 현재의 비정상적인 양당 체제를 고착화시키고 있으며 오래도록 다른 모든 급박한 진보적 의제들을 부차적인 것으로 밀어내는 문제적 과제라고 할 수 있다.

이를 어떻게 할 것인가. 사실 이 문제 해결의 가장 좋은 기회는 다수의 온건보수파와 소수의 수구보수파가 분열되었던 지난 박근혜 탄핵 국면이었다. 탄핵 이후 탄생한 문재인 정권은 어쩌면 검찰 개혁보다 먼저 보수 정치 세력의 개편을 통한 극우파의 추방 혹은 완전 소수화를 견인해냈어야 했다. 하지만 다시 한 번 기회가 왔다. 이번 탄핵 이후 다시 민주당 세력이 정권을 잡는다면 이번에야말로 내란 세력을 넘어 국헌 문란의 파시즘 예비 세력과 손을 잡고 있는 수구 정치세력을 해체 수준으로까지 밀어붙여서 일단 이 반공냉전 체제와 지금 막 준동하기 시작한 파시즘 세력의 정치적 숙주를 제거하지 않으면 안 될 것이다. 이것은 앞에서 말한 민주공화적 통치성 확립이라는 과제의 하나가 아니라 그 선결조건이라고 할 수 있다.

마지막으로 기후위기에 대한 대응이라는 가장 어려운 과제가 있다. 우선 이것은 일국적인 문제가 아니라 지구 전체의 문제라는 점에서, 지구 각 지역과 국가의 기후와 산업체계, 사회 형태 등 다양한 요인에 따라서 매우 불균등하게 현상한다는 점에서, 또한 현재 지구 전 인류의 삶의 형식을 장악하고 있는 자본주의적 이윤 추구 체제와 완벽하게 반비례 관계에 놓인 문제라는 점에서 그렇다. 대체로 아무런 해결 능력이 없는 지구의 남반부에 속한 빈곤국가들이 가장 큰 위협에 직면해 있고 원인 제공자이자 해결 능력이 있는 지구 북반부에 속한 상대적 부유 국가들은 아직은 급박한 위협에 덜 노출되어 있다는 점은 문제 해결을 더욱 어렵게 만든다.

지금으로선 지구 위에 거주하는 모든 인류가 마치 아직 충분히 더워지지 않은 솥에서 헤엄치고 있는 개구리처럼 조만간 물이 끓어 전부 익어 죽을 날을 기다리고 있는 형국인 셈이다. 이 과제에 관한 한 나는 매우 비관적이다. 아마도 인류는 온난화와 기후위기에 의해 멀지 않은 장래에 절멸할 가능성이 높다. 그것도 자연재해 자체보다도 자연재해에 선행하는 각종 국가 내부의, 또 국가 간의 사회적 갈등 때문에 자멸할 것으로 보인다. 다만 우리 사회가 점증하는 기후위기로부터 야기될 것이 분명한 식량과 에너지 위기 극복에 대한 최소한의 합의만에라도 도달하여 이러한 절멸의 시간을 조금 더 늦출 수 있기를 바랄 뿐이다.

그러면 이러한 과제들은 도대체 어떻게 이루어질 수 있는 것일까. 누차 언급했지만 나는 젊은 시절 내내 한국 사회의 혁명적 비약을 통한 전면적 문제 해결을 꿈꿨고, 나이가 들어서는 그러한 혁명적 비약이 거의 불가능해진 현실 앞에서 절망하며 그 외의 다른 정치사회적 실천에 대해서는 그 비근본성이나 개량성을 이유로 관심을 두지 않았다. 그저 내가 할 수 있는 일은 글쓰기를 통해서 사람들이 더 나은 세상에 대한 꿈꾸기를, 그리고 그 꿈을 위한 걸음을 멈추지 않도록 자극하고 응원하는 일 정도였다.

지난 20여 년 동안 형성된 신자유주의 헤게모니 아래 현실정치 측면에서는 유의미한 진보적 정치세력의 출현은커녕 1987년 체제 이후 고착된 보수-수구(진보-보수가 아닌) 양당 체제의 변화 가능성은 좀처럼 나타나지 않았다. 사회적으로는 나처럼 사회의 단절적 변혁을 꿈꾸는 전통적인 좌파 세력은 이제 기득권 체제에 포섭되거나 아니면 그저 강단좌파로나 남아 있을 뿐이고, 노동자계급은 사실상 자본 측에 거의 포섭된 상태로 조합주의에 매몰된 상태이며, 포스트모던적 환경 속에서 성장한 새로운 진보 세력은 저항과 탈주를 지향하지만 자기 정체성을 유지하는 네트워크형의 원심 운동에 머물러 과연 얼마나 유의미한 정치적 성과를 낼 수 있을지 나로서는 의구심을 가질 수밖에 없었다.

하지만 나는 이번 내란 사태의 진행 과정에서 새롭게 대두한 2030 여성들을 주축으로 한 이른바 '응원봉 연대'로부터 세상을 변화시키는 구체적 방법론과 경로에 관련된 상당한 자극과 시사를 받았다. 2016~2017년 박근혜 탄핵을 위한 촛불혁명 과정에서 구좌파와는 구별되는 한국형 68혁명 주체들의 출현을 목도했으면서도 그들의 정체성 집착과 산발성, 원심성 때문에 더 이상의 긍정적 평가를 유보했던 나는 이번 내란 사태에서 이 '응원봉 연대'가 보여준 강력한 투쟁력과 무엇보다 거침없는 연대의식에서 새로운 성격의 '혁명 정신'을 발견했다고 감히 말할 수 있다.

그들이 트랙터를 타고 상경하다가 남태령에서 저지당한 농민들과 연대하고, 민주노총의 노동자들과 연대하고, 투쟁하는 장애인들과 연대하고, 성소수자, 이주노동자 등 여러 소수자들과 거침없는 연대투쟁을 확산해나갈 수 있는 힘은 자신들도 소수자로서 언제든지 억압당하고 착취당할 수 있으며 언젠가는 다른 소수자들이 자기들을 위해 싸워줄 수 있을 것이라는 확고한 연대의식, 옛날식으로 말하면 선명한 전선적 사고에서 나온다는 것을 나는 여러 경로를 통해 확인할 수 있었다. 물론 내란의 진압을 통한 민주공화정의 회복이 곧 이러한 연대를 통한 상호부조와 각각의 주체들의 더 나은 삶을 위한 가장 우선적인 토대라는 정치적 각성의 철저성은 말할 것도 없다.

이들 전혀 새로운 진보적 주체들이 지향하는 가치는 이제까지 '가부장적' 근대 체제에서 제시되고 커다랗게 외쳐져온 거창한 가치, 즉 민족 해방, 계급 해방 같은 것이 아니라 차별 없는 세상, 돌봄과 배려와 환대가 넘치는 다정한 세상 같은 낮은 목소리로 주고받는 '여성적 가치'이다. 언뜻 보잘것없고 부차적인 것처럼 보이는 이런 가치들이 가장 중요한 가치로 공유되는 세상은 쉽게 오지 않을 것이다, 하지만 이런 가치들이 인간은 물론 이 지구 전체의 모든 생물들에게까지 해당되는 가장 소중하고 근원적인 가치, 모든 근대적 가치를 전복할 수 있는 진정으로 혁명적인 가치라는 것을 온몸으로 깨친 수많은 소수자 주체들은 그러한 세상을 향한 크고 작은 투쟁을 절대로 멈추지 않을 것이다. 나는 이들의 등장과 앞으로의 실천들이 한국사회가 그나마 살 만한 세상이 되도록 하는 앞으로의 긴 여정에서 아마도 가장 중요한 동력이 될 것임을 의심하지 않는다. 나도 여기에 한국사회는 물론 지구 전체의 미래를 걸어볼 생각이다. 아마도 이것이 내 생애에 마지막으로 남아 있는 희망일 것이다.

미주

1부 나의 대학

1   이 교지 편집실은 1975년부터 존재했으나 기획·편집과 원고 내용에 대한 학교 당국의 집요한 검열과 불허로 인해 긴급조치가 해제된 1980년 봄에서야 『지양』이라는 제호를 달고 창간호를 발간할 수 있었다. 나는 1979년에 이 잡지의 편집장이 되어 창간호의 기획과 편집을 책임졌지만 발간 당시의 편집장은 3학년이던 한홍구(국사학 78)였다.
2   이 선배는 당시 철학과 2학년에 재학 중이었던 김용호로서 나에게 최초로 세계와 자아의 통일과 갈등이라는 매력적이고 고통스러운 필생의 과제를 알려준 사람이었다.
3   '학회'는 이 서클들이 전부 '○○학회'라는 이름을 가진 데서 오는 공식 명칭이며, 실제 당시의 학회 구성원들은 '우리 집' 또는 '우리 집안'이라는 애칭으로 불렸고, 당시의 공안기관이나 학교 당국, 그리고 훗날 일부 연구자들은 통칭 '이념서클'이라 불렀다. 이에 대해서는 신동호, 「1970년대 학생운동의 특징과 방식」, 『학생운동의 시대』(이호룡·정근식 편, 선인, 2013), 107~108쪽 참조.
4   신동호, 앞의 글, 114쪽.
5   1977년 1학기에는 3월 28일과 4월 12일 두 번에 걸쳐 교내시위가 있었다.
6   이때 구속된 친구는 여균동(철학)이었고, 제적된 친구들은 김승윤(미학), 김재기(철학), 김진석(영문학), 박경순(동양사학), 신상식(영문학), 오세중(철학), 오의택, 윤석인(종교학), 정광필(철학), 조원봉(국사학), 허남정(철학) 등이었다.
7   김명인, 「강 건너의 시대」, 『대학신문』, 1978. 9. 18.
8   김명인, 「성년」, 『대학신문』, 1979. 3. 12.

2부 안개의 숲, 무림

1   허헌중은 본 시위 사건 직접 관련자는 아니었으나 78학번 지도부의 대표자로서, 고세현은 시위 주동자들에게 얼마간의 자금을 제공했다는 이유로 구속되어 함께 실형을 선고받았다.
2   이 시기는 곧 유신 체제하에서 주로 학생운동을 탄압하기 위해 급조한 긴급조치들 중 최후이자 최악의 조치였던 '긴급조치 9호'의 지속기간이어서 이 시기 동안에도 불굴의 저항을 멈추지 않았던 75~79학번들을 특정하여 '긴급조치 9호 세대'라고 부르기도 한다(신동호, 앞의 글 참조). '무림사건'의 시간적 범위는 1980년 말까지 포함되지만 그 핵심주체가 76~78학번이기 때문에 '무림사건'을 되돌아보는 것은 곧 그동안 충분히 알려지지 못했던 이 '긴급조치 9호 세대'의 투쟁사를 복원하는 것이기도 하다.
3   전자의 성과로는 민주화운동기념사업회 기획, 정근식 외 지음, 『학생운동의 시대』(선인, 2013)를 들 수 있는데 이 책에 수록된 신동호의 「1970년대 학생운동의 특징과 방식」은 바로 이 큰 무림사건에 관해 가장 잘 정리된 연구 성과라고 할 수 있다. 후자의 성과로는 공간된 바는 없지만 작은 무림사건의 핵심 인물인 현무환이 상세하게 기술한 「선도투쟁의 기치」, 「안개 숲의 시위주동, 무림사건」(6월민주항쟁기념사업회, 『6월 항쟁을 기록하다』 1, 민주화운동기념사업회, 2007)이 있는데 이는 작은 무림사건의 시작과 끝에 관한 가장 상세한 연대기적 기록이다.
4   이 모임은 처음부터 특정한 명칭 없이 시작되었기 때문에 '서클연합 77학번 대표자회의'라는 이름은 필자가 편의상 붙인 이름에 지나지 않는다. 이런 모임에 정식 명칭을 붙이지 않는 것은 긴급조치 9호 시기의 학생운동에서는 일종의 상식이어서 여기 소속된 구성원과 극히 일부의 학생들만이 편의상 '77언더'라고 불렀을 뿐이다.
5   현무환, 「선도투쟁의 기치」, 앞의 책, 68~69쪽.
6   이육사, 「연보」 일부.
7   현무환, 앞의 글, 70쪽.
8   김명인, 「소멸일기」, 『대학신문』, 1979. 5. 21.
9   김명인, 「소멸일기2」, 『지양』 창간호, 1980. 2.

10 이원주,「'서울의 봄'의 평가에 대한 비판적 고찰」,『민주화의 길』10, 민주화운동청년연합, 1984. 19쪽.
11 현무환의 기술에 의하면 이 작업이 이원주, 현무환, 최영선 등 3인에 의해 이루어졌고 나는 총학생회가 구성된 이후 본격적 활동을 시작하면서 이 재학생 지도부에 합류한 것으로 되어 있지만, 실제로 나는 총학생회 회칙을 만드는 시점부터 이들과 논의를 함께하였다.
12 현무환, 앞의 글, 80~81쪽.
13 나는 이 방해 작업의 장본인이었다. 4월 초 어느 날 내가 편집장이었던 '인문대 교지 편집실' 후배 한홍구가 '김지하 문학의 낮'이라는 이름의 행사를 예고하는 안내 포스터를 들고 다니기에 확인해봤더니 복학생 선배(박승옥, 불문학 73)의 지시로 교내에 부착하고 다니는 중이라고 했다. 이것이 학내 상황을 오관하고 있던 일부 복학생들이 학내 분위기를 띄워 집회·시위를 조장하기 위해 벌이는 작업임을 직감한 나는 한홍구에게 이미 붙였던 포스터를 전부 철거하고 남아 있던 것들도 전부 없애버리라고 다시 지시했다. 이후 복학생들과의 논의를 통해 이 집회 계획은 철회되었다.
14 오세제,「서울역 회군 연구: 신군부의 심리전과 학생운동의 대응」,『국회 민주주의와 복지국가연구회 주최 세미나 〈1980년 서울의 봄 학생운동에 대한 성찰〉 자료집』, 2023, 29~38쪽.
15 하지만 기억의 왜곡은 나에게만 있던 것이 아니다. 현무환에 의하면 박석운도 그 자리에 있지 않았다고 한다. 그렇다면 대우빌딩 21층의 국제경제연구원에 컨트롤타워가 있었다는 것도 확고한 사실이 아닐 수도 있다.
16 앞의 자료집, 35쪽.
17 5·18을 '광주민주화운동'이라고 부르는 것은 장기적 관점에서 본다면 받아들일 수 있겠지만 당시의 진실을 약화하거나 심지어 은폐할 수 있는 여지가 적지 않다. 그 사건은 무엇보다 국가권력에 의한 집단학살이며 이에 대한 광주시민들의 결사의 항쟁이었다. 그런 의미에서 나는 이 책에서는 '광주항쟁'이라는 표현을 사용할 것이다.
18 앞의 오세제의 발표문은 그 전형적인 예이다.
19 앞의 자료집, 67~70쪽.
20 앞의 자료집, 7~8쪽.

21 앞의 자료집, 50쪽.
22 김병곤은 1987년 대통령 선거에서 부정선거 의혹을 밝히기 위한 구로구청 점거투쟁을 지휘하다가 투옥된 후 위암을 얻어 1990년에, 이원주는 노동운동가의 삶을 살다가 역시 암을 얻어 2016년에, 각각 37세와 60세라는 이른 나이로 세상을 떠났다.
23 현무환, 「선도투쟁의 기치」, 『6월 항쟁을 기록하다』, 98~99쪽.
24 당시 박정희 정권은 반정부 학생운동이었던 민청학련 사건을 대공사건으로 조작 선전하기 위해 인혁당 사건을 조작하여 포함시키고 그 관련자 8명을 처형하였다.
25 이선근, 「노동자, 학생 굳게 손을 잡다」, 앞의 책, 170~177쪽.
26 서울형사지방법원 제1부 사건번호 81노 4366 계엄법 위반·반공법 위반 사건 판결문, 1981년 6월 15일, 297~298쪽. 남명수 해당 부분.
27 『조선일보』, 1980년 12월 14일, 3면.
28 내가 작성한 초안의 제목은 매우 소박하게도 '학우들에게 고함'이었다. 또한 앞부분에 있는 "팔레비와 소모사를 능가하는 악랄한 살인마 전두환에 맞서서 이 땅의 민주주의와 통일을 위해 몸 바친 2천여 광주의 넋 앞에 이 글을 바친다"는 전문은 내가 쓴 것이 아니라 김희경이 추가한 것이다.
29 현무환, 「안개 속의 시위주동, 무림사건」, 앞의 책, 182쪽.
30 '내외문제연구소'라는 곳이 지금까지 존재하는지 여부는 어떤 이유에서인지 인터넷 검색을 통해서도 잘 알 수가 없다. 다만 내가 무림사건으로 재판을 받을 때 내외문제연구소 연구원이라는 사람이 검찰측 증인으로 나와 내게 압수한 모든 책이 다 공산주의를 고무 찬양하는 책이라는 증언을 했으며 류흥수 당시 치안본부장이 내게 내외문제연구소 취직을 제안한 것으로 보아 경찰이나 검찰, 혹은 국정원(당시 중앙정보부) 등 공안기관을 보조하는 대공 관련 어용연구소의 하나인 것으로 추정된다. 반공냉전 체제의 이완에도 불구하고 이러한 반공기구가 여전히 보안이 필요한 '유령기관'으로 명맥을 유지하고 있는지 궁금하다.
31 인문대 78학번 언더 구성원이었던 김석영(국사학)에게 확인한 결과 그가 검거되어 남영동에 넘어온 것이 12월 말이었다고 한 것으로 보아 내가 언더조직과 인문대 78학번 구성원들의 명단을 발설한 것이

대략 남영동에서 수사를 받기 시작한 지 7~10일 경과된 시점이었으리라 추정된다.

32 김병곤이 '언더'의 배후라는 것은 전혀 틀린 말은 아니었지만, 그렇다고 그가 12월 11일 시위 사건을 '지시'했거나 혹은 알고 있었던 것은 아니었다.

33 최근 사망한 장기표는 진보-보수 진영을 오가던 기회주의 정치인 정도로 알려져 있지만 1970년 전태일 분신 사건시 전태일의 '대학생 친구'를 자처한 이래 노동운동과 재야민주 운동권에서 큰 영향력을 행사했던 인물이다.

34 무림사건 재판에는 변호인이 없었다. 변호인 입회하의 신문 조사가 점차 일반화되고 있는 요즘 상황에 비추면 도저히 말이 안 되는 전설 같은 얘기지만, 불법구금에 고문에 온갖 인권유린을 다 당했던 우리는 아무도 변호인 선임을 생각하지 않았고, 설사 허수아비일지언정 국선변호인은 선임하고 재판을 진행해야 했던 재판부조차 마치 아무런 문제도 없다는 듯 변호인 없는 재판을 버젓이 진행했다. 1970년대 말까지도 학생시위 사건에 자주 무료 변론을 했던 '인권변호사'들조차 우리 사건에는 눈을 감았다. 광주학살-항쟁 이후 온 세상이 침묵하던 1980년 말 그 침묵을 깬 학생시위인 데다가 용공 논란까지 있었으니 이해가 안 되는 바는 아니지만 지금 생각하면 참으로 비상식적인 상황이었다.

35 3월 19일, '무림사건'의 수사망을 용케 피해 도망 다니던 언더의 '주요 잔당'인 유기홍, 문용식(국사학 79), 강석령(국문학 79) 등의 주도로 대규모 학내시위가 터져나왔고 이는 이후 전국 각 대학에서 반신군부 투쟁이 격화되는 계기가 되었다. 이선근은 이 시위가 '전민학련'의 주도로 이루어졌고 이를 주화론을 극복한 쾌거인 듯이 말하고 있지만(「노동자, 학생 굳게 손을 잡다」, 『6월 항쟁을 기록하다』 1, 174쪽) 이날 시위 주동자 중 누구도 전민학련과는 무관하다.

36 부림사건은 1981년 9월에서 12월 사이에 부산지역 양서협동조합이라는 단체를 중심으로 모여 사회과학 관련 독서 토론모임을 하던 20여 명의 학생, 교사, 회사원 등을 불법 연행, 고문하여 용공 사건으로 조작해낸 5공화국의 대표적인 용공 조작 사건의 하나로서 2014년 9월에 대법원 재심에서 전원 무죄 판결을 받은 바 있다. 흥미롭다고

하기에는 끔찍한 일이지만 그해 5월에는 앞서 언급한 전민노련-전민학련 조직 사건이 있었는데 자기가 명명한 '무림사건'으로 한동안 학생운동이나 반정부 운동이 잠잠하리라 생각했던 이근안은 그 사건을 담당하면서부터 악독한 고문기술자의 면모를 여지없이 드러냈다. 그는 이 전민노련-전민학련 사건을 일컬어 '학림사건'이라 이름 붙였고, '림'(林)은 마치 항렬 돌림자처럼 그해의 공안 조작 사건의 이름에 따라붙어 전두환 정권이 부산에서 조작해낸 이 사건에도 역시 부림(釜林)이라는 이름이 붙게 되었다. 역사가 처음에는 비극으로 나중에는 희극으로 반복된다더니 '무림'이라는 작명에는 그나마 존재했던 어떤 '아우라'가 이렇게 두 번이나 더 반복되면서 공안 조작 사건의 희화성을 드러내는 결과로 나타나게 된 것이다.

37 아래 발췌한 편지글들은 원문의 느낌을 훼손하지 않는 범위 내에서 약간의 편집을 거친 것이다.

3부 짧은 미몽, 긴 후일담

1   김명인, 「그가 나를 전태일이라 불렀다」, 『리얼리스트』 3, 2010.
2   전성원, 『제5공화국 출판통제정책과 출판문화운동』, 성공회대학교 석사학위논문, 2014, 55~60쪽.
3   1979년~84년 풀빛의 출판 활동에 대해서는 이재호, 『나병식 평전』 (풀빛, 2024), 242~273쪽 참조.
4   자세한 상황은 이재호, 앞의 책, 288~297쪽 참조.
5   이른바 '이념서적'에 대해 과거와 같이 국가보안법을 적용하기도 쉽지 않았던 당국은 "국가와 사회의 안녕질서를 해치거나 사회를 불안하게 할 우려가 있는 사실을 거짓으로 퍼뜨리는 자"를 처벌하는 경범죄 처벌법 1조 44항을 확대적용하여 이런 불법적 압수 수색의 근거로 삼았다. 따라서 출판사나 서점의 대표들은 연행되었다가도 며칠 조사만 받고 풀려났으며 주 목적은 책들의 유통을 방해하는 것이었다. 이재호, 앞의 책, 326쪽 참조.
6   나는 이 단체의 회장을 역임하기도 했는데 이 단체에서는 독자적으로 『문맥서평』이라는 도서비평 잡지도 발간했다.

7   이재호, 앞의 책, 312~314쪽에서 발췌 인용.
8   이 원고는 무려 30여 년이 지난 후 자기 집에 보관하고 있던 하종오 시인이 내게 돌려주어서 초고 상태로 다시 가지고 있게 되었다. 내게 청탁은 했으나 하필 그 무렵 『반시』 동인이 해체되고 더 이상 동인지도 나오지 못하게 되었는데 동인 중 하나였던 하종오 시인이 그 원고를 보관하고 있다가 이사를 준비하던 중 발견하게 되어 나에게 돌려주게 된 것이다.
9   그 무렵 '문단'이라는 말 대신 '문학판'이라는 말이 더 많이 쓰이기 시작했는데 이는 '문단'이라는 말이 가지는 고루한 폐쇄성에 대한 비판적 대체어라고 할 수 있을 것이다.
10 시인 황지우가 채광석에게 붙인 별칭이었다.
11 참고한 글들은 다음과 같다. 백낙청, 「민족문학과 민족운동」, 『창작과비평』 59, 1988; 백낙청, 「통일운동과 문학」, 『창작과비평』 63, 1989; 조정환, 「80년대 문학운동의 새로운 전망」, 『서강』 16, 1987; 조정환, 『민주주의민족문학론에 대한 자기비판』, 연구사, 1989.
12 김명인, 「현단계 문학운동의 방향감각 조정을 위하여」, 『희망의 문학』(풀빛, 1990), 86~89쪽 참조.
13 『사상문예운동』의 특집기획을 보면 1호 '대중운동의 노선과 사상적 기초', 2호 '한국자본주의의 성격과 발전전망', '우리 시대의 혁명적 민중시인론', 3호 '페레스트로이카시대의 마르크스-레닌주의', '80년대 문학운동의 쟁점과 평가', 4호 '과학기술혁명과 현대자본주의', '페레스트로이카와 한국의 변혁운동', 5호 '해방 45년 한국사회 지배집단을 파헤친다', '제3세계 민족해방운동의 신조류', 6호 '1990년대 대중운동의 현황과 전망', 7호 '이제 무엇을 어떻게 쓸 것인가', '전환기의 제3세계와 유로코뮤니즘', 8호 '박노해와 오늘의 노동문학', '광주민중항쟁의 학술적 재조명', 9호 '민족민중운동의 설 자리, 갈 길', '90년대 모더니즘 문학의 양상' 등으로 1980년대 말에서 1990년대 초반까지 변혁적 전망과 이를 가로막는 새로운 세계사적 전환 사이에서 사상·문예 양면에서 치열하게 전개되었던 갈등과 고민들이 잘 담겨 있다.
14 김현, 김병익, 김치수, 김주연 등이 『문학과지성』 1세대 비평가군이라면, 『문학과사회』로 바뀐 1988년 이후 편집위원인 정과리, 홍정선,

권오룡, 성민엽 등을 2세대 비평가군이라 부른다.
15 성민엽, 「전환기의 문학과 사회」, 정과리, 「민중문학론의 인식구조」, 『문학과사회』1, 1988.
16 김명인, 「민족문학 논의의 올바른 인식을 위한 시론」, 『월간중앙』, 1988년 6월호.
17 백승욱, 『1991년, 잊힌 퇴조의 출발점: 자유주의적 전환의 실패와 촛불의 오해』, 북콤마, 2022.
18 동우전문대 정연석, 서원대 박병배, 명지대 강경대, 전남대 박승희, 안동대 김영균, 경원대 천세용, 한진중공업 노조위원장 박창수, 전민련 김기설, 노동자 윤용하, 고교생 김철수, 주부 이정순, 노동자 정상순, 성균관대 김귀정 등이 그 열세 명이다.
19 김지하, 「젊은 벗들! 역사에서 무엇을 배우는가」, 『조선일보』, 1991. 5. 5.
20 나는 김지하의 시집 『황토』로부터 자기 시대와 온몸으로 맞장 뜨는 비극적 서정과 결기를 배웠지만, 그 이상 그와의 관련은 없었다. 1984년 도서출판 풀빛 입사 무렵 풀빛 나병식 대표가 내게 김지하를 소개시켜주겠다고 아현동 어느 주점으로 나를 불러서 그를 처음 만났는데 그는 내 인사를 받자마자 대뜸, 오 그놈 참 똘똘하게 생겼네, 라고 했다. 나는 그 순간 밥맛이고 술맛이고 싹 사라지고 얼마간 시간이 지난 뒤 다른 일이 있다고 자리에서 일어나버렸다. 그는 41년생이고 나는 58년생으로 17년 차이가 나므로 그럴 수도 있었다고 본다. 하지만 아무리 대단한 선배이고 대시인이라 할지라도 초면에 그런 대우를 받고 싶지는 않았다. 그때 나는 속으로 '당신이 70년대 김지하야? 그렇다면 나는 80년대 김명인이다'라고 받아쳤다. 그때나 지금이나 나는 누구에게든 경력이나 명성만으로 무조건 한 수 접고 들어가는 식의 태도는 못 견디는 성격이다. 누구든 나에게 마음에 우러나는 존경을 받기는 어려웠다.
21 주대환은 서울대 종교학과 73학번으로 김병곤에 이어 서울대 내의 학회 '한국사회연구회'(나중에 '사회과학회'로 개명)의 리더로서 민청학련 사건으로 구속되는 등 긴급조치 시대 서울대 학생운동에 많은 영향력을 행사했던 인물이다. 그는 1980년대에는 노회찬 등과 함께 인천지역민주노동자연맹(인민노련)을 창설하여 활동했다. 1991

년 9월 지하조직운동에서 합법적 노동자계급정당 운동으로 전환하자는 문건을 발표하고 1992년 한국사회주의노동자당을 준비하다가 김문수, 이재오가 주도하던 민중당에 합류하여 통합민주당을 결성하는 데 일조했다. 통합민주당이 1992년 총선에서 참패한 이후 개혁신당, 국민승리21, 민주노동당, 민주통합당 손학규 캠프, 국민의당, 바른미래당 등을 전전하다가 2021년에는 급기야 윤석열 캠프에까지 합류하는 등 1970년대 학생운동 출신들의 굴곡진 인생 역정을 대표하는 인물 중의 한 사람이다.

22 백승욱, 앞의 책, 96~106쪽.
23 앞의 책, 111~126쪽.
24 나는 처음에 이 아포리즘을 김사인의 시로 알았다. 하지만 김사인의 시집 어디에도 이 시는 들어 있지 않았다. 공지영의 1997년 단편 「길」에 김사인의 것으로 소개된 이 시적 아포리즘은 최근 시인에게 확인해보니 시가 아니라 그가 발표했던 어떤 에세이의 한 구절이었다.
25 김명인, 「불을 찾아서」(『실천문학』24, 1992), 『불을 찾아서』, 소명출판, 2000.
26 김명인, 『조연현, 비극적 세계관과 파시즘 사이』, 소명출판, 2004, 237~245쪽.
27 프랜시스 후쿠야마, 『역사의 종말』, 이상훈 옮김, 한마음사, 1992.
28 윤여일, 『모든 현재의 시작, 1990년대』, 돌베개, 2023. 나는 이 책으로부터 1990년대의 문화사적 변동에 관한 폭넓은 시사를 얻을 수 있었다.
29 윤여일, 앞의 책, 11쪽.
30 김명인, 『잠들지 못하는 희망』, 학고재, 1997.
31 김명인, 「파일박스를 정리하며: 시간의 유형지」, 1997. 12. 30.
32 1998년 박사학위 취득 이후에 평론집 『불을 찾아서』가 나오기 전까지 쓴 평론들은 다음과 같다. 「근대성과 미적 근대성」, 『한국 좌파의 목소리』, 민음사, 1998; 「세 갈래의 운명과 필연의 행로」, 『문예중앙』82, 1998; 「리얼리즘과 민족문학론을 넘어서」, 『창작과비평』102, 1998; 「다시 비평을 시작하며」, 『현대사상』8, 1999; 「비극적 세계인식의 회복을 위하여」, 『실천문학』135, 2000.
33 김명인, 「다시 비평을 시작하며」, 『불을 찾아서』, 소명출판, 2000.

34 김명인,「근대성과 미적 근대성」, 앞의 책, 244~245쪽.
35 김명인,「비극적 세계인식의 회복을 위하여」,『자명한 것들과의 결별』, 창비, 2004, 93~94쪽.
36 김명인,『환멸의 문학과 배반의 민주주의』, 후마니타스, 2006.
37 새얼문화재단은 4·19 세대로서 1970년대 한국노총 사무총장을 지낸 바 있던 지용택이 1975년에 창립한 '새얼장학회'를 모태로 하여 1983년에 사업 내용을 확장하면서 발족한 지역문화재단으로, 정부나 지자체, 대기업 등으로부터는 어떠한 재정 지원도 받지 않고 오직 시민들의 소액 기부만으로 운영하는 말 그대로의 풀뿌리 시민재단이다. 1975년부터 따지면 창립 50년에 이르는 동안 한국을 대표하는 최장수 지역문화재단이라고 할 수 있다.
38 「근대소설과 도시성의 문제: 박태원의『소설가 구보씨의 일일』을 중심으로」(2000),「민족문학과 민족문학사 인식의 전환을 위하여」(2001),「주체적 문학관의 모색과 그 좌절: 백철, 김기림의 '문학개론'」(2004),「비극적 자아의 형성과 소멸, 그 이후: 1920년대 초반 염상섭 소설세계의 전환」(2005),「한국 근대문학개념의 형성과정: '비애의 감각'을 중심으로」(2005),「한국 근현대소설과 가족로망스」(2006),「친일문학 재론: 두 개의 강박을 넘어서」(2008),「근대도시의 바깥을 사유한다는 것: 이상과 김승옥의 경우」(2009),「문학사 서술은 불가능한가: 정치적 실천으로서의 문학사/쓰기」(2010),「민족문학론과 동아시아론의 비판적 검토」(2012)는 나의 유일한 연구논문 모음집인『문학적 근대의 자의식』(소명출판, 2016)에 실린 논문들이고,「임화의 해방기 문학사 인식」(1995)은 평론집『불을 찾아서』(소명출판, 2000)에 실린 논문이다.「한국근대소설과 식민지 근대성 시론적 연구: 염상섭의『만세전』을 중심으로」(2017)는『문학적 근대의 자의식』 발간 이후에 발표되어 아무 책에도 실릴 기회가 없었다.
39 IMF 사태 이후 한국사회에서 신자유주의 체제가 어떻게 구조화되었는가에 대해서는, 지주형,『한국 신자유주의의 기원과 형성』(책세상, 2011) 참조.
40 김명인,「너 지금 그 자리에 있는가」,『경향신문』, 2004. 5. 18.
41 김명인,「세월호와 함께 살아가기」,『황해문화』91.

42   이에 대해서는 김명인, 「'조국 사태'가 묻는 것」(『폭력과 모독을 넘어서』, 소명출판, 2021), 257쪽 참조.

43   문재인 정권 초기에 발표된 국정 전략을 보면 그들도 이러한 기본적인 과제 인식은 되어 있었던 것으로 보인다. 국민주권, 권력기관의 민주적 개혁이 첫 번째 과제를 반영하고 있으며, 소득 주도 성장, 공정경제, 포용적 복지국가, 노동 존중, 균형 발전, 자치분권 등이 두 번째 과제를 반영하고 있고, 성평등 등 차별 없는 공정사회 수립이 세 번째 과제를 어느 정도 반영하고 있다고 볼 수 있다. 이러한 국정 전략이 완결될 수는 없다고 하더라도 이 전략들이 구체적으로 추진되어 지속 가능한 과제로 정립되고 차기 정권으로까지 이월될 것이라는 기대가 있었다면 이는 곧 촛불혁명의 지속이 될 수 있을 것이며, 정권 재창출 역시 어려운 일은 아니었을 것이다. 하지만 이 중에 어떤 전략이 이행되었는지 나는 알지 못한다.